本书为 2020 年度北京外国语大学"双一流"重大标志性项目"多语种讲中国"（项目批准号 2020SYLZDXM034）建设成果

# හෙළ බසින් චීන සංස්කෘතිය

# 僧伽罗语讲中国文化

——“多语种讲中国”之中国文化系列

总 主 编：赵 刚
副总主编：苏莹莹 李洪峰
林温霜 文 铮

编 著：江潇潇
茶图丽（H. M. Chathurika Jayamini）〔斯里兰卡〕
刘江蜀

外语教学与研究出版社
FOREIGN LANGUAGE TEACHING AND RESEARCH PRESS
北京 BEIJING

**图书在版编目（CIP）数据**

僧伽罗语讲中国文化 ：僧伽罗文 ／ 江潇潇，（斯里）茶图丽，刘江蜀编著．－－北京 ：外语教学与研究出版社，2021.8
（“多语种讲中国”之中国文化系列 ／ 赵刚总主编）
ISBN 978－7－5213－2882－0

Ⅰ．①僧… Ⅱ．①江… ②茶… ③刘… Ⅲ．①僧伽罗语－语言读物②中华文化－介绍 Ⅳ．①H718.94②K203

中国版本图书馆 CIP 数据核字（2021）第 158637 号

本书部分图片来源：@壹图

出 版 人　徐建忠
责任编辑　刘虹艳
责任校对　刘　佳
装帧设计　李　高
出版发行　外语教学与研究出版社
社　　址　北京市西三环北路 19 号（100089）
网　　址　http://www.fltrp.com
印　　刷　北京盛通印刷股份有限公司
开　　本　710×1000　1/16
印　　张　22
版　　次　2021 年 8 月第 1 版　2021 年 8 月第 1 次印刷
书　　号　ISBN 978-7-5213-2882-0
定　　价　118.00 元

购书咨询：（010）88819926　电子邮箱：club@fltrp.com
外研书店：https://waiyants.tmall.com
凡印刷、装订质量问题，请联系我社印制部
联系电话：（010）61207896　电子邮箱：zhijian@fltrp.com
凡侵权、盗版书籍线索，请联系我社法律事务部
举报电话：（010）88817519　电子邮箱：banquan@fltrp.com
物料号：328820001

记载人类文明
沟通世界文化
www.fltrp.com

# චීන සංස්කෘතියේ ගැඹුර · ගෝලීය දෘෂ්ටියේ පෘථුලත්වය · මානව දැනුමේ උසස් බව

“බහුවිධ භාෂාවලින් චීන සංස්කෘතිය”
පෙළ පොත් මාලාවේ පෙරවදන

බෙයිජිං විදේශ භාෂා විශ්වවිද්‍යාලයේ කුලපති
යාං දන්

නව යුගයට පිවිසීමෙන් පසු, චීනය බාහිර ලෝකයට විවෘත වීම තවදුරටත් වැඩිදියුණු වෙමින් පවතී. එමෙන් ම “එක් තීරයක් එක් මාවතක්” වැඩපිළිවෙළ ද “පොදු ඉරණම සහිත මානව ප්‍රජාවක් ගොඩනැගීම”, “පොදු ශිෂ්ටාචාරය සහිත මානව ප්‍රජාවක් ගොඩනැගීම” යන සංකල්පයන් ද චීන විශ්වවිද්‍යාලවල විදේශ භාෂා අධ්‍යාපනය වැඩිදියුණු කිරීමට අගනා අවකාශයක් විවෘත කර දෙයි. නව යුගයේ අධ්‍යාපනයේ ගුණාත්මකභාවය සහ අධ්‍යාපන සාධාරණත්වය සඳහා වන ජනතාවගේ ඉල්ලීම, උසස් මට්ටමේ ගෝලීය තරඟකාරිත්වයෙන් යුතු කුසලතා සහිත පුද්ගලයන් සඳහා වන රජයේ ඉල්ලීම සහ සිය යොවුන් විය මව්රටට පිදීම සඳහා වන චීන තරුණ පරම්පරාවේ ඉල්ලීම යන සියල්ල හමුවේ චීන විශ්වවිද්‍යාලවල විදේශ භාෂා අංශ නව මෙහෙයුම් සහ ඊට අදාළ වගකීම් භාරගත යුතු වේ.

චීන විදේශ භාෂා අධ්‍යාපනයේ ඉතා වැදගත් අංගයක් වන “බහුලව

භාවිතා නොවන භාෂා'' අංශ මෙම නව යුගය ලබා දී ඇති වගකීම් භාරගෙන නිපුණතා සහිත සිසුන් බිහි කිරීමේදී චීන සංස්කෘතිය පිළිබඳ දැනුම හසුරුවන හැකියාව ඉහළ නංවාලීම, දේශානුරාග සහ දේශප්‍රේම් හැඟීම් වර්ධනය කිරීම, විදේශ භාෂාවලින් චීන සංස්කෘතිය හඳුන්වාදීමේ සහ පැතිරවීමේ හැකියාව වැඩිදියුණු කිරීම යන අරමුණුවලට විශේෂ අවධානය යොමු කළ යුතු ය.

මීට පෙර, බහුලව භාවිතා නොවන භාෂා අංශ ඉගැන්වීමේ කටයුතුවලදී විවිධ භාෂා හසුරුවන හැකියාව කෙරෙහි ද විදේශ සාහිත්‍යය සහ සංස්කෘතිය පිළිබඳ දැනුම කෙරෙහි ද අවධානය යොමු කළ නමුදු විදේශ භාෂාවලින් චීන සංස්කෘතිය හඳුන්වාදීමේ හැකියාව ප්‍රගුණ කිරීම වැඩිපුර තැකීමට ලක් නොකළේ ය. මෑත කාලයේදී බෙයිජිං විදේශ භාෂා විශ්වවිද්‍යාලයේ විවිධ බහුලව භාවිතා නොවන භාෂා අංශ මෙම ප්‍රශ්නය සහ එයින් සිදුවිය හැකි අයහපත් බලපෑම් අවබෝධ කරගනිමින් සිය ඉගැන්වීමේ කටයුතුවල අවශ්‍ය ප්‍රතිසංස්කරණ සිදු කොට තිබේ. ඇතැම් භාෂා අංශ විසින් චීන සංස්කෘතිය පිළිබඳ දැනුම ''කියවීම'', ''පරිවර්තනය'' යන පාඨමාලාවලට එක් කොට ඇති අතර ඇතැම් භාෂා අංශ ''විදේශ භාෂාවලින් චීන සංස්කෘතිය'' හෝ ඒ හා සමාන පාඨමාලා පිහිටුවා ඇත. මෙම ප්‍රයත්නය යහපත් ප්‍රතිඵල ලබා සිසුන්ගේ ප්‍රශංසාවට ලක් වී තිබේ.

කෙසේ වෙතත් බොහෝ භාෂා අංශ යථෝක්ත පාඨමාලා ක්‍රියාත්මක කිරීමේදී විවිධ අඩුපාඩුකම් දක්නට ලැබේ. ඉගැන්වීමේ අරමුණු පැහැදිලි නොවීම, සමස්ත වශයෙන් සැලැසුම් කිරීමක් නොමැති වීම, සුදුසු පෙළ පොත් නොමැති වීම යනාදිය ප්‍රධාන අඩුපාඩුකම් ලෙස සැලකේ. මෙම තත්වය යටතේ 2019 වසරේ බෙයිජිං විදේශ භාෂා විශ්වවිද්‍යාලයේ යුරෝපීය භාෂා සහ සංස්කෘතිය අධ්‍යයන පීඨය, ආසියා අධ්‍යයන පීඨය සහ අප්‍රිකා අධ්‍යයන පීඨය එක් වී ඉදිරිපත් කළ ''බහුවිධ භාෂාවලින් චීන

සංස්කෘතිය'' නම් පෙළ පොත් මාලාව සංස්කරණය කිරීමේ වැඩසටහන, විශ්වවිද්‍යාලයේ ''2020 වසරේ 'ද්විත්ව ඉස්තරම්' අධ්‍යයන ව්‍යාපෘතියේ සුවිශේෂීම වැඩසටහන්''වලින් එකක් ලෙස නම් කරන ලදී.

සිසුන් මෙම පෙළ පොත් මාලාව උපයෝගී කරගෙන අන්තර්-සංස්කෘතික හුවමාරු කිරීමේ කටයුතුවල පෙනී සිටින්නන් විය හැකි වෙතැයි අප බලාපොරොත්තු වෙමු. ''චීන සංස්කෘතියේ ගැඹුර'' නම්, යමෙකුට චීන සංස්කෘතිය ගැන ගැඹුරු අවබෝධයක් තිබියදී පමණක් ලෝකයේ වෙනත් රටවල්වල අය සමඟ ගැඹුරු ලෙස සංවාද පවත්වා විවිධ රටවල් අතර විවිධාකාරයේ සංස්කෘතික හුවමාරු සිදු කළ හැකි වීම ය. ''ගෝලීය දෘෂ්ටියේ පෘථුලත්වය'' නම්, ප්‍රවීණ දෘෂ්ටියකින් ලෝකයේ විවිධ ශිෂ්ටාචාරයන් දෙස බලා පුළුල් ලෙස ගෝලීය තත්වය අවබෝධ කොටගෙන චීනය ගමන් කරන දිශාව පැහැදිලිවම දැනගෙන සිටීම ය. ''මානව දැනුමේ උසස් බව'' නම්, සාධාරණ, අපක්ෂපාතී සහ අගය කිරීමට සූදානම් ආකල්පයන් සහිතව විවිධ ශිෂ්ටාචාරයන් අගය කළ යුතු බව ය. අප සිය පවුල ආරක්ෂා කිරීමේ අධිෂ්ඨානය ලෝකය ආරක්ෂා කිරීමේ අධිෂ්ඨානය බවට පත් කළ යුතු අතර සිය පවුලේ සාමාජිකයන්ට ඇති ආදරය මානව වර්ගයන්ට ඇති ආදරය බවට පත් කළ යුතු වේ.

2021 බෙයිජිං විදේශ භාෂා විශ්වවිද්‍යාලයේ 80වන සංවත්සරය යෙදී ඇති වසරයි. පිහිටවූ දවසේ සිට ම රජයේ සංවර්ධන අවශ්‍යතාවන්ට අනුව සිසුන් බිහි කිරීම සිය මූලික පරමාර්ථය ලෙස සලකන මෙම විශ්වවිද්‍යාලය, බහුවිධ භාෂා කුසලතා සහිත සිසුන් බිහි කිරීමේ කටයුතුවල සක්‍රිය ලෙස නියැලමින් සිටී. මෙවර, බෙයිජිං විදේශ භාෂා විශ්වවිද්‍යාලයේ යුරෝපීය, ආසියානු සහ අප්‍රිකානු පීය තුනේ ආචාර්යවරුන්ගේ සාමූහික ප්‍රයත්නයන් මගින් සම්පාදනය කරන ලද ''බහුවිධ භාෂාවලින් චීන සංස්කෘතිය'' පෙළ පොත් මාලාව බෙයිජිං විදේශ භාෂා විශ්වවිද්‍යාලයේ 80වන සංවත්සරයට

පමණක් නොව, චීන කොමියුනිස්ට් පක්ෂයේ 100වන සංවත්සරයට ද සිදු කළ පරිත්‍යාගයක් ලෙස සැලකිය හැකි ය. එමෙන් ම, මෙම පෙළ පොත් මාලාව බහුලව භාවිතා නොවන භාෂා ඉගැන්වීමේ කටයුතුවල නව සංවර්ධනය සඳහා වූ පුරෝගාමියෙකු ලෙස ද සැලකිය හැකි ය. මෙම පෙළ පොත් මාලාව අදාළ අංශවල “චීන සංස්කෘතිය” නම් පාඨමාලාව ආරම්භ කිරීම සඳහා ස්ථිර පදනමක් ලබා දෙනු ඇති අතර මෙම පාඨමාලාව මගින් නව යුගයේ බහුලව භාවිතා නොවන භාෂා කුසලතා සහිත සිසුන්ගේ හැකියාවන් වඩාත් පරිපූර්ණව ප්‍රගුණ කිරීම සිදු වනු ඇත.

මෙම පෙළ පොත් මාලාවෙන් අනතුරුව බෙයිජිං විදේශ භාෂා විශ්වවිද්‍යාලයේ විවිධ බහුලව භාවිතා නොවන භාෂා අංශ සම්මත ඉගැන්වීමේ අරමුණක්, සාපේක්ෂව සමාන අන්තර්ගතයන් සහ ඉල්ලීම් සහිත චීන සංස්කෘතිය පිළිබඳ බහුභාෂා පාඨමාලාවන් ද ඉදිරිපත් කරනු ඇත. මෙය සමස්ථ චීනයේ බහුලව භාවිතා නොවන භාෂා ඉගැන්වීම් ප්‍රතිසංස්කරණයේ ඵලදායී ප්‍රයත්නයක් වනු ඇතැයි අපි බලාපොරොත්තු වෙමු.

# පෙරවදන

"බහුවිධ භාෂාවලින් චීන සංස්කෘතිය" පෙළ පොත් මාලාව යනු විදේශීය භාෂා ඉගෙන ගන්නා චීන ජාතිකයන් ඉලක්ක කර භාෂා ගණනාවකින් සංස්කරණය කොට ඇති චීනයේ පළමු චීන සංස්කෘතිය පිළිබඳ පෙළ පොත් මාලාවකි.

මෙම පෙළ පොත් මාලාවේ පොදු සැලසුමට අනුව, පොත් සංස්කාරක කණ්ඩායම මුලින්ම "චීන බසින් චීන සංස්කෘතිය" යන ග්‍රන්ථය සම්පූර්ණ කළහ. මෙම ග්‍රන්ථය සම්පාදනය කිරීමේදී "බහුලව භාවිතා නොවන භාෂා" ඉගෙන ගන්නා සිසුන්ගේ ලක්ෂණ, භාෂා මට්ටම, විවිධ භාෂා භාවිතා වන රටවල්වල ලක්ෂණයන් යන සාධකවලට අවධානය යොමු වී තිබේ. විදේශ භාෂා ඉගැන්වීමේදී චීන සංස්කෘතිය පිළිබඳ අන්තර්ගතයන් එක් කිරීමේ අවශ්‍යතාවය සපුරාලීමට දායක වීම මෙම පෙළ පොත් මාලාවේ අපේක්ෂාවයි. මෙම ග්‍රන්ථය සම්පාදනය කරන ලද්දේ බෙයිජිං විදේශ භාෂා විශ්වවිද්‍යාලයේ යුරෝපීය භාෂා සහ සංස්කෘතිය අධ්‍යයන පීඨයේ වෙන්-ජැන්, ඉතිහාසය අධ්‍යයන පීඨයේ දොං-චෙං-ලොං, චීන භාෂා අධ්‍යයන පීඨයේ ලූඕ-ජිං යන ආචාර්යවරුන් තිදෙනා විසිනි. මෙම ග්‍රන්ථය "චීන ඉතිහාසය","දර්ශනය සහ චින්තනය","භාෂාව සහ සාහිත්‍යය","කලාව සහ සංස්කෘතිය" යන පරිච්ඡේද හතරකින් යුක්ත වේ. සෑම පරිච්ඡේදයකම පොදු

හැඳින්වීමක් ද කොටස් හතරකින් ද සමන්විත වන අතර සෑම කොටසකදී ම අදාළ අංගයට සම්බන්ධ වූ චීන සංස්කෘතිය පිළිබඳ විස්තර හඳුන්වා දෙයි.

“චීන බසින් චීන සංස්කෘතිය” යන ග්‍රන්ථය පදනම් කොට ගෙන, “විවිධ භාෂාවලින් චීන සංස්කෘතිය” පෙළ පොත් මාලාව සංස්කරණය වී තිබේ. විවිධ භාෂා සංස්කාරක කණ්ඩායම් විවිධ භාෂාවලට ආවේණික වූ ලක්ෂණවලට ද ඉගැන්වීමේ කටයුතුවලට ද අවධානය යොමු කරමින් සෑම පොතකම “චීන සංස්කෘතික හා චින්තනික පද”, “අතිරේක කියවීම”, “චීන සංස්කෘතියට අදාළ ද්විභාෂා වචන මාලාව”, “චීන ඉතිහාසයේ ප්‍රසිද්ධ චරිතයක්”, “සිතීමට යමක්” යනාදි කොටස් එක් කොට මෙම පොත් මාලාව සංස්කරණය කොට තිබේ. මෙම පොත් මාලාවට අයිති සෑම පොතක් ම ග්‍රන්ථ රාමුව, භාෂා මට්ටම, ප්‍රමිතිය යන අංගවලින් සමාන බවක් දක්නට ඇති අතර මෙය විවිධ “බහුලව භාවිතා නොවන භාෂා” හදාරන සිසුන්(සාමාන්‍යයෙන් තුන්වන ශ්‍රේණියේ) සඳහා උසස් මට්ටමේ පාඨමාලාවට වැදගත් පෙළ පොතක් වනු ඇත.

මෙම පෙළ පොත් මාලාව පහත දැක්වෙන ලක්ෂණයන්ගෙන් යුක්ත වේ:

1. දැනට මුද්‍රණය කොට ඇති බහුලව භාවිතා නොවන භාෂා පෙළ පොත්වල නිරන්තරයෙන් දක්නට ලැබෙන “විදේශ භාෂාවලින් චීන සංස්කෘතිය හඳුන්වා දීමට ඇති නොහැකියාව” යන ප්‍රශ්නයට විසඳුමක් ලෙස මෙම පෙළ පොත් මාලාව සම්පාදනය කොට ඇත. සිසුන් නිවැරදි, පැහැදිලි, සුදුසු අයුරින් විදේශ භාෂාවලින් චීන සංස්කෘතිය හඳුන්වා දීමේ හැකියාව පුහුණු කිරීම මෙයින් අපේක්ෂා කෙරෙයි.

2. චීනය තුළ විවිධ “බහුලව භාවිතා නොවන භාෂා”වලින් චීන සංස්කෘතිය හඳුන්වා දීම පිළිබඳ පෙළ පොත් නොමැති වීමේ හිඩැස මෙම පොත් මාලාව පූරණය කරයි. එපමණක් නොව, මෙය විවිධ රටවල

කොන්ෆියුසියස් ආයතන, කොන්ෆියුසියස් පන්තිවල පරිහණය සඳහා ද යොදා ගත හැකි වේ.

3. මෙම පෙළ පොත් මාලාව විදේශ රටවල්වල පොදු ජනතාවගේ කියවීම සඳහා භාවිතා කළ හැකි ය. අලංකාර පින්තූර සහ රසවත් විස්තර සහිතව සරළ භාෂාවෙන් චීන සංස්කෘතිය පහදා දීම මෙම පොත් මාලාවේ වැදගත් ලක්ෂණයක් වන අතර විදේශීය පාඨකයන්ට එයින් චීන සංස්කෘතිය ගැන පුළුල් හා ගැඹුරු වටහාගැනීමක් ලබාගත හැකි ය.

4. මෙම පොත් මාලාව, යුරෝපීය, ආසියානු සහ අප්‍රිකානු විවිධ භාෂා උගන්වන අංශ එකතු වී සම්පූර්ණ කොට ඇති ඉතා වැදගත් ශාස්ත්‍රීය වැඩසටහනක් ද වේ. මීට පෙර විවිධ භාෂා උගන්වන ගුරුවරු විවිධ ආයතනවල වැඩ කරන හෙයින් ඇති වූ වෙන් කිරීමේ තත්ත්වය බිඳ දැමූ මෙය සාර්ථක සාමූහික ජයග්‍රහණයක් ලෙස සැලකිය හැකි ය.

මෙම පෙළ පොත් මාලාව සම්පාදනය කිරීමේදී විවිධ අංශවලින් අනුබල සහ සහය ලැබී ඇති අතර නොයෙක් විද්වතුන්ගේ වටිනා යෝජනාවන් ද උකහාගෙන තිබේ. විශේෂයෙන් ම චීන අධ්‍යාපන අමාත්‍යාංශය විසින් දියත් කරන ලද "චීන සංස්කෘතික හා චින්තනික පද පතුරුවීමේ ව්‍යාපෘතියේ" සහ "අසිරිමත් චීන සංස්කෘතිය" කර්තෘ යේ-ලං සහ ජූ-ජ්ඉ-ලියං යන දෙදෙනාගේ අනුමතය යටතේ අදාළ පොත්වල අන්තර්ගතයන් මෙම පොත් මාලාවේ ඇතුළත් කොට වී තිබේ. ඒ අතරම, "හෙළ බසින් චීන සංස්කෘතිය" යන ග්‍රන්ථය සම්පාදනය කිරීමේදී සහය ලබා දුන් වරුණ චන්ද්‍රකීර්ති සහ සුගත් මහින්ද සෙනරත් යන මහත්වරුන් දෙදෙනාට ද මෙම ග්‍රන්ථය ප්‍රතිශෝධනය කිරීමේ කටයුතු සිදු කළ කළණ ජයසූරිය මහතාට ද අප හෘදයාංගමව ස්තුති වන්ත වෙමු.

හැකියාවේ සීමිත භාවය හේතුවෙන් මෙම ග්‍රන්ථය තුළ සර්ව සම්පූර්ණ නොවන තැන් නිවැරදි කිරීමට ඔබගේ වටිනා උපදෙස් ලබා දෙන මෙන්

අපි කාරුණිකව ඉල්ලා සිටිමු. එමගින් අනාගතයේදී වඩාත් මැනවින් භාෂා ඉගැන්වීමේ අවශ්‍යතාවයන් සපුරාලීමට මෙම ග්‍රන්ථය අඛණ්ඩව වැඩිදියුණු කිරීමට අපි උත්සාහ දරන්නෙමු.

# පටුන

**පළමුවන පරිච්ඡේදය චීන ඉතිහාසය** ........ 001

පළමුවන කොටස පූර්ව චින් රාජවංශයේ සිට හන් රාජවංශය දක්වා ........ 003

දෙවන කොටස ත්‍රිත්ව රාජධානි අවධියේ සිට සුං රාජවංශය දක්වා ........ 022

තෙවන කොටස යුවැන්, මිං සහ චිං රාජවංශ තුන ........ 042

සිව්වන කොටස නූතන චීනය ........ 060

**දෙවන පරිච්ඡේදය දර්ශනය සහ චින්තනය** ........ 083

පළමුවන කොටස ප්‍රශ්න, ග්‍රන්ථ සහ ගුරුකුල ........ 086

දෙවන කොටස කොන්ෆියුසියානු වාදය සහ මෝසියානු වාදය ........ 103

තෙවන කොටස තාඕ වාදය සහ නීති වාදය ........ 123

සිව්වන කොටස සම්භාව්‍ය චීන චින්තනයන් සහ එහි විවිධත්වය ........ 141

**තෙවන පරිච්ඡේදය භාෂාව සහ සාහිත්‍යය** ........ 163

පළමුවන කොටස චීන භාෂාව සහ චීන අක්ෂර ........ 167

දෙවන කොටස පැරණි පද්‍ය සාහිත්‍යය ........ 185

තෙවන කොටස පැරණි ගද්‍ය සාහිත්‍යය ........ 209

සිව්වන කොටස පැරණි නවකතා ........ 230

| සිව්වන පරිච්ඡේදය | කලාව සහ සංස්කෘතිය ............................................. 249 |
|---|---|
| පළමුවන කොටස | චීන අක්ෂර කලාව සහ චීන සිතුවම් ................................. 253 |
| දෙවන කොටස | ගෘහ නිර්මාණ ශිල්පය සහ උද්‍යාන ................................. 274 |
| තෙවන කොටස | ලෝකඩ භාණ්ඩ සහ පෝසිලේන් භාණ්ඩ ............................ 293 |
| සිව්වන කොටස | ආහාර සංස්කෘතිය, සාම්ප්‍රදායික චීන වෛද්‍ය විද්‍යාව, බෙයිජිං ඔපේරා සහ සාම්ප්‍රදායික උත්සව ............................ 310 |

# පළමුවන පරිච්ඡේදය

# චීන ඉතිහාසය

චීනය ලෝකයේ පෞරාණික ශිෂ්ටාචාර අතරින් එකක් වන අතර, එයට වසර 5000කට වඩා ලිඛිත ඉතිහාසයක් ඇත. පැරණි චීන ඉතිහාසය පහත දැක්වෙන අයුරින් අදියර කිහිපයක් පසුකර ඇත. එනම් ප්‍රාථමික අවධිය (මීට වසර මිලියන 1.7කට පෙර - ක්‍රි.පූ. 2070), වහල් අවධිය (ක්‍රි.පූ. 2070 - ක්‍රි.පූ. 475) සහ වැඩවසම් අවධිය (ක්‍රි.පූ. 475 - ක්‍රි.ව. 1911) යනුවෙනි. එහිදී විශේෂයෙන්ම වැඩවසම් අවධිය අදියර 5කට බෙදා දැක්වේ. එනම්,

- ජන්ගුවෝ, චින් සහ හන් යන රාජවංශ සැලකෙන්නේ වැඩවසම් සමාජය ගොඩනැගීමේ සහ ආරම්භක සංවර්ධන අවධීන් වශයෙනි.
- ත්‍රිත්ව රාජධානි, ජින් සහ නන්බෙයිචාඕ යන රාජවංශ සැලකෙන්නේ වැඩවසම් සමාජයේ රාජ්‍යයන් බෙදා ගත් සහ ජනවර්ග ඒකාබද්ධ වූ අවධීන් වශයෙනි.
- සුයි, තං සහ වූදැයි යන රාජවංශ සැලකෙන්නේ වැඩවසම් සමාජයේ සමෘද්ධිමත්ම අවධීන් වශයෙනි.
- සුං, ලාච්, ෂීෂ්‍යා, ජීන්, යුවැන් යන රාජවංශ සැලකෙන්නේ ජනවාර්ගික ඒකාබද්ධතාවය තවදුරටත් ශක්තිමත් වූ සහ වැඩවසම් ආර්ථිකයේ අඛණ්ඩව වර්ධනයක් සිදු වූ අවධීන් වශයෙනි.
- මිං සහ චිං යන රාජවංශ සැලකෙන්නේ එක්සත් බහුවාර්ගික රටක

ඒකාබද්ධ හා වැඩවසම් ක්‍රම ක්‍රමයෙන් පිරිහෙමින් පැවති අවධීන් වශයෙනි.

නූතන චීන ඉතිහාසය යනු 1840 දී පළමු අබිං යුද්ධයේ සිට 1949දී චීන මහජන සමූහාණ්ඩුව පිහිටුවීම දක්වා වූ ඉතිහාසයයි. මෙම කාල පරිච්ඡේදය චිං රාජවංශයේ අපර භාගය, චීන ජනරජයේ තාවකාලික රාජ්‍ය අවධිය, බෙයියං යුධ අධිපතීන්ගේ පාලන අවධිය, ජාතික ආණ්ඩුවේ අවධිය යන අවධිවලින් සමන්විත වේ. මෙම කාල පරිච්ඡේදයේ දී චීනයේ පැවති අර්ධ යටත් විජිත හා අර්ධ වැඩවසම් සමාජය ක්‍රමයෙන් බිඳ වැටිණි. නූතන චීන ඉතිහාසය අදියර දෙකකට බෙදා දැක්විය හැකි ය. එනම්, පළමු අදියර වන්නේ 1840 අබිං යුද්ධයේ සිට 1919 වසරේ මැයි මස දක්වා වූ පැරණි ප්‍රජාතන්ත්‍රවාදී විප්ලවීය අවධියයි. දෙවන අදියර නම්“1919 මැයි 4 දේශපාලනික ව්‍යාපාරයේ” සිට 1949 චීන මහජන සමූහාණ්ඩුව පිහිටවූ දිනය දක්වා වූ නව ප්‍රජාතන්ත්‍රවාදී විප්ලවීය අවධියයි.

වර්තමාන චීන මහජන සමූහාණ්ඩුව හැඳින්වීම සඳහා භාවිත වී ඇත්තේ “චීනය (චීන භාෂාවෙන් ‘මධ්‍යම රට’ යනුවෙන් හැඳින්වේ)”යන කෙටි ව්‍යවහාරයයි. එනමුදු මෙම වචනයට ඉතිහාසයේ විවිධ අර්ථයන් ලබා දී ඇත. එය රටේ අගනුවර ලෙස සැලකිය හැකි අතර කහ ගංගාවේ මධ්‍ය සහ පහළ කොටස් ආශ්‍රිත ප්‍රදේශය, එනම් චීන ශිෂ්ටාචාරයේ මුල්ම උපත හා එහි සමෘද්ධිමත්භාවය ආරම්භ වූ ප්‍රදේශය ලෙස ද සැලකිය හැකිය. චීන ඉතිහාසයේ සඳහන් පරිදි කිසි විටෙකත් “චීනය” යැයි කියාගන්නා රාජවංශයක් නොතිබුණ මුත්, එය ‘මූලධර්මවාදී’ රාජවංශයක් බව අවධාරණය කරන කල්හි, එය බොහෝ විට වෙනත් අසල්වැසි රටවල් හා අතරින් වෙන්කර හඳුනාගැනීම තකා “චීනය (මධ්‍යම රට)” ලෙස නම් කර ඇත. අද දින අප කතා කරන චීන ඉතිහාසය පදනම් වී ඇත්තේ වර්තමාන ජාතික භූමි ප්‍රදේශය මත වන අතර, මෙම භූමියේ ඉතිහාසය පසුකාලීනව සොයාගන්නා ලදී.

# පළමුවන කොටස
# පූර්ව චින් රාජවංශයේ සිට හන් රාජවංශය දක්වා

පුරාණ චීනයේ යාඕ, ශුන් සහ යූ නමින් ඉතාමත් ප්‍රඥාවන්ත අධිරාජායන් තිදෙනෙක් සිටියහ. යාඕ විසින් රාජාණ්ඩුවේ තනතුර ශුන්ට භාරදුන් අතර, ඔවුන්ගේ පාලනයෙන් පසු ශුන් එය යූට ලබා දුන්නේය. එහෙත් යූ සිය රාජාණ්ඩුව ඔහුගේ පුත් චී වෙත භාර දුන්නේය. මෙම සිදුවීමේ සිට සිහසුන සුදුස්සකුට නොව ලේ උරුමක්කාරයෙකුට භාර දීම චීන පැරණි රාජාණ්ඩුවේ මූල ධර්මය විය. එතැන් පටන් චීන ඉතිහාසයේ රාජවංශ පාලන යුගයට අවතීර්ණ විය. යූගේ පුතා චී විසින් ආරම්භ කරන ලද ෂියා රාජවංශය චීන ඉතිහාසයේ ප්‍රථම රාජවංශය බවට පත් විය.

ෂීජෝව් රාජවංශ සමයේ මුල් කාලයේ ලෝකඩ භාණ්ඩයක්

ෂියා රාජවංශය පැවතියේ නව ශිලා යුගයේ අපර භාගයේ සිට ලෝකඩ යුගයේ මුල් භාගය දක්වා පමණි. ෂියා රාජවංශයේ රජවරුන් 17දෙනකු සිටි අතර, එය වසර 500ක් පමණ පැවතුණි. ෂියාජියේ නමැති රජුගේ සැහැසිකම හේතුවෙන් අස්ථාරත්වයට පත් වූ ෂියා රාජවංශය අභාවයට යැමෙන් පසු ෂාන් රාජවංශය බිහි විය. ෂාන්තං නමැති රජු විසින් පිහිට වූ ෂාන් රාජවංශය විශේෂයෙන් වැදගත් වන්නේ, චීන ඉතිහාසයේ පළමු වරට ලිඛිත වාර්තා ආරම්භ වීම නිසා ය. ඉබ්බන්ගේ කටු මත සහ ඇටකටු මත කැටයම් කරන ලද විශාල අක්ෂර ප්‍රමාණයක් අන්යං සහ වෙනත්

ජ්‍යාගු අක්ෂර (ඉබිකටු අස්ථි අක්ෂර)

ප්‍රදේශවලින් සොයාගෙන ඇත. ඒවා “ජ්‍යාගු අක්ෂර”, එනම් ඉබි කටු සහ අස්ථි මත කැටයම් කළ අක්ෂර ලෙස හැඳින්විය. ඒවායේ ප්‍රධාන වශයෙන් නිමිති කීමේ අන්තර්ගතයක් තිබුණ ද ඒ තුළින් ෂාන් අවධියේ ජනතාවන්ගේ ජීවිතය පිළිබඳ මඳ වශයෙන් දැන ගත හැකි ය. ෂාන් අවධියේ දී ලෝකඩින් සෑදූ භාණ්ඩ තුළින් විශිෂ්ට ලෝහ උණු කිරීමේ තාක්ෂණය සහ මූර්ති කලා ශිල්පය දැකිය හැකි ය. ක්‍රි.පූ. 1046දී වූ නමැති රජෙක් විසින් ෂාන් රාජවංශය අවසන් කරදමන ලදී.

ජෝව් රාජවංශය වැඩවසම් ක්‍රමය අනුගමනය කළේ ය. අධිරාජායෝ රටේ භූමිය වංශාධිපතිවරුන්ට ද කුමාරවරුන්ට ද බෙදාහැරීමේ ක්‍රමය මගින් ලේ සබඳතාවය මත ඔවුන් සමඟ සම්බන්ධතාවය පවත්වාගෙන ගියහ. පිං නමැති රජු සිය අගනුවර නැගෙනහිරට ගෙනයෑමෙන් පසු පැවති රාජවංශය “ෂීජෝව් (බටහිර ජෝව්)” නමින් ද පසු රාජවංශය “දුංජෝව් (නැගෙනහිර ජෝව්)” නමින් ද හැඳින්වේ. දුංජෝව් රාජවංශය “චුන්චියු, එනම් වසන්ත සහ සරත් සමය” (ක්‍රි.පූ. 770 - ක්‍රි.පූ. 476) ලෙස ද, “ජන්ගුවෝ, එනම් යුද සමය” (ක්‍රි.පූ. 475 - ක්‍රි.පූ. 221) ලෙස ද අවධි දෙකකට බෙදේ. මෙම අවධි දෙක රජ පෙළපත් අතර පැවති රාජාණ්ඩු ක්‍රමය පදනම් කොටගෙන ඇති වූ

සටන් බොහෝ විට දක්නට ලැබූ අවධීන් වුව ද ඒ සමඟ ම චුන්චියු සහ ජන්ගුවෝ සමයන් දෙක චීන සංස්කෘතියේ පළමුවන ස්වර්ණමය යුගය වශයෙන් ද සැලකුණි. කොන්ෆියුසියානු නිර්මාතෘ වන කොන්ෆියුසියස් සහ ඔහුගේ අනුප්‍රාප්තිකයින් වන මැන්සියස්, ෂුන්සියස්, නීති වාදයේ නියෝජිතයින් වන හන්ෆෙයිසියස්, තාඕ වාදයේ ආරම්භකයින් සහ නියෝජිතයින් වන ලාඕසියස් හා ජුවංසියස්, මෝ වාදයේ මෝසියස් සහ සටන් වාදයේ සුන්සියස් යනාදී කැපී පෙනෙන දාර්ශනිකයින් මෙම කාල පරිච්ඡේදයේ දී වාසය කර ඇති හෙයින් එම අවධියේ චින්තන ක්ෂේත්‍රයේ “සියයක් දාර්ශනික ගුරුකුල” බිහි වී ඇත.

චුන්චියු අවධියේ වසර 200කට වඩා කාලයක් තිස්සේ ස්වාධීන පාලන රටවල් 170කට වැඩි ප්‍රමාණයක් තිබුණි. කල් යත් ම එකිනෙකා ඒකාබද්ධ කිරීමෙන් අනතුරුව ජන්ගුවෝ අවධිය ආරම්භ වන විට ඉතිරිව තිබුණේ රටවල් 20ක් පමණි. ජන්ගුවෝ අවධියේ මැද භාගය වන විට අති ප්‍රබල රටවල් 7ක් බිහි වූ අතර එය “යුදවැදි රාජ්‍යයන් හත” ලෙසින් හැඳින්විය.

මෙම රටවල් හත අතර චින් රාජ්‍යයේ ශියෞගුං නමැති රජ පාලනය කළ කාල පරිච්ඡේදයේ ශංයං නමැති නිලධාරියෙකු විසින් ඉදිරිපත් කරන ලද දේශපාලන ප්‍රතිසංස්කරණය හේතුවෙන් චින්

චින්ෂීහුවංගේ සොහොනෙන් සොයාගත් ටෙරා කොටා සොල්දාදුවෙක්

රාජ්‍යයේ ක්‍රම ක්‍රමයෙන් සෞභාග්‍යමත්බව ආරම්භ විය. මෙහිදී අනෙකුත් රාජ්‍යයන් හය අනුපිළිවෙලින් පරාජය කරනු ලැබීය. අවසානයේදී ක්‍රි.පූ. 221දී රාජ්‍ය හයෙහි අවසන් රාජ්‍යය ද බිඳ හෙළා ඇමූ අතර ඉතිහාසයේ "චින් රාජවංශය" ලෙස හැඳින්වෙන ප්‍රබල රාජ්‍යයක් බිහි විය. මෙහි ප්‍රතිඵලය වූයේ චින් රාජවංශය චීන ඉතිහාසයේ පළමු ඒකාබද්ධ මධ්‍යගත රාජවංශය බවට පත්වීමයි.

චින් රාජවංශයේ ආරම්භකයා වූ යින්-ජැන් චීනය එක්සත් කිරීමෙන් අනතුරුව ප්‍රථම වරට චීනයේ අධිරාජ්‍ය පද්ධතියක් ස්ථාපනය කොට තිබේ. ඔහු "පළමු අධිරාජ්‍යයා" යනුවෙන් තමා හඳුන්වාදීම හේතුවෙන් ඉතිහාසයේ ඔහුව "චින්ෂීහුවං (ප්‍රථම චින් අධිරාජ්‍යයා)" ලෙස හැඳින්වේ. ඔහු "චැන්ෂියං", "යූෂිදාෆූ", "ටයිවේ" යන නිල තනතුරු තුනක් මධ්‍යම ආණ්ඩුවේ පිහිටුවා ගත්තේ ය. "චැන්ෂියං", එනම් අග්‍රාමාත්‍යවරයා, සියලු රාජ්‍ය නිලධාරීන්ගේ ප්‍රධානියා වන අතර රජයේ කටයුතු හැසිරවීමේදී අධිරාජ්‍යයාට සහාය වේ. "යූෂිදාෆූ", රජයේ නියෝජ්‍ය අග්‍රාමාත්‍යවරයා ලෙස සැලකෙන අතර අධිරාජ්‍යයාට වාර්තා ඉදිරිපත් කිරීම, අණ-පනත් නිකුත් කිරීම සහ රාජ්‍ය නිලධාරීන් අධීක්ෂණය

චිං සමයේ සෑදූ ලෝකඩ අශ්වයන් සහ යුධ රථයක්

ජන්ගුවෝ සමයේ විවිධ රටවල භාවිතා වූ මුදල්

චිං රාජවංශය චීනය එක්සත් කිරීමෙන් පසු එළිදැක්වූ කාසිය

කිරීම භාරව සිටී. “ටයිවේ”, එනම් සේනාධිපතිවරයා, හමුදා කටයුතු භාරව සිටින රජයේ උත්තරීතර නිලධාරියා වේ. මෙම නිල තනතුරු මූලික වශයෙන් අනාගත පරම්පරාවන්ට උරුම වී ඇති නමුදු විවිධ යුගවල ඒවායේ නම් වෙනස් විය.

ලී-ස්අ නමැති නිලධාරියෙකුගේ අවවාද පිළිගත් චින්ෂීහුවාං “ජුන් ෂියැන් ක්‍රමය”, එනම් ප්‍රාන්ත පරිපාලන ක්‍රමය දියත් කළේ ය. එමගින් චින් රාජවංශයේ කේන්ද්‍රීයකරණය සාක්ෂාත් කිරීමට හැකි විය. “රාජ්‍ය කටයුතු කොපමණ කුඩා වුව ද තීරණය කරන්නේ අධිරාජ්‍යයා විසින් ය” යන්න එම කේන්ද්‍රීයකරණයේ මනා පිළිබිඹුවක් වේ. ඊට අමතරව, චින්ෂීහුවාං වෙනත් ඒකාබද්ධ නියෝග ද නිකුත් කළේ ය. සමාන්තර ධාවන පථ මිනුම් ප්‍රමිත කිරීම, චින් රාජවංශයේ අගනුවර වූ ශියැන්යං කේන්ද්‍ර කරගත් මහාමාර්ග ඉදිකිරීම, චීන අක්ෂර සඳහා සම්මත ප්‍රමිතයක් ගෙනඒම, එනම් පෙර පැවති ජොව්වෙන් අක්ෂර ක්‍රමය “ෂෞජුඅන් (කුඩා මුද්‍රා අක්ෂර)” බවට සරල කිරීම සහ පසුව නැවතත් එය “ලීෂූ (නිල අක්ෂර)” බවට සරල කිරීම, මුළු රටේම පවතින බර මිනුම් ඒකක හා මුදල් ඒකක ප්‍රමිත කිරීම යනාදිය ඒ අතර ප්‍රධාන නියෝග විය.

උතුරේ විසූ එඬේර ජනතාවගේ හමුදා තර්ජනයට එරෙහි වූ හෙයින්, පැවති චින්, ජාවෝ, යැන් යන රටවල් තුන විසින් ඉදි කරන ලද මහා ප්‍රාකාරයේ පදනම මත චින්ෂීහුවාංගේ නියෝගයන්ට අනුව චීන මහා ප්‍රාකාරය ප්‍රතිසංස්කරණය විය. ඒ අනුව බටහිරින් ලින්ටාඕ නගරයේ සිට නැගෙනහිරින් ලියාඕදුං නගරය දක්වා කිලෝමීටර් දහදාහක මහා ප්‍රාකාරයක් ගොඩනගන ලදී. මෙම මහා ප්‍රාකාරයේ බිත්ති රේඛාව මූලික වශයෙන් එඬේර ජනතාව සහ ගොවි ජනතාව අතර ස්වභාවික මායිමකට සමාන කමක් දක්වයි. එසේ වුවත් මින් අර්ථවත් කරන්නේ චීන ඉතිහාසය හුදෙක්ම මහා ප්‍රාකාරය තුළ ඇති ඉතිහාසයක් නොවන බව ය.

චින් රාජවංශයේ ශක්තිමත් කේන්ද්‍රීයකරණයක් සහිත දේශපාලන පද්ධතියක් ස්ථාපනය කිරීම සාර්ථක වුව ද අත්‍යවශ්‍ය අවස්ථාවන්හිදී හමුදා සේවයේ යෙදීමට සිදුවීම හා බදු අයකිරීම ජනතාවට මහා බරක් විය. මේ නිසා චින් රජය සහ අධිරාජ්‍යයන්ට ජනතා කැමැත්ත අහිමි විය. චින් රාජවංශයේ අග භාගයේ චෙන්ෂෙං සහ වූගුවාං යන දෙදෙනා චීන ඉතිහාසයේ ප්‍රථම මහා පරිමාණ ගොවි පිබිදීම දියත් කළේ ය. ඒ සමඟ ම මුළු රටේ ම යුද ගිනිදැල් වේගවත් ව ඇවිළී ගොස් අවසානයේ චින් රාජවංශය අභාවයට ගියේ ය. ක්‍රි.පූ. 206දී ලියූ-බං නමැති පුද්ගලයාගේ ප්‍රධානත්වය යටතේ හන් රාජවංශය ආරම්භ විය. ක්‍රි.පූ. 202දී චූ-හන් සටනින් ජයගත් ලියූබං, හන් රාජවංශයේ පළමුවන අධිරාජ්‍යයා බවට පත් විය.

ලියූ-බං යනු හන් රාජවංශයේ ආරම්භක අධිරාජ්‍යයා වූ අතර චීන ඉතිහාසයේ සිවිල් සම්භවයක් ඇති පළමු රාජාධිනායකයා වේ. ඔහු රාජ්‍යය ස්ථාපනය කිරීමෙන් අනතුරුව දිගටම අධිරාජ්‍යයා වශයෙන් හැඳින්වූ අතර චින්ෂීහුවාං විසින් නිර්මාණය කරන ලද අධිරාජ්‍ය ක්‍රමය මේ ආකාරයට දිගටම පැවතුණි. එය චීන ඉතිහාසයේ සංවර්ධනයට සමගාමීව මූලික පද්ධතිය බවට පත්වූ අතර 1912 වන තෙක්ම අහෝසි නොවීය.

මුල් හන් වංශයේ පාලකයින්ට මූලික වශයෙන් චින් රාජවංශ පද්ධතිය උරුම වූ නමුදු, ඇතැම් අංශවල සුළු වශයෙන් වෙනස්කම් ඇති විය. වංශාධිපතිවරුන්ගේ සහ කුමාරවරුන්ගේ රාජධානි සහ ප්‍රාන්ත පරිපාලන රාජ්‍යක්‍රමය සමකාලික ලෙස ක්‍රියාත්මක විය. විවිධ ප්‍රාන්ත කෙලින්ම මධ්‍ය රජය විසින් පාලනය කරන ලද අතර විවිධ රාජධානි පාලනය කරනු ලැබුවේ වංශාධිපතිවරුන්ගේ සහ කුමාරවරුන් විසිනි. සැලකිය යුතු ස්වතන්ත්‍ර අයිතීන් ඔවුන් සතු විය. හන් රාජවංශයේ මුල් අවධියේ දී මෙබඳු රාජකීය රාජධානි රාශියක් පිහිටුවීමේ මූලික අරමුණ වූයේ මධ්‍යම රජයේ සුරක්ෂිතතාවය තහවුරු කිරීමයි. නමුත් පසුකාලීන තත්ත්වය සිතූ ආකාරයට නොව ඊට ප්‍රතිවිරුද්ධව සිදුවිය. විවිධ රාජධානිවල දේශපාලන, ආර්ථික සහ හමුදා ශක්තිය ප්‍රබල වීමත් සමඟ ම එහි රජවරුන් නිරන්තරයෙන් මධ්‍යම රජයට එරෙහිව කටයුතු කිරීමට පෙළඹිණි. එහි ප්‍රතිඵලය වූයේ, මධ්‍යම රජයට බරපතල ලෙස තර්ජන එල්ල වීමයි. රජවරුන්ගේ බලය අඩු කිරීමට මධ්‍යම රජය ගත් උත්සාහයන් හේතුවෙන් “රාජධානි හත කැරැල්ල” (ක්‍රි.පූ.154) ඇති විය. මෙම කැරැල්ල ඉතාමත් ඉක්මනින් මැඩපැවැත්වීමට මධ්‍යම රජයට හැකි විය. එතැන් පටන් රජවරුන්ගේ තර්ජන-ගර්ජන මූලික වශයෙන් තුරන් විය.

ෂීහන් සමයේ සෑදූ “චන්-ෂීන්” ලෝකඩ ලාම්පුව

මුල් කාලීන හන් රාජවංශයේ පාලකයෝ "කහ අධිරාජ්‍යයාගේ සහ ලාඕසියස්ගේ දර්ශනය" ප්‍රශංසාවට ලක් කරමින් "ස්වභාව ධර්මයට පටහැනිව කිසිවක් නොයා රට පාලනය කළ යුතු ය" යන ප්‍රතිපත්තිය අනුගමනය කළහ. වෙන් සහ ජිං යන අධිරාජ්‍යයන් දෙදෙනාගේ පාලන සමයේදී සමාජ ස්ථාවරත්වය, ආර්ථික සංවර්ධනය සහ ජනතාවගේ ජීවිත විශාල දියුණුවකට භාජනය විය. මෙම කාල පරිච්ඡේදය "වෙන්-ජිං රාජ්‍ය පාලනය" ලෙස චීන ඉතිහාසයේ සටහන් වූ අතර, ජිං අධිරාජ්‍යයාගේ පුත්‍රයා වූ අධිරාජ්‍යයා ශියොංනුවරුන් යටත්කර ගැනීම සඳහා නොයෙකුත් ආකාරයේ කොන්දේසි සකස් කළේ ය.

මෙහිදී වූ අධිරාජ්‍යයා රජයේ බලය කේන්ද්‍රගත කිරීම ශක්තිමත් කිරීම සඳහා ඉහත පැවති "ස්වභාව ධර්මයට පටහැනිව කිසිවක් නොයා රට පාලනය කළ යුතු ය" යන රාජ්‍ය ප්‍රතිපත්තිය අත්හැර දමා දුං ජුංෂු නැමැත්තාගේ මතය පිළිගෙන "සියලු දාර්ශනික ගුරුකුල ප්‍රතික්ෂේප කොට කොන්ෆියුසියානු දහමට ගරු-බුහුමන් දක්වන්න" යැයි නියෝග කළේ ය. ඉන්පසු කොන්ෆියුසියානු චින්තනය වැඩි වැඩියෙන් ප්‍රවර්ධනය කර, එය චීනයේ මූලික දර්ශනයක් බවට පත් කළේ ය. කොන්ෆියුසියානු චින්තනය

දුන්-හුවං බිත්ති සිතුවමක චිත්‍රනය කොට ඇති සේද මාවත

වර්ෂ 2000කට වඩා වැඩි කාලයක් පුරා සාම්ප්‍රදායික චීන සංස්කෘතියේ ප්‍රධානතම දර්ශනය බවට පත් විය. වූ අධිරාජ්‍යයාගේ පාලන සමයෙහි හන් රාජවංශය පෙර නොවූ විරූ ආකාරයට බලසම්පන්න විය. ඔහු තුන්වරක් සුප්‍රසිද්ධ සේනාධිපතිවරුන් වන වෙයිචිං සහ හුඕචුබිං ප්‍රමුඛ හමුදාවන් විශාල පරිමාණයෙන් යවා ශියොංනුවරුන්ට පහර දුන්නේ ය. එමගින් උතුරු පළාතේ සිටි එඬේර ජනතාවගෙන් හන් රාජවංශයට සිදු වූ තර්ජනය සම්පූර්ණයෙන්ම ඉවත් විය. ක්‍රි.පූ. 138දී (ක්‍රි.පූ.139 යැයි ද පැවසේ) හන් රාජවංශයේ වූ අධිරාජ්‍යයා විසින් ජාංචියැන් බටහිර ප්‍රදේශවලට පිටත්කර යැවූ අතර මෙහි ප්‍රතිඵලය වූයේ චීනයේ සිට බටහිර රටවල් වෙත සේද මාවත නිර්මාණය වීමයි. ක්‍රි.පූ. 60දී හන් රාජවංශය විසින් චීනයේ බටහිර කලාප ආණ්ඩුකාර ධූර පිහිටුවාගත් අතර, එය බටහිර කලාපවල (වර්තමාන ශින්ජ්‍යාං ප්‍රදේශය) නිල පාලනයක් සනිටුහන් කරයි.

ක්‍රි.ව. 9දී හන් රාජවංශයේ පිටස්තර ඥාතියකු වූ වංමං අධිරාජයකු ලෙසට රාජාභිෂේක ලබා ෂිං නමැති නව රාජවංශයක් පිහිටුවා ගැනීමත් සමඟ ම හන් රාජවංශය විනාශ මුඛයට ඇදවැටුණි. ක්‍රි.ව. 25දී හන් රාජ්‍ය පවුලේ සාමාජිකයෙකු වූ ලියුශියු අධිරාජ්‍යයා බවට පත් වී එම රාජවංශයට අහිමි වී ගිය ගෞරවය (හන් යන රාජවංශයේ නාමය) නැවත ලබා ගත්තේ ය. අතීතයේ හන් රාජවංශයේ අගනුවර බටහිර ප්‍රදේශයේ පිහිටි චාංඅන් වූ අතර, ඉන්පසු හන් රාජවංශයේ අගනුවර නැගෙනහිර ප්‍රදේශයේ පිහිටි ලුඕයං විය. මේ අනුව පසුකාලීනව එම රාජවංශ දෙක "ෂීහන් (බටහිර හන්)" සහ "දුංහන් (නැගෙනහිර හන්)" යනුවෙන් හැඳින්විය.

දුංහන් රාජවංශයේ (ක්‍රි.ව.25-220) ආරම්භක අධිරාජ්‍යයා වූ ලියු-ශියු ආර්ථිකය පුනර්ජීවනය කිරීම, යුද්ධ නිසා හිංසා පීඩාවලට භාජනය වී සිටි ජනතාව පුනරුත්ථාපනය කිරීම, නිලධාරීන් පත්කොට රාජ්‍යතන්ත්‍රය වඩාත් ක්‍රමවත් කිරීම යනාදි ප්‍රතිපත්ති ඉදිරිපත් කොට ඇත. ලියුශියුගේ

අභාවයෙන් අනතුරුව ඔහුගේ පුත් ලියූ-ජුවං (ගෞරව නම: හන්-මිං අධිරාජ්‍යයා) සිංහාසනය හිමිකර ගත් අතර, පියාගේ ප්‍රතිසාධන ප්‍රතිපත්තිය අඛණ්ඩව පවත්වාගෙන ගියේ ය. එමෙන්ම චීනයට බුදු දහම හඳුන්වා දීම සිදු වුණේ ඔහුගේ අවධියේ ය. පසුකාලයේදී ලියූ-දා (ගෞරව නම: හන්-ජං අධිරාජ්‍යයා) ඔහුගේ පියා වූ හන්-මිං අධිරාජ්‍යයාගේ ප්‍රතිපත්ති නිරායාසයෙන්ම අනුගමනය කළේ ය. කෙසේ නමුත් හන්-ජං අධිරාජයාගේ අභාවයෙන් පසු, දුංහන් රාජවංශයේ සියලුම අධිරාජ්‍යයන් සිංහාසනය හිමිකර ගත් කල අතිශයින් බාල හෙයින් ඥාතීන්ගේ හා රජ වාසලේ සේවය කරමින් සිටි බලැති නපුංසකයන්ගේ සරණ සෙවීමට සිදු විය. කල් යත් ම මෙම තත්වය හේතුවෙන් රට තුළ සිවිල් යුද්ධයන් ඇති විය.

## චීන සංස්කෘතියට අදාළ ද්විභාෂා වචන මාලාව

| | |
|---|---|
| 民族融合 | ජනවාර්ගික ඒකාබද්ධතාවය |
| 统一的多民族国家 | එක්සත් බහුවාර්ගික රට |
| 半殖民地半封建社会 | අර්ධ යටත්විජිත හා අර්ධ වැඩවසම් සමාජය |
| 统一的中央集权王朝 | ඒකාබද්ධ මධ්‍යගත රාජවංශය |
| 黄河中下游地区 | කහ ගංගාවේ මධ්‍ය සහ පහළ කොටස් ආශ්‍රිත ප්‍රදේශය |
| 分封制 | රටේ භූමිය වංශාධිපතිවරුන්ට ද කුමාරවරුන්ට ද බෙදාහැරීමේ ක්‍රමය |
| 百家争鸣 | සියයක් දාර්ශනික ගුරුකුල |
| 变法 | දේශපාලන ප්‍රතිසංස්කරණය |

| | |
|---|---|
| 度量衡 | මිනුම් ඒකකය |
| 游牧民族 | එඬේර ජනතාව |
| 农耕民族 | ගොවි ජනතාව |
| 农民起义 | ගොවි පිබිදීම |
| 儒家思想 | කොන්ෆියුසියානු චින්තනය |

## චීන සංස්කෘතික හා චින්තනික පද

huáxià
### 华夏
**හුවා-ශියා**

චීනයේ කහ ගඟ ආශ්‍රිත මධ්‍යම තැනිතලා ප්‍රදේශයේ ජීවත් වූ හන් ජනවාර්ගික මිනිසුන්ව හුවා-ශියා ලෙසින් හැඳින්විණි. එම මිනිසුන්, ඔවුන්ගේ සංස්කෘතිය, ජීවන ක්‍රමය සහ භාෂාව ද එම අනන්‍යතාව උරුම කරගත්තවුන් ද මෙම හුවා-ශියා යන වදනින් හැඳින්විය හැකි ය. මෙම ප්‍රධාන ජනවර්ගය සහ ඔවුන්ගේ අනන්‍යතාව වටා අනෙකුත් ජනවර්ග ද එක්සේසත් කර තනි රාජ්‍යයක් පිහිටු වූ චින් රාජවංශය වන විට හුවා-ශියා මිනිසුන් ස්ථාවර ජනවර්ගයක් බවට පත් වී සිටියහ. හන් රාජවංශයේ දී හන් යන වදන හුවා-ශියා යන වදනට විකල්පයක් වශයෙන් භාවිතයට එක්විය. ඉක්බිතිව, චීනය සහ හන් මිනිසුන් හැඳින්වීමේ පොදු යෙදුමක් වශයෙන් හුවා-ශියා යන නාමයෙහි අර්ථය පුළුල් විය.

tiān
天
**ථියැන්**

ථියැන් යනු ඉපැරැණි චීන දර්ශනයේ භාවිතා කෙරුණු මූලික සහ පූජනීය සංකල්පයකි. එහි අර්ථ තුනක් ගැබ් වී තිබේ. මූලික වශයෙන් එයින් කියැවෙනුයේ භෞතික ආකාශය සහ විවිධ වූ නියාම ධර්මවලින් ද පටිපාටිවලින් ද සමන්විත වන්නා වූ සමස්ත ස්වභාව ධර්මයයි. එහි දෙවැනි අර්ථයෙන් කියැවෙනුයේ විශ්වයේ පවත්නා සියල්ල පාලනය කරන්නා වූ ද ඒවායෙහි පැවැත්ම තීරණය කරන්නා වූ ද මිනිස් ස්වභාවයක් ආරෝපණය කෙරුණු දිව්‍යමය සත්ත්ව කොට්ඨාසයකි. එහි තෙවැනි අර්ථයෙන් ප්‍රකාශ කෙරෙනුයේ සියලු සත්ත්වයන්ගේ සහ වස්තූන්ගේ හැසිරීම තීරණය කරන්නා වූ ද මිනිස් ස්වභාවයේ, සදාචාරයේ, සමාජ සහ දේශපාලනික පිළිවෙළෙහි මූලික ස්වභාවය තීරණය කරන්නා වූ විශ්වීය නියාම ධර්මය ය.

dàtóng
大同
**විශ්වීය සුසංවාදය**

කොන්ෆියුසියානු විද්‍යාර්ථීන් විසින් අනුදැන වදාළ පරිදි සමස්ත සමාජයෙහි වසන සියලු දෙනා එක් පවුලක අය ලෙසින්, මිත්‍රශීලීව,එකිනෙකාට උදව් කරගනිමින්,සමානාත්මතාව මුල් කරගෙන කටයුතු කරන සාමයෙන් සහ සෞභාග්‍යයෙන් සපිරුණු කාලයක් නිරූපණය සඳහා මෙම වදන භාවිතා කෙරෙයි. මනෝ රාජ්‍යය (උතෝපියාව) පිළිබඳ බටහිර අදහසට යම් පමණකින් සමාන කොට දක්වන මානව සමාජ සංවර්ධනයේ උත්තරීතර අවධිය කොන්ෆියුසියානුවාදයේ දී මෙම වදනින් හැඳින්වෙයි. සමස්ත සමාජයට ම එහි ධනය සහ බලය උරුම වන්නා

වූ ද, සමානාත්මතාව භුක්ති විඳිමින් සියලු දෙනා ජීවත් වන සහ වැඩෙහි යෙදෙන්නා වූ ද, සාමයෙන් සහ සංතුෂ්ටියෙන් පිරුණා වූ ද; එමෙන් ම සියලු දෙනා සමාජය විසින් ම රැක බලාගනු ලබන; සියළු සම්පත් උපරිම වශයෙන් භුක්ති විඳිය හැකි; සහ සියලු දෙනා තම උපරිම ශක්තියෙන් කටයුතු කරන ස්වභාවය මෙහි ප්‍රධාන ලක්‍ෂණ වේ.

---

guótài-mín'ān
## 国泰民安
### රට ස්ථාවර වීම සහ මිනිසුන් සාමකාමීව සිටීම

රටක සාමය පවතින විට එහි ජනයා ප්‍රීතිමත් ජීවිත ගත කරති. පුරාණයේ සිට ම, සියලු ශිෂ්ට සම්පන්න පාලකයන් විසින් සාක්‍ෂාත් කරගැනීමට උත්සාහ කළ රාජ්‍ය පාලන අරමුණ මෙය යි. තව ද, එය සාමාන්‍ය මිනිසුන් විසින් අනුදක්නා ලද දැක්මක් ද විය. එබඳු තත්ත්වයකට ළඟාවීමේ මාවත වැටී ඇත්තේ ස්ථාවරභාවය සහ සාමය මතිනි. රාජ්‍යයේ සහ මිනිසුන්ගේ යහපැවැත්ම පිළිබඳ පොදු අවශ්‍යතාව ලෙසින් ද මෙය සැලකිණි. ස්ථාවරභාවය සහ සාමය අගයන චීන මිනිසුන්ගේ මානවීය ස්වභාවය ද එයින් නිරූපණය වෙයි.

---

zhǐgēwéiwǔ
## 止戈为武
### යුද වැදිය යුත්තේ යුද්ධ නැවැත්වීමට ය

ඉතාමත් ජනප්‍රිය මෙම යෙදුම මුලින් ම පවසා ඇත්තේ චීන ඉතිහාසයේ වසන්ත සහ සරත් කාලයේ දී ජූ ජනපදයේ සිටි චුවං රජතුමා විසිනි. යුද්ධය හැඳින්වීම සඳහා යොදන වූ (武) යන චීන අකුරෙහි කොටස් දෙකකින් නිරූපිත වෙනත් වචන දෙකක් - එනම්, චී (止) සහ ක (戈) යන වචන

දෙක- එක්ව යෙදීමෙන් මෙම අර්ථය ඉස්මතු කර තිබීම මෙහි විශේෂත්වය යි. චී (止) යන්නෙන් නැවැත්ම ප්‍රකාශ කෙරෙයි.ක (戈) යනු කැපෙන ආයුධයකි.එයින් යුද්ධය සංකේතවත් කෙරෙයි.ඒ තුළින් යුද්ධ නැවැත්වීම සඳහා චීන මිනිසුන් තුළ පවත්නා සංස්කෘතික උවමනාව ප්‍රකාශ කෙරෙයි. එමෙන් ම,යුද්ධය නැවැත්වීම සඳහා පමණක් යුද්ධ කිරීමට ද සාමය ආරක්ෂා කරගැනීමට ද චීන මිනිසුන් තුළ ඇති කැමැත්ත ද ඒ තුළින් නිරූපණය කෙරෙයි.

## අතිරේක කියවීම

### විනය ගරුක නිශ්ශබ්ද හමුදාව*

"ලෝකයේ පුදුම අටෙන් ඒකක්" වශයෙන් ප්‍රසිද්ධියට පත් "දුඹුරු-රතු මැටියෙන් නිර්මිත හමුදාව" මඟින් චින් අධිරාජ්‍යයේ (ක්‍රි.පූ. 246-210) ප්‍රථම අධිරාජයාගේ හමුදාව සංකේතවත් කෙරේ. මෙයින් අධිරාජයාගේ හමුදා ශක්තිය පමණක් නොව, පැරණි චීන කලා කෞශල්‍යය ද විදහා දැක්වේ.

1974 වර්ෂයේ වසන්ත කාලයෙහි ශාන්සි පළාතේ ශියැන්යං ප්‍රදේශය සමීපයෙහි පිරිසක් ළිඳක් හාරමින් සිටිය දී ඔවුන්ට අසාමාන්‍ය වළං කැබැලි රාශියක් හමු වූ අතර ඇතැම් ඒවා මනුෂ්‍ය රූපයන්ට ද, ඇතැම් ඒවා සත්ව රූපවලට ද සමාන විය. මේ ඔස්සේ

* ඉහත කොටස චීන FLTRP සහ ශ්‍රී ලංකාවේ ෆාස්ට් පබ්ලිෂින් (ප්‍රයිවට්) ලිමිටඩ් යන ප්‍රකාශකයන් විසින් පළ කරන ලද "අසිරිමත් චීන සංස්කෘතිය" යන කෘතියෙන් උපුටා ගැනීමක් සහ සංස්කරණය කිරීමකි

ගවේෂණය කළ පුරාවිද්‍යාඥයින් පසුව ටෙරා කොටාවලින් තැනූ අශ්වයින්ගේ හා සොල්දාදුවන්ගේ රූප සමූහයක් සොයා ගත් අතර, ඒවා චින් අධිරාජ්‍යයේ ප්‍රථම අධිරාජයාගේ දේහයත් සමඟ වසර 2000කට පෙර භූමදානය කර තිබුණු බව තහවුරු කර ගත්තේ ය.

පසුව ටෙරා කොටා වීරයන්ගේ රූප දහස් ගණනක් විශාල වළවල් හතරකින් සොයා ගත් අතර ඒවා කලා වකවානු අනුව නිර්ණය කර තිබේ. මේ අනුව මෙහි පළමු වළ හතරැස් මීටර් 13000කට වඩා විශාලත්වයකින් යුක්ත වන අතර එය විශාලතම වළ වේ. එය සැබෑ ප්‍රමාණයේ මනුෂ්‍ය රූපයන්ට සමාන වූ සොල්දාදුවන්ගේ හා අශ්වයන්ගේ අනුරූ තැන්පත් කර තිබූ භූමියක් බව සොයා ගෙන තිබේ. මෙහි මුල් කණ්ඩායමට සොල්දාදුවන් 210ක් අයත් වන අතර ඔවුන්ගේ ප්‍රධාන අණ අදන නිලධාරියා ප්‍රමුඛ හමුදා නිලධාරීන්ගේ ශ්‍රේණිගත කිරීම් අනුව පේළි තුනකින් යුතුව නිර්මාණය කර තිබේ. මෙහි ප්‍රධාන සැකසුම සොල්දාදුවන් 6000ක ප්‍රමාණයකින් යුක්ත වන අතර මීටර් 180ක් පමණ දුරට විහිදී ගිය තීරු පේළි 38කින් සමන්විත වේ. සෑම සොල්දාදුවෙක් ම තඹ ආයුධ හා යුද ඇඳුම්වලින් සැරසී සිටී. ප්‍රධාන පෙළගැස්මේ දෙපැත්තෙහිම සොල්දාදුවන් 180ක් වන සේ මෙම ආකෘතිය සකස් වී ඇති අතර පසු පස ආරක්ෂාව සඳහා සොල්දාදුවන් 100කට වඩා පසුපසින් යොදවා තිබේ. මෙම ටෙරා කොටා ආකෘතිය තුළ අශ්වයින් 32කු ඇති අතර එයින් 4දෙනෙකු ලීයෙන් තැනූ යුද කරත්තයක් ඇද ගෙන යන ආකාරයෙන් නිරූපණය කර තිබේ.

දැනට සොයා ගෙන ඇති හමුදා ආකෘති අතර සුවිශේෂත්වයක් දක්වන පළමු වළ මඟින් මුල් අධිරාජයාගේ අවධියේ සිටි හමුදාවේ

ජීවමාන අනුරුවක් විදහා දැක්වේ.

මෙහි දෙවන සහ තෙවන වළවල් 1976 වර්ෂයේ ගිම්හාන කාලයෙහි දී සොයා ගත් අතර එය සොල්දාදුවන් සහ අශ්වයින් 1300කට වඩා ද, යුද රථ 80කට වඩා ද ඇතුළත් වන සේ නිර්මාණය වී ඇත. මෙහි ලෝකඩ ආයුධ දස දහස් ගණනක් ඇති අතර නැගෙනහිර දෙසට වන්නට දුනුවායන් කණ්ඩායමක් දැකිය හැකි ය. ඉදිරිපස සොල්දාදුවන් 60ක් සීරුවෙන් සිටින ආකාරයකින් නිර්මාණය කර ඇති අතර 160ක් පමණ වූ දුනුවායන් තීරු අටකින් යුතුව එක් පාදයක් උක්කුටිකව ද, අනෙක් පාදය දණ හිසෙන් නමා ගෙන දුනුවලින් විදීමට සැරසෙන ඉරියව්වෙන් සිටී. ඔවුන්ගේ දකුණු දෙසට වන්නට යුද රථ 4ක් පේළි අටකට වන්නට පෙළ ගස්වා තිබේ. මෙම සෑම රථයක් ම සැබෑ ප්‍රමාණයේ අශ්වයන් විසින් ඇද ගෙන යනු ලබන අතර සෑම රථටක් පිටුපසම සොල්දාදුවන් තිදෙනෙකු සිටී. එක් අයෙක් මැද සිටිමින් ප්‍රධාන මෙහෙයුම් ලණුව අල්ලා ගෙන ද, අනෙක් දෙදෙනා දෙපැත්තෙහි දිගු ආයුධ අතැතිව ද සිටී.

මෙම අංක දෙක දරන වළෙහි මැද 264ක් වූ පාබළ හුමුදාවකින් සහ 8දෙනෙකුගෙන් යුත් අසරුවන් ද, 19ක් වූ යුද රථ ආකෘතියක් දක්නට ඇති අතර එය පේළි තුනකට බෙදා තිබේ. සෑම අශ්වයෙකු ඉදිරියෙහිම සොල්දාදුවෙකු සීරුවෙන් සිටී. ඔවුන් එක් අතකින් තෝන් ලණු අල්ලා ගෙන සිටින අතර, අනෙක් අතින් දුනු අදින ආකාරයක් පෙන්වයි. සෑම රථයක් පසු පසම රථය හසුරුවන සොල්දාදුවන් තුන් දෙනෙක් සිටී. රථයන්හි වම් පැත්තට වන්නට අසරුවන් 108කින් ද, සෑදල සහිත අශ්වයන් 180කින් ද යුක්ත පේළි 11ක් සහිත චතුරස්‍රාකාර හමුදා පෙළපාලියක් ද වේ.

පළමු වළෙන් බටහිරට වන්නට තුන්වෙනි වළ පිහිටා තිබේ. එහි හැඩය "凹" ස්වරූපයෙන් යුක්ත වේ. එමෙන්ම, එය සෙසු වළවල්වලට වඩා ප්‍රමාණයෙන් කුඩා වන අතර එහි සොල්දාදුවන් 68 දෙනෙකුගේ ආකෘති ඇත. එයට ඇතුළු වන දොරටුව ඉදිරිපස යුද රථයක් ස්ථාන ගත කර තිබේ. මෙම ආකෘතිය දෙස බැලීමේ දී පැහැදිලි වන්නේ සමස්ත හමුදාවේ වම්, මධ්‍ය සහ දකුණු කොටස්වල මූලස්ථානය වශයෙන් එය නිර්මාණය කර ඇති බවකි. නමුත්, එය සම්පූර්ණයෙන්ම නිමාවට පත්ව ඇති බවක් නොපෙනේ.

සතරැස් මීටර් 5000ක භූමි ප්‍රදේශයක් පුරා පැතිරී ඇති හතරවන වළ සොයා ගත්තේ ඉතා මෑතකදී ය. එය දෙවන සහ තෙවන වළවල්වලට මැදින් පිහිටා තිබේ. මෙය හමුදාවේ කේන්ද්‍රීය හා ප්‍රධාන කොටස් සඳහා නිර්මාණය කර තිබෙන බවක් පෙනුණ ද, මෙහි යුද භටයන් හෝ අශ්වයන් ද ස්ථාන ගත කර නැත.

## චීන ඉතිහාසයේ ප්‍රසිද්ධ චරිතයක්

### ජාං චියැන්

ජාං චියැන් (ක්‍රි.පූ. 164 - ක්‍රි.පූ.114) යනු හන් රාජවංශ සමයේ දේශ ගවේශකයෙකු මෙන්ම මධ්‍යම ආසියානු භූමිය පිළිබඳ විශ්වසනීය තොරතුරු චීන භූමිය වෙත ගෙන එනු ලැබූ ප්‍රථම මිනිසා ද වේ. ක්‍රි.පූ.138 දී හන් රාජවංශයේ අධිරාජ්‍යයා විසින් ඉන්දු - යුරෝපා භාෂාව වහරණු ලබන යුඑ-ජී ගෝත්‍රික ජනයා සමඟ සබඳතා ස්ථාපිත කිරීම සඳහා යවනු ලැබිණ. අවාසනාවකට, බටහිර

කලාපය වෙත ඔහු ගමන් කරන අතරතුරදී චීනයේ එඬේර සතුරන් වන ශියොංනුවරුන් විසින් ඔහුව ප්‍රාණඇපකරුවකු ලෙස රඳවාගනු ලැබිණ. දස වසරකට ආසන්න කාලයක් ශියොංනුවරුන්ගේ අත්අඩංගුවේ සිටි ජාංචියැන්ට අවසන පැනයාමට අවස්ථාවක් උදා විය. මෙලෙස පැනයාමෙන් අනතුරුව හෙතෙම යළිත් තම පැමිණි කාර්යය ඉටු කිරීම සඳහා ගමන් කළ අතර අවසානයේ උතුරු-ඉන්දියාවේදී යුඑජීවරුන් හමුවීමට හැකි විය. කෙසේවෙතත්, තම ජීවන අවස්ථාවන්ගෙන් තෘප්තිමත්ව සිටි ඔවුහු ශියොංනුවරුන්ට එදිරිව සංධානයක් ඇති කරගැනීම ප්‍රතික්ෂේප කළහ. තම සංචාරය නිමාකොට පෙරළා පැමිණෙමින් සිටියදී ජාංචියැන් සහ නියෝජිත පිරිස වෙනත් ගෝත්‍රික පිරිසක් විසින් අල්ලාගනු ලැබුණ අතර ක්‍රි.පූ. 125 තෙක් ඔවුනට යළි චීනය කරා පැමිණීමට නොහැකි විය. යුඑ-ජී සමග යුධ සංධානයක් ඇතිකර ගැනීමට අසමත් වුව ද ඔහුට බටහිර කලාපයන්ගේ රාජ්‍යයන් 36ක පමණ භූගෝලීය තත්ත්වයන්, ජනතාව, චාරිත්‍ර සහ සංස්කෘතීන් දැන හඳුනාගන්නට හැකියාව උදාවිය. අධිරාජ්‍යයා ඔවුන් දුටු දේ පිළිබඳව උනන්දුවක් දක්වන ලද අතර දේශ ගවේෂණය සඳහා තව තවත් පිරිස් බටහිර කරා යවනු ලැබිණ.

සත් වසකට පසුව ජාංචියැන් තවත් රාජකාරියක් සඳහා යවනු ලැබිණ. උතුරු තාරිමූ ද්‍රෝණියෙහි ඊලි ගංගා නිම්නයේ දිවිගෙවන තවත් ඉන්දු - යුරෝපියානු ජනකොටසක් වන වූ-සන් ජනතාව වෙත ය. මිනිසුන් 300, බැටළුවන් 10,000 හා රන් සහ සේද තොගයන් ද සමඟ ජාංචියැන් තම දෙවන සංචාරය අරඹන ලදී. වූ-සන් ජනයා සමඟ සංධානගතවීමේ අරමුණින් ජාංචියැන්, දූන්හුවන්, ලොවුලන්, වියූස ඔස්සේ ඊලි නදියේ වූ-සන් රාජධානියේ අගනුවර කරා ළඟා විය.

සංචරණයට අමතරව ඔහු පර්සියාව, ඉන්දියාව සහ එම ප්‍රදේශයේ වූ අනෙක් රාජ්‍යන්ගේ ද තොරතුරු රැස් කර ගන්නා ලදී.

ජාංචියැන්ගේ සංචාරයන් හන් රාජ්‍යය සහ මධ්‍යම ආසියානු රාජ්‍ය අතර රාජ්‍ය තාන්ත්‍රිකයන් හුවමාරු කරගැනීමට දොරටු විවර කරන ලද අතර වෙළඳාම විධිමත් කිරීමට මඟ පෙන්වනු ලැබිණ. විශේෂයෙන්ම චීනය සහ පර්සියාව අතර සේද වෙළඳාම සඳහා බලපානු ලැබිණ. ජාංචියැන්ගේ රාජකාරිමය දේශාටන සංචාර ඔස්සේ සේද මාවතේ මධ්‍යම ආසියානු කොටස් වඩාත් පුළුල් විය. ජාංචියැන් චීන ජාතික විරුවකු ලෙස සලකනු ලබන අතර වාණිජ වෙළඳාමේ පුළුල් වූ ලෝකය කරා චීනය විවර කිරීමට ප්‍රධාන භූමිකාවක් ඉටු කිරීමේ ගෞරවයට පාත්‍ර වේ.

## සිතීමට යමක්

1. ඔබ "චින්ෂීහුවං" චරිතය අගයන්නේ කෙසේ ද?

2. "චින්ෂීහුවං" චීන සංස්කෘතියට දැක්වූ දායකත්වයන් කවරේ දැයි පහදන්න.

3. චීන මහා ප්‍රාකාරයෙන් සිදු වූයේ එඬේර ජනතාව සහ ගොවි ජනතාව වෙන් කිරීමක් ද? එසේ නැත්නම් ඒකාබද්ධ වීමක් ද?

4. හන් රාජවංශයේ "වූ" අධිරාජ්‍යයා කොන්ෆියුසියානු වාදයට මුල් තැන දීමේ හේතු කවරේ දැයි පහදන්න.

5. චින් සහ හන් රාජවංශ අවධියන්හි චීන ඉතිහාස මූලාශ්‍රයන්වල දකුණු ආසියාව, විශේෂයෙන් ම ශ්‍රී ලංකාව පිළිබඳ විස්තර දක්වා ඇත්තේ කෙසේ ද?

# දෙවන කොටස
# ත්‍රිත්ව රාජධානි අවධියේ සිට සුං රාජවංශය දක්වා

ලියු බෙය

දුංහන් රාජවංශය අවසානයේදී එම රාජවංශය ස්අව්-වෙයි, ශූ-හන් සහ දුං-වූ යනුවෙන් පාලන තන්ත්‍ර 3කට බෙදුණි. එහි ආරම්භකයින් වූයේ ස්අව්-ස්අව්, ලියු-බෙයි සහ සුන්-චුවන් යන තිදෙනා ය. ක්‍රි.ව.220දී ස්අව්-ස්අව්ගේ පුතණුවන් වූ ස්අව්-පී, ලුඔයං නගරයේදී අධිරාජ්‍යයකු සේ අභිෂේක ලබා එහි වෙයි රාජධානිය පිහිටුවූවේය. චීන ඉතිහාසයේ එම රාජධානිය "ස්අව්-වෙයි" යනුවෙන් හැඳින්වේ. එයින් සංකේතවත් වන්නේ දුංහන් රාජවංශය සම්පූර්ණයෙන්ම බිඳවැටීමයි. ක්‍රි.ව.221දී ලියුබෙයි චෙංදු නගරයෙහි අධිරාජ්‍යයා බවට පත්වී නව රාජධානියක් පිහිටුවීය. ඔහු හන් රාජවංශයේ රාජකීය පවුලකින් පැවත එන්නකු වූ හෙයින් හන් රාජවංශයේ පාලනය නැවත ස්ථාපනය කිරීමේ අපේක්ෂාවෙන් ඔහු තම රාජධානියට ද "හන්" නමින් හඳුන්වා දුන්නේ ය. චීන ඉතිහාසයේ එම රාජධානිය "ශූ-හන්" යනුවෙන් හැඳින්වේ. ක්‍රි.ව.229දී සුන්චුවන් අධිරාජ්‍යයා බවට පත් වූ අතර, සිය අගනුවර ලෙස ජියැන්යේ නගරයෙහි (වර්තමාන නන්ජිං) පත් කළේ ය. ඓතිහාසික මූලාශ්‍රයන්හි "දුං-වූ"ලෙස

හැඳින්වෙන්නේ මෙයයි.

ක්‍රි.ව.263දී වෙයි රාජධානිය විසින් ශු රාජධානිය බිඳ හෙළන ලදී. නමුත් වැඩි කලක් යන්නට මත්තෙන් වෙයි රාජධානියේ සිටි ස්මා-යැන් නැමැති ඉතා ප්‍රභල නිලධාරියා එකල සිටි වෙයි අධිරාජ්‍යයාව සිංහාසනයෙන් පහකොට ජින් නමැති රාජවංශයක් පිහිටුවූවේ ය. ක්‍රි.ව.280දී, "ෂීජින් (බටහිර ජින්)" නමින් හැඳින්වූ මෙම රාජවංශයේ අධිරාජ්‍යයා දුං-වූ රාජධානිය විනාශ කර දමා චීනයේ උතුර හා දකුණ එක්සේසත් කළේ ය. ක්‍රි.ව.316දී ෂීජින් රාජවංශය උතුරේ ජීවත් වූ ම්ලේච්ඡයන් විසින් සම්පූර්ණයෙන්ම විනාශකර දමන ලද අතර, ජින් රාජවංශයේ රාජකීය පවුල යැංසි ගඟට දකුණින් පිහිටි ප්‍රදේශයට පැන ගොස් "දුංජින් (නැගෙනහිර ජින්)" රාජවංශය ස්ථාපනය කිරීමට කටයුතු කළේ ය. උතුරු චීනයේ ශියොංනු, ෂියැන්බෙයි, ජියේ, චියාං, දී සහ හන් යන ජනවර්ගයන් විසින් පෙර හා පසු කාලවලදී පාලන තන්ත්‍ර දහයකට වැඩි ගණනක් ගොඩනගන ලදී. මෙය ඉතිහාසයේ "ජනවාර්ගික කණ්ඩායම් පහ සහ රාජධානි දාසය" යන නමින් හැඳින්විය. ක්‍රි.ව.420දී දුංජින් රාජවංශය විනාශයට පත්වීමත් සමඟ ම, චීනය "නන්බෙයිචාඕ (උතුරු හා දකුණු රාජවංශ)" රාජවංශයේ සමයට (420-589) අවතීර්ණ විය. නන්බෙයිචාඕ සමයේදී ෂියැන්බෙයි වැනි සුළුතර ජන කොටස් විසින් පිහිටුවන ලද විවිධ පාලන තන්ත්‍රයන් උතුරු චීනයේ විටින් විට බිහි විය. මෙමගින් සුළුතර ජාතිකයන් සහ හන් ජාතිකයන් අතර ඒකාබද්ධ වීම තවදුරටත් තහවුරු විය.

ක්‍රි.ව.581දී යං-ජියැන් නමැත්තෙක් සිංහාසනාරූඪ වී දාෂිං නගරය (වර්තමාන ෂීඅන්) සිය රාජ්‍යයේ අගනුවර ලෙස පත් කරමින් සුයි රාජවංශය (581-618) ආරම්භ කළේ ය. වර්ෂ 589දී සුයි රාජවංශය මුළු චීනය ම එක්සේසත් කරමින් වසර 300කට ආසන්න කාලයක් මේ රටේ පැවති අවුල් සහ වෙන් වීමේ තත්ත්වය අවසන් කළේ ය. සුයි රාජවංශයේ දෙවන අධිරාජ්‍යයා වූ යං-ගුවන්ගේ (ගෞරව නම: යං අධිරාජ්‍යයා) පාලන සමයේදී, උතුර හා දකුණ

යා කරමින් අතිවිශාල ඇළක් සාදනු ලැබීය. ලුඔයං නගරයට කේන්ද්‍රගත වී ඇති මෙම ඇළ උතුරින් ජුවොජොව් (වර්තමාන බෙයිජිං) සිට, දකුණින් යූහං (වර්තමාන හංජොව්) දක්වා ගලා බසී. "ජිංහන්-දා-යුන්-හ්අ" එනම් ජිංහන් මහා ඇළ නමින් හැඳින්වෙන මෙය ලෝකයේ දිග ම ඇළ වේ.

ජිංහන් මහා ඇළ සෑදීම මගින් රටේ ධාන්‍ය ප්‍රවාහනයට පෙර නොවූ විරූ පහසුකමක් ඇති විය. චීනයේ දකුණේ නිෂ්පාදනය කරන ධාන්‍ය මෙම ඇළ හරහා උතුරු චීනයට ප්‍රවාහනය කළ හැකි නිසා මේ මඟින් උතුරු-දකුණු ගමනාගමනයේ තිබූ අපහසුතාවය මගහැරී ගියේ ය. මේ ක්‍රියාමාර්ගය, පසු කාලයේ තං රාජවංශයට සහ ඊට පසු දිගුකාලීන චීන ආර්ථික දියුණුවට මහඟු අඩිතාලමක් විය. මේ අතර ජියාංනන් ප්‍රදේශය, එනම් යැංසි ගඟට දකුණින් ප්‍රදේශය, දිගින් දිගටම චීනයේ ආර්ථික හා සංස්කෘතික සමෘද්ධිමත්භාවය ඇති කිරීමේ ස්ථානයක් බවට පත් විය.

වෙයි, ජින් සහ නන්බෙයිචොඕ රාජවංශ සමයන්හි, සමාජයේ උගත්

බෙයිචි සමයේ යං-ත්ස-හුවා සිතුවම් කළ "බෙයිචී ජිඕෂූ ටූජුවන්" සිතුවම

පන්තියක් පැවතිණි. මෙම පන්තියට අයිති වූ වංශාධිපති පවුල් ප්‍රධාන වශයෙන් පණ්ඩිතවරුන්ගෙන් යුක්ත විය. මෙම පන්තියේ බොහෝ පණ්ඩිතවරුන් ඉතා දීර්ඝ කාලයක් රාජ්‍ය පාලනයේ යෙදී සිටීම හේතුවෙන් සාමාන්‍ය ජනයාට රජයේ නිල තල ලබා ගැනීමට තිබූ අවකාශය අවහිර විය. සුයි රාජවංශයේදී යං අධිරාජ්‍යයා විසින් රාජ්‍ය නිලධාරීන් තෝරාගැනීම සඳහා අධිරාජ්‍ය තරඟ විභාග ක්‍රමයක් ආරම්භ කරන ලදී. මෙම විභාග ක්‍රමය තං රාජවංශය විසින් තවදුරටත් පරිපූර්ණ කරනු ලැබීය. මෙමගින් ඒකාධිකාරය වැළැක්වුණු අතර, රටේ කැපී පෙනෙන දක්ෂතා ඇති නිලධාරීන් තෝරා ගැනීමේ කටයුතුවලට ඉතා වැදගත් කාර්ය භාරයක් ඉටු විය. අධිරාජ්‍ය තරඟ විභාග ක්‍රමය පසුකාලීන රාජවංශයන් විසින් උරුම කරගත් අතර එය 1905 වන තෙක්ම අහෝසි නොවුණි. මෙම අධිරාජ්‍ය තරඟ විභාග ක්‍රමය තුළ වර්තමානයේ විවිධ රටවල්වල පවතින සිවිල් සේවා විභාග ක්‍රමයේ යම් සමානකම් දක්නට ලැබේ.

සුයි රාජවංශය බෙයිවාඕ රාජවංශයේ ත්‍රිත්ව ආයතන පාලන ක්‍රමයට උරුමකම් කියන අතර, තං රාජවංශය මෙම රාජ්‍ය ආයතන තුන අතර වගකීම් වඩාත් පැහැදිලිව නියම කළේ ය. මෙමගින් එම ආයතන තුන අන්‍යෝන්‍ය වශයෙන් සමබරව පරීක්ෂා කර බැලීමට හැකි විය. “චොංෂූ” නමැති රාජ්‍ය ආයතනය, ප්‍රතිපත්ති ඉදිරිපත් කිරීම සහ රාජ්‍ය කටයුතු තීරණ ගැනීම යන දේවල්වලට වගකිව යුතු අතර “මෙන්ෂ්‍යා” නමැති රාජ්‍ය ආයතනය, ඉහත සඳහන් වූ චොංෂූ විසින් ගත් ප්‍රතිපත්ති සහ තීරණ නිරීක්ෂණය කළ යුතු විය. “ෂාන්ෂූ” නමින් හැඳින්වෙන ත්‍රිත්ව ආයතනවලින් තුන්වන රාජ්‍ය ආයතනය ඉහත කී ප්‍රතිපත්ති සහ තීරණ ක්‍රියාත්මක කිරීම භාර ගත්තේ ය. ෂාන්ෂූ ආයතනයට පහත දැක්වෙන අමාත්‍යාංශ හයකින් සමන්විත විය. ඒවා නම්,

- “ලියි අමාත්‍යාංශය”: නිලධාරීන්ගේ කටයුතු කළමනාකරණ අමාත්‍යාංශය,
- “හූ අමාත්‍යාංශය”: භූමිය, ලියාපදිංචි කිරීම් සහ මූල්‍ය කටයුතු අමාත්‍යාංශය,
- “ලී අමාත්‍යාංශය”: සංස්කෘතික සහ අධ්‍යාපන කටයුතු අමාත්‍යාංශය,
- “ෂිං අමාත්‍යාංශය”: අධිකරණ සේවා අමාත්‍යාංශය,
- “බිං අමාත්‍යාංශය”: යුද කටයුතු අමාත්‍යාංශය,
- “ගුං අමාත්‍යාංශය”: ඉදි කිරීම්, වාරිමාර්ග, පතල්, රෙදිපිළි කටයුතු අමාත්‍යාංශය

තං රාජවංශයේ දෙවන අධිරාජ්‍යයා වන ලී-ෂිමින් (ගෞරව නම: තයි-ත්සොං අධිරාජ්‍යයා) විසින් දේශපාලනික කටයුතු සඳහා තව දෙපාර්තමේන්තුවක් පිහිටුවන ලදී. එය ත්‍රිත්ව ආයතනයන්හි ප්‍රධානීන් ඒකාබද්ධ සාකච්ඡා කිරීමේ යාන්ත්‍රණය ලෙස ක්‍රියාත්මක විය.

සුයි රාජවංශයට රට එක්සේසත් කිරීමට හැකි වුව ද, නිරන්තරයෙන් ම විදේශ යුද්ධ දියත් කිරීම්, ලුඕයං නැගෙනහිර අගනගරයේ ඉදිකිරීම් සහ

දෙවන කොටස
ත්‍රිත්ව රාජධානි අවධියේ සිට සුං රාජවංශය දක්වා

ඇළ ප්‍රතිසංස්කරණ කිරීම් යනාදි විධිවිධානයන් හේතුවෙන් ජනතාවගේ උර මත විශාල බරක් පැටවුණි. නොබෝ කලකින් ගොවි පිබිදීම් නිසා සුයි රාජවංශය බිඳ වැටිණි. ක්‍රි.ව.618දී ලී-යුවාන් නමැත්තයෙක් චාංඅන් අගනුවර කරගනිමින් තං රාජවංශය (618-907) පිහිටුවීය.

තං රාජවංශයේ දෙවන අධිරාජ්‍යයා වූ තයි-ත්සොං අධිරාජ්‍යයාගේ පාලන සමයේදී, චීනයේ "ජැංගුවන් පාලනය" (627-649) නමැති ඉතා තේජාන්විත කාල වකවානුවක් උදා විය. ඔහුගෙන් පසු ගඕ-ත්සොං අධිරාජ්‍යයා සහ චීන ඉතිහාසයේ එකම කාන්තා අධිරාජිණිය වූ වූ-ත්ස-ටීයැන්ගේ පාලන කාලයේදී, රට තව දුරටත් සංවර්ධනය විය. තං රාජවංශයේ ෂුවැන්-ත්සොං අධිරාජ්‍යයාගේ සමයේදී, තං රාජවංශයේ පාලනය උච්ච ම අවස්ථාව කරා ළඟා වූයේ ය. ඉතිහාසයේ මෙම කාලය "කෛයුවන් සමෘද්ධිය" යනුවෙන් හඳුන්වා ඇත. මෙම කාල වකවානුවේදී රටේ භූමි ප්‍රදේශ පෙර නොවූ විරූ ලෙස ව්‍යාප්තියක් දක්නට ලැබිණි. නැගෙනහිරින් ජපන් මුහුද දක්වාත්, බටහිරින් අර්ල් මුහුද දක්වාත්, උතුරින් බයිකල් විල දක්වා සහ දකුණින් මධ්‍ය වියට්නාමය දක්වාද විහිද ගියේ ය. තං රාජවංශය සමඟ මිත්‍ර සම්බන්ධතා ගොඩනැඟීම සඳහා අවට රටවලින් බොහෝමයක් රාජ්‍ය දූතයන් පිටත් කර යැවුණි. මේ අතර සේද මාවතේ ව්‍යාපාරික ගමන් ද දිගින් දිගටම පවත්වාගෙන ගියේ ය. චීනයේ ආර්ථික සමෘද්ධිය සහ සමාජ ස්ථාවරත්වය නිසා එහි සංස්කෘතිය පෙර නොවූ විරූ ලෙස සමෘද්ධිමත්වයක් අත් කරගත්තේ ය. තව ද, තං රාජවංශය සාහිත්‍ය, ලලිත කලාව, චීන අක්ෂර කලාව සහ හස්ත කර්මාන්ත යන අංශවලින් ඉතා ඉහළ මට්ටමක ජයග්‍රහණ ලබා ගත්තේ ය. මේ අතර තං රාජවංශයේ දේශපාලනය, ආර්ථිකය, සංස්කෘතිය හා තාක්ෂණය ඒ අවට වෙනත් රටවල්වලට ද දායාද විය. එකල ලෝකයේ විශාලතම හා සමෘද්ධිමත්ම ජාත්‍යන්තර නගරය ලෙස තං රාජවංශයේ චාංඅන් නුවර පත්විය. විදේශීය

පළමුවන පරිච්ඡේදය
චීන ඉතිහාසය

ශිෂ්‍යයින් විශාල සංඛ්‍යාවක් මෙම චාංඅන් නගරයේ අධ්‍යාපනය ලැබූ අතර, එහිදී ජපානය සහ සිල්ලා (වර්තමාන කොරියානු අර්ධද්වීපය) රටවල වැඩි සිසුන් ප්‍රමාණයක් දක්නට ලැබුණි. වර්තමානයේ විදේශීය රටවල්වල චීන මිනිස්සු වාසය කරන තැනට "තං වීදිය (චයිනා ටවුන්)" යනුවෙන් හඳුන්වීම තං රාජවංශයේ බලපෑම කොතරම් ගැඹුරු ද යන්න මනාව තහවුරු වේ.

කෙසේවෙතත් තං රාජවංශයේ මැද හා අපර භාගයන්හි සිදු වූ "අන්ෂි කැරැල්ල", රාජයේ පක්ෂ අතර අරගල්, ගොවි පිබිදීම් යන සිද්ධීන් නිසා මෙම අධිරාජ්‍යය ද සමෘද්ධියේ සිට ක්‍රමයෙන් පරිහානියට පත් විය. තං රාජවංශයෙන් පසුව චීනයේ "රාජවංශ පහ සහ රාජ්‍යයන් දහය" (907-960) සමය පැවතුණි. රාජවංශ පහ යනු තං රාජවංශයෙන් පසු චීනයේ මධ්‍යම තැනිතලා කලාපයේ පිහිටුවන ලද රාජවංශ පහ ය. රාජ්‍ය දහය යනු චීනයේ මධ්‍යම තැනිතලා කලාපයේ පිටත පැවති පාලන තන්ත්‍ර දහය බව කියැවේ.

ක්‍රි.ව.960දී ජාවො-කුවංඉන් නමැත්තෙකු විසින් බියැන්ජිං හි (වර්තමාන හනන් පළාතේ කැයිෆොං නගරය) අගනුවර පිහිටුවා සුං රාජවංශය (960-1279) ස්ථාපිත කළේ ය. ක්‍රි.ව.979දී ජාවො-කුවංඉන් ගේ මලණුවන් වූ ජාවො-ගුවංර් සුං රාජවංශයේ දෙවන අධිරාජයා බවට පත් වී රට නැවත එක්සේසත් කිරීමට සමත් විය. එසේ වුව ද, සුං රාජවංශ කාලවකවානුව තුළ උතුරු චීනයේ සුළු ජනවාර්ගිකයින් විසින් පිහිටුවන ලද රාජවංශ කිහිපයක් ද දක්නට ලැබේ. උදාහරණ ලෙස ලියාඕ (907-1125), ෂීෂ්‍යා (1038-1227) සහ ජිං (1115-1234) දැක්විය හැකි අතර මේ සියල්ල ම චීන ඉතිහාසයේ කොටසක් විය.

සුං රාජවංශයේ නිලධාරිවාදය තං ක්‍රමය අනුගමනය කරමින් "ස්ඇෂියං" එනම් අග්‍රාමාත්‍යවරයා යටතේ නියෝජ්‍ය අගමැතිවරයෙක් ද පත් කළේ ය. එමගින් අගමැතිගේ විධායක බලයේ බෙදීයාමක් සිදු විය. හමුදා කටයුතු සඳහා "ෂූමීෂි" යන තනතුර පත් කළේ ය. එමගින් අග්‍රාමාත්‍යවරයාගේ

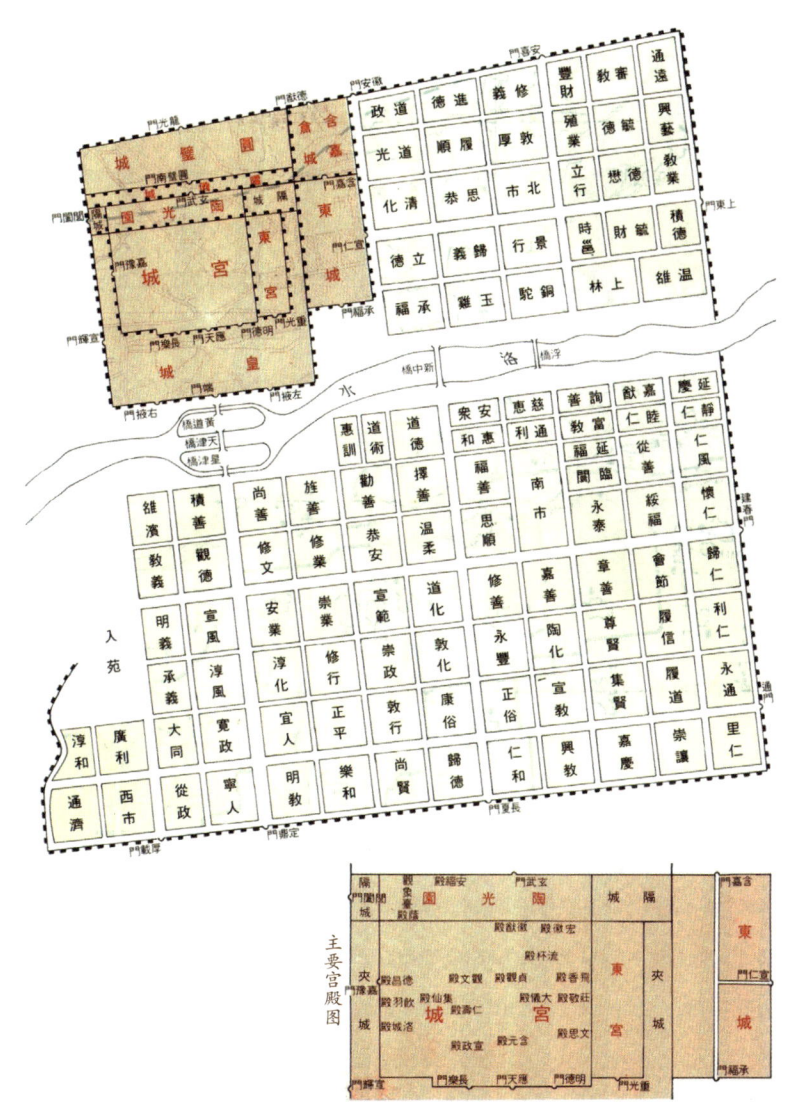

තං සමයේ ලුඕ-යං නගර සිතියම

හමුදාමය බලයේ බෙදීයාමක් සිදු විය. එපමණක් නොව, “සන්සි” යන මූල්‍ය කටයුතුවලට වගකියන තනතුරක් පත් කිරීමෙන් අග්‍රාමාත්‍යවරයාගේ මූල්‍යමය බලයේ බෙදීයාමක් සිදු විය.

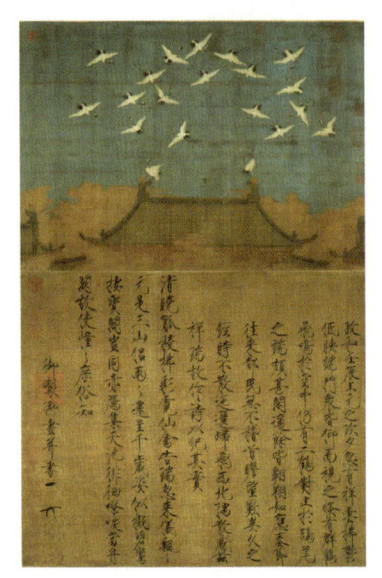

## පළමුවන පරිච්ඡේදය
### චීන ඉතිහාසය

ලියාඕ රාජවංශයේ නිලධාරීන්ගෙන් වර්ග දෙකක් දැක්විය හැක. එනම්, පළමු වර්ගයේ නිලධාරීන් සේවයට ගනු ලැබුවේ චීදන් ජනතාව පමණක් වූ අතර, ඔවුහු චීදන් ජනතාව සහ අනෙකුත් උතුරු ජනතාව පාලනය කළහ. දෙවන වර්ගයේ නිලධාරියා චීදන් හෝ හන් ජනතාව වූ අතර, ඔවුන් තං රාජවංශයේ නිල ක්‍රමයට අනුව පාලනය කරනු ලැබුවේ හන් සහ බෝහායි ජනතාවයි. ෂීඃයා රාජවංශය විසින් තං රාජවංශයේ නිල ක්‍රමය ද අනුකරණය කරනු ලැබීය.

තං රාජවංශයේ බෙදුම්වාදී තත්ත්වය වළක්වා ගැනීම සඳහා සූං රාජවංශයේ අධිරාජයවරු සාක්ෂරතාව සහ සංස්කෘතික කටයුතු වැදගත් කොට සලකන අතර යුද්ධමය කටයුතුවලට ප්‍රමාණවත් අවධානය දැක්වූයේ නැත. මේ නිසා සූං රාජවංශයේ හමුදා ශක්තිය දුර්වල වී උතුරේ ඒදෙර ජාතිකයන්ගේ ප්‍රහාර හමුවේ නිතර පරාජය වීමට සිදු විය. මුලින්ම සූං රාජවංශය චීදන් ජනතාව විසින් පිහිටුවන ලද ලියාඕ රාජවංශය සමහ කළ යුද්ධයෙන් පරාජය වීමෙන් පසු, නින්දා පමුණුවන "චන්යුවාන් ගිවිසුමේ" අත්සන් තැබීය. පසුව සූං රාජවංශය නූසුවෙන් ජනතාව විසින් පිහිටුවන ලද ජින් රාජවංශය එකතු වී ලියාඕ රාජවංශය විනාශ කර දැමීය. ලියාඕ රාජවංශයේ පරාද වීමත් සමහ ම ජින්

බෙයිසූං හුවේ-ත්සොං අධිරාජ්‍යයාගේ සිතුවමක් සහ ඔහු සියතින් ලියූ අනුලේඛයක්

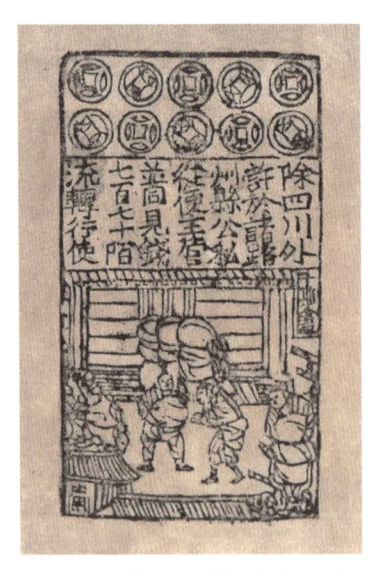

මුල් ම කඩදාසි මුදල්- ජාඋ-ස්අ

හමුදාව පැමිණ සුං රාජවංශයට පහර දුන්නේ ය. ක්‍රි.ව.1127දී සුං රාජවංශයේ අගනුවර ජින් ජනතාව විසින් අල්ලා ගන්නා ලදී. ඉන්පසුව හුයිත්සොං සහ චින්ත්සොං යන අධිරාජයින් දෙදෙනා ජින් ජනතාව විසින් පැහැර ගන්නා ලදී. හුයිත්සොංගේ බාල සොහොයුරා වූ ජාවො-ගොව් නන්ජිං ඉන්ටියැන්ෆූ හි (වර්තමාන හනන් පළාතේ ෂංචිව් නගරය) අධිරාජ්‍යයා බවට පත්වී සුං රාජ්‍යය නාමය භාවිත කරමින් 1138දී සිය අගනුවර ලින්අන් වල (වර්තමාන ජජියාං පළාතේ හංජොව් නගරය) පිහිටුවා ගත්තේ ය. පහසුවෙන් වෙන් කර ගැනීම සඳහා පෙර සහ පසු සුං රාජවංශ දෙක පිළිවෙලින් “බෙයිසුං (උතුරු සුං)” හා “නන්සුං (දකුණු සුං)” රාජවංශ යනුවෙන් හැඳින්වේ. වර්ෂ 1279දී දකුණු සුං රාජවංශය මොංගෝලියානුවන් විසින් විනාශ කර දමන ලදී.

සුං රාජවංශයේ හමුදා කටයුතුවල අඩුපාඩුවක් තිබුන ද, එම රාජවංශය ඉතිහාසයේ දේශපාලනික වශයෙන් බුද්ධිමත් වූ සමයක් ලෙස ප්‍රසිද්ධ විය. එමෙන්ම මෙම රාජවංශයට වෙළඳ ආර්ථිකය, සංස්කෘතිය, අධ්‍යාපනය හා විද්‍යාත්මක නවෝත්පාදනය යන අංශවලින් ඉදිරියෙන් ම සිටීමට හැකි විය. සුං රාජවංශයෙන් සුංමිං නව කොන්ෆියුසියානු වාදය බිහි වූ අතර, එමගින් කොන්ෆියුසියානුවාදයට පුනර්ජීවයක් ඇති විය. මෙම වකවානුවේ අග්‍රගන්‍ය චින්තකයින්, ලේඛකයින් හා අධ්‍යාපනඥයින් විශාල සංඛ්‍යාවක් බිහි විය. සුං රාජවංශය පැවති අවධියේ ලෝකයේ මුල් ම කඩදාසි මුදල් - “ජ්‍යාඋ-ස්අ” මුද්‍රණය ද දක්නට ලැබීම සුවිශේෂී වේ.

## චීන සංස්කෘතියට අදාළ ද්විභාෂා වචන මාලාව

| | |
|---|---|
| 京杭大运河 | ජිංහන් මහා ඇළ |
| 科举制度 | අධිරාජ්‍ය තරඟ විභාග ක්‍රමය |
| 士族 | උගත් පන්තිය |
| 吏部 | නිලධාරීන්ගේ කටයුතු කළමනාකරණ අමාත්‍යාංශය |
| 户部 | භූමිය, ලියාපදිංචි කිරීම් සහ මූල්‍ය කටයුතු අමාත්‍යාංශය |
| 礼部 | සංස්කෘතික සහ අධ්‍යාපන කටයුතු අමාත්‍යාංශය |
| 兵部 | යුද කටයුතු අමාත්‍යාංශය |
| 刑部 | අධිකරණ සේවා අමාත්‍යාංශය |
| 工部 | ඉදි කිරීම්, වාරිමාර්ග, පතල්, රෙදිපිළි කටයුතු අමාත්‍යාංශය |
| 贞观之治 | ජැංගුවන් පාලනය |
| 开元盛世 | කෛයුවන් සමෘද්ධිය |
| 中原 | මධ්‍යම තැනිතලා කලාපය |
| 宋明理学 | සුංමිං නව කොන්ෆියුසියානු වාදය |
| 交子 | "ජ්‍යාඋ-ස්අ" - ලෝකයේ මුල් ම කඩදාසි මුදල් |
| 唐人街 | තං වීදිය (චයිනා ටවුන්) |

# චීන සංස්කෘතික හා චින්තනික පද

kējǔ
科举
**අධිරාජ්‍ය තරඟ විභාගය**

විවිධ මට්ටම්වල දී පැවැත්වෙන පරීක්ෂණ ඔස්සේ නිලධාරීන් තෝරා ගන්නා ක්‍රමය අධිරාජ්‍ය තරඟ විභාගය ලෙසින් හැඳින්වෙයි. සුයි අධිරාජ යුගයේ දී - ක්‍රිස්තු වර්ෂ 605දී ආරම්භ කර රජයේ සේවය සඳහා නිලධාරීන් තෝරා ගැනීමේ ප්‍රධාන මාර්ගය ලෙසින් වසර 1300ක් පුරා අඛණ්ඩව පවත්වා ගෙන ආ මෙම අධිරාජ්‍ය තරඟ විභාග ක්‍රමය විසින් චීන සමාජය කෙරෙහි පුළුල් සහ ගැඹුරු බලපෑමක් ඇති කරනු ලැබීය. රදළ වංශක්කාරකම පදනම් කරගත් දේශපාලනය නිලධාරිවාදය පදනම් කරගත් දේශපාලනයක් බවට පත්වීම ඉක්මන් කරවීමට මෙම විභාග ක්‍රමයට හැකි විය. තව ද මෙම ක්‍රමය නිසා ජනතාවගේ අධ්‍යාපන මට්ටම ඉහළ නැංවීමට, අධ්‍යාපනය මත පදනම් වී නිලධාරින් තෝරා ගැනීමට, අධ්‍යාපනය මත පදනම් සමාජ ස්ථර ගොඩ නැංවීමට, සහ සාම්ප්‍රදායික සංස්කෘතිය ඉදිරියට රැගෙන යෑමට හැකි විය.

tiānzǐ
天子
**දිව්‍යමය පුත්‍රයා**

අධිරාජ්‍යයේ උත්තරීතර පාලකයා - එනම් අධිරාජයා, දිව්‍යමය පුත්‍රයා ලෙසින් හඳුන්වනු ලැබීය. දිව්‍ය ලෝකයෙහි ආඥාව සහ වරම ලැබූ අධිපතියෙකු විසින් ලෝකය පාලනය කරනු බලන බව අතීතයේ සිටි මිනිස්සු විශ්වාස කළහ. එහෙයින්, එම පාලකයා දිව්‍යමය පුත්‍රයා ලෙසින් හැඳින්විණි.

දිව්‍ය ලෝකය විසින් ලබා දුන්නක් ලෙසින් සැලැකුණු බැවින් පාලකයාගේ අධිකාර බලය පූජනීය බව ද අනුල්ලංඝනීය බව ද මෙම යෙදුමින් පැහැදිළි වෙයි. තව ද, සීමාව ඉක්මවා බලය පැතිරවීමේ ඉඩ කඩ ද එම හේතුව නිසා ම වැළැකිණි.

tiānshí dìlì rénhé
天时地利人和
**කාලයේ එළැඹුම, භූමියේ වාසිය සහ මිනිසුන්ගේ එකතුව**

"කාලයේ එළැඹුම" යන්නෙන් අතීතයේ දී හැඳින්වූයේ යුද්ධයක දී අත්විඳිය හැකි වාසිදායක කාලගුණික තත්ත්වයන් ය. එහෙත් වර්තමානයේ දී කාලගුණය, කාලය, අවස්ථාව වැනි බොහෝ කාලීන කරුණු ඒ යටතේ සැළකෙයි. "භූමියේ වාසිය" ලෙසින් අතීතයේ දී සැලකුණේ යුද්ධයක දී වාසි සහගත බිමක හමුදා පෙළ ගස්වා ගැනීමට හැකි වීම ය. වර්තමානයේ දී ඒ තුළට භූමියේ පිහිටුම, එහි ස්වභාවය, එය පිහිටා ඇති ස්ථානය වැනි සාධක බොහෝමයක් ද ඇතුළත් වී තිබේ. අතීතයේ දී, "මිනිසුන්ගේ එකතුව" යන්නට පුළුල් ජනතා සහයෝගය, සියලු සමාජ ස්ථරවල එකමුතු බව සහ සමාජ සහෝදරත්වය ඇතුළත් විය. වර්තමානයේ දී, මේ සඳහා අදාළ කරගත හැකි සියලු මානව සාධක සළකා බැලෙයි. සාර්ථකත්වය සඳහා අවශ්‍ය කෙරෙන වැදගත් ම සාධක තුන මේවා ලෙසින් ඉපැරැණි චීන ජනතාව විශ්වාස කළහ. "කාලයේ එළැඹුම" යන්න "භූමියේ වාසිය" තරමින් ද, "භූමියේ වාසිය" යන්න "මිනිසුන්ගේ එකතුව" තරමින් ද අගය කළ නොහැකි බැවින් මේවා අතරින් "මිනිසුන්ගේ එකතුව" තීරණාත්මක වෙයි. යම් ගැටලුවකට අදාළව චීන ජනතාව විසින් සලකා බලනු ලබන මූලික මාන තුනක් මෙ මඟින් පැහැදිළි වෙයි. අනෙක් සියල්ලන්ට වඩා මිනිසුන්ට මූලිකත්වය ලැබෙන බව ද එයින් ප්‍රකාශ කෙරෙයි.

jiàohuà
## 教化
### අධ්‍යාපනයෙන් මනස හැඩීම

ඉපැරණි චීනයේ රාජ්‍ය පාලනය උදෙසා යොදාගත් ඉතා වැදගත් ක්‍රමයක් සහ මූලික දේශපාලන සංකල්පයක් වූයේ අධ්‍යාපනයෙන් මනස සැකැසීම ය. තමන් විසින් හඳුන්වා දෙනු ලබන ඇගැයීම් මිනිසුන්ගේ දෛනික ජීවිත තුළින් නිරීක්ෂණය කළ හැකි වන ලෙසින් ද, පාලනය සමඟ ජනතාවට එක්වීමට හැකි වන ලෙසින් ද ඉතා සියුම් ලෙසින් ඒවා ජනතාව අතර පැතිරවීමට පාලකයෝ දෘෂ්‍යමාන සහ අදෘෂමාන යන ආකාර දෙකින් ම සැකසුණු උපාය මාර්ග යොදා ගත්හ. පරිපාලන ආඥා නිකුත් කිරීම, සදාචාරාත්මක අධ්‍යාපනය ලබාදීම, හිතකර පරිසරයක් නිර්මාණය කිරීම, ආචාරාත්මක ඇගැයීම් ප්‍රකාශ කෙරෙන ජනප්‍රිය සාහිත්‍ය නිර්මාණ ප්‍රචාරණය සහ අධිරාජ විභාග තුළින් නිලධාරීන් තේරීම යනාදි ක්‍රම මෙම උපාය මාර්ග අතර විය.

xuǎnjǔ
## 选举
### තේරීම සහ නිර්දේශ කිරීම

රජයේ තනතුරු හෙබවීම උදෙසා මිනිසුන් තෝරා ගැනීමට සහ පත් කිරීමට යොදා ගනු ලැබූ සාම්ප්‍රදායික ක්‍රමය මෙම යෙදුමෙන් හැඳින්වෙයි. විශිෂ්ට හැකියාවන්ගෙන් සහ ගුණධර්මවලින් සපිරිණු මිනිසුන් දේශපාලන බල යාන්ත්‍රණය තුළට තෝරා ගැනීම සහ නිර්දේශ කිරීම ද රාජ්‍ය පාලනය සඳහා දායක විය හැකි තනතුරුවලට ඔවුන් පත් කිරීම ද පරමාදර්ශී පාලනයක් ස්ථාපනය කිරීම උදෙසා සැකැසුණු මෙම ක්‍රමයෙන් සිදුවිය. මෙයට අදාළ

ක්‍රමවේදය අධිරාජ යුගයෙන් යුගයට වෙනස් වුව ද එය තුළින් සෑම විටෙක ම පුද්ගලයාගේ සාදාචාර පූර්ණභාවය, හැකියාව, බුද්ධිය සහ පවුල් පසුබිම කෙරෙහි වැඩි අවධානයක් යොමු කොට ඇත. සමාජයේ ප්‍රභූන් සහ දේශපාලන බල යාන්ත්‍රණය අතර පහසුවෙන් සම්බන්ධයක් තබාගැනීමේ අවස්ථාව ද මෙම ක්‍රමය තුළින් මූලිකව සහතික කෙරිණි.

## අතිරේක කියවීම

### ජාත්‍යන්තර මධ්‍යස්ථානයක් වූ චාංඅන් අගනුවර*

තං අධිරාජ්‍යයේ අගනුවර වූ චාංඅන් ඇතැම් විටෙක ලෝකයේ විශාලතම අග නගරය වූවා විය හැකි ය. නැගෙනහිර සිට බටහිරට එය මීටර් 10000කින් ද, උතුරේ සිට දකුණට 8000කින් ද යුක්ත වූ බව පෙනේ. වර්ග කිලෝ මීටර් 84 කින් යුත් මෙම නගරයෙහි ජනතාව මිලියනයකට වඩා ජීවත් වූහ. එම අවධියේ බයිසන්ටියානු අධිරාජ්‍යයේ අගනුවර වූ කොන්ස්තන්තිනෝපලානු අග නගරයෙහි ජීවත් වූ ජනගහනය 200000ක් පමණ වේ.

විදේශීය සංස්කෘතීන් රටට ඇතුළු වීමේ විවෘත ප්‍රතිපත්තියක් තිබූ චාංඅන් නගරය එම අවධියේ ලෝකයේ වඩාත්ම සමෘද්ධිමත් අග නගරයක් බවට පත්ව තිබුණි. විදේශීය තානාපතිවරුන්, වෙළෙඳුන්, ශිෂ්‍යයන් ආදී පිරිස් මෙම නගරයේ සුලභ දර්ශනයක් විය. මෙහි වූ හොංලූ ආරාමයට විදේශීය රටවල්වලින් රාජ දූත කණ්ඩායම් 70කට

* ඉහත කොටස චීන FLTRP සහ ශ්‍රී ලංකාවේ ෆාස්ට් පබ්ලිෂින් (ප්‍රයිවට්) ලිමිටඩ් යන ප්‍රකාශකයන් විසින් පළ කරන ලද "අසිරිමත් චීන සංස්කෘතිය" යන කෘතියෙන් උපුටා ගැනීමක් සහ සංස්කරණය කිරීමකි

වඩා පැමිණියහ. චීනයට දූත කණ්ඩායම් බහුලව යැවූ රටවල් අතර ජපානය, සිල්ලා (කොරියාව), තාසි (වර්තමානයේ සිරියාව, කුවේටය, ඉරාකය සහ ලිබියාව යන රටවල් සමන්විත වූ පැරණි අධිරාජ්‍යයක්) වේ. විශේෂයෙන් ජපානය රාජ දූත කණ්ඩායම් 10කට වඩා චීනයට පිටත් කර එවූ අතර ඔවුන් අතර ශිෂ්‍යයින්, උගත් භික්ෂූන් වහන්සෙලා, විවිධ ශිල්පීන් සහ විවිධ ක්ෂේත්‍රයන්හි ප්‍රවීණයන් සිටි බව පෙනේ. සෑම දූත කණ්ඩායමක් ම පුද්ගලයින් රාශියකින් සමන්විත වූ අතර විශාලතම කණ්ඩායම පුද්ගලයින් 800කින් සමන්විත වූ බව පෙනේ. සිල්ලා වලින් පැමිණි ශිෂ්‍යයින් 200ක් පමණ නිරන්තරයෙන් ටාංඅන් වල අධ්‍යාපනය හැදෑරූ බව පෙනේ. තං රජ පරපුරෙහි පැරණි වාර්තාවලට අනුව 837 වන වර්ෂයේදී සිල්ලා රාජ්‍යයෙන් ටාංඅන් වෙත ශිෂ්‍යයින් 216දෙනෙකු පැමිණ තිබේ.

උසස් පෙළපත්වලට අයත් අය මෙන් ම සාමාන්‍ය ජනතාව ද විදේශීය ඇඳුම්, ආහාර, සිරිත්-විරිත් ආදියට කැමැත්තක් දැක්වූ අතර "කුඩා ජන කණ්ඩායම්වල විලාසිතා" ටාංඅන් වල ඉතා ජනප්‍රිය විය. මෙහි "කුඩා ජන කණ්ඩායම්වල විලාසිතා" යන්නෙන් අවධාරණය වන්නේ බටහිර පෙදෙස්වල, එනම් වර්තමානයේ උස්පෙකිස්ථානය යනුවෙන් හඳුන්වන ප්‍රදේශවල තිබූ ඇඳුම් ආයිත්තම් විලාසිතාවන් ය. ඒවා අතර සිහින් අත්වලින් යුක්ත කෙටි කබා වූ අතර, ඒවා අසුන් පිට නැගී දඩයමේ යාමේ දී පහසුවෙන් භාවිතා කළ හැකි ඇඳුම් විය. කාන්තාවන් භාවිතා කළ හිස්වැසුම් හඳුන්වා දී තිබුණේ ඉන්දියාවෙන් ය. තං අවධියේ ජනප්‍රිය වූ පෝලෝ නම් ක්‍රීඩාව පර්සියාවෙන් හඳුන්වා දුන්නකි. මෙය මුලින් ම තුර්කියටත්, පසුව ඉන්දියාවටත්, අනතුරුව චීනයටත් හඳුන්වා දුන් බව පෙනේ. ඓතිහාසික වාර්තාවන්ට අනුව ෂුවැන්-ත්සොං සහ ෂී-ත්සොං අධිරාජයන් දෙදෙනා වූ කලී පෝලෝ

ක්‍රීඩා කිරීම සඳහා විශේෂ කැමැත්තක් දැක්වූහ. එමෙන් ම මධ්‍ය සහ බටහිර ආසියාතික බොහෝ වෙළෙන්දෝ වයින්, රන් ආභරණ සහ සිල්ලර වෙළෙඳසල් චාංඅන් වල පවත්වා ගෙන ගියහ. මෙහි පැවැති වයින් හල් බොහෝ දෙනාගේ ආකර්ෂණය දිනා ගත්තේ වයින් නිසාම නොව, ඒවායේ සේවය කළ සුරූපී කාන්තාවන් නිසා ය. එම අවධියේ විලාසිතාව වූයේ වයින් හලවල් සඳහා ආකර්ෂණයෙන් යුක්ත කාන්තාවන් යොදා ගැනීමයි. තං අවධියේ වූ ශ්‍රේෂ්ඨ කවියකු වන ලී බයි (701-762) ඔවුන්ගේ සුන්දරත්වය පිළිබඳ කාව්‍යයන් නිර්මාණය කර තිබේ. ඒවා අතර "පුෂ්පයන් මෙන් ලස්සන/හමා යන වසන්ත මඳ පවන මෙන් හිනැහෙන තරුණ වයින් හල් කාන්තාවන්", "වසන්ත කාලය අවසානයේ දී සංචාරයේ යෙදිය හැකි ප්‍රදේශයක් නොමැත / වයින් හලට පියනැගීමෙහි දී විදේශීය ප්‍රදේශවලින් පැමිණ මඳහස පාමින් සිටින කාන්තාවන්" ආදී වශයෙන් සඳහන් වන කාව්‍ය නිර්මාණ දක්නට ඇත.

ජනප්‍රිය බාහිර විලාසිතා හා සිරිත්-විරිත් වැළඳ ගැනීමෙන් තං අවධියේ පැවැති ක්‍රියාශීලී තාරුණ්‍යයෙහි ස්වභාවය මනාව පැහැදිලි වේ. මෙය පසුකාලීන උගත් පරම්පරාවන්ගේ විශේෂ ඇගයීමට ලක් වී තිබේ.

## චීන ඉතිහාසයේ ප්‍රසිද්ධ චරිතයක්

### වූ-ත්ස-ටීයැන්

වූ-ත්ස-ටීයැන් ගේ (ක්‍රි.ව. 624-705) සැබෑ නාමය වූ-චාඕ

ය. ඇය චීනයේ රාජ්‍යත්වයට පත් එකම කාන්තාව මෙන්ම චීන ඉතිහාසයේ සුවිශේෂී, බලපෑම්කාරී හා ගූඪ කාන්තාව ලෙස ද සැලකේ. වූ-ත්ස-ටියැන් ධනවත් නිලධාරී පවුලක උපත ලැබීය. ඇගේ පියා ඇයට ඉහළ අධ්‍යාපනයක් ලබා දුන් අතර, ඇය පුළුල් ක්ෂේත්‍රයක පොතපත පරිශීලනය කළ බුද්ධිමත් තැනැත්තියක් වූවාය. 14 වන වියේදී තං අධිරාජ්‍යයේ දෙවන අධිරාජ්‍යා වන තයි-ත්සොං අධිරාජ්‍යයාගේ උපභාර්යාව ලෙස තෝරා ගනු ලැබිණ. තයි-ත්සොං අධිරාජ්‍යයාගේ අභාවයෙන් අනතුරුව ඇය, ඔහුගේ නවවන පුත්‍රයා වූ ගඕ-ත්සොං අධිරාජ්‍යයා හා විවාහ වූ අතර ක්‍රි.පූ. 655 දී ඇය නිල වශයෙන් ගඕ-ත්සොං අධිරජ්‍යයාගේ අගමෙහෙසිය බවට පත්විය.

වූ-ත්ස-ටියැන් තම සැමියාට වඩා තීරණාත්මක හා ක්‍රියාශීලී තැනැත්තියක් වූ අතර, තං රාජවංශයේ බලයේ හා කීර්තියේ කූටප්‍රාප්තියවන් දහඅට වසරකට අධික කාලයේ කිරුළ පිටිපස පැවති සැබෑ බලය හා පාලන චරිතය ලෙස ඉතිහාසඥයෝ සලකනු ලබති. ක්‍රි.ව.683දී සිදු වූ ගඕ-ත්සොං අධිරාජ්‍යයාගේ මරණින් පසුව වූ-ත්ස-ටියැන් අධිරාජ්‍යයාගේ සියලු බලතල හිමි අධිරාජිනිය බවට පත් වූ අතර බලය ස්වාධීනව හා අද්විතීය ලෙස ගෙනයාම ඇයගේ අපේක්ෂාව විය. ඒ අනුව සත්වසකට පසුව ක්‍රි. ව. 690 දී ඇය කිරුළ ලබාගෙන නිල වශයෙන් ඇගේ රාජ පරම්පරාව වන ජෝව් රාජවංශය (ක්‍රි.ව. 690-705) ආරම්භ කළාය.

වූ-ත්ස-ටියැන්ගේ පාලනය, තයි-ත්සොං අධිරාජයාගේ "ජැංගුවන් පාලනය" සහ ෂුවැන්-ත්සොං අධිරාජ්‍යයාගේ "කෛයුවන් සමෘද්ධිය" අතර වැදගත් පුරුකක් ලෙස සැලකේ. අධ්‍යාපන හා පුද්ගල තෝරාගැනීම් පද්ධතීන්හි ප්‍රතිසංස්කරණ

වාදිනියක ලෙස වූ-ත්ස-ටියැන් හැඳින්විය හැකි ය. ඇය විසින් අධිරාජ්‍ය තරඟ විභාග ක්‍රමය මනා ලෙස දියුණු කිරීම සිදු කරන ලදී. ඇයගේ ප්‍රතිපත්තිය යටතේ චීනය එහි සමාජ ආකෘතිය හමුදා සහ දේශපාලන වංශාධිපතිත්වයෙන් විභාගයෙන් නිලධාරින් තෝරා ගනු ලබන අධිකාරීත්වයක් කරා ප්‍රවේශ කරනු ලැබිණ. එසේම ඇය විසින් පවුල් තත්ත්වයන් නොසලකා බොහෝ දක්ෂ ජනතාව ද නිලධාරීන් තනතුරුවලට පත්කරනු ලැබිණ. දෙවනුව, ඇය කෘෂිකාර්මික නිෂ්පාදන සඳහා වැඩි වැදගත්කමක් ලබා දුන්නා ය. සිය පරිපාලන ප්‍රදේශයේ කෘෂිකාර්මික කටයුතු මනා ලෙස සිදු කළ නිලධාරීන්ව දිරිමත් කිරීම, ගොවියන්ගෙන් අනවශ්‍ය බදු අයකළ නිලධාරීන්ට දඩුවම් පමුණුවීම යනාදි ක්‍රියාමාර්ගයන් මගින් වූ-ත්ස-ටියැන් තම රටට විශාල කෘෂිකාර්මික දියුණුවක් අත්කර දීමට සමත් විය. තෙවනුව, ඇය හමුදාමය ආරක්ෂාව සහ රාජ්‍යතාන්ත්‍රික සබඳතා කෙරෙහි විශේෂ අවධානයක් යොමු කරමින් සිටියා ය. ඇයගේ නියෝගයන්ට අනුව, වයඹදිග පෙදෙසේ කාලයක් තිස්සේ වසා තිබූ සේද මාවත යළි විවෘත කරනු ලැබූ අතර සේද මාවත ආරක්ෂා කිරීම සඳහා හමුදා පරිපාලනයක් ස්ථාපිත කරන ලදී. සමස්තයක් ලෙස, වූ-ත්ස-ටියැන්ගේ පාලන කාලයේදී සෞභාග්‍යමත් ජාතික ආර්ථිකයක් හා ස්ථිර සටන් පාලනයක් සහිත බලවත් මධ්‍යගත පාලන ක්‍රමයක් සකස්ව තිබිණ.

## සිතීමට යමක්

1. සුයි රාජවංශයේ පාලනය කෙටි එකක් වුව ද චීන ඉතිහාසයට වැදගත් දායකත්වයන් ලබා දුන් බව නිසැක ය. ඉහත වාක්‍යය පිළිබඳ ඔබගේ අදහස් දක්වන්න.

2. තං රාජවංශය විවෘතභාවයකින් ද නම්‍යශීලී බවකින් ද යුත් රාජවංශයක් ලෙස චීන ඉතිහාසයේ ඉතා ප්‍රසිද්ධ ය. ඉහත කී ලක්ෂණයන් මෙම රාජවංශයේ පැවතුණේ ඇයි?

3. තං රාජවංශය පරිහීමට පත් වීමේ හේතු කවරේ ද?

4. "වන්යුවාන් ගිවිසුම" සුං රාජවංශයට නින්දා පමුණුවන ගිවිසුමක් යැයි සැලකීමේ හේතු කවරේ ද?

5. සුං රාජවංශය විද්‍යාත්මක නවෝත්පාදනය අතින් චීන ඉතිහාසයට ද ලෝක ඉතිහාසයට ද ලබා දී ඇති දායකත්වයන් කවරේ ද?

6. සුං අවධියේ කඩදාසි මුදල් බිහි වීමෙන් සංකේතවත් වෙන්නේ කුමක් ද? එකල චීන ආර්ථිකය ලෝකයේ කවර තැනක පැවතුණේ ද?

7. මෙම කාල පරිච්ඡේදයේ චීනය සහ ශ්‍රී ලංකාව අතර දේශපාලනික, ආර්ථික සහ සංස්කෘතික හුවමාරුව කුමන තත්ත්වයක පැවතුණි ද?

# තෙවන කොටස

# යුවැන්, මිං සහ චීං රාජවංශ තුන

ක්‍රි.ව.1206දී තියේ-මූජෙන් විසින් විවිධ මොංගෝලියානු ගෝත්‍රික කණ්ඩායම් ඒකාබද්ධ කොට "මහා මොංගෝලියානු අධිරාජ්‍යය" පිහිටුවන ලදී. ඔහු "චෙං-ජී-සි-හාන් (ජෙන්ගිස් ඛාන්)" යන ගෞරවණීය නාමයෙන් ද හැඳින්වේ. මහා මොංගෝලියානු අධිරාජ්‍යය පිහිටුවීමෙන් පසු එය නොයෙක් රටවල් ආක්‍රමණය කිරීමට පටන් ගත් අතර බටහිරින් ඉතාලියේ වැනීසියට කිට්ටුවෙන් පිහිටි ප්‍රදේශයකට ළඟා වී තිබේ. 1271දී ජෙන්ගිස් ඛාන්ගේ මුණුබුරා වූ "හු-බි-ලියේ (කුබ්ලායි ඛාන්)", හන් ජාතිකයන් විසූ මධ්‍යම තැනිතලා ප්‍රදේශය අත්පත් කරගෙන යුවැන් රාජවංශය පිහිටුවා ගත්තේ ය. 1272දී කුබ්ලායි ඛාන් යැන්ජිං නුවර (වර්තමාන බෙයිජිං) සිය

මිං සහ චීං රාජවංශ දෙකේ රජ මාළිගාව - තහනම් නගරය

අගනුවර කරගත් අතර එයට “දාදූ” යන නමින් හඳුන්වා දුන්නේ ය. 1279දී යුවැන් රාජවංශය නන්සුං රාජවංශය මුළුමනින් ම විනාශ කරමින් මුළු චීනය ම එක්සේසත් කළේ ය.

මොන්ගෝලියානුවන්ගේ පාලනය ඉතා පුළුල් පරාසයක විහිදී තිබුණේ ය. ඔවුන් විසින් යුරේසියා මහාද්වීපයේ චිංචා, චා-හ-තැයි, වෝ-කුවො-තැයි, ඊලි යනාදි මොන්ගෝලියානු රාජ්‍යයන් ගණනාවක් ම ස්ථාපනය කරන ලදී. කෙසේවෙතත් මෙම රාජ්‍යයන් ඉතාමත් ඉක්මනින්ම ස්වාධීන වූ අතර කුබ්ලායි ඛාන්ගේ යුවැන් අධිරාජ්‍යය එක ම රටක් ලෙස සැලකිය නොහැකි ය. යුවැන් රාජවංශයේ භූමිය ඉතා විශාල මෙන් ම එම පරිපාලන බල සීමාව තුළ වර්තමාන ශින්ජ්‍යං, ෂී-ස්ආං (ටිබෙටය), යුන්නන්, ඊසානදිග ප්‍රදේශ මෙන්ම, තායි-වන් (තායිවානය) සහ දකුණු චීන මුහුදේ දූපත් ද ඇතුලත් වේ. මෙබඳු විශාල රාජ්‍ය භූමියක් මත චීනය බහුවාර්ගික රටක් ලෙස තවත් දියුණු වීමට අවස්ථා ලැබුණි.

යුවැන් රාජවංශය පළාත් පාලන පද්ධතියක් ස්ථාපනය කරමින් මධ්‍යම රජයේ ඉහළ ම පරිපාලන ආයතනය ලෙස “චොන්-ෂු-ෂෙන්” එනම් මහා ලේකම් කර්යාලය පත් කරන ලදී. “චොන්-ෂු-ෂෙන්” මගින් විවිධ පළාත්වලට පරිපාලන කටයුතු සිදු කරන නිලධාරීන් යවන ලදී. මෙම නිලධාරීන් වැඩ කරන පළාත් පාලන ආයතන “ෂින්-චොන්-ෂු-ෂෙන්” නමින් හැඳින්වේ. මෙය විධායක ලේකම් කාර්යාලයක් ලෙස සැලකිය හැකි ය. මිං සහ චිං රාජවංශ අවධියන්හි පළාත් පරිපාලන ක්‍රමය අනුගමනය කරමින් “පළාත” යනුවෙන් හැඳින්වෙන්නේ වර්තමානය දක්වා ම පවතින චීනයේ ඉහළ ම ප්‍රාදේශීය පරිපාලන ඒකකයයි.

යුවැන් රාජවංශයේ අති විශාල භූමි ප්‍රදේශයක් තිබියදීත්, ඔවුන්ගේ පාලනය ඉතාමත් කෙටිකාලීන විය. ක්‍රි.ව.1368දී ගොවි පිබිදීමක නායකයෙකු වූ ජූ-යුවැන්ජාං විසින් මිං රාජවංශය (1368-1644) පිහිටුවන

තහනම් නගරයේ මාළිගා කෞතුකාගාරය

ලදී. මිං අධිරාජ්‍යය ඉන්-තියැන්ෆු (වර්තමාන නන්ජිං) සිය අගනගරය ලෙස තෝරාගෙන තිබේ. ජූ-යුවැන්ජාංගේ පුත් ජූ-දී අභිෂේක ලැබී මිං රාජවංශයේ 3වන අධිරාජ්‍යයා ලෙස රට පාලනය කළ සමයේ මිං රාජවංශයේ අගනගරය ෂුන්-තියැන්ෆු (වර්තමාන බෙයිජිං) වෙතට ගෙන යන ලදී.

මිං රාජවංශයේ මුල් සමයේදී ක්‍රියාත්මක කරන ලද පළාත් පරිපාලන ක්‍රමය තුළ යුවැන් රාජවංශයේ පැවති ක්‍රමය හා සසඳා බලන විට, විශාල වෙනසක් නොතිබුණේ ය. නමුත් මිං රාජවංශය ප්‍රාදේශීය මට්ටමේ නව පරිපාලන ඒකකයක් ස්ථාපනය කළේ ය. "සන්-ස්අ (කොමිෂන් සභා තුනක්)" නමින් හැඳින්වූ මෙම පරිපාලන ඒකකය "බූ-ජන්-ස්අ", "දූ-ජීහුවේ-ෂි-ස්අ" සහ "ටීෂින්-අන්චා-ෂි-ස්අ" යන කොමිෂන් සභා තුනෙන් යුක්ත විය. "බූ-ජන්-ස්අ" විධායක කටයුතුවලට වගකිව යුතු අතර "දූ-ජීහුවේ-ෂි-ස්අ" හමුදා කටයුතුවලට, "ටීෂින්-අන්චා-ෂි-ස්අ" අධිකරණ කටයුතුවලට වගකීමට සිදු විය. මධ්‍යම රජය තුළ, හමුදාපතීන්ගේ අධික බලය වළක්වාලනු වස්, හමුදා මෙහෙයවීමේ හා හමුදා යොදවීමේ බලයන් දෙපාර්තමේන්තු දෙකකට බෙදන ලදී. ක්‍රි.ව.1380දී ජූ-යුවැන්ජාං අධිරාජ්‍යයා, චින්ෂීහුවං කාලයේ සිට ක්‍රියාත්මක වූ "චැන්ෂියං ක්‍රමය" ද සුයි සහ තං රාජවංශවල සිට පැවත ආ "ස්ඇෂියං ක්‍රමය" ද අහෝසි කර දමා, රාජ්‍ය අමාත්‍යාංශ හයේම පරිපාලන

බලය සියතට ගත්තේ ය. ජු-දී අධිරාජ්‍යයා බලයට පත්වීමෙන් පසු, මධ්‍යම රජයේ "නේ-ග්අ (කැබිනට්)" ක්‍රමය ස්ථාපිත විය. මෙම කැබිනට් මණ්ඩලය අධිරාජ්‍යයාගේ ඉහළම කාර්ය මණ්ඩලය සහ තීරණ ගැනීමේ ආයතනය බවට පත්විය. මිං රාජවංශයේ ජු-යුවැන්ජාංගේ සහ ජු-දීගේ පාලනය යටතේ, දේශපාලන කටයුතු ඉතා මනා ලෙස සිදු වූ අතර ජාතික ශක්තිය ක්‍රම ක්‍රමයෙන් තහවුරු විය. 1405-1433 අතර, ජු-දීගේ නියෝගයන්ට අනුව, රාජ්‍ය නිලධාරියෙකු වූ ජෙං-හ්අගේ ප්‍රධානත්වය යටතේ මහා නාවික සංචාර හතක් සිදු විය. මෙම මුහුදු චාරිකාවන් ගිණිකොනදිග ආසියානු රටවල්, ඉන්දියන් සාගරය සහ පර්සියානු බොක්ක හරහා ගමන් කරමින් අප්‍රිකාවේ නැගෙනහිර වෙරළට ළඟා විය. ජෙං-හ්අගේ බටහිර සාගර ගවේශනය ක්‍රිස්ටෝපර් කොලොම්බස් යුගයට පෙර ලෝකයේ වූ විශාලතම සහ දීර්ඝතම සමුද්‍රීය ගවේශනය විය.

මිං රාජවංශයේ රාජාණ්ඩුව පෙර නොවූ විරූ ලෙස ශක්තිමත් වූ නමුදු එහි මධ්‍ය සහ අග භාගයන්වලදී රාජවාසලේ සේවය කරන නපුංසකයන්ට අධික බලයක් සතුවීම රටේ පසුකාලීන පිරිහීමට ප්‍රධාන හේතුවක් විය. කෙසේ නමුත් මිං රාජවංශයේ අග භාගයේදී ගොවි පිබිදීම් දිගටම පැවතුණි. වර්ෂ 1644දී ලී-ත්ස-චෙංගේ නායකත්වයෙන් යුතු කැරලිකාර හමුදාව බෙයිජිං නුවර අත්පත්කර ගත්තේ ය. එහි ප්‍රතිඵලයක් ලෙස, මිං රාජවංශයේ අවසාන අධිරාජ්‍යයා වූ ජු-යෝව්-ජියැන් සියදිවි නසා ගත් අතර ඉන් මිං රාජවංශය සම්පූර්ණයෙන්ම විනාශ විය.

ක්‍රි.ව.1616දී ඊසානදිග ප්‍රදේශයේ විසූ මාන් ජාතික නූඅර්හාචි විසින් ජින් රාජවංශය පිහිටුවන ලදී. එය පෙර පැවතුණු ජින් රාජවංශයෙන් වෙන්කර හඳුනාගැනීම සඳහා "හෞ-ජිං, එනම් පශ්චාත් ජිං යුගය" ලෙස නම් කළේ ය. වර්ෂ 1636දී නූඅර්හාචිගේ පුත් හුවාං-තැයිජි සිය රාජකීය නාමය දාචිං ලෙස වෙනස් කළේ ය. වර්ෂ 1644දී මිං රාජවංශය පෙරළා දැමීමට ඉදිරිපත් වූ

## පළමුවන පරිච්ඡේදය
### චීන ඉතිහාසය

ලතින් භාෂාවෙන් මුද්‍රණය කරන ලද "නිබ්චු ගිවිසුම" සහ එහි ඉංග්‍රීසි සහ චීන පරිවර්තනය

චීං සමයේදී ලන්-ෂී-නින් ප්‍රමුඛ සිත්තරුන් විසින් සිතුවම් කළ, "හොං-ලී හිම මත විනෝද වීම" සිතුවම (කොටසක්)

ගොවි ජන රැල්ල නිසා, ඉන් වාසි ලබාගත් මාන් ජාතිකයින් ෂංහායි-ගුවං හරහා හන් ජනතාව විසූ මධ්‍යම තැනිතලා ප්‍රදේශයට ඇතුල් විය. ඉන්පසු මාන් ජනතාව මුළු රටේ ම යුධ ජයග්‍රහණයන් අත්පත් කරගෙන චීනයේ පාලකයා බවට පත්විය. ඔවුහු ද බෙයිජිං නගරය සිය අගනුවර ලෙස පත් කළේ ය.

ක්‍රි.ව.1684දී චීං අධිරාජ්‍යය තායිවානයෙහි පරිපාලන ආණ්ඩුවක් පිහිටුවාගෙන මූලික වශයෙන් මුළු චීනය ම එක්සත් කිරීම මුදුන්පමුණුවා ගත්තේ ය. මුල් චීං සමයේදී එහි භූමි ප්‍රදේශය බටහිරින් ත්සුලිං කඳුවැටියට ද, වයඹ දෙසින් බෝල්කාෂ් විලට ද, උතුරින් සයිබීරියාවට ද, ඊසානින් වයිෂිංඅන්ලිං කඳුවැටිය සහ කූයේ දූපතට ද, නැගෙනහිරින් ශාන්තිකර සාගරයට ද, ගිණිකොණ දෙසින් තායිවාන් දූපත සහ ඊට අනුබද්ධ දූපත් තායිඔයු හා චිවෙයි දූපත්වලට ද, දකුණින් දකුණු මුහුදේ විවිධ දූපත්වලට ද විහිදී ගියේ ය. චීං රාජවංශයේ පාලනය යටතේ චීනය නැගෙනහිර ආසියාවේ විශාලතම රට බවට පත් විය.

මුල් සමයේදී චීං අධිරාජ්‍යය මිං රාජවංශයේ දේශපාලන ක්‍රමය බොහෝ දුරට ඒ ආකාරයෙන් ම පවත්වාගෙන ගිය අතර "නේ-ග ක්‍රමය" එනම් කැබිනට් මණ්ඩල ක්‍රමය සහ "අමාත්‍යාංශ

හයේ ක්‍රමය'' මගින් රාජ්‍ය දේශපාලන කටයුතු සිදු කළේ ය. නමුත් මධ්‍යම රජයේ සැබෑ උත්තරීතර අධිකාරිය වූයේ මාන් ජාතික වංශාධිපතිවරුන්ගේ ප්‍රධානත්වයෙන් සංවිධානය වුණු ''රාජ්‍ය උපදේශක අමාත්‍යවරුන්ගේ රැස්වීම''යි. එය අධිරාජ්‍යයන්ගේ බලය සීමාවකට යටත් කිරීමට හේතු විය. යොංජෙං අධිරාජ්‍යයා, සිය උපදේශක කණ්ඩායමක් ලෙස ''ජුයින්-ජී-චූ'' නමින් හැඳින්වූ මන්ත්‍රණ සභාවක් පිහිටුවේ ය. අධිරාජ්‍යයෝ මෙම සභාව හරහා කෙලින්ම ප්‍රාදේශීය ආණ්ඩුකාරවරයාට අණ දුන් අතර ක්‍රමයෙන් මාන් ජාතික වංශාධිපතිවරුන්ගේ ග්‍රහණයෙන් මිදීමට ඔවුහු සමත් වූහ.

මිං රාජවංශ සමයේදී මධ්‍යම රජය නිරිතදිග කලාපයේ ප්‍රධානීන් ලෙස සේවය කිරීමට ''ටූ-ස්අ'', එනම් ප්‍රාදේශීය ජන වර්ගවල නායකයින් පත් කොට තිබේ. එම රාජ්‍ය තනතුරු, ටූ-ස්අ ලාගේ පවුල් තුළ පරම්පරාවෙන් පරම්පරාවට උරුම විය හැකි වූ නිසා එම පෙදෙස්වල තිබූ මධ්‍යම අධිකරණ බලය දුර්වල විය. පසුකාලයේදී තනි තුනතුරකට විටින් විට වෙනස් නිලධාරීන් පත්කිරීමේ ක්‍රමය ආරම්භ කළ ද එය පුළුල් ලෙස සිදු නොවීය. චිං රාජවංශයේ කංෂී සහ යොංජෙං යන අධිරාජ්‍යයන් දෙදෙනාගෙන් පසුව, ඉහත කී නිලධාරීන් නිරිතදිග ප්‍රදේශවලට පත් කොට යවන ලද හෙයින් මධ්‍යම රජය ටූ-ස්අ ලාගේ බලය ක්‍රම ක්‍රමයෙන් අත්පත් කිරීමට සමත් විය. මෙම ක්‍රියාමාර්ගය ඒකාබද්ධ මෙන්ම බහුවාර්ගික රටක ශක්තිමත්භාවය හා සංවර්ධනය තකා මහඟු පිටිවහලක් විය.

මිං සහ චිං රාජවංශ සමයන්හි චීනය විදේශ රටවල් සමඟ ඉතා සමීප ලෙස ආර්ථික සබඳතාවන් පවත්වාගෙන ගියේ ය. චීනය සුළු වශයෙන් රිදී නිෂ්පාදනය කළ රටක් වුව ද, මිං රාජවංශයේදී රිදී නීතිමය මුදල් ලෙස භාවිතා කිරීම ආරම්භ කළේ ය. එය චීනය ගෝලීය වෙළඳාමට සහභාගි වීමේ ප්‍රතිඵලයක් ලෙස සැලකිය හැකි ය. වර්ෂ 1689දී චීනය සහ රුසියාව අත්සන් තබන ''නිබුචු ගිවිසුම'' චීනය විසින් අත්සන් කරන ලද පළමු

ජාත්‍යන්තර ගිවිසුම වේ.

චිං රාජවංශයේ කංෂී, යොංජෙං සහ චියැන්ලොං යන අධිරාජ්‍යයින් තිදෙනාගේ පාලනයෙන් පසු, චීනය එක්සත් බහු වාර්ගික රටක් ලෙස තහවුරු වී අතර වේගවත් ව වර්ධනය විය. එකල ජාතික ශක්තිය පෙර නොවූ විරූ ලෙස ස්ථාවර විය. ආර්ථිකය අති මහත් සේ සංවර්ධනය වී සමාජයේ ඉමහත් සමෘද්ධිමත්භාවයක් දක්නට ලැබුණි. චීනයේ වැඩවසම් සමාජය පෙර නොවූ විරූ පරිදි සියලු අන්තයන්ගෙන් උපරිම තත්ත්වයකට ළඟා විය. ඉතිහාසයේ මෙම කාලය "කං-චියැන් සමෘද්ධිය" ලෙසින් හැඳින්විය.

චිං රාජවංශය චීනය එක්සේසත් කළ දිනයේ පටන් වසර 2000කට වඩා වැඩි ඉතිහාසයක් තුළ පිළිවෙළින් චිං-හන්, සුයි-තං සහ යුවැන්-මිං-චිං යනුවෙන් ඒකාබද්ධ කාල පරිච්ඡේදයන් 3ක් බිහි වී තිබේ. එනම්, චීන ඉතිහාසයේ අවුරුදු 1300කට වඩා වැඩි කාලයක් චීනය එක්සත් රටක් ලෙස පැවතුන බව කිව හැකි ය. එක්සත් වීමේ හෝ මූලික එක්සත් කිරීමේ කාලය (බෙයිසුං රාජවංශය) මුළු ඉතිහාසයෙන් තුනෙන් දෙකකට වඩා වැඩි ය. වෙයි, ජින්, නන්බෙයිචාඕ, රාජවංශ පහ සහ රාජ්‍යයන් දහය, ලියාඕ, සුං, ජිං, ෂ්‍යා යන සමයන්හි රට බෙදීම්වලට ලක් වීම, බහුවාර්ගික රාජ්‍යපාලනයන් සමකාලීනව පැවතීම යනාදිය දක්නට ලැබූ නමුදු චීන ඉතිහාස සංවර්ධනයේ ඇති ප්‍රධානම ප්‍රවණතාවය වූයේ ජාතික ඒකාබද්ධ වීම සහ එකමුතු වීමයි.

## චීන සංස්කෘතියට අදාළ ද්විභාෂා වචන මාලාව

| | |
|---|---|
| 欧亚大陆 | යුරේසියා මහාද්වීපය |
| 行省制 | පළාත් පරිපාලන ක්‍රමය |

| | |
|---|---|
| 内阁制 | කැබිනට් මණ්ඩල ක්‍රමය |
| 世袭制 | පවුල් තුළ පරම්පරාවෙන් පරම්පරාවට උරුම වීමේ ක්‍රමය |
| 宦官 | රජවාසලේ සේවය කරමින් සිටි බලැති නපුංසකයා |
| 起义军 | කැරලිකාර හමුදාව |
| 合法货币 | නීතිමය මුදල් |
| 康乾盛世 | කංචියැන් සමෘද්ධිය |
| 郑和下西洋 | ජෙං-හ්අගේ බටහිර සාගර ගවේශනය |

## චීන සංස්කෘතික හා චින්තනික පද

zhōngguó
### 中国
**චුං-ගුඕ (චීනය)**

හුවා-ශියා ජනතාව තම රාජ්‍යයන් කහ ගඟ දිගේ පිහිටුවා ගත්හ. එම ප්‍රදේශ ලෝකය මධ්‍යයෙහි පිහිටා ඇති බව විශ්වාස කරමින් ඔවුහු එයට චුං-ගුඕ (මධ්‍යම රාජධානිය) යැයි කීහ. පසුව උතුරු චීනයේ මධ්‍යම තැනිතලා ප්‍රදේශය සහ එහි පිහිටු වූ රාජ්‍යයන් හැඳින්වීම සඳහා එම නාමය යොදා ගනු ලැබූහ. චිං අධිරාජ කාලයේ සිට, විශේෂයෙන් සමස්ත චීන භූමියට ද එහි පරමාධිපත්‍යයට අයත් ප්‍රදේශවලට ද චුං-ගුඕ යන නාමය භාවිතා කෙරිණි. වර්තමානයේ දී, චීන මහජන සමූහාණ්ඩුව හැඳින්වීමේ කෙටි නාමයක්

ලෙසින් වුං-ගුඕ යන්න යොදා ගනු ලබයි.

shèjì
社稷
**ෂ-චී: මහීපාලක දෙවියන් සහ ධාන්‍ය දෙවියන්**

ෂ (社) යනු මහීපාලක දෙවියන් ය. චී (稷) යනු ධාන්‍ය වර්ග පහට අධිගෘහිත දෙවියන් ය. අතීතයේ දී, චීන අධිරාජයෝ සහ එයට අවනත පාලකයෝ මෙම දෙවිවරුන් සඳහා පුද පූජා පැවැත්වූහ. හන් ජාතිකයන් ගොවිතැනින් යැපුණු බැවින් මහ පොළොව සහ ධාන්‍ය ඔවුනගේ වන්දනාවට පාත්‍ර වූ ඉතාමත් වැදගත් ප්‍රාථමික වස්තූන් වූහ. අතීත පාලකයෝ සාමයත් යහපත් අස්වැන්නත් පතා සෑම වසරක ම මහීපාලක දෙවියන්ට සහ ධාන්‍ය වර්ග පහට අධිගෘහිත දෙවියන්ට පුද පූජා පැවැත්වූහ. එහි ප්‍රතිඵලයක් වශයෙන්, ෂ-චී යනු ජාතියේ සහ රාජ්‍ය බලයේ සංකේතයක් බවට පත් විය.

tàixué
太学
**අධිරාජ ශාස්ත්‍රාලය**

ඉපැරණි චීනයේ පැවැති උසස් ම අධ්‍යාපන ආයතනය සහ අධ්‍යාපනික පරිපාලන දෙපාර්තමේන්තුව අධිරාජ ශාස්ත්‍රාලය යි. හන් රාජවංශයේ වූ අධිරාජ්‍යයාගේ කාලයේ දී - එනම් ක්‍රි.පූ. 124 දී පළමු අධිරාජ ශාස්ත්‍රාලය පිහිටුවනු ලැබීය. “පෘථුල දැනුමෙන් හෙබි” යන අරුතෙන් අධිරාජ ශාස්ත්‍රාලයේ ගුරුවරු “මහා ශාස්ත්‍රඥයන්” ලෙසින් හැඳින්විණි. ඔවුහු කොන්ෆියුසියානු ග්‍රන්ථ අධ්‍යයනයෙහි කෙළ පැමිණි, ඉගැන්වීමේ පළපුරුද්දෙන් සපිරි, සදාචාරාත්මක පූර්ණත්වයෙන් සහ වෘත්තීය නිපුණත්වයෙන් සන්නද්ධ වූ ශාස්ත්‍රඥයෝ වූහ. ඉතාමත් බලවත් කාලයේ දී සිසුහු දහ දාහක් පමණ අධිරාජ

ශාස්ත්‍රාලයේ ඉගෙනුම ලැබූහ. මධ්‍යම රජය විසින් පාලනය කෙරුණු ඉහළ ම ආයතනය ද, ප්‍රාදේශීය ආයතන සහ පෞද්ගලික විද්‍යාල ද ඇතුළත් වුණු පරිදි සැකසුණු අධිරාජ ශාස්ත්‍රාලය ඉපැරණි චීනයේ පැවැති පරිපූර්ණතම අධ්‍යාපන ආයතනික පද්ධතිය ලෙසින් හැඳින්විය හැකිය. කොන්ෆියුසියානු සම්භාව්‍ය ග්‍රන්ථ සහ කොන්ෆියුසියානු ගුරුකුලයේ ඇගැයීම් සමඟින් අර්ථ දැක්වුණු ඉපැරණි චීනයේ සම්භාවනාවට ලක්වුණු ප්‍රධාන ධාරාවේ ඇගැයීම් බෙදා හැරීමේ ප්‍රධානතම මධ්‍යස්ථානය බවට ද අධිරාජ ශාස්ත්‍රාලය පත් වී තිබිණි.

---

chúnwáng-chǐhán

## 唇亡齿寒

**තොල් නැති වූ විට දත් සීතලෙන් පීඩා විඳිනු ඇත්තේ ය.**

එකිනෙක මත යැපෙන කිසියම් කාරණා දෙකකින් එකක් බිඳ වැටුණු විට අනෙක ද අනතුරට ලක් වන්නේ ය. මෙම යෙදුමට පදනම් වූ කතා වස්තුවක් වසන්ත සහ සරත් චිත්ති කතාවට ලියූ ත්සුවෝ අටුවාවේ තිබේ. කුඕ ජනපදය පිහිටා තිබුණේ යූ ජනපදය මායිමේ ය. කුඕ ජනපදයට පහර දී එය අල්ලා ගැනීමට චින් ජනපදයට අවශ්‍ය විය. ඒ සඳහා යූ ජනපදය මැදින් යෑමට අවස්ථාවක් ලබා දෙන ලෙසින් චින් ජනපදය ඉල්ලා සිටියේ ය. එම ඉල්ලීමට විරෝධය පළ කරමින් යූ ජනපදයේ පාලකයා වෙත අදහස් දැක් වූ කුං චි-ජී නම් ඔහුගේ සෙනෙවියා පවසා සිටියේ “කුඕ ජනපදය නිසා යූ ජනපදයට ආරක්ෂාව සැලසෙනවා. යම් ලෙසකින් කුඕ ජනපදය බිඳ වැටුණ හොත් ඒ සමඟින් ම යූ ජනපදය ද බිඳ වැටෙණු ඇත්තේ ය. යූ සහ කුඕ ජනපද දෙක අතර සම්බන්ධය දත් සහ තොල් අතර ඇති සම්බන්ධය වැනි ය.” ඈත අතීතයේ සිට ම, අසල්වැසි රාජ්‍යයන් සමඟ මිත්‍ර සම්බන්ධතා පැවැත්වීමට චීන ජනතාව දැක් වූ උනන්දුව මෙ මඟින් ප්‍රකාශ කෙරෙයි.

නුදුරේ වසන අසල්වැසියන් සමඟ මිත්‍ර සබඳතා පැවැත්වීමේ උපයෝගික භූ-දේශපාලනික චින්තනය මෙයින් පැහැදිලි වෙයි.

cángfùyúmín
藏富于民
**මිනිසුන් අතර ධනය සඟවන්න**

ජනතාව තුළ ධනය රැඳවීමේ සංකල්පය ඉතා දීර්ඝ කාලයක් තිස්සේ පැවත එන චීන දේශපාලන ආර්ථික දර්ශනයේ අංගයකි. පාලකයා සකසුරුවම් විය යුතු බව ද ප්‍රතිලාභ උදෙසා ජනතාව සමඟ තරග නොවැදිය යුතු බව ද ඔවුනගේ ධනය පැහැර නොගත යුතු බව ද පෙර සිට පැවත එන සිරිත වේ. සාධාරණ ක්‍රම ඔස්සේ ධනය උපයා ගැනීම උදෙසා ජනතාව ධෛර්යමත් කරමින් සහ ඒ සඳහා ඉඩ සලසා දෙමින් ජනතාව කෙරෙහි ත්‍යාගශීලි වීමේ ප්‍රතිපත්තියක් පාලකයා විසින් අනුගමනය කළ යුත්තේ ය. ධනවත් ජනතාවක් විසීම රාජ්‍යයේ ධනවත්භාවයෙහි පදනම වන ලෙසින් ම පාලන තන්ත්‍රයට අවශ්‍ය ජන ප්‍රසාදය ලැබීම සහතික කිරීමේ මූලික අවශ්‍යතාව ද වන්නේ ය. රාජ්‍යයක ධනය යනු එයට අයත් වස්තු සම්භාරය පමණක් නොවන අතර ඒ සඳහා ජනතාවගෙන් එයට ලැබෙන සහයෝගය ද අයත් වේ. වර්තමානයේ දී ද, ධනය ජනතාව වෙත රැඳවීම නවීන ශිෂ්ටාචාරවත් බව හඳුනා ගැනීමේ මූලික ලක්ෂණයක් ලෙසින් සැලකෙයි.

# අතිරේක කියවීම

## තහනම් නගරය සහ බෙයිජිං මධ්‍ය අක්ෂ රේඛාව*

කෞතුකාගාර මාලිගාව වශයෙන් ද හඳුන්වන තහනම් නගරය 15වන ශතවර්ෂයේ සිට 20වන ශතවර්ෂය දක්වා මිං සහ චිං රාජවංශයන්හි රජවරුන් 24දෙනෙකු චීනය පාලනය කළ ස්ථානය වේ. මෙය බෙයිජිං නගරයේ ඇති අති විශිෂ්ට මාලිගා සංකීර්ණය වන අතර ම, ලෝකයේ හොඳින්ම ආරක්ෂා වී ඇති මාලිගා සංකීර්ණය ද වේ. චීනයට ආවේණික වූ ඓතිහාසික උරුමයේ ප්‍රෞඪත්වය මෙහි දක්නට ඇති විශ්මය දනවන ගෘහ නිර්මාණ ආකෘති සහ විවිධ වූ දැවැන්ත නිර්මාණයන්ගේ එකතුව විදහා දක්වයි.

මිං රාජවංශයේ ජූ-දී අධිරාජ්‍යයා බෙයිජිං නගරය ඔහුගේ අගනුවර වශයෙන් තෝරා ගැනීමේ දී එතුමා දාදූ නගරයෙහි මධ්‍ය අක්ෂ රේඛා සැලැසුම අනුගමනය කිරීමට තීරණය කළේ ය. මිං රාජවංශය බලයට පත්වීමත් සමඟම එම අධිරාජයා අගනගරය සම්පූර්ණයෙන් ම නව සැලැසුමකට අනුව ගොඩනැගීමට ඇනුමැතිය ලබා දුන්නේ ය. අතිවිශාල වූ මෙම රාජකීය අගනගරය ගොඩනැගීම සඳහා මිලියනයකට ආසන්න පිරිසක් දශක ගණනාවක් පුරා සේවයේ නියුතු වූයේ ය. දකුණේ සිට උතුරට දිවෙන පරිදි කිලෝමීටර් අටකින් යුතු සමමිතික රේඛාවකින් යුතුව මෙම මිං අගනුවර ගොඩනැගූ අතර, එහි දෙපැත්තට වන පරිදි ගොඩනැගිලි සහ භූමි ප්‍රදේශ බෙදා දැක්වීය. මෙහි සමස්ත

* ඉහත කොටස චීන FLTRP සහ ශ්‍රී ලංකාවේ ෆාස්ට් පබ්ලිෂින් (ප්‍රයිවට්) ලිමිටඩ් යන ප්‍රකාශකයන් විසින් පළ කරන ලද "අසිරිමත් චීන සංස්කෘතිය" යන කෘතියෙන් උපුටා ගැනීමක් සහ සංස්කරණය කිරීමකි

පළමුවන පරිච්ඡේදය
චීන ඉතිහාසය

සැලැසුම සමමිතික රේඛාවක් අනුව යමින් වම් සහ දකුණු වශයෙන් බෙදුණු අතර එය නව නගරයට උසස් සහ අද්විතීය ස්වරූපයක් එක් කළේ ය.

මෙම සමමිතික රේඛාව දකුණේ ඇති යොංටිං (සදාතනික ස්ථායිතාව) දොරටුවේ සිට ආරම්භ වේ. නැගෙනහිරට දිශාවේ දිව්‍ය ආරාමය ද බටහිරට වන්නට ෂියැංනොං ආරාමය ද පිහිටා ඇති අතර, එම ආරාම දෙකම සමාන්තර වන සේ ගොඩනගා ඇත. දිව්‍ය ලෝකයට සහ කෘෂිකාර්මික කටයුතුවලට අධිපති දෙවියන්ට පුද සත්කාර කරන ස්ථාන වශයෙන් මෙම ගොඩනැගිලි දෙකම නගර අක්ෂයේ ආරම්භක ස්ථානයන් වශයෙන් දර්ශනය වීම විශේෂත්වයක් වේ. සෘජු මහා මාර්ගයක් චැන්යං (ඉදිරිය) දොරටුව දක්වා වැටී තිබුණි. මුල් අවධියේ චැන්යං දොරටුවේ උතුරු පෙදෙසෙහි විශාල පාෂාණමය තොරණ සහ පාෂාණමය පාලමක් පිහිටා තිබුණු අතර එයින් නගරයේ දකුණු අක්ෂයේ ප්‍රධාන ස්ථානය පෙන්නුම් කළේ ය. උතුරු දිශාවෙන් ඉදිරියට වන්නට පිහිටා තිබුණු චොංහුආ දොරටුව 1959දී තියැන්අන්මෙන් චතුරස්‍රය ඉදිකිරීම සඳහා ඉවත් කර දැමුවේ ය. තියැන්අන් (දිව්‍ය සාමය) දොරටුව පිහිටා තිබුණේ චතුරශ්‍රයෙහි උතුරට වන්නටය. තියැන්අන්මෙන් චතුරස්‍රයෙන් නැගෙනහිරට වන්නට වූයේ ටයි විහාරයයි (මුතුන් මිත්තන්ට ගෞරව දැක්වීම සඳහා අධිරාජ්‍යයා වෙනුවෙන් වෙන්ව තිබුණි). ෂ්අ-ජී විහාරය බටහිරට වන්න පිහිටා තිබුණි (භූමියට හා ධන-ධාන්‍යවලට අධිපති දෙවියන් උදෙසා පුද-පූජා පැවැත්වීමට වෙන් විය). චීන ඉතිහාසයේ පැවැති කෘෂිකාර්මික සමාජ රටාවේ විශේෂත්වය මෙම ආරාම දෙක සඳහාම එක හා සමාන වටිනාකමක් ලබා දීමෙන් පැහැදිලි වේ. වුඅන් දොරටුවේ

සිට වූ දොරටුව හරහා මධ්‍ය අක්ෂ රේඛාව තහනම් නගරය දක්වා වැටී තිබෙන අතර, එය තහනම් නගරයේ උතුරේ ඇති ෂෙන්වූ (දිව්‍ය ශක්තිය) දොරටුව දක්වා ද විහිදී තිබේ. මෙම දොරටුවේ උතුරට වන්නට ජිං කන්ද පිහිටා ඇති අතර එය තහනම් නගරයේ පිටුපසට වන්නට පිහිටා තිබේ. කඳු මුදුනෙහි මැදට වන්නට නැරඹුම් ශාලාවක් පිහිටා තිබෙන අතර එය මධ්‍ය අක්ෂ රේඛාවට ඉහළින් දිස් වේ. ජිං කන්දේ ඈත උතුරු දෙසට වන්නට පිහිටා ඇති ටීඅන් (පෘථිවි සාමය) දොරටුවේ සිට මහා මාර්ගයක් බෙර කුළුණ සහ සීනු කුළුණ දක්වා වැටී ඇත.

සතරැස් මීටර් 720000ක් දක්වා විහිදී ඇති තහනම් නගරය බාහිර සහ අභ්‍යන්තර පෙදෙස යනුවෙන් කොටස් දෙකකින් යුක්ත වේ. අධිරාජ්‍යයා විසින් බාහිර පෙදෙස භාවිතයට ගන්නා ලද්දේ රාජ්‍ය කටයුතු සඳහා වූ අතර අභ්‍යන්තර පෙදෙසෙහි රාජකීය පවුල ජීවත් විය. පිටත පෙදෙසෙහි තිබූ ප්‍රධාන ඉදිකිරීම් වන්නේ ටයි-හ්අ (උතුම්-සමඟි) ශාලාව, චොං-හ්අ (මධ්‍ය-සමඟි) ශාලාව සහ බෞ-හ්අ (සමඟි-ආරක්ෂක) ශාලාවයි. ටයි-හ්අ ශාලාව පිහිටා තිබුණේ තහනම් නගර මධ්‍යයේ ය. ප්‍රධාන ශාලා තුනෙන් නැගෙනහිරට වන්නට වෙන්-හුආ (සාහිත්‍ය-විභූති) ශාලාව ද, එයින් බටහිරට වන්නට වූ-යිං (යුද-ශ්‍රේෂ්ඨත්ව) ශාලාව ද පිහිටා තිබුණි. එම ශාලා දෙකෙන් සිවිල් සහ යුද කටයුතු සංකේතවත් වේ. චියැං-චිං (දිව්‍ය-පාරිශුද්ධත්ව) ශාලාව, ජිඔෟ-ටයි (සාම එකමුතු) ශාලාව සහ කුංනින් (නිසල-පෘථිවි) ශාලාව අභ්‍යන්තර අංගණයේ පිහිටා තිබෙන ප්‍රධාන ගොඩනැගිලි විය. මෙම සෑම ශාලාවකම දෙපැත්තෙහි නැගෙනහිරට සහ බටහිරට වන්නට රාජකීය භාර්යාවන් සඳහා වෙන් වූ මාලිගා හය බැගින් පිහිටා තිබුණි.

තහනම් නගරයේ ශාලා සහ කාමර 8000කට වඩා ඇති අතර ඒවා මධ්‍ය අක්ෂ රේඛාවට සමාන්තරව හෝ දෙපැත්තට වන පරිදි හෝ ඉතා ක්‍රමානුකූලව පිහිටා තිබුණු බව පෙනේ.

බෙයිජිං අගනුවර දකුණේ සිට උතුරට දිවෙන මධ්‍ය අක්ෂ රේඛාව මකරෙකුගේ ආකෘතියකට සමාන වේ. මධ්‍ය අක්ෂ රේඛාවේ සහ එහි දෙපස පිහිටා ඇති ගොඩනැගිලිවල ස්වරූප සහ හැඩතල එකිනෙකට වෙනස් වේ. කිලෝමීටර් අටක් දක්වා දිව යන අක්ෂ රේඛාවේ යොංටිං දොරටු කොටසේ සිට වැන්යං දොරටුව දක්වා එහි සියුම් ආරම්භය නිරූපණය වන අතර තහනම් නගරය හරහා වැටී ඇති වැන්යං දොරටුව සිට ජිං කන්ද දක්වා වූ කොටස එහි මුදුන් කොටස වේ. ජිං කන්දෙහි සිට බෙර සහ සීනු කුළුණ දක්වා වූ කොටසින් එය අවසන් වේ.

## චීන ඉතිහාසයේ ප්‍රසිද්ධ චරිතයක්

### ජෙං-හ්අ

ජෙං-හ්අ යනු චීනයේ මිං රාජවංශ යුගයේ සිටි නාවිකයකු, රාජ තාන්ත්‍රිකයකු, නාවික සේනාධිපතියකු සහ රාජ සභාවේ සිටි නපුංසකයෙක් වේ. 1405-1433 කාලයේදී චීන අධිරාජ්‍යයා වෙනුවෙන් මහා නාවික සංචාර හතකට ඔහු අණ දී තිබේ. මේ නාවික සංචාර දකුණු චීන මුහුද, ඉන්දියන් සාගරය, අරාබි මුහුද ඔස්සේ අප්‍රිකාවේ නැගෙනහිර මුහුදු තීරය දක්වා විය. ඔහුගේ මෙම සප්ත නාවුක සංචාර චීනය සහ විදෙස් රටවල් අතර ආර්ථික

හා සංස්කෘතික සබඳතාවන්හි ධනාත්මක භූමිකාවක් රඟ දක්වනු ලැබිණ. මෙම නාවුක අතරතුර, ජෙං-හ්අ විසින් ආසියානු හා අප්‍රිකානු රාජ්‍යය හා කලාප තිහකට අධික සංඛ්‍යාවකට ගොස් චීන රාජ්‍යතාන්ත්‍රික සබඳතා වඩාත් තර කිරීමට අවශ්‍ය පදනම සකසනු ලැබිණ. මේ ගවේෂණයන් නාවික ඉතිහාසයේ අති දැවැන්ත ජයග්‍රහණයක් ලෙස සලකනු ලැබේ.

15වන සියවස මුල් භාගයේදී චීනය ආර්ථික හා සංස්කෘතික සංවර්ධනයෙන් වඩාත් ශිෂ්ටාචාරවත් රටක් විය. තමන් ගමන්ගන්නා සෑම තැනකටම කැලැන්ඩරය, පොත්, ඇඳුම්, මිණුම් ක්‍රමයක් හා උපකරණ, ගෘහනිර්මාණ තාක්ෂණය, ඖෂධ හා තවත් බොහෝ දේ හඳුන්වා දෙමින් චීන ශිෂ්ටාචාරය ව්‍යාප්ත කිරීමට ඔහු කටයුතු කළේ ය. අත්කම්, තේ හා පෝසිලේන් ආදී චීන නිෂ්පාදන බටහිර රටවලට අපනයනය කරන අතරතුර, සතුන්, ඖෂධ, කුළුබඩු, මැණික් හා වෙනත් දේ ආසියානු හා අප්‍රිකානු රටවලින් චීනයට ආනයනය කරනු ලැබිණ. පුරාණෝක්තීන්ට අනුව එකල ජෙං-හ්අගේ නාවුක සංචාර ආසියාවේ බොහෝ ප්‍රදේශ කරා පැතිර ගොස් තිබිණ. ඇතැම් ස්ථානවල ඔහුගේ පිළිරූ වන්දනාමාන කිරීම ද දක්නට ලැබිණ.

චීන ඓතිහාසික මූලාශ්‍රයන්ට අනුව ජෙං-හ්අ තෙවරක් ශ්‍රී ලංකාවට පැමිණ තිබේ. 1409දී සිදු වූ ඔහුගේ දෙවන නාවුක ගමනේදී ජෙං-හ්අ විසින් 1409 පෙබරවාරි 15 දාතමින් යුතුව ඵලකයක් ගාල්ලේ තැන්පත් කොට තිබේ. මෙම ශිලා ලිපිය චීන, දමිළ හා පර්සියානු භාෂාවෙන් වේ. මෙහි පෙළ මඟින් ශ්‍රී ලංකාවේ සමනල කන්ද වන්දනාමාන කරමින් ඔහුගේ පිරිසක්

සිදුකළ පූජා කිරීම් ඇතුළත්ව තිබේ. බුදුරදුන්ට කළ පිදුම් පිළිබඳව චීන බසින් ද, අල්ලාහ්ට කළ පිදුම් පර්සියානු බසින් මෙන්ම දමිළ බසින් තෙනවරායි නයනාර් හෙවත් විෂ්ණු හින්දු දෙවියන්ට කළ පිදුම් පිළිබඳව වේ. අද්මිරාල්වරයා වෙළදාම උදෙසා සාමකාමී ලෝකයක් උදෙසා හින්දු දෙවි දේවතාවුන්ගේ ආශිර්වාදය පතනු ලැබිණ. මෙම එලකය 1911 දී සොයාගන්නා ලද අතර එය මේ වන විට කොළඹ පිහිටි ජාතික කෞතුකාගාරයේ ආරක්ෂිතව තැන්පත් කර තිබේ.

## සිතීමට යමක්

1. මුළු චීනය ම එක්සේසත් කළ පළමු සුළු ජාතීන්ගේ රාජ්‍යයක් ලෙස, යුවැන් රාජවංශය චීන ඉතිහාසයේ සහ ලෝක ඉතිහාසයේ කුමන ස්ථානයක පවතී ද?

2. 13වන සියවසේදී මොංගෝලියානු අධිරාජ්‍යය යුරේසියානු මහාද්වීපයේ වැඩි කොටසක් ආක්‍රමණය කොට ලෝක ඉතිහාසයේ තිබූ විශාලතම අධිරාජ්‍යය පිහිටුවීමට හැකි වූයේ කවර හේතු නිසා ද?

3. මිං සහ චිං රාජවංශ කාල තුළ තායිවානයේ සංවර්ධන ඉතිහාසය ගැන විස්තර කොට දක්වන්න.

4. චිං රාජවංශයේ පාලකයන් හාන් ජාතිකයන්ගේ සංස්කෘතියට දැක්වූ සැලකීම කිනම් එකක් ද?

5. චිං රාජවංශයේ අග භාගයේදී එරට ක්‍රම ක්‍රමයෙන් හුදෙකලා වීමට හේතු කවරේ ද?

තෙවන කොටස
යුවැන්, මිං සහ චිං රාජවංශ තුන

6. චීන ඉතිහාසයේ සංවර්ධනය ඒකාබද්ධ වීම සහ වෙන් වීමේ චක්‍රයක් පෙන්නුම් කරයි. මෙය පිළිබඳ ඔබගේ අදහස් දක්වන්න.

7. මෙම කාල පරිච්ඡේදයේ චීනය සහ ශ්‍රී ලංකාව අතර දේශපාලනික, ආර්ථික සහ සංස්කෘතික හුවමාරුව කුමන තත්ත්වයක පැවතුණි ද?

# සිව්වන කොටස

# නූතන චීනය

18වන ශතවර්ෂයේදී අති දැවැන්ත චීන වෙළඳපොළ විවෘත කිරීම සහ වෙළඳ අසමතුලිතතාවය වෙනස් කිරීම සඳහා බ්‍රිතාන්‍යය මහා පරිමාණ වශයෙන් අබිං චීනයට ප්‍රවාහනය කරනු ලැබුවේ ය. චීන ජාතිකයින් විසින් මෙම අබිං "මහා දුම" ලෙස ද හැඳින්විය. අබිං නිසා සමාජයට ඇති වූ විශාල හානියට මුහුණ දුන් චිං රජය අබිං දුම්පානය තහනම් කිරීම සඳහා ලින්-ත්ස-ෂු නැමැති නිලධාරියෙකු පත්කර ගුවාංජොව් නගරයට පිටත්කර යැව්වේ ය. ක්‍රි.ව. 1839දී ලින්-ත්ස-ෂු අබිං විශාල තොගයක් අත්පත් කරගත් අතර හුමෙන් නගරයෙහි ඒවා ගිනි දමා විනාශ කරන ලදී. මෙම සිද්ධිය "හුමෙන් අබිං විනාශය" යනුවෙන් හැඳින්වේ. වර්ෂ 1840දී බ්‍රිතාන්‍ය රජය මෙම සිද්ධිය නිදහසට කරුණක් කොටගෙන චීනය ආක්‍රමණය කිරීම සඳහා බලකායක් යැව්වේ ය. එම වසරේ ජූනි මාසයේදී බ්‍රිතාන්‍ය නාවික හමුදාව ගුවාංදුං පළාතට කිට්ටුවෙන් මුහුදු ප්‍රදේශයට යාත්‍රා කොට පර්ල් ගංගා මෝය අවහිර කිරීමෙන් අනතුරුව චීනය සහ බ්‍රිතාන්‍ය අතර අබිං යුද්ධය ආරම්භ විය.

අබිං යුද්ධය අවසානයේදී චීනය පරාජයට පත් වූ අතර බ්‍රිතාන්‍ය රජයට වන්දි ගෙවීම සහ ඉඩම් පවරා දීම සිදු විය. චීන ඉතිහාසයේ පළමු අසාධාරණ ගිවිසුම වන "නන්ජිං ගිවිසුම"ට චීනය සහ බ්‍රිතාන්‍යය අත්සන් තැබීය. එයට අනුව චිං රජයට හොංකොං දූපත බ්‍රිතාන්‍යයට පවරා දීමට සිදු වූ අතර වන්දි ගෙවීම ද වෙළඳ වරායන් විවෘත කිරීම ද සිදු කළ යුතු විය. එමෙන්ම බ්‍රිතාන්‍ය වෙළෙන්දන්ට භාණ්ඩ ආනයනය හා අපනයනය කිරීම සඳහා වූ රේගු බදු අනුපාතය පිළිබඳ චීනය සහ බ්‍රිතාන්‍යය අතර එකඟතාවයකට

පැමිණිය යුතු විය. ඉන් සංකේතවත් වන්නේ චීනයේ රේගුබදු ස්වාධීනත්වය අහිමි වීම ආරම්භ වීමයි.

ක්‍රි.ව.1843දී චීනය සහ බ්‍රිතාන්‍ය "වරායන් පහ විදේශීය වෙළඳාමට විවෘත කිරීම පිළිබඳ රෙගුලාසි" හා "හුමෙන් ගිවිසුම" යනාදිය අත්සන් කළේ "නන්ජිං ගිවිසුම" ට අමතර ගිවිසුම් ලෙස ය. එමගින් බ්‍රිතාන්‍යයට "තානාපති අධිකරණ බලය" සහ "ඒක පාර්ශ්වීය ලෙස ඉහළතම සැලකුම් ලබන රට පිළිබඳ සැලකීම" ලබා දී තිබුණි. වර්ෂ 1844දී චීනය සහ එක්සත් ජනපදය "වංෂා ගිවිසුම" අත්සන් කළේය. එම ගිවිසුම මගින් එක්සත් ජනපදයට ඉහත කී ගිවිසුම්වලින් බ්‍රිතාන්‍යය භුක්ති විඳි සියලුම වරප්‍රසාද භුක්ති විඳිය හැකි වූ අතර තව වරප්‍රසාද රාශියක් එක්සත් ජනපදය "වංෂා ගිවිසුම"ට එකතු කළේ ය. ඇමරිකානු යුද නැව් වෙළඳාම් කටයුතු පරීක්ෂා කිරීමට චීනයේ විවිධ වෙළඳ වරායන් වෙත යෑමට අයිතිය තිබීම එයින් එකක් විය. එම වසරේ ශීත ඍතුවේදී චීනය සහ ප්‍රංශය "හුවංපු ගිවිසුම" අත්සන් කළේ ය. එම ගිවිසුමට අනුව, ඇමරිකාව භුක්ති විඳිය හැකි වරප්‍රසාදවලට අමතරව, චීනයේ විවිධ වෙළඳ වරායන්වල නිදහසේ කතෝලික ධර්මදූත මෙහෙවර පැවැත්වීම වැනි වරප්‍රසාද ද ප්‍රංශයට භුක්ති විඳීමේ අවස්ථාව ලැබුණි. වසර 100කට පසුව එනම් 1943වන තෙක් බ්‍රිතාන්‍ය, එක්සත් ජනපදය සහ වෙනත් රටවල් චීනයේ ඔවුන්ගේ වරප්‍රසාද අවලංගු කරන බව නිවේදනය නොකළේ ය.

අබිං යුද්ධයේ සිටම යුරෝපයේ නූතන ජාත්‍යන්තර පද්ධතියට හා ලෝක ධනවාදී වෙළඳපොලට සම්බන්ධවීමට චීනයට බල කෙරුණි. එමෙන්ම චීනය අර්ධ යටත්විජිත හා අර්ධ වැඩවසම් සමාජයක් බවට පත්වීම ආරම්භ විය. එනිසා අබිං යුද්ධය නූතන චීන ඉතිහාසයේ ආරම්භය ලෙස සැලකේ.

ක්‍රි.ව.1856දී බ්‍රිතාන්‍ය යුද නැව් ගුවාංජොව් නගරයට පහරදුන් අතර, ප්‍රංශය හා එක්ව හමුදාව පිටත් කිරීමෙන් දෙවන අබිං යුද්ධය ආරම්භ විය.

පළමුවන පරිච්ඡේදය
චීන ඉතිහාසය

වර්ෂ 1858දී බ්‍රිතාන්‍ය සහ ප්‍රංශ සහාග හමුදා තියැන්ජින් නගරය අත්පත්කර ගැනීමෙන් පසුව රුසියාව, එක්සත් ජනපදය, බ්‍රිතාන්‍යය සහ ප්‍රංශය විසින් "තියැන්ජින් ගිවිසුම" අත්සන් කිරීමට චීං රජයට බල කෙරුණි. විදේශ තනාපතිවරුන් බෙයිජිංහි යෙදවීම ද, තව වෙළඳ වරායන් 10ක් විවෘත කිරීම ද, විදේශ යුද නැව් සහ වෙළඳ නැව් යැංසි ගංගාවේ නිදහසේ යාත්‍රා කළ හැකි වීම ද, විදේශිකයින්ට චීන භූමියේ සංචාරය කිරීමට, ව්‍යාපාර කිරීමට හෝ මිෂනාරි ක්‍රියාකාරකම් කිරීමට අවස්ථා ලබා දීම ද, චීං රජය විසින් බ්‍රිතාන්‍යය සහ ප්‍රංශය යන රටවල් දෙකට හමුදා වියදම් සඳහා රිදී "ලියං" මිලියන 2ක (එනම් කිලෝ ලක්ෂයක) වන්දියක් ලෙස ගෙවීම ද, බ්‍රිතාන්‍ය ව්‍යාපාරිකයින්ට රිදී "ලියං" මිලියන 2ක් වන්දි ගෙවීම ද එම ගිවිසුමේ ඇති ප්‍රධාන අන්තරගතයන් විය.

රාජකීය යුවැන්මිංයුවැන් උද්‍යානයේ ෂීයං ගොඩනැගිල්ලේ නටබුන්

වර්ෂ 1860දී බ්‍රිතාන්‍ය-ප්‍රංශ සහාග හමුදා යළිත් වරක් තියැන්ජින් අල්ලාගෙන බෙයිජිං නුවර අත්පත් කරගෙන එහි රාජකීය උද්‍යානය වන යුවැන්මිංයුවැන් ගිනිබත් කළේ ය. එපමණක් නොව, බ්‍රිතාන්‍ය සහ ප්‍රංශය සමඟ "බෙයිජිං ගිවිසුම" අත්සන් කිරීමට චිං රජයට බල කෙරුණි. මේ අතර චීනය බ්‍රිතාන්‍යට හා ප්‍රංශයට රිදී "ලියං" මිලියන 8ක් (එනම් කිලෝ ලක්ෂ 4ක්) බැගින් ලබාදුන් වන්දි මුදල් ඉහළ ගියේ ය. ඊට අමතරව, මෙම ගිවිසුමට අනුව, කොව්ලූන් අර්ධද්වීපය බ්‍රිතාන්‍යයට භාර දීම ද චීන කම්කරුවන්ට විදේශගත වීමට ඉඩදීම ද චිං රජයට සිදු විය.

නව ජාත්‍යන්තර තත්ත්වයට මුහුණ දෙමින් වර්ෂ 1861දී චිං රජය විදේශ කටයුතු සඳහා අග්‍රාමාත්‍ය කාර්යාලයක් පිහිටුවාගත් අතර, එය නූතන චීනයේ පළමු සහ ස්ථාවර රාජ්‍ය තාන්ත්‍රික ආයතනය වේ.

බ්‍රිතාන්‍යයට සහ ප්‍රංශයට අමතරව, 19වන සියවසේ 50ගණන්වල සිට 80ගණන් දක්වා රුසියාව අසාධාරණ ගිවිසුම් කිහිපයක් මගින් වර්ග කිලෝමීටර 1500000කට වඩා වැඩි භූමි ප්‍රමාණයක් චීනයෙන් උදුරා ගත්තේ ය.

බටහිර බලකායන්ගේ ආක්‍රමණය සහ විශාල වන්දි ගෙවීම හේතුවෙන් චිං රජයට සිදු වූ සුවිශාල පීඩනය සැබෑ වශයෙන් චීන ජනතාවන්ගේ කර මත පැටවුණි. මෙය ජනතාව අතර මහත් ආන්දෝලනයකට තුඩු දුන් කරුණක් නිසා හොං-ෂ්‍යුවුවැන් විසින් මෙහෙය වූ "ටයිපිං ස්වර්ගී රාජ්‍යය" නමින් හැඳින්වූ කැරැල්ල ඉතා දැවැන්ත එකක් විය.

වර්ෂ 1843දී හොං-ෂ්‍යුවුවැන් ක්‍රිස්තියානි ධර්මය චීනයේ විශ්වීය සුසංවාදයේ අදහස සමඟ ඒකාබද්ධ කරමින් "දෙවියන්වහන්සේට නමස්කාර කරන ආගම" ආරම්භ කළේ ය. වර්ෂ 1851දී හොං-ෂ්‍යුවුවැන් ගුවාංෂී පළාතේ ජින්තියැන් ගම්මානයේ කැරැල්ලක් ප්‍රකාශයට පත් කරමින් "ටයිපිං ස්වර්ග රාජ්‍යය" නමින් රාජ්‍යයක් පිහිටුවා ගෙන තමා "ස්වර්ග

"ටයිපිං ස්වර්ග රාජ්‍යය" කැරැල්ලේ නායකයා වූ හොං-ෂ්‍යුචුවැන්

රජ" ලෙස ද හඳුන්වා දුන්නේ ය. වර්ෂ 1853දී ටයිපිං හමුදාව නන්ජිං නගරය යටත් කරගෙන එය සිය රාජ්‍යයේ අගනුවර ලෙස ප්‍රකාශ කළහ. ඉන්පසු "ටයිපිං ස්වර්ග රාජ්‍යය" කැරැල්ල එහි උච්චතම අවස්ථාව කරා පැමිණියේ ය. එනමුදු ටික කලකට පසු, උතුරු ප්‍රදේශය අත්පත් කිරීමේ අසාර්ථකත්වය සහ අභ්‍යන්තර බෙදීම් සිදු වීම හේතුවෙන් ද, චීං රජය හා බටහිර බලවතුන්ගේ ඒකාබද්ධ පහරට භාජනය වීම හේතුවෙන් ද "ටයිපිං ස්වර්ග රාජ්‍යය" ක්‍රමයෙන් බිඳ වැටිණි. ඒ අනුව වර්ෂ 1864දී නන්ජිං නගරය බිඳවැටී මෙම කැරැල්ල සම්පූර්ණයෙන් ම අසාර්ථක විය.

අබිං යුද්ධ දෙක සහ "ටයිපිං ස්වර්ග රාජ්‍යය" කැරැල්ලෙන් පසුව, චීං රජය තුළ බුද්ධිමත් වූ ද දූරදර්ශී වූ ද සමහර පුද්ගලයන් සිය රට සහ හමුදාව ශක්තිමත් කිරීම උදෙසා උපාය මාර්ග සෙවීමට උත්සුක විය. බටහිර දියුණු තාක්ෂණය ඉගෙන ගැනීම නුවණැති ක්‍රමයක් යනුවෙන් විශ්වාස කළ ඔවුහු "විදේශිකයන් අභිබවා යෑම සඳහා ඔවුන්ගේම දියුණු ක්‍රම ප්‍රගුණ කිරීම" යන දැක්ම ඉදිරිපත් කළහ. මෙම පුද්ගලයින් පිරිසක් පසුකාලයේ "බටහිරකරණ ගුරුකුල" ලෙස නම් කරන ලදී. 1860 ගණන්වලදී ඔවුන්ගේ ප්‍රධානත්වයෙන් "බටහිරකරණ ව්‍යාපාර" චීනයේ ආරම්භ විය. 1894දී "ජ්‍යාඌ චීන-ජපන් යුද්ධය"

අවසන් වූයේ චීනය පරාජයට පත් වීමෙනි. මෙම පරාජය මගින් "බටහිරකරණ ව්‍යාපාරයේ" අවසානය මෙන්ම අසාර්ථකත්වය ද සනිටුහන් විය. චීන-ජපන් යුද්ධයෙන් පසුව ජපානය සමඟ "මාගුවන් ගිවිසුම" අත්සන් කිරීමට චීනයට බල කෙරුණි. එම නිසා ලායඕදුං අර්ධද්වීපය, තායිවානය සහ ඊට අනුබද්ධ දූපත් හා පෙංහු දූපත් ද ජපානයට පවරා දීමට ද, හමුදා වියදම් පිණිස රිදී "ලියං" මිලියන 200ක් (එනම් කිලෝ මිලියනක්) ජපානයට ගෙවීමට ද සිදු විය.

රුසියාව, ජර්මනිය සහ ප්‍රංශය යන රටවල් චීනයේ තිබූ බල තුලනය පවත්වා ගැනීම සඳහා ජපානයට ලායඕදුං අර්ධද්වීපය අතහැර දැමීමට බල කෙරුණි. මෙය ජපානය විසින් සිය අකමැත්ත මත පිළිගත්ත ද එය සඳහා චිං රජයෙන් අමතර රිදී "ලියං" මිලියන 30ක (එනම් කිලෝ මිලියන 1.5ක) වන්දියක්ද ඉල්ලා සිටියේ ය.

චීන-ජපන් යුද්ධයෙන් පසුව චීනයේ "වූෂූ ප්‍රතිසංස්කරණ ව්‍යාපාරය" නමින් හැඳින්වූ ප්‍රතිසංස්කරණ ව්‍යාපාරයක් ආරම්භ විය. කෙසේ වෙතත් අධිරාජ්‍ය රැජින ස්අ-ෂී නියෝජනය කළ කොන්සර්වේටිව් බලවේග විසින් සිදු කරන ලද මර්ධනය නිසා මෙම ව්‍යාපාරය දින 103ක පමණක් පැවතුණි. එනිසා එය "සියදින ප්‍රතිසංස්කරණ ව්‍යාපාරය" නමින් ද හැඳින්වේ.

වූෂූ ප්‍රතිසංස්කරණ ව්‍යාපාරයේ පුරෝගාමියෙකු වූ තන්-ස්අ-තොං

ක්‍රි.ව.1900දී “ඊ-හ්අ-ටුඅන් ව්‍යාපාරය” ආරම්භ වීම “රජයන් අටක ඒකාබද්ධ හමුදාව” චීනය ආක්‍රමණය කිරීමට හේතුවක් විය. එහිදී තියැන්ජින් සහ බෙයිජිං යන ප්‍රධාන නගර දෙක පිළිවෙළින් විදේශීය පාලනයට ලක් විය. 1901දී චිං රජයට රිදී “ලියං” මිලියන 450ක (එනම් කිලෝ මිලියන 22.5ක) වන්දියක් ගෙවූ “ෂිංචොව් ගිවිසුම” අත්සන් කිරීමට අණුබල ලැබිණි. මෙම සුවිශාල වන්දි ගෙවීම සිදු වූයේ චීන දිනදර්ශනයට අනුව “ග්අං-ස්අ” වර්ෂයේ හෙයින් ඉතිහාසයේ මෙය“ග්අං-ස්අ වන්දිය” යනුවෙන් ද දැක්වේ. මෙම ගිවිසුම අත්සන් කිරීම, චීනය සම්පූර්ණයෙන් ම අර්ධ යටත් විජිත හා අර්ධ වැඩවසම් රටක් බවට පත්වීම සනිටුහන් කළේ ය.

දේශීය සහ විදේශීය කටයුතුවල දුෂ්කරතාවයන්ට මුහුණ දෙමින් චිං රජයට ප්‍රතිසංස්කරණ පියවර මාලාවක් අනුගමනය කිරීමට සිදු වූ නමුදු අතිශයින් ප්‍රමාද විය. 1911 වසරේ ඔක්තෝබර් මස 10වන දිනයේ “වුචාං පිබිදීම” ආරම්භ වූ අතර එම කැරලිකරුවන් විසින් විප්ලවවාදී රජයක් පිහිටුවන ලදී. 1912 වසරේ ජනවාරි මස පළමුවන දිනයේදී චීන ජනරජය පිහිටුවීම ප්‍රකාශ වූ අතර සුන්-ජොංශාන් එහි තාවකාලික ජනාධිපති ලෙස දිවුරුම් දෙන ලදී. චීන ජනරජය නන්ජින් අගනුවර ලෙස ස්ථාපිත කර ග්‍රෙගෝරියානු දින දර්ශනය භාවිතා කිරීමට ඇරඹීය. චීන ජනරජය ආසියාවේ පළමු ප්‍රජාතන්ත්‍රවාදී ජනරජය විය. මෙම සිද්ධීන් මාලාවේ එකතුව “ෂිංහයි විප්ලවය” නැතහොත් “1911 විප්ලවය” ලෙස නූතන චීන ඉතිහාසයේ විශේෂ තැනත් ගනී. මීට පෙර චිං රජය විසින් අත්සන් තබන ලද සියලු ම අසාධාරණ ගිවිසුම් චීන ජනරජය පිළි ගත්තේ චිං අධිරාජ්‍යයට අයිති වූ රාජ්‍යපාලනය සහ භූමිය චීන ජනරජය යුක්තිසහගතව අනුප්‍රාප්ත වීම යන කාරණාවට බටහිර රටවල පිළිගැනීම ලබාගැනීම අපේක්ෂාවෙනි.

1912 වසරේ පෙබරවාරි මස අවසන් චිං අධිරාජ්‍යයා ධූරයෙන් ඉවත් වීමෙන් පසු චීනයේ වසර 2000කට වැඩි කාලයක් පැවතුණු අධිරාජ්‍ය

"මැයි 4 දේශපාලනික ව්‍යාපාරය" පැවැත්වූ කාලයේ බෙයිජිං නගරයේ පැවති උද්ඝෝෂණයක්

ක්‍රමයේ අවසානය දක්නට ලැබිණි. මාර්තු මාසයේදී චීන ජනරජයේ සෙනෙට් සභාව "චීන ජනරජයේ තාවකාලික නීතිය" සම්මත කළේ ය. එය චීන ඉතිහාසයේ ප්‍රථම ධනවාදී ව්‍යවස්ථාමය ලේඛනය විය. පසුව සුන්-ජොංශාන් වෙනුවට යුවැන්-ශීකායි ජනාධිපති ධූරයට පත්විය. එතැන් පටන් චීනය අධිරාජ්‍යයන්ගේ පාලනයෙන් නිදහස් වුවද, යුධ අධිපතීන්ගේ පාලනයට නතු විය.

බෙයියං යුධ අධිපතීන්ගේ පාලන සමයේදී (1912-1928) යුවැන්-ශීකායි අධිරාජ්‍ය පද්ධතිය නැවත ස්ථාපිත කිරීමට උත්සාහ කළේ ය. මුළු රටම එයට දැඩි ලෙස විරුද්ධ වීම නිසා ඔහු මානසික අවපීඩනයෙන් රෝගාතුර වී මරණයට පත් විය. 1915දී චෙන්-දූෂියු විසින් "යෞවන සඟරාව" (පසුව මෙය "නව යෞවනය" ලෙස නම් කරන ලදී) ආරම්භ කරන ලදී. මින් ආරම්භ වූ

නව සංස්කෘතික ව්‍යාපාරය මගින් ප්‍රජාතන්ත්‍රවාදය සහ විද්‍යා ඥානය උසස් කොට තකන ලදී.

පළමු ලෝක යුධ සමයේදී චීන ජනරජය ජයග්‍රාහී මිත්‍ර පාක්ෂිකයින්ට සහාය දැක්වීය. කෙසේ නමුත් 1919දී පැරිස් සාම සමුළුවේදී බටහිර රටවල් චීනයේ අවශ්‍යතා තරයේම හෙළා දැක්කේ ය. මෙය චීනය තුළ සෑම තරාතිරකම සිටින අයගේ දැඩි විරෝධයට තුඩු දුන් අතර අවසානයේදී සුප්‍රකට “මැයි 4 දේශපාලනික ව්‍යාපාරය” ඇති වීමට ප්‍රධාන හේතුවක් විය.

මෙම ව්‍යාපාරය නිසා චීනයේ මාක්ස්වාදය ව්‍යාප්ත වූවා පමණක් නොව, මෙම තත්ත්වය යටතේ 1921දී චීන කොමියුනිස්ට් පක්ෂය ද පිහිටුවන ලදී. චීන කොමියුනිස්ට් පක්ෂය, චීන කොමින්තාන් පක්ෂය සමඟ සහයෝගයන් පවත්වාගෙන යමින් කොමින්තාන් පක්ෂයේ ප්‍රතිසංවිධානය කිරීමේ කටයුතුවලට දායක විය. 1926දී කොමින්තාන් පක්ෂය උතුරු ප්‍රදේශවල සිටි බෙයියං යුධ අධිපතීන් පන්නා දැමීමේ මෙහෙයුමට නායකත්වය දෙමින් කටයුතු කළේ ය. 1927දී කොමියුනිස්ට් පක්ෂය හා කොමින්තාන් පක්ෂය අතර තිබූ සහයෝගිතා සබඳතාවය බිඳ වැටීම සිදු වූ අතර කොමියුනිස්ට්වාදීන් විශාල සංඛ්‍යාවක් ඝාතනය කෙරුණි. 1928 වසරේ දෙසැම්බර් මස 29වන දින ඊසානදිග පළාත් තුන පාලනය කළ යුද අධිපති ජාන්-ෂුයේලියං “ධජය වෙනස් කිරීම” ප්‍රකාශයට පත් කළ අතර චීන ජනරජයගේ නායකත්වය පිළිගත්තේ ය. එම සිද්ධියෙන් සංකේතවත් වූයේ බෙයියං යුධ අධිපතීන් පන්නා දැමීමේ මෙහෙයුමේ ජයග්‍රහණයයි. එයින් චීනය යම් තරමකට එක්සත් වූ බව සැලකේ.

ඊසානදිග චීනය අල්ලාගැනීමට කුරුමානම් අල්ලමින් සිටි ජපානය, ජාන්-ෂුයේලියංගේ “ධජය වෙනස් කිරීම” පිළිබඳ තෘප්තිමත් නොවීය. 1931දී ජපානය “සැප්තැම්බර් 18 සිදුවීම” දියත් කොට චීනයේ ඊසානදිග ප්‍රදේශය මුළුමනින්ම යටත් කර ගත්තේ ය. මෙතැන් පටන් “ජපානයට

එරෙහි ප්‍රතිවිරෝධී යුද්ධය'' ආරම්භ විය. 1937 වසරේ ජූලි මස 7වන දින ජපානය "ලූ-ග්ඕ පාලමේ සිද්ධිය'' යන කුමන්ත්‍රණය දියත් කිරීමත් සමඟ ම චීනයට මහා පරිමාණයේ ආක්‍රමණ එල්ල කිරීම ආරම්භ කළේ ය. ජපන් විරෝධී යුද්ධය වසර 14ක් පුරා පැවති අතර චීන ජනතාවට එය නිසා විශාල හිරිහැර පීඩාවන්ට මුහුණ දීමට සිදු විය. යුද්ධය හෝ යුද්ධයට සම්බන්ධ හේතූන් නිසා මිලියන දහයකට අධික ප්‍රමාණයක මිනිස් ජීවිත මෙහිදී අහිමි විය. එමෙන්ම ගණන් කළ නොහැකි තරම් ප්‍රමානයක නගර විනාශ වී ගියේ ය. ජපන් ආක්‍රමණියන් එරෙහිව සටන් කිරීම සඳහා එම සමයේදී චීන කොමියුනිස්ට් පක්ෂය සහ කොමින්තාන් පක්ෂය නැවතත් ඒකාබද්ධ වී දෙවන වරටත් සහයෝගයෙන් කටයුතු කළහ. චීනයේ ජපන් විරෝධී යුද්ධය, ලෝක ෆැසිස්ට් විරෝධී යුද්ධයේ වැදගත් කොටසක් වූ අතර එය දෙවන ලෝක යුද්ධයේදී මිත්‍ර පාක්ෂිකයින්ගේ ජයග්‍රහණයට වැදගත් දායකත්වයක් ලබා දුන්නේ ය.

වර්ෂ 1945දී ජපන් විරෝධී යුද්ධය අවසන් වී ටික කලකට පසුව, චීන කොමියුනිස්ට් පක්ෂය හා කොමින්තාන් පක්ෂය අතර තිබූ සාම සාක්ච්ඡාව බිඳ වැටී දෙපාර්ශ්වය ම නැවතත් සිවිල් යුද්ධයකට ඇද වැටුණි. ඉන්පසු වසර තුනක යුද්ධයකින් පසු චීන කොමියුනිස්ට් පක්ෂයේ නායකත්වයෙන් යුතු චීන මහජන විමුක්ති හමුදාව ජයග්‍රහණය ලබා ගත් අතර කොමින්තාන් පක්ෂය තායිවානයට පලා ගියේ ය. 1949 වසරේ ඔක්තෝබර් මස 1වන දින චීන මහජන සමූහාණ්ඩුව පිහිටවූ බව මාඕ-ස්අ-දුංතුමා නිළ වශයෙන් ලොවට ප්‍රකාශ කළේ ය.

## චීන සංස්කෘතියට අදාළ ද්විභාෂා වචන මාලාව

| | |
|---|---|
| 虎门销烟 | හුමෙන් අබිං විනාශය |
| 割地赔款 | ඉඩම් පවරා දීම සහ වන්දි ගෙවීම |
| 通商口岸 | වෙළඳ වරාය |
| 八国联军 | රජයන් අටක ඒකාබද්ධ හමුදාව |
| 圆明园 | රාජකීය උද්‍යානය වන යුවැන්මිංයුවැන් |
| 师夷长技以制夷 | විදේශිකයන් අභිබවා යෑම සඳහා ඔවුන්ගේම දියුණු ක්‍රම ප්‍රගුණ කිරීම |
| 五四运动 | මැයි 4 දේශපාලනික ව්‍යාපාරය |
| 中华民国 | චීන ජනරජය |
| 中国共产党 | චීන කොමියුනිස්ට් පක්ෂය |
| 中国国民党 | චීන කොමින්තාන් පක්ෂය |
| 九一八事变 | සැප්තැම්බර් 18 සිදුවීම |
| 抗日战争 | ජපානයට එරෙහි ප්‍රතිවිරෝධී යුද්ධය |
| 卢沟桥事变 | ලූ-ග්ඕ පාලම සිද්ධිය |
| 国共和谈 | චීන කොමියුනිස්ට් පක්ෂය හා කොමින්තාන් පක්ෂය අතර තිබූ සාම සාකච්ඡාව |
| 中国人民解放军 | චීන මහජන විමුක්ති හමුදාව |
| 中华人民共和国 | චීන මහජන සමූහාණ්ඩුව |

## චීන සංස්කෘතික හා චින්තනික පද

Yán-Huáng
炎黄
**අග්නි අධිරාජයා සහ කහ අධිරාජයා**

අග්නි අධිරාජයා (යැන්-තී) සහ කහ අධිරාජයා (හුවං-තී) යනු අධිරාජ වංශ ඇති කර ගැනීමට පෙර විසූ බවට පුරාවෘත්ත තුළ සඳහන් වන චීන පාලකයන් දෙදෙනෙකි. සැබැවින්ම ඔවුන් දෙදෙනා එකල විසූ ගෝත්‍රික නායකයින් දෙදෙනකු ලෙසින් සැලකෙයි. මොවුන් මුල දී මධ්‍යම චීනයේ වාසය කළ අතර එහි දී එයට දකුණින් සහ නැගෙනහිරින් විසූ පිරිස් ඔවුන් හා එක්වූහ. මෙම දෙපාර්ශ්වය ක්‍රම ක්‍රමයෙන් වර්ධනය වී චීන ජාතියේ ප්‍රධාන කොටස බවට පත් විය. එහෙයින් චීන ජාතියේ මුතුන් මිත්තන් ලෙසින් ඔවුනට ගෞරව කෙරෙති. එමෙන්ම, ඔවුන් චීන ජාතියේ සහ සංස්කෘතියේ සංකේත ලෙසින් ද සැලකේ. වර්තමානයේ ලෝකයේ විවිධ රටවල ජීවත්වන බොහෝ චීන ජාතිකයෝ තමන් අග්නි අධිරාජයාගෙන් සහ කහ අධිරාජයාගෙන් පැවත එන්නන් වශයෙන් සලකති.

hòudé-zàiwù
厚德载物
**ගුණගරුක අය සියලු බර දරති**

කෙනකු ගුණගරුක විය යුතු බව ද මිනිසුන් සහ ලෝකය පිළිබඳ හැඟීමකින් කටයුතු කළ යුතු බව ද මෙම යෙදුමෙන් කියැවෙයි. ඉපැරණි චීන ජාතිකයන් විශ්වාස කළේ කරුණාවන්ත බව සහ සාමකාමී බව පෘථිවිය සතු ප්‍රධාන ලක්ෂණ වන බවයි. පෘථිවිය ලොවේ සියලු වස්තුව පෝෂණය

කරමින් ඒවාට වර්ධනය වීමට ඉඩ සලසා දෙයි. ගුණගරුක මිනිසුන් ද පෘථිවිය ලෙසින් ම විවෘත හදවතින් සහ ධාර්මික අයුරින් අනෙකුත් මිනිසුන්ට සහ සියලු දේ කෙරෙහි සාධාරණ අයුරින් සැලකිය යුතු ය. මිනිසුන් අතර ද මිනිසුන් සහ සොබාදහම අතර ද සහජීවනය සහ සදාචාරාත්මක ගුණවගාව ලුහුබැඳ යෑමට චීන මිනිසුන් තුළ වන කැමැත්ත මෙයින් මූර්තිමත් වේ. කඳු සහ ගංගාවල ලක්ෂණ සහ ඒවායේ සැකැසීම ඇසුරෙන් උත්තේජනය ලත් පාලනය සහ මානව සම්බන්ධතා පිළිබඳ චීන අදහස් සහ පරමාදර්ශ එයින් නියෝජනය කෙරෙයි.

---

zìqiáng-bùxī

## 自强不息

**ස්ව-ශක්තිය වර්ධනය කර ගැනීම සඳහා අඛණ්ඩව වෙර වැඩීම**

තමාව ශක්තිමත් කර ගැනීම සඳහා ඕනෑම කෙනකු අඛණ්ඩව උත්සාහ කළ යුතු බව මෙම යෙදුමෙන් කියැවෙයි. ආකාශ වස්තූන් ඔවුන්ගේ ස්වභාවයට අනුකූලව ශක්තිමත් අයුරින් ඉදිරියට ගමන් කරන බව ද ඒවා කිසි දිනෙක නො නවතින බව ද පුරාණ චීන ජාතිකයෝ විශ්වාස කළහ. එහෙයින් දිව්‍යමය නීතිය අනුගමනය කරන ගුණවත් මිනිසකු තමාගෙන් ම පූර්ණ අභිප්‍රේරණය ලබා ගත යුතු අතර තමා ශක්තිමත් කර ගැනීමට කඩිසරව ක්‍රියා කළ යුතු වේ. ආකාශමය වස්තූන්ගේ චලනයට සාපේක්ෂව ස්ථාපිත කරගෙන තිබෙන ස්වයං සංවර්ධනය සහ පාලනය පිළිබඳ චීන දෘෂ්ටිය ද මෙය වේ. ගුණගරුක අය සියලු බර දරති යන මතය සමඟ එක්ව ගත් කල, මෙම අදහස ද චීන ජාතියේ මූලික ලක්ෂණයක් ලෙසින් සැලකෙයි.

tiānxià-xīngwáng,pǐfū-yǒuzé
天下兴亡，匹夫有责
**දෙව් ලෝ යටැති සියල්ලෙහි නැගීම - වැටීම කෙරෙහි සැවොම වග කිව යුතු ය**

මිං යුගය අග භාගයේ සහ චිං යුගය මුල් භාගයේ විසූ සුප්‍රසිද්ධ චින්තකයකු වූ ගූ-යැන්-වූ පඬිතුමා පවසා ඇති ආකාරයට රටේ ඉරණම පිළිබඳ වගකීම සාමාන්‍ය ජනයා විසින් ද දැරිය යුතු වේ. “දෙව් ලෝ යටැති සියල්ල” යන්නෙන් රාජ්‍යය පමණක් නොව සමස්ත චීන ජාතිය සහ චීන ශිෂ්ටාචාරය ද අදහස් කෙරෙයි. චීන ජනතාව අතර දේශප්‍රේමී හැඟීම් අවදි කරවීමටත් තමන්ගේ රටේ ඉරණම පිළිබඳ වගකීම භාර ගැනීම කෙරෙහි ඔවුන් පෙළැඹැවීමටත් මෙම කියමන විශාල බලපෑමක් සිදු කර තිබේ.

xiǎokāng
小康
**ශියාඕ-කං (ප්‍රමාණවත් සමෘද්ධිය)**

පුරාණ කාලයේ සිටම, ශියාඕ-කං යන යෙදුමෙන් සාමකාමී වාතාවරණය සහ ප්‍රමාණවත් සමෘද්ධිය යන අර්ථය ප්‍රකාශ කෙරී ඇති බව පිළිගැනෙයි. ජාතික ස්ථාවරත්වය, නිරවුල් බව, ආචාරධර්ම හා නීතිය පිළිබඳ ඉහළ මහජන අවබෝධය සහ තෘප්තිමත් ජනතාවක් යන කරුණු විසින් සංලක්ෂිත වූ ප්‍රශංසනීය දේශපාලන වාතාවරණයක් හැඳින්වීම සඳහා කොන්ෆියුසියානු වාදයෙන් අනුදැන වදාළ වැදගත් දේශපාලන සංකල්පයක් ලෙසින් එය භාවිතයට එක් වී තිබේ. එවැනි සමාජයක් පරමාදර්ශී සමාජයක් ලෙසින් ද සලකනු ලැබූ අතර, එය විශ්වීය සුසංයෝගයට පමණක් දෙවැනි කොට සැලකිණි. සමබර ආර්ථික, දේශපාලන, සංස්කෘතික, සමාජීය හා පාරිසරික දියුණුවක් ඇති ප්‍රමාණවත් තරමින් සමෘද්ධිය අත්පත් කරගත් සමාජයක් ගොඩනැගීමට අද චීන ජනතාව වෙත පැවරී ඇති වගකීම වේ.

චීන ආකෘතියේ නවීකරණය පිළිබඳ අරමුණ ද ගැඹුරු ඓතිහාසික හා සංස්කෘතික මුල් සහිත මෙම ශියාඕ-කං සමාජය පිළිබඳ නව සංකල්පය ඔස්සේ ඉදිරිපත් වී තිබේ.

## අතිරේක කියවීම

### චීන-ලංකා ඓතිහාසික සබඳතා*

චීන ශ්‍රී ලංකා සබඳතාවලට ඇත්තේ දීර්ඝ ඉතිහාසයකි. ක්‍රිස්තු වර්ෂ පස්වන සියවස පටන් දෙරටේ සබඳතා ගොඩනැගීම පිළිබඳ ව ලිඛිත සාධක හමුවුව ද ලිඛිත නොවන සාධක හා ඓතිහාසික පුරාවෘත්තයන්ට අනුව එය තවත් වසර දහස් ගණනක පටන් පැවත එන්නක් බව තහවුරු වෙයි. මහින්දාගමනයත් සමඟ ශ්‍රී ලංකා සමාජයේ ස්ථාපිත වූ බුදුසමය කේන්ද්‍ර කොට ගනිමින් චීන ශ්‍රී ලංකා සබඳතා වඩාත් තහවුරු වීමට පටන් ගත් බවට ලිඛිත සාක්ෂි දෙරටින් ම හමුවීම සුවිශේෂීය.

ක්‍රිස්තු වර්ෂ පස්වන සියවසේ ලංකාවට වැඩම කළ චීන ජාතික ෆාහියන් භික්ෂුවගේ දේශාටන වාර්තා දෙරටේ ඓතිහාසික සබඳතා පිළිබඳවත් සංස්කෘතික හා සාමාජීය වටපිටාව පිළිබඳවත් වැදගත් තොරතුරු රැසක් හෙළිකරයි. එහිදී ථේරවාදී බුදුදහම හඳුනා ගනිමින් එය චීනයට රැගෙන ගිය පුවත ඉතිහාසඥයන්ගේ විශේෂ

* ඉහත කොටස බෙයිජිං විදේශ භාෂා විශ්වවිද්‍යාලයේ සිංහල අංශයේ සහාය මහාචාර්ය මා චූන් වූ ශ්‍රී ලංකාවේ රජයේ ප්‍රවෘත්ති දෙපාර්තමේන්තුවේ නිළ වෙබ් අඩවියේ පළ කළ “දශක හයක චීන ශ්‍රී ලංකා මානවීය සබඳතා” යන ලිපියෙන් උපුටා ගැනීමක් සහ සංස්කරණ කිරීමකි

අවධානයට හා අධ්‍යයනයට ලක්ව තිබේ. වසර දෙකක් පමණ ලංකාවේ වැඩ වාසය කරමින් ෆාහියන් භික්ෂුව කළ අධ්‍යයනයන් දෙරටේ සංස්කෘතික සබඳතාවලට මූල බීජය වන්නට ඇති බවට සැක නැත. එසේම බෞද්ධ මෙහෙණි සස්න ඉතා ප්‍රචලිතව ලංකාවේ පැවති අනුරාධපුර යුගයට සමගාමී ව චීනයේ මෙහෙණි සස්න ආරම්භ වීම දෙස බැලීමේදී ද සාධක සහිතව අපට තහවුරු කර ගත හැකි කාරණයක් වන්නේ මෙරටේ මෙහෙණි සස්නේ ආරම්භයට ද වර්ධනයට ද ලංකාවේ බලපෑම හේතු වූ බවය.

චීන ඉතිහාසය පිළිබඳ ගවේෂණය කරන්නට වටිනා තොරතුරු රැසකට මූල බීජය සපයන ඓතිහාසික ග්‍රන්ථයක් වන්නේ ලියන්සු නැමති ග්‍රන්ථය යි. එහි සඳහන් තොරතුරු වලට අනුව ක්‍රි.ව. 405 ලංකාවේ රජ කළ පළමුවන උපතිස්ස රජතුමා විසින් චීන අධිරාජ්‍යය වෙත බුදු පිළිමයක් පරිත්‍යාග කොට තිබේ. චීනයත් ශ්‍රී ලංකාවත් අතර අන්තර් සහයෝගීතාවයේ ඓතිහාසික වටිනා යුගය ලෙස සඳහන් වන්නේ තං රාජ්‍ය සමය යි. තං සමයේ චීනයේ බෞද්ධ භික්ෂූන් විශාල පිරිසක් ලංකාවට වැඩම කොට බුදුදහම පිළිබඳ හැදෑරීම් සිදුකළ බවට සාක්ෂි හමුවෙයි.ලෝකයේ බොහෝ රටවල් අතර වන සබඳතාහි ඓතිහාසික තොරතුරු ගවේෂණයේදී අපට හමුවන පොදු සාධනීය කරුණක් වෙයි. එනම් ඒ ඒ රටවල් අතර අන්තර් සබඳතා ගොඩනැගී ඇත්තේ ආර්ථික හෝ යටත් විජිතකරණය සමඟ බවය. එය වුවද චීනය සහ ලංකාව අතර සබඳතා විමසීමේදී ඉතා පැහැදිලි ව එහි සමාරම්භය ආගමික මුහුණුවරක් ගත්තක් බව තහවුරු වෙයි. ඓතිහාසිකව දෙරටේ සබඳතා වඩාත් ශක්තිමත් වෙමින් පවතින්නේ එකී සාධක මත පිහිටා ලැබූ පන්නරය සමගින් බවත් එය අන්‍ය දේශයන් හා චීනය

පළමුවන පරිච්ඡේදය
චීන ඉතිහාසය

ගොඩනගාගත් සබඳතාවලට වඩා ශක්තිමත් හා සමීපතාවයකින් යුතුව පවතින්නක් බවත් දක්නට ලැබේ. දෙරට අතර පවත්වා සහයෝගිතාවය තහවුරු වන්නේ ඒ ඒ රාජ්‍යයන් ඔවුනොවුන් කෙරෙහි දක්වන අවංකභාවය මතය. එහිදී රාජ්‍ය පාලකයන්ගේ ප්‍රතිපත්ති හා අරමුණු සේම පුරවැසියන්ගේ සිතුම් පැතුම් අපේක්ෂා පිළිබඳ ව ද සැලකිලිමත් වීම වැදගත් වෙයි.

චීනය හා ශ්‍රී ලංකාව අතර සහයෝගිතාවයේ ඇති අපූර්වත්වය වන්නේ ද එකී පරමාර්ථයන්ට අනුගතව හා අනුකූලව දෙරටේ රාජ්‍යයන් කටයුතු කොට තිබීම ය. සැමවිට ම චීනය ශ්‍රී ලංකාවේ සංස්කෘතියේ වටිනාකම පිළිබඳව දක්වන උනන්දුව ඓතිහාසිකව ගොඩනගාගත් උරුමයන්ට හා මිත්‍රත්වයට ගරු කරමින් සිදුකරන්නකි. එසේම ශ්‍රී ලංකාව ද චීනය පිළිබඳව දැඩි විශ්වාසයකින් හා අවංකභාවයකින් කටයුතු කොට ඇත්තේ අනාදිමත් කාලයක් පුරා පැවති චීන සබඳතාවලට අවධානයක්, සැලකිල්ලක් යොමු කරවමිනි. ඒ නිසාම දෙරටේ සබඳතා දිනෙන් දින අපේක්ෂාවන් මල්ඵල ගන්වමින් පෙරට විත් තිබේ. අර්ධ වැඩවසම් අර්ධ යටත් විජිතවාදයෙන් චීනය නිදහස ලබන විට සමීපත ම සගයෙකු ලෙස ලංකාව දැත දිගු කොට ඓතිහාසික සබඳතා අර්ථපූර්ණය කිරීමට වග බලා ගත්තේ ලෝකය හමුවේ වූ අභියෝගයන්ට හිස නොනමමිනි. නව චීනය 1949 ඔක්තෝබර් පළමු දිනයේ පිහිටුවමින් චීනය ලැබූ ජයග්‍රහණය පිළිගැනීමට ලෝකයේ රටවල් මැලිවෙද්දී ලෝකයේ පිළිගත් රාජ්‍යයන් ලෙස චීනය සමඟ අත්වැල් බැඳගත් මුල්ම රාජ්‍යයන් අතර ලංකාව ද විය. එසේම දෙරටේ ඓතිහාසික මිත්‍රත්වයෙන් බලවත්කමට ඇති වැදගත් සාධකයක් වන්නේ දෙරට අතර තානාපති සබඳතා ඇති

කර ගැනීමට පෙර ගිවිසුම්වලට එළැඹීමයි. එය දෙරටේ මානවීය සබඳතාවලට ද වටිනා උත්ප්‍රේරණයක් එක් කළ අවස්ථාවක් ලෙස ඉතිහාසයට එක් වෙයි.චීනයත් ශ්‍රී ලංකාවත් අතර රාජ්‍යතාන්ත්‍රික සබඳතා ආරම්භ වන්නේ 1957 පෙබරවාරි මාසයේදීය.

## චීන ඉතිහාසයේ ප්‍රසිද්ධ චරිතයක්

### සුන්-ජොංශාන්

සුන්-ජොංශාන්ගේ (1866–1925) සැබෑ නාමය සුන්-වැන් වන අතර සුන්-යෙත්-සන් ලෙසද හඳුන්වනු ලබයි. හෙතෙම චීන කොමින්තාන් පක්ෂයේ නායකයා මෙන් ම නූතන චීනයේ පියා ලෙස ද සලකනු ලැබේ. ඔහු චීන ජනරජයේ පළමු තාවකාලික ජනාධිපතිවරයා ලෙස කටයුතු කළේ ය.

ගුවාංදූං පළාතේ ගොවි පවුලක උපත ලද සුන්-ජොංශාන් 1879දී හවායිහි ක්‍රිස්තියානි නේවාසික පාසලකට යවන ලදී. 1882දී අධ්‍යාපනය නිම කිරීමෙන් අනතුරුව ඔහු හොංකොං වෙත ගොස් තවදුරටත් අධ්‍යාපනය ලැබීමට තීරණය කළේ ය. ශිෂ්‍යයකු ලෙස සුන්-ජොංශාන් චීනයේ දේශපාලනය පිළිබඳව ඉතා දැඩි ලෙස උනන්දු වූ අතර චිං අධිරාජ්‍යය බලයෙන් පහ කිරීමේ අදහසින් යුක්ත විය. 1894දී “ෂින්-චොන් හුවේ (චීනය පුනර්ජීවනය කරන සංවිධානය)” නැමැති සිය පළමු විප්ලවවාදී කණ්ඩායම ඔහු විසින් සංවිධානය කරන ලදී. ඉන් පසු ඔහු වෘත්තීයමය විප්ලවවාදියෙකු බවට පත්විය. අසාර්ථක නැගිටීමකින් අනතුරුව ඔහුට හොංකොං

අත්හැර දමා ගොස් ජපානයේ සරණාගතයකු ලෙස දිවිගෙවන්නට සිදු විය.

විදේශයේ සිටියදී, සුන්-ජොංශාන් විප්ලවීය ක්‍රියාකාරකම් තවදුරටත් සක්‍රිය ලෙස පවත්වාගෙන යෑමේ කටයුතුවලට යෙදී සිටියේ ය. ඔහු ලොව පුරා සිටි චීන ප්‍රජාවන්ගේ සහාය ලබා ගනිමින් විප්ලවය සඳහා අරමුදල් රැස් කරන්නකු බවට පත්විය. 1905දී ඔහු "තොන්-මන් හුවේ (විප්ලවීය සංධානය)"වල අධ්‍යක්ෂවරයා ලෙස පත් කරගනු ලැබිණ. මෙය වඩාත් මධ්‍යගත, වඩාත් සූක්ෂම ලෙස සංවිධානය වූ තෝකියෝ නුවර පාදක කරගත් විප්ලවීය සංවිධානයක් විය. මෙහි ප්‍රධාන සාමාජිකයන් වූයේ ශිෂ්‍යයන් හා තරුණ බුද්ධිමතුන් ය. මේ අවස්ථාවේදී සුන්-ජොංශාන් විසින් ඉදිරිපත් කරන ලද "ත්‍රිත්ව මහජනතාවගේ මූලධර්ම", එනම් ජාතිකවාදය, ප්‍රජාතන්ත්‍රවාදය සහ ජනතාවගේ ජීවනෝපාය පිළිබඳ මූලධර්ම තොන්-මන් සංධානයේ ව්‍යවස්ථාවට ඇතුළත් කරනු ලැබිණ.

1911 වසරේ දෙසැම්බර් මාසයේ අගභාගයේදී සුන්-ජොංශාන් ශාංහයි නගරය වෙත පැමිණ 1912 වසරේ ජනවාරි මස 1වන දින චීන ජනරජයේ තාවකාලික ජනාධිපති ලෙස දිවුරුම් දෙන ලදී. නමුත් එම වසරේ ම පෙබරවාරි මාසයේ මුලදී ඔහු යුධ අධිපතියෙකු වූ යුවැන්-ශීකායිට බලය පවරමින් ධුරයෙන් ඉල්ලා අස්වෙන ලදී. ආණ්ඩුවේ සක්‍රිය ලෙස ක්‍රියාත්මක වූ පාර්ලිමේන්තුව ඔස්සේ බලය නවතත් ලබාගනු උදෙසා, සුන්-ජොංශාන් "විප්ලවීය සංධානය" සහ අනෙකුත් ප්‍රගතිශීලී පක්ෂ කිහිපයක් එක් කොට ප්‍රතිසංවිධානය කිරීමෙන් නව දේශපාලන පක්ෂයක් පිහිටුවා ගත්තේ ය. මෙම පක්ෂය කොමින්තාන් පක්ෂය (ජාතිකවාදීන්ගේ පක්ෂය) නමින්

හැඳින්වේ. කෙසේ වෙතත්, විවිධ ප්‍රාදේශීය නායකයන් නව රජයට එදිරි වූ අතර ඔහුගේ රජය තුළින්ම ද දේශපාලන එදිරිවාදිකම්වලට මුහුණදීමට සිදුවිය. එනිසා නොයෙක් ආකාරයේ බලමුළු හා කුඩා යුධ සටන් පැවති අතර එකල ජපන් හමුදාව උතුරින් හා නැගෙනහිරින් චීනය ආක්‍රමණය කිරීම අරඹන ලදී.

1925 වසරේ මාර්තු මස 12වන දින සුන්-ජොංශාන් පිළිකාවක් වැළඳ දිවියෙන් සමුගත්තේ ය. ඔහු ලොව ඉතා හොඳින් හඳුනන, චිං රාජ පරම්පරාව පළවාහැර චීන ජනරජය ගොඩනැගීම උදෙසා තම දිවිය කැපකළා වූ විප්ලවවාදියෙකි. ඔහුගේ ජයග්‍රහණයන් තම රටෙහි හා විදෙස්ගත චීන ජාතිකයන්ගේ පමණක් නොව, සමස්ත ගෝලීය සමාජයේ ද පිළිගැන්මටත්, ඇගයීමටත් පාත්‍රව තිබේ.

## සිතීමට යමක්

1. අබිං යුද්ධය නූතන චීන ඉතිහාසයේ ආරම්භය ලෙස හැඳින්වීමට හේතු කවරේ ද?

2. "විදේශිකයන් අභිබවා යෑම සඳහා ඔවුන්ගේම දියුණු ක්‍රම ප්‍රගුණ කිරීම" යන්න පිළිබඳ ඔබගේ අදහස් දක්වන්න.

3. "ෂිංහයි විප්ලවය"අසාර්ථවීමට තුඩු දුන් හේතු කවරේ ද? මෙම විප්ලවයේ පරාජයෙන් සංකේතවත් වූයේ කවරක් ද?

4. චීන කොමියුනිස්ට් පක්ෂය පිහිටුවීමෙන් පසු චීන විප්ලවයට ලැබුණේ කවර ආකාරයේ නව මුහුණුවරක් ද?

5. කොමියුනිස්ට් සහ කොමිංතාන් යන පක්ෂ දෙක අතර දෙවරක්

පළමුවන පරිච්ඡේදය
චීන ඉතිහාසය

සහයෝගිතාවයන් ගොඩනැගුණත් ඒවා පසුකාලීනව බිඳ වැටීමට හේතු කවරේ ද?

6. සමකාලීන ශ්‍රී ලංකාවේ පැවතුණේ කෙබඳු තත්ත්වයක් ද? මෙම සමයේදී චීන සහ ශ්‍රී ලංකා ඉතිහාසයේ තිබූ සමානකම් සහ වෙනස්කම් කවරේ ද ?

## චීන රාජවංශයේ කාල පරිච්ඡේද

| | | | |
|---|---|---|---|
| ෂියා | | | ක්‍රි.පූ. 2070 පමණ - ක්‍රි.පූ. 1600 |
| ෂාන් | | | ක්‍රි.පූ. 1600 - ක්‍රි.පූ. 1046 |
| ජෝව් | ෂීජෝව් | | ක්‍රි.පූ. 1046 - ක්‍රි.පූ. 771 |
| | දුංජෝව් | | ක්‍රි.පූ. 770 - ක්‍රි.පූ. 256 |
| | චුන්චියු | | ක්‍රි.පූ. 770 - ක්‍රි.පූ. 476 |
| | ජන්ගුවෝ | | ක්‍රි.පූ. 475 - ක්‍රි.පූ. 221 |
| චිං | | | ක්‍රි.පූ. 221 - ක්‍රි.පූ. 206 |
| හන් | ෂීහන් | | ක්‍රි.පූ. 206 - ක්‍රි.ව.25 |
| | දුංහන් | | ක්‍රි.ව.25 - ක්‍රි.ව.220 |
| සංගුවෝ (ත්‍රිත්ව රාජධානි) | වෙයි | | ක්‍රි.ව.220 - ක්‍රි.ව.265 |
| | ශූ | | ක්‍රි.ව.221 - ක්‍රි.ව.263 |
| | වූ | | ක්‍රි.ව.222 - ක්‍රි.ව.280 |
| ජින් | ෂීජින් | | ක්‍රි.ව.265 - ක්‍රි.ව.317 |
| | දුංජින් | | ක්‍රි.ව.317 - ක්‍රි.ව.420 |
| නන්බෙයිචාඕ | නන්චාඕ | සුං | ක්‍රි.ව.420 - ක්‍රි.ව.479 |
| | | චි | ක්‍රි.ව.479 - ක්‍රි.ව.502 |
| | | ලයන් | ක්‍රි.ව.502 - ක්‍රි.ව.557 |
| | | චෙන් | ක්‍රි.ව.557 - ක්‍රි.ව.589 |
| | බෙයිචාඕ | බෙයිවෙයි | ක්‍රි.ව.386 - ක්‍රි.ව.534 |
| | | දුංවෙයි | ක්‍රි.ව.534 - ක්‍රි.ව.550 |
| | | බෙයිචි | ක්‍රි.ව.550 - ක්‍රි.ව.577 |
| | | ෂීවෙයි | ක්‍රි.ව.535 - ක්‍රි.ව.556 |
| | | බෙයිජෝව් | ක්‍රි.ව.557 - ක්‍රි.ව.581 |
| සුයි | | | ක්‍රි.ව.581 - ක්‍රි.ව.618 |

| | | |
|---|---|---|
| තං | | ක්‍රි.ව.618 - ක්‍රි.ව.907 |
| වූදැයි | හොව්ලියං | ක්‍රි.ව.907 - ක්‍රි.ව.923 |
| | හොව්තං | ක්‍රි.ව.923 - ක්‍රි.ව.936 |
| | හොව්ජින් | ක්‍රි.ව.936 - ක්‍රි.ව.947 |
| | හොව්හන් | ක්‍රි.ව.947 - ක්‍රි.ව.950 |
| | හොව්ජෝව් | ක්‍රි.ව.951 - ක්‍රි.ව.960 |
| සුං | බෙයිසුං | ක්‍රි.ව.960 - ක්‍රි.ව.1127 |
| | නන්සුං | ක්‍රි.ව.1127 - ක්‍රි.ව.1279 |
| ලියාඕ | | ක්‍රි.ව.907 - ක්‍රි.ව.1125 |
| ෂීෂයා | | ක්‍රි.ව.1038 - ක්‍රි.ව.1227 |
| ජිං | | ක්‍රි.ව.1115 - ක්‍රි.ව.1234 |
| යුවැන් | | ක්‍රි.ව.1206 - ක්‍රි.ව.1368 |
| මිං | | ක්‍රි.ව.1368 - ක්‍රි.ව.1644 |
| චිං | | ක්‍රි.ව.1616 - ක්‍රි.ව.1911 |

# දෙවන පරිච්ඡේදය
# දර්ශනය සහ චින්තනය

කොන්ෆියුසියස්ගේ සහ මැන්සියස්ගේ ඉගැන්වීම් ප්‍රභවය වන කොන්ෆියුසියස් චින්තනය චීන සංස්කෘතික සංවර්ධනයේ දීර්ඝ ඉතිහාසයක් දක්වා විහිද යයි. මෙම දහම චීන ජනතාවගේ සාමාන්‍ය ආචාර ධර්ම, සදාචාරය සහ චීන සංස්කෘතියේ වටිනාකම හා එහි ප්‍රමුඛතා අගයන් කෙරෙහි ප්‍රබල බලපෑමක් ඇති කර ඇත. එමෙන්ම එය චීන ජාතිකයින්ගේ සාහමූහික උපවිඥානය බවට ද පත් වී ඇත. කොන්ෆියුසියානු වාදයේ සාරධර්ම ප්‍රධාන වශයෙන් චීන සාම්ප්‍රදායික සංස්කෘතියේ මූලික සාරධර්ම නියෝජනය වේ. කොන්ෆියුසියස් චින්තනයේ හරය "රෙන් (කරුණාව)" ය. මෙම කරුණාවේ හරය නම් ජීවිතයට සහ සොබාදහමට ගරු කිරීමයි. කොන්ෆියුසියස්තුමා අවධාරණය කළේ උගත් මිනිසුන් සිය ආධ්‍යාත්මික ලෝකය වැඩිදියුණු කර වඩා අර්ථවත් හා වටිනා ජීවිතයක් ගත කළ යුතු බවයි. මෙය තුළින් චීන සාම්ප්‍රදායික දර්ශනයට අනන්‍ය වූ ජීවිත යථාර්ථය ලුහුබැඳීමේ අද්විතීය චීන සම්ප්‍රදායික දර්ශනයක් නිර්මාණය විය.

ලාඕසියස් නැමැති දාර්ශනිකයා විසින් රචිත "තාඕ ඉගැන්වීම් ග්‍රන්ථය" පදනම් කොටගෙන වර්ධනය වූ තාඕ චින්තනය නොහොත් තාඕ වාදය චීනයේ ඉතා බලගතු දාර්ශනික සිතුවිලි අන්තර්ගත වාදයක් සේ සැලකේ. තාඕ වාදය සහ කොන්ෆියුසියානු වාදය කරට කර සිටින දාර්ශනික වාදයන් දෙකක් වේ. චීන සංස්කෘතික ඉතිහාසයේ "කොන්ෆියුසියානු වාදයේ සහ තාඕ

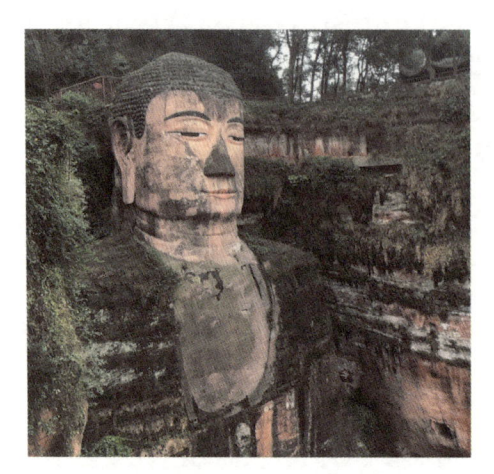

සී-චුඅන් පළාතේ පිහිටි ල-ෂාන් මහා බුදු පිළිමය

වාදයේ එකිනෙකට අනුපූරක වීම" යනුවෙන් කියමනක් ඇත. ලාඕසියස්තුමාගේ දාර්ශනික හරය "ස්වභාවික පරිසරයට හානි නොකර ජීවත් වීම" යි. මෙම අදහස වටා ආවේශක මතයන් රාශියක් ගොනු වී තිබේ. තාඕ වාදය චීන ජාතිකයින්ගේ අනන්‍යතාවයට ද මිනිසුන්ගේ සිතීමේ ක්‍රමයට ද සෞන්දර්යාත්මක රසාස්වාදයට ද තදින් බලපෑම් කොට ඇත. අද දක්වා ම චීන ජාතිකයින්ගේ අනන්‍යතාවය හැඩගැස්වීමට තාඕ වාදය මහත් සේ ඉවහල් විය. තාඕ වාදය පදනම් කොටගෙන ලාඕසියස්තුමා මූලාරම්භකයා කොටගෙන නව ආගමික නිකායක් නිර්මාණය විය. එය "තාඕ ආගම" නමින් හැඳින්වේ. තාඕ ආගම චීනයේ ම බිහි වූ ඉතා දැඩි බලපෑමක් ඇති කළ ආගමක් ලෙස සැලකේ. දීර්ඝායුෂ ලබා ගැනීම මනුෂ්‍ය ජීවිතයේ ඉහළ ම ඉලක්කය ලෙස සැලකෙන තාඕ ධර්මය විසින් අනුගමනය කරන්නෝ අධ්‍යාත්මික පුහුණුව තුළින් මිනිසුන්ට බොහෝ කාලයක් ජීවත් විය හැකි බව විශ්වාස කරති.

චීන සංස්කෘතියේ ඉතිහාසය තුළ වසන්ත හා සරත් සමයේ "සියයක් දාර්ශනික ගුරුකුල" යන ස්වර්ණ යුගයක් බිහි වී තිබුණ ද හන් සහ වෙයි රාජවංශවලින් පසුව සැබෑ වශයෙන්ම චීන ජන සමාජයට බලපා ඇත්තේ කොන්ෆියුසියානු වාදය, බුදුදහම සහ තාඕ වාදය යන ගුරුකුල තුනයි. බුදුදහම පිළිබඳ අවබෝධයක් නොමැති නම්, චීන සංස්කෘතිය පිළිබඳවද පුළුල් අවබෝධයක් ලබාගත නොහැකි ය. බුදුදහම, ක්‍රිස්තියානි ආගම සහ

ඉස්ලාම් ආගම ලෝකයේ ඇති ප්‍රධාන ආගම් තුන ලෙස හැඳින්වේ. ක්‍රි.පූ. 6වන සියවසේ සිට 5වන සියවස දක්වා වූ කාලය තුළ ඉන්දියානු ජාතිකයෙක් වූ ශාක්‍යමුනිතුමා විසින් හඳුන්වා දුන් බුද්ධාගමේ විශ්වීය දැක්ම වනුයේ, සියළු පැවැත්මේ හා සංසිද්ධිවල ප්‍රතිඵලය වන්නේ එක්රැස් වූ කර්ම යන්නයි. ඒ සියල්ලම නිශ්චල වන අතර, මේ ආකාරයේ "යථාර්ථවාදී නොවන දෙයක" පැවතීම බුදුදහමට අනුව "හිස් බව" ලෙස හැඳින්වේ.

ෂීහන් රාජවංශයේ අග භාගයේ සේද මාවත ඔස්සේ බුද්ධාගම චීනයට හඳුන්වා දෙන ලදී. එය චීනයේ වෙයි, ජින් සහ නන්බෙයිචාඕ රාජවංශ සමයේ ජනපියත්වයට පත් වෙමින් තං රාජවංශයේදී උපරිමයට පැමිණියේ ය. චීන ජාතිකයන් බුද්ධාගම සාම්ප්‍රදායික චීන සංස්කෘතියේ වැදගත් කොටසක් බවට පරිවර්තනය කිරීමට සමත් විය. බුදුදහම හඳුන්වා දීමෙන් පසු චීනයේ ස්ථාපනය වූ සෙන් නිකාය ඉතා ගැඹුරු ස්ථානීකරණයක් පෙන්නුම් කළ බෞද්ධ නිකායක් වන අතර එහි ප්‍රධාන නියෝජිතයා වූයේ හුයිනෙං නමැති භික්ෂුවහන්සේ ය. තං රාජවංශයෙන් පසු චීන සංස්කෘතියේ වර්ධනයට සෙන් දහම විශාල වශයෙන් බලපෑවේ ය. එය ජපානය සහ කොරියානු අර්ධද්වීපය මෙන්ම නැගෙනහිර ආසියාවේ අනෙකුත් රටවල් හා ප්‍රදේශ වෙත ද ව්‍යාප්ත වී ගියේ ය. බුද්ධාගම චීනයේ සුළු ජාතිකයන් වෙසෙන ප්‍රදේශවලට ද හඳුන්වා දී ඇත. ඒ අතර චිංහායි- ටිබෙට් ප්‍රදේශයේ ප්‍රචලිතව පවතින බුදුදහම "ටිබෙට් බුදුදහම" යනුවෙන් හැඳින්වන අතර එය සාමාන්‍යයෙන් "ලාමාවාදය" ලෙස ද හඳුන්වනු ලැබේ. චීනයේ යුන්නන් පළාතේ "දයි" ජාතිකයින් සිටිනා පෙදෙස ථේරවාදී බුදුදහමට ප්‍රසිද්ධියක් උසුලයි.

# පළමුවන කොටස
# ප්‍රශ්න, ග්‍රන්ථ සහ ගුරුකුල

යුරෝපයේ පහල වෙමින් පවතින සංකල්ප හෝ විෂයන් අනුව ජනතාව චීන චින්තනයන් බෙදා දැක්වීමට පෙළඹෙති. උදාහරණ ලෙස දේශපාලන චින්තනය, ආර්ථික චින්තනය සහ සමාජ චින්තනය යනාදිය දැක්විය හැකි ය. නමුත් මෙම බෙදීමේ ක්‍රමය, වසර 2000කට වැඩි කාලයක් තිස්සේ චීන ජනතාව සිය චින්තනයන් අවබෝධ කරගැනීමේ ක්‍රමයෙන් වෙනස් වේ. වර්තමානයේ චීන දර්ශනය පිළිබඳ සලකා බලන කල්හි, බොහෝ විට ප්‍රථමයෙන් විවිධ වූ “වාදයන්” හදාරා පසුව විවිධ ග්‍රන්ථවල ඊට අදාළ කොටස් කියවා අවසානයේදී චින්තකයින් ඉදිරිපත් කොට තිබෙන ප්‍රශ්නවලට මුහුණ දීමට ජනතාව පෙළඹෙති. නමුත් මෙම ක්‍රියාවලිය චින්තන ගුරුකුල බිහි වීමේ ක්‍රියාවලියට හාත්පසින් ම ප්‍රතිවිරුද්ධ වේ. චීන චින්තනයන් හැදෑරීමේදී ප්‍රථමයෙන් ම මූලික ප්‍රශ්න තේරුම් ගත යුතු අතර, පසුව ඊට අදාළ ග්‍රන්ථ කියවා අවසානයේදී චින්තන ගුරුකුල පැහැදිලි කළ යුතු ය.

කෙසේවෙතත් මූලික ප්‍රශ්න හඳුන්වා දීමට පෙර චීන චින්තනයට ඇතුලත් වන්නේ කුමක් ද යන්න පැහැදිලි කිරීම අවශ්‍ය වේ. චීන ජාතිය යනු හන් සහ සුළු ජනවාර්ගිකයින් සහිත බහුවිධ ජනවාර්ගික කණ්ඩායමකි. එනිසා චීන චින්තනයට හන් ජාතිකයින්ගේ සිතුවිලි පමණක් නොව සුළු ජාතිකයන්ගේ සිතුවිලි ද ඇතුලත් වේ. එහෙයින් චීන දර්ශනයේ කොන්ෆියුසියානු වාදයට හෝ කොන්ෆියුසියානු ඉගැන්වීම් අධ්‍යයන කරන සියලු වාදයන්වලට පමණක් සීමා නොවේ. අනෙක් අතට, චීන චින්තනය සහ “සාම්ප්‍රදායික චීන අධ්‍යයනයන්” මුළුමනින්ම එක හා සමාන සංකල්ප

නොවේ. වඩාත් නිවැරදිව කිවහොත්, චීන චින්තනය "ජාතික සංස්කෘතික උරුමයේ" (රටකට ආවේණික වූ ශාස්ත්‍රීය නිර්මාණයන් හා සංස්කෘතිය, බොහෝ දුරට යොමු වන්නේ භාෂාව, සාහිත්‍ය, ඉතිහාසය යනාදිය ගැනයි) කොටසක් වේ. එය චීන ඉතිහාසයේ වර්ධනයට වැදගත් බලපෑම් සිදු කළ සියලු ම චින්තකයින්ගේ චින්තනවල එකතුවයි.

චීන චින්තනය සහ අනෙකුත් රටවල චින්තන අතර, ආරම්භ වූ ස්ථානවල වෙනස පමණක් නොව, අවධානය යොමු වෙන මූලික ප්‍රශ්නවල ද වෙනසක් දක්නට ලැබේ. එපමණක් නොව සමාන ගැටළුවලට මුහුණ දීමේදී සිතන විධි ද වෙනස් වේ.

තවත් අතකින් බැලූ කල්හි චීන චින්තනය ස්ථිතික නොවේ. එකම ගැටළු හමුවේ පූර්ව චින් රාජවංශය සිට චිං රාජවංශය දක්වා විවිධ යුගයන් විවිධ අර්ථකථන ඉදිරිපත් කිරීම දැකිය හැකි ය.

චීන චින්තනය අවබෝධ කර ගැනීමේදී මුලින්ම එය අවධානය යොමු කළ මූලික ප්‍රශ්න පැහැදිලි කරගත යුතු වේ. එනම්:

1. "ථියැන් (වචනාර්ථය: අහස)" සහ මිනිසා අතර ඇති සම්බන්ධය: මෙහි "ථියැන්" ප්‍රථමයෙන් ම අදහස් කරනුයේ පොළොවට, මිනිසුන්ට හා සතුන්ට සාපේක්ෂ වන භෞතික ආකාශයයි. තවදුරටත් අදහස් දක්වනුයේ අහස, පොළොව සහ මිනිසුන් පාලනය කිරීමේ ඉහළම බලයයි. ථියැන් සහ මිනිසා අතර ඇති ඊනියා සම්බන්ධතාවය පළමු අර්ථයෙන් මිනිසා සහ සොබාදහම අතර අවකාශීය සම්බන්ධතාවය සහ පාරිසරික ගැටළු පිළිබඳවය. දෙවන අර්ථයෙන් ගත් කළ එයින් පැවසෙන්නේ මානව හා ස්වභාවික නීතිය අතර අභ්‍යන්තර සහ බාහිර සම්බන්ධතා හා ජීවන ගැටළු පිළිබඳවය.

අහස, පොළොව සහ මනුෂ්‍යයා අතර ඇති සම්බන්ධය චුන්චියු හා ජන්ගුවෝ යන සමයන්හි ගුරුකුල සිය ගණනක සාකච්ඡාවට ලක් වූ ප්‍රධාන

තේමාවක් විය. එපමණක් නොව, මෙම ප්‍රශ්නය පසුකාලීන විවිධ චීන දාර්ශනික ගුරුකුල පිළිතුරු ලබා දිය යුතු මූලික ප්‍රශ්නයක් බවට පත්විය. විවිධ දාර්ශනිකයින්ගේ ඓතිහාසික දැක්ම සහ දේශපාලන ස්ථාවරතාවයන් වෙනස් වීමට හේතු ඔවුන් එම ප්‍රශ්නයට බලාදුන් පිළිතුරුවල දැකිය හැකි ය.

2. පැරණි සහ නූතන යුගයේ වෙනස්කම්: "පැරණි" සහ "නූතන" යන වචන දෙකම සාපේක්ෂ පදයන් වේ. සොක්‍රටීස් අද අපට සාපේක්ෂව "පැරණි මිනිසෙකි", එනමුදු ඔහු ජීවත් වූ කාලය තුළ ඔහු " නූතන මිනිසෙකු" විය. නගර-රාජ්‍ය පරිහානියට පත් වීම "පැරණි හා නූතන යුගයේ වෙනස්වීමක්" ලෙස ඔහු දුටුවේ ය. මෙම "යථාර්ථය" පදනම් කොටගෙන උත්ප්‍රාස රැගත් ප්‍රශ්න සහ පිළිතුරු සිය ග්‍රන්ථවල ඉදිරිපත් කිරීම මගින් ඔහු නගර-රාජ්‍ය ක්‍රමයේ ප්‍රතිසංස්කරණයට උපදෙස් ලබා දුන්නේ ය.

කොන්ෆියුසියස් ද අද අපට සාපේක්ෂව "පැරණි මිනිසෙකි." නමුදු ඔහු ජීවත් වූ චුන්චියු සමයේ ඔහු "නූතන මිනිසෙකු" විය. ජෝව් රාජවංශයේ ආණ්ඩු ක්‍රමය පරිහානියට පත් වෙමින් පැවතීම "පැරණි හා නූතන යුගයේ වෙනස්වීමක්"ලෙස ඔහු දුටුවේ ය. මෙම "යථාර්ථය" පදනම් කොටගෙන කොන්ෆියුසියස්තුමා විවිධ රටවල් සංචාරය කිරීමට ගොස් සිය ඉගැන්වීම් පැතිරවීමට පෙළඹුණි.

"පැරණි හා නූතන යුගයේ වෙනස්වීම" පැරණි හා නූතන කාලයන් අතර වෙනස්කම් පමණක් නොව, "පැරණි හා නූතන යුගයේ තර්ක කිරීම්" ද ඇතුලත් වේ. මෙය පැරණි හා නූතන සමාජයන් අතර වඩාත් උසස් සමාජය කුමක් ද යන්න පිළිබඳ දාර්ශනික තර්කයකි. පූර්ව චින් යුගයේ සිට ම පැරණි චීන චින්තනයේ මෙම තර්කය දක්නට ලැබේ. වර්තමාන ජනයා, පැරණි හා නූතන යුගයන් අතර වඩාත් උසස් යුගය කුමක් ද යන්න පිළිබඳ ගත් තීරණය, ඔවුන් අතීතය, වර්තමානය සහ අනාගතය ගැන සලකන්නේ කෙසේ ද යන්න තීරණය කරයි. පාලකයන් බලයට පැමිණෙන කල්හි

ප්‍රමුඛත්වය ලබා දුන්නේ පැරණි ක්‍රමය අනුකරණය කිරීමට ද නැතහොත් නවාකරණය කිරීමට ද යන්න මෙයට අදාළ විය.

3. මිනිස් ස්වභාවය සහ ජීවිතය: මිනිසුන්ගේ ස්වභාවය යහපත් ද නැතහොත් අයහපත් ද යන්න පිළිබඳ වෙනස් වූ තීරණයන්ට අනුව, වෙනස් වූ දේශපාලන විධිවිධාන හා අධ්‍යාපන පද්ධතිය නිර්මාණය විය. එනම්, මිනිසුන් පාලනය කිරීමේදී රාජ්‍යපාලනය සිදු කරන්නේ කරුණාවන්ත අයුරින් ද නැතහොත් දැඩි දඬුවම් ක්‍රියාත්මක වන අයුරින් ද යන්න තීරණය වූයේ පාලකයන් මිනිස් ස්වභාවය පිළිබඳ තිබූ අවබෝධයයි.

ඉහත සඳහන් මූලික ප්‍රශ්න සහ එයින් ඇති වූ ප්‍රශ්න මාලාවක් චීන චින්තනයේ සදාකාලිකව පවතින මාතෘකාවන් වේ. පූර්ව චින් යුගයේ බොහෝ චින්තකයෝ සිය ග්‍රන්ථවල මෙම මාතෘකා ඇසුරින් විවිධ මතයන් ඉදිරිපත් කළහ. ඒවා මුල් කොට ගෙන චීන චින්තනයේ මූලික ගුරුකුල බිහි විය.

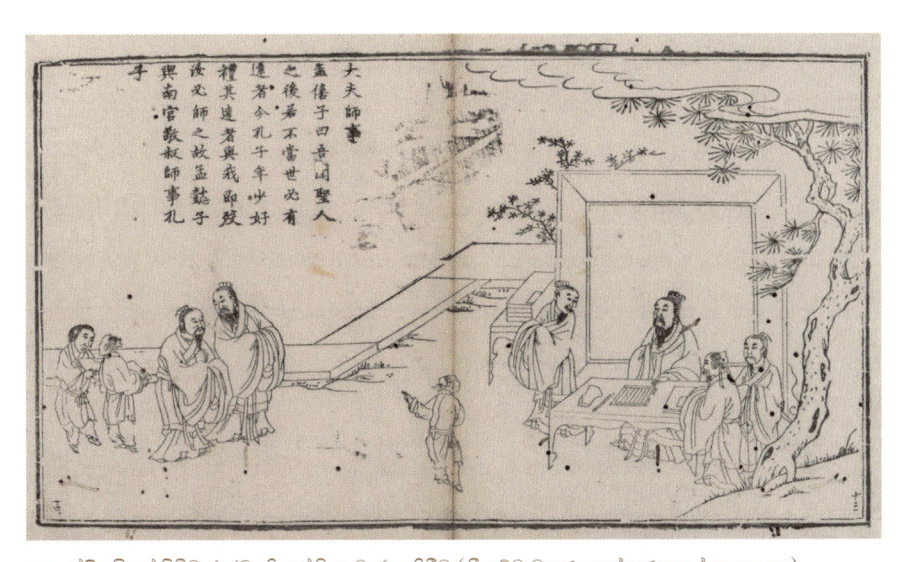

කොන්ෆියුසියස් විවිධ රාජධානියන්හි සංචාරය කිරීම (ලී අච්චු මුද්‍රණ තාක්ෂණයෙන් සාදන ලද)

"ජුවාං-ත්ස" නමැති ග්‍රන්ථයේහි "ථියැන් ෂායා (අහස යට)" පරිච්ඡේදයේ පෙන්වා දෙන පරිදි චුන්චියු හා ජන්ගුවෝ රාජවංශ සමයන් තුළ රට බෙදීම සිදු වීමත් සමඟ ම "තාඕ (සදාචාරත්මක මූලධර්ම)"හා "ෂු (ක්‍රමවේදයන් සහ ප්‍රතිපත්ති)"ද පිරිහීමට පත් විය. රට පිළිවෙලකට පවත්වාගෙන යෑමට ඉතා වැදගත් වූ "ලී (චාරිත්‍රවිධිය)" හා "යුඑ (සංගීතය)" පිළිබඳ දැනුම වංශාධිපතිවරුන් නිසා පොදු ජනතාවන් අතර ව්‍යාප්ත විය. මේ නිසා විවිධ චින්තන ගුරුකුල බිහි වී චීන චින්තන ඉතිහාසය "සියයක් දාර්ශනික ගුරුකුල" පැවති ස්වර්ණමය යුගයට එළඹුණි.

ජන්ගුවෝ යුගයට අයත් වූ "ෂුන්-ත්ස" නමැති ග්‍රන්ථයෙහි "ෆෙයි-ෂිඅර්-ස්ඇ" යන පරිච්ඡේදය සහ "හන්-ෆෙයි-ත්ස" නමැති ග්‍රන්ථයෙහි "ෂියැන්-ෂුඑ" යන පරිච්ඡේදය චුන්චියු හා ජන්ගුවෝ රාජවංශ සමයන්වල විවිධ ගුරුකුල විසින් ඉදිරිපත් කරන ලද චින්තනයන් සවිස්තරාත්මකව හඳුන්වා දී ඇත.

ෂීහන් රාජවංශ සමයේ විසූ සීමා-තන් විද්වතුන්ගේ ගුරුකුල පහත දැක්වෙන ගුරුකුල හයකට බෙදා දැක්වුවේ ය. එනම්: ඉං-යං ගුරුකුලය, කොන්ෆියුසියස් ගුරුකුලය, මෝසියානු ගුරුකුලය, තර්ක ගුරුකුලය, නීති ගුරුකුලය සහ තාඕ ගුරුකුලයයි. එපමණක් නොව, සීමා-තන් විසින් විවිධ ගුරුකුල චින්තනවල ඇති ධනාත්මක බව සහ ඍනාත්මක බව පිළිබඳ ඔහුගේ "ගුරුකුල හයෙහි සාරාංශ" නමින් හැඳින්වන ලිපියේ ගැඹුරු ලෙස විශ්ලේෂණය කෙරිණි. මෙම ලිපිය, ඔහුගේ පුත්‍රයා වූ සීමා-චියැන් විසින් රචිත සුප්‍රකට "ඓතිහාසික වාර්තා" නම් ඉතිහාස ග්‍රන්ථයේ අවසාන ලිපිය වූ "තැයිෂි-ගුංගේ ආත්මචරිතය"හි ඇතුළත් විය.

ෂීහන් රාජවංශ සමයේ විසූ ලියු-ෂියංගේ "ල්යුඇ හත" නමින් හැඳින්වන ග්‍රන්ථයෙහි චින්තන ගුරුකුල දහයකට බෙදා වෙන්කර ඇති අතර, දුංහන් රාජවංශ සමයේ බන්-ගු සිය "හන් රාජවංශ වාර්තා" යන ග්‍රන්ථයේ "කලාව

සහ සංස්කෘතිය''යන කොටසේ ලියු-ෂියංගේ ගුරුකුල බෙදා වෙන්කිරීම භාවිතයට ගත්තේ ය. එම ගුරුකුල දහය වන්නේ කොන්ෆියුසියස් ගුරුකුලය, තාඕ ගුරුකුලය, ඉං-යං ගුරුකුලය, නීති ගුරුකුලය, තර්ක ගුරුකුලය, මෝ්සියානු ගුරුකුලය, රාජතාන්ත්‍රික ගුරුකුලය, ප්‍රකීර්ණක ගුරුකුලය, ගොවි ගුරුකුලය, ශායෝ-ෂ්වො ගුරුකුලයයි. කෙසේවෙතත් මුල් ම ගුරුකුල නමය පමණක්, යථාර්ථ ගැටළු පිළිබඳ ගැඹුරු අවබෝධ කරගෙන රට ක්‍රියානුකූලව පවත්වාගෙන යෑමට ප්‍රායෝගික උපදෙස් ඉදිරිපත් කළ බව බන්-ගූගේ මතය විය.

මෙම ග්‍රන්ථ රාශියක්, පූර්ව චින් රාජවංශය හා හන් රාජවංශය අතර බිහි විය. ඒවා විවිධ ගුරුකුලවල මූලික මූලාශ්‍රයන් වූ අතර පූර්ව චින් යුගයේ විද්වතුන්ගේ අදහස් අධ්‍යයනය කිරීම සඳහා ඉතා වැදගත් ලේඛනයන් විය. පූර්ව චින් යුගයේ විද්වතුන්ගේ අදහස් පදනම් කොටගෙන චීන චින්තනයේ මූලික ගුරුකුලයන් නිර්මාණය වූ හෙයින් එම ග්‍රන්ථ සාහිත්‍ය විමර්ශන කටයුතුවලට අතිශයින් වැදගත් වේ.

පූර්ව චින් යුගයේ චී රාජ්‍යයේ චින්තකයකු වූ ත්ස්ඕ-යැන්ගේ ග්‍රන්ථ අද දක්නට නොලැබෙන නමුත් සීමා-චියැන්ගේ "ඓතිහාසික වාර්තා"හි ඔහු ඉදිරිපත් කොට ඇති "ජියු-ජෝව් (මහා භූමි නමය)" පිළිබඳ විශ්වීය පරිකල්පනය විදහා දක්වයි. ඔහු විශ්වාස කරනුයේ යූ රජතුමා විසින් පාලනය කරන ලද ජියු-ජෝව් යනු කුඩා රටවල් නමයකින් වට වූ විශාල රාජ්‍යක් බවයි. එය "ෂෙන්-ජෝව් (දිව්‍යමය භූමිය)" ලෙස ද හැඳින්වේ. (වර්තමානයේ චීන මිනිසුන් "ෂෙන්-ජෝව් මහා භූමිය" ලෙසින් චීනය නම් කරයි.) "ෂෙන්-ජෝව් හැරුණු විට ෂෙන්-ජෝව් වැනි රාජ්‍යයන් තව නමයක් පවතී" යන්නෙන් පිළිබිඹු වන්නේ ජන්ගුවෝ සමයේ ඉං-යං ගුරුකුලය චීනය ලෝකයේ කුඩා කොටසක් පමණක් බව පිළිගෙන තිබෙන බවයි. මෙයින් ලෝක අවකාශය පිළිබඳ ඔවුන්ගේ සමපේක්ෂණය හා පරිකල්පනය කියාපායි.

මීට අමතරව ත්ස්ඕ-යැන් විසින් "මූලද්‍රව්‍ය පහේ සංසරණය" ඉදිරිපත් කරන ලදී. එනම්, ලී, ගින්දර, පස්, රත්‍රන් සහ ජලය යන ද්‍රව්‍යමය අංග පහ අන්‍යෝන්‍ය වශයෙන් ශක්තිමත් කරන අතර එකිනෙකාව උදාසීන කරයි. මෙම ස්වභාවික නීතිය දේශපාලන ක්ෂේත්‍රයට ද යොදා ගත හැකි ය. සෑම රාජවංශයකටම ආවේණික මූල ද්‍රව්‍ය ඇති අතර, ඉන් අදහස් කරන්නේ සෑම රාජවංශයකටම තමන්ටම ආවේණික ඉරණමක් ඇති බවයි. අතිශය පුළුල් අවකාශ න්‍යායයක් ඉදිරිපත් කළ ත්ස්ඕ-යැන්, ඉතිහාසය පිළිබඳ අතිශය දූරදර්ශී දැක්මකින් යුතු පුද්ගලයෙකු බව කිව හැකි ය.

එසමයෙහි ත්ස්ඕ-යැන් වැනි අගනා චින්තකයින් රාශියක් ම ජීවත්ව සිට ඇත. මෙම ග්‍රන්ථයෙහි සීමාසහිත අවකාශය හේතුවෙන් ගුරුකුල හය අතර ඉතිහාසයට වැදගත් බලපෑම් සිදු කළ කොන්ෆියුසියස් වාදය, මෝසියානු වාදය, තාඕ වාදය සහ නීති වාදය පිළිබඳ විස්තර පමණක් මෙම පරිච්ඡේදයේ සඳහන් වනු ඇත. ඊට අමතරව, මෙම පරිච්ඡේදයේ චින් සහ හන් රාජවංශයෙන් පසු චීනයේ නිල ධර්මයන් සහ විවිධාංගීකරණය වූ චින්තන ස්වරූපය පිළිබඳ විස්තර ද දැක්වේ.

## චීන සංස්කෘතියට අදාළ ද්විභාෂා වචන මාලාව

| | |
|---|---|
| 孔孟之道 | කොන්ෆියුසියස්ගේ සහ මැන්සියස්ගේ ඉගැන්වීම් |
| 伦理道德 | ආචාර ධර්ම සහ සදාචාරය |
| 自然无为 | ස්වභාවික පරිසරයට හානි නොකර ජීවත් වීම |

| | |
|---|---|
| 禅宗 | සෙන් නිකාය |
| 长生 | දීර්ඝායුෂ |
| 儒、释、道 | කොන්ෆියුසියානු වාදය, බුදුදහම සහ තාඕ වාදය යන ගුරුකුල තුන |
| 天人合一 | මිනිසාගේ සහ සොබාදහමේ එකමුතුකම |
| 知行合一 | දැනුමේ හා ක්‍රියාවෙහි එකමුතුකම |
| 国学 | සාම්ප්‍රදායික චීන අධ්‍යයනයන් |
| 先秦诸子 | පූර්ව චින් යුගයේ විද්වතුන් |
| 金木水火土 | ලී, ගින්දර, පස්, රත්‍රන් සහ ජලය |
| 相生相克 | අනොන්‍යාන්‍ය වශයෙන් ශක්තිමත් කරන අතර එකිනෙකාව උදාසීන කිරීම |

## චීන සංස්කෘතික හා චින්තනික පද

dào
道

**තාඕ (මාර්ගය)**

මූලික අර්ථයෙන් ගත් කල තාඕ යනු මිනිසුන් ගමන් කරන මාර්ගය වේ. එම අර්ථය ඉක්ම වූ අර්ථ තුනක් ද එයට තිබේ. පළමුව විවිධ ස්වභාවික ක්ෂේත්‍රවලට අයත් දේ අනුගමනය කරන නියාම ධර්ම (උදාහරණයක් වශයෙන් සූර්යයා, චන්ද්‍රයා සහ තාරකා චලනය වන ස්වාභාවික අනුපිළිවෙළ) දිව්‍යමය තාඕ ලෙසින් හැඳින්වේ. මිනිස් ක්‍රියාකාරකම් පාලනය කරන්නා වූ

නීති සහ රීති මිනිසාගේ තාඕ ලෙසින් හැඳින්වේ. දෙවනුව සියලු දේ සහ සියලු ජීවීන් විසින් අනුගමනය කරනු ලබන විශ්වීය රටා ද තාඕ යනුවෙන් හැඳින්වේ. තෙවනුව සියල්ලෙහි උපත සහ පැවැත්ම සඳහා පදනම් වන්නා වූ මූල ප්‍රභවය හෝ සද්භාවමය පැවැත්ම ද මිනිසාගේ ක්‍රියාකාරකම්වලට පාදක වන්නා වූ මූලික ස්වභාවය ද තාඕ ලෙසින් හැඳින්වේ. තාඕ පිළිබඳව කෙරෙන සාකච්ඡාවල දී, කොන්ෆියුසියානුවාදය, තාඕවාදය සහ බුදුදහම එය එකිනෙකට වෙනස් අර්ථ සහිතව එය විවරණය කරයි. දයාව, ධර්මිෂ්ඨකම, සහ සමාජාචාර ප්‍රවර්ධනය යන කරුණු කොන්ෆියුසියානු තාඕ ඉගැන්වීම්වල මූලික අන්තර්ගතය වේ. බෞද්ධ සහ තාඕවාදී ඉගැන්වීම්වල තාඕ යන්නෙන් කුං (空, ශූන්‍ය) සහ වූ (无, නැති බව) අවධාරණය කෙරෙයි.

dàojìtiānxià
## 道济天下
### සත්‍යය සහ යුක්තිය තහවුරු කර සියලු ජනයා හට පිහිටවීම

සත්‍යය සහ යුක්තිය තහවුරු කිරීම තුළින් සියලු ජනයා හට උපකාර කළ යුතු බව සහ ඔවුන් ගලවා ගත යුතු බව මෙම යෙදුමෙන් කියැවෙයි. මෙම යෙදුමෙහි අන්තර්ගත අර්ථ දෙකක් වෙයි. පළමුවැන්න නම්, කිසියම් නිශ්චිත තාඕ හඳුනා ගැනීමක වටිනාකම රඳා පවතින්නේ එය "ජනතාවගේ අවශ්‍යතා අරභයා සේවය කරන්නේ නම් පමණක්ය යන්නයි. දෙවැන්න නම්, ගුණ දහමින් හෙබි අය සහ විශේෂයෙන් ම බුද්ධිමතුන් ජනතාවට සේවය කිරීම සඳහා ඔවුන් හදාරා ඇති තාඕ ධර්මය උපයෝගී කර ගත යුතු අතර, ඔවුන් අධ්‍යයනය කළ පුරාණ සම්භාව්‍ය ඉගැන්වීම් වර්තමාන අවශ්‍යතා වෙනුවෙන් අදාළ කර ගත යුතුය යන්නයි. "සත්‍යය සහ යුක්තිය තහවුරු වන අයුරින් සියලු ජනයා හට පිහිටවීම" යන මෙම අදහස තුළින් දැනුම හඹා යෑමේ දී සාම්ප්‍රදායික චීන බුද්ධිමතුන් තුළ වූ පරමාර්ථමය සහ පරමාදර්ශී

ස්වභාවය හෙළි දරව් වේ. තව ද, සත්‍යය වටහා ගැනීමේ සහ එය තහවුරු කරලීම උදෙසා අනුගමනය කළ ප්‍රයත්නයේ දී සාම්ප්‍රදායික චීන බුද්ධිමතුන් තුළ වූ දයාව සහ සදාචාරාත්මක පිළිගැනීම් ද; ජනතාවගේ ජීවනෝපාය ගැන සැලකිලිමත් වීම ද; ලෝකය පිළිබඳ වගකීම තමන් විසින් ම භාර ගැනීම ද යන කරුණු මේ තුළ අන්තර්ගත වේ.

zūnshī-zhòngdào
## 尊师重道
**ගුරුවරුන්ට ගරු කිරීම සහ ධර්මයට හිස නැමීම**

ගුරුවරුන්ට බුහුමන් දැක්විය යුතු බව ද නීති, රීති සහ විශ්වීය ධර්මතාවලට ගරු කළ යුතු බව ද මෙම යෙදුමෙන් කියැවෙයි. "තාඕ" යන්නෙන් විශ්වීය නීති මෙන් ම, ලෝක සත්‍යයන් සහ සදාචාරාත්මක මූලධර්ම ද හැඳින්වේ. ගුරුවරුන්ට ගරුකිරීම සම්ප්‍රදායික ගුණාංගයක් වන අතර මානව සහ විශ්වීය ධර්මතාවලට අනුකූලව ජීවත්වීම සම්ප්‍රදායික චීන සංස්කෘතියෙහි වැදගත් අංගයකි. ගුරුවරයා යනු මානව සහ විශ්වීය ධර්මතා පිළිබඳ කියා දෙන්නා වන බැවින් ගුරුවරුන්ට ගරු කිරීමත් ධර්මයට හිස නැමීමත් එකම ධර්මතාවක් ප්‍රකාශ කරන්නා වූ ආකාර දෙකකි. පුරාණ කාලයේ සිට ම, රටෙහි දියුණුව සහ සමෘද්ධිමත් බව තහවුරු කර ගැනීම සඳහා වන වැදගත් පූර්ව කොන්දේසියක් ලෙසින් මෙය සැලකිණි. එහෙයින්, එය යහපාලනය යනු කුමක්දැයි පැහැදිලි කෙරෙන වැදගත් දර්ශකයක් ද වේ.

shòurényǐyú,bùrú shòurényǐyú
授人以鱼，不如授人以渔
**කුසගින්නෙන් පෙළෙන්නකු හට මාළු කූරියකු දීමට වඩා මාළු බෑමට ඉගැන්වීම වඩා යහපත් ය**

කිසිවකු හට යමක් එ ලෙසින් ම ලබා දෙනවාට වඩා එය ලබා ගැනීමේ ක්‍රමවේදය කියාදීම වඩා හොඳ බව මෙයින් කියැවෙයි. මෙම ක්‍රමය අනුගමනය කළ විට ජනතාවට අවශ්‍ය දේ ඔවුන්ගේ ම උත්සාහයෙන් ලබා ගත හැකි ය. යම් අරමුණක් ඇති කරගත් පසු එය සාක්ෂාත් කරගැනීමේ ක්‍රමය වඩාත් වැදගත් බව ද, දිගු කාලීනව ඵලදායක අයුරින් මිනිසුන්ට උපකාර කිරීමේ සහ කළමනාකරණය කිරීමේ ක්‍රමය වන්නේ එම අරමුණ ඉලක්ක කරගෙන ස්ව-ශක්තිය මත නැගී සිටීම සඳහා ඔවුන්ව දිරිමත් කිරීම බව ද මෙයින් ගම්‍ය කෙරෙයි.

wǔxíng
五行
**වූ-ශිං (මූලද්‍රව්‍ය පහ)**

මෙම යෙදුමට අර්ථ තුනක් තිබේ. සියල්ල සෑදී ඇති ලෝහ, දැව, ජලය, ගින්න සහ පොළොව යන මූලික කරුණු හෝ මූලද්‍රව්‍ය පහ මෙ මගින් මූලිකව කියැවෙයි. මෙකී සෑම කාරණයකට ම ආවේණික ගුණාංග ඇති අතර ඒවා එකිනෙක කෙරෙහි උත්පාදක හෝ විනාශකාරී සම්බන්ධතා පවත්වමින් අන්තර්ක්‍රියා කරයි. දෙවනුව, මෙය වඩාත් වියුක්ත ආකාරයකින් ලෝකය වටහා ගැනීම සඳහා වන මූලික රාමුව කෙරෙහි අපගේ අවධානය යොමු කරයි. සියල්ල වූ-ශිං රාමුව තුළට ඇතුළත් කළ හැකි අතර ඒවායේ ගුණාංග ඒ අනුව පැහැදිලි කර ගැනීමට හෝ තේරුම් ගැනීමට හැකි ය. තුන්වනුව, මෙ මගින් සදාචාරාත්මක හැසිරීම් පහක් ද විස්තර කෙරෙයි.

රන් (කරුණාව), යී (ධර්මිෂ්ඨකම), ලි (සමාජ සම්මත සහ ආචාර ධර්ම), චී (ප්‍රඥාව) සහ ෂං (මුනිවර චරිත ස්වභාවය සහ ප්‍රඥාව) යනු ඒ පහ ය.

## අතිරේක කියවීම

### සාම්ප්‍රදායික චීන සංස්කෘතිය හා හරිත-සංරක්ෂණය*

හරිත-පරිසරය ආරක්ෂා කිරීම වූ කලී නූතන ලෝකයේ විශේෂ අවධානය යොමු වී ඇති ප්‍රධාන කාරණයකි. ලෝකය දිනෙන් දින වර්ධනය වන හරිත අර්බුදයකට මුහුණ දී සිටින අවධියක හරිත-ආචාර ධර්ම සහ හරිත-දර්ශනයට හිමි වන්නේ විශේෂ ස්ථානයකි. මෙම ක්ෂේත්‍රයේ විශේෂඥයින් පවසන්නේ නූතනයේ සිදු වී ඇති පරිසර හානිය මිනිස් සංහතියේ පැවැත්මට අතිවිශාල තර්ජනයක් වී ඇති බවයි.

හරිත-ආචාර ධර්ම හා හරිත-දර්ශනයේ ප්‍රධානම සංකල්පය වන්නේ "මනුෂ්‍ය කේන්ද්‍රීයත්වය" වෙනුවට "හරිත කේන්ද්‍රීයත්වය" යොදා ගැනීමයි. මෙයින් අදහස් කරන්නේ පෘථිවි ගෝලයේ වාසය කරන සියලු ජීවීන්ට මිනිසා හා සමානව අයිතිවාසිකම් ඇති බවත් පැවැත්මේ සහ සංවර්ධනය වීමේ අයිතිවාසිකම සෑම සත්වයෙකුටම උරුම වූ පොදු සාධකයක් බවයි.

සාම්ප්‍රදායික චීන සංස්කෘතිය දෙස බැලීමේ දී පැහැදිලි වන කාරණයක් වන්නේ නූතන හරිත- ආචාර ධර්ම සහ හරිත-දර්ශනය

* ඉහත කොටස චීන FLTRP සහ ශ්‍රී ලංකාවේ ෆාස්ට් පබ්ලිෂින් (ප්‍රයිවට්) ලිමිටඩ් යන ප්‍රකාශකයන් විසින් පළ කරන ලද "අසිරිමත් චීන සංස්කෘතිය" යන කෘතියෙන් උපුටා ගැනීමක් සහ සංස්කරණය කිරීමකි

අන්තර්ගත හරිත-පරිසරය පිළිබඳ ඉතා දියුණු ජන විඥානයක් පැරණි චීන ජනයාට තිබුණු බවයි.

පාරම්පරික චීන දර්ශනය වූ කලී "ජීවිතය" පිළිබඳ දර්ශනයකි. කොන්ෆියුසියස්තුමාට අනුව ස්වර්ගය වූ කලී සියලු ජීව පදාර්ථයන්ගේ මූලය වන අතර "ජීවය නිර්මාණය වීම" වූ කලී "දිව්‍ය ක්‍රමවේදය" සහ "දිව්‍ය පරමාර්ථය" වශයෙන් සැලකිය හැකි ය. කොන්ෆියුසියස්තුමාගේ මෙම ඉගැන්වීම "ඊ-ජිං (විපරිණාමය පිළිබඳ කෘතිය)" දක්වන්නේ "ජීවයේ අවිච්ඡින්න නිර්මාණය වූ කලී විපරිණාමය" බවයි. එමෙන් ම, ස්වර්ගයේ සහ පෘථිවියේ ශ්‍රේෂ්ඨ ගුණය වන්නේ ජීවය නිර්මාණය කිරීමයි. කොන්ෆියුසියස්තුමාට වසර 100කට පමණ පසුව ජීවත් වූ මැන්සියුස් නමැති කොන්ෆියුසියානු චින්තකයා "පුද්ගලයෙකු ස්වකීය පවුලට සෙනෙහස දැක්විය යුතු ය. මිනිසුන්ට සෙනෙහස දැක්විය යුතු ය. එමෙන් ම, සියලු ජීව පදාර්ථයන්ට සෙනෙහස දැක්විය යුතු ය" යනුවෙන් අවධාරණය කර තිබේ. පසුකාලීන කොන්ෆියුසියස් චින්තකයින් "ස්වර්ගය සහ පෘථිවිය සියලු පදාර්ථයන්ට ජීවය ලබා දේ" යන අදහසෙහි දිගටම සිටි බව පැහැදිලි ය. ඒ අනුව සියලු දෙයට සෙනෙහස හා කරුණාව දැක්වීම නිරන්තරයෙන් ම අවධාරණය විය. උදාහරණයක් වශයෙන්: සුං අවධියේ සිටි කොන්ෆියුසියානු චින්තකයෝ කොන්ෆියුසියස්ගේ මතය නැවත නැවත අවධාරණය කළෝ ය. ජෝව්-දුන්ඊ නමැත්තා අවධාරණය කරන ලද්දේ "ස්වර්ගය යං ශක්තිය මගින් ජීවය නිර්මාණය කරන බවත්, ඉං ශක්තිය මගින් ජීවය පෝෂණය කරන බවත් ය." චෙං ඊ "ජීවයේ ස්වභාවය සෙනෙහස දැක්වීමයි" යනුවෙන් සඳහන් කර ඇත. ජාං-ත්සැයි "ලෝකයේ සියලුම මිනිසුන් මගේ සහෝදරයන්

ය. ලෝකයේ සියලු සත්වයන් මගේ සහෘදයන් ය'' යනුවෙන් අවධාරණය කළේ ය. වෙං-හාඕ විසින් අවධාරණය කරන ලද්දේ ''සෙනෙහසින් යුක්ත පුද්ගලයන් ලෝකයේ සෙසු සියලු පදාර්ථ එසේ යැයි සලකන බවයි'' යනුවෙනි. මෙයින් පැහැදිලි වන්නේ කොන්ෆියුසියස්තුමාට අනුව සෙනෙහස ස්වකීය පවුලෙන් ආරම්භ වී එය සෙසු අයට අයට හා සමස්ත ජීව පදාර්ථයන්ටම ක්‍රමයෙන් විහිදී යන්නක් බවයි. මනුෂ්‍යයා හා සෙසු සියලු ජීව පදාර්ථ එකම වර්ගයට අයත් අතරම අන්‍යෝන්‍ය වශයෙන් සමාන ද වේ.

චීං අවධියේ සිටි ජෙං-බන්-චියාඕ නමැති චිත්‍ර ශිල්පියා ලිපියක් මගින් ඔහුගේ පවුලට අවධාරණය කළේ ලොකු-කුඩා ඕනෑම ජීවියෙකුට (කුහුඹුවන් හා කුඩා කෘමීන් සියල්ලන්ටම) ආදරය දක්වන ලෙසටයි. ඔහුට අනුව මෙය වූ කලී ''ස්වර්ගයේ කැමැත්ත'' වන හෙයින් ස්වර්ගයේ කැමැත්ත මනුෂ්‍ය වර්ගයා තේරුම් ගත යුතු වේ. ඔහු විශේෂයෙන් ම ''කුරුල්ලන් කූඩුවල දමා'' ඇති කිරීමට දැඩි සේ විරුද්ධ විය. ඔහුට අනුව ''තමාව සතුටු කර ගැනීමට කුරුල්ලකු කූඩුවක රඳවා ගැනීම අසාධාරණය. එම ජීවියාගේ ආත්මය මගේ ආත්මය සතුටු කරනු වස් පීඩාවට පත් කිරීම'' මෙහි දී සිදු වේ. එමෙන් ම, ඉතා භයානක සතුන් වන වෘකයන්, කොටියන් වැනි සතුන් පළවා හැරීම මගින් ඔවුන් මිනිසුන්ට හානි කිරීම වළක්වා ගත හැකි ය. මිනිසාගේ කැමැත්තට අනුව ඔවුන්ව මරණයට පත් කිරීමට මිනිසාට අයිතියක් නැත. මිනිසුන් සත්‍ය වශයෙන් ම කුරුල්ලන්ට ආදරය කරන්නේ නම් ඔවුන් කුරුල්ලන්ගේ නිවාස ලෙස වැඩි වැඩියෙන් ගස්-වැල් සිටුවිය යුතු ය. මිනිසා හිමිදිරියේ අවදි වන විට සියතුන්ගේ ගී රාවය අසා කුරුල්ලන්ට මෙන් ම, මිනිසාට ද සතුටු විය හැකි ය. ඔහු මෙම සතුටුදායක දර්ශනය

"සෑම කෙනෙකුම තම තමන්ගේ නෛසර්ගික ස්වභාවය අනුව ජීවත් වේ" යනුවෙන් විග්‍රහ කළේ ය. මෙම ක්‍රමය මගින් පමණක් මිනිසාට සැබෑ සතුට සෙසු සත්වයන් සමගින් බෙදා හදා ගත හැකි බව එතුමාගේ ඉගැන්වීම විය.

## චීන ඉතිහාසයේ ප්‍රසිද්ධ චරිතයක්

### සීමා-චියැන්

සීමා-චියැන් (ක්‍රි.පූ.145-ක්‍රි.පූ.86) යනු තාරකා ශාස්ත්‍රඥයකු, දිනදසුන් පිළිබඳ වියතකු මෙන්ම චීනයේ පළමුවන මහා ඉතිහාසඥයා ද වේ. "ෂ්අ-ජී" හෙවත් "ඓතිහාසික වාර්තා" නැමැති ග්‍රන්ථයේ කර්තෘත්වය නිසා ඔහුව වඩාත් අවධානයට ලක්ව තිබේ. මෙම ග්‍රන්ථය දෙවන සියවසේ අවසානය දක්වා වූ චීන ඉතිහාසය පිළිබඳ ලියවුණු ඉතා වැදගත්ම ග්‍රන්ථය ලෙස සලකනු ලබයි.

සීමා-චියැන්ගේ පියා ද රාජ සභාවේ තාරකා ශාස්ත්‍රඥයා සහ ඉතිහාසඥයා ලෙස කටයුතු කළේ ය. රාජධානියේ සිදුවීම් හා රාජ සභාවේ උත්සව පිළිබඳ දෛනික වාර්තා තබාගැනීම, දිනදසුන නියාමනය කිරීම සහ තාරකා විද්‍යාත්මක පරීක්ෂණ කිරීම යන රාජකාරි මහා ඉතිහාසඥයාගේ කාර්යාලයේ වගකීම්වලට අයත් විය. සීමා-චියැන් "මහා ඉතිහාසඥයා" නැමති තනතුරට පත්වනුයේ ඔහුගේ පියාගේ අභාවයෙන් අනතුරුව ය. තම පියාට සිය දිවිය පුරා ඉටුකරගැනීමට නොහැකි අපේක්ෂාව වූ චීන නියත ඉතිහාසය පිළිබඳව වූ ග්‍රන්ථයක් රචනා කිරීම ඉටුකිරීම සඳහා සීමා-චියැන්

ඉදිරිපත් විය. කෙසේවෙතදු, අපකීර්තිමත් සේනාධිපතිවරයෙකු ආරක්ෂා කිරීමට කටයුතු කිරීම හේතුවෙන් අධිරාජ්‍යයා සීමා-චියැන් සමඟ බලවත් ලෙස අමනාප විය. ඒ හේතුවෙන් "අධිරාජ්‍යයාට අපහාස කිරීම" යන චෝදනාව යටතේ අධිරාජ්‍යයා විසින් සීමා-චියැන් නපුංසකයෙක් බවට පත් කරවන ලදී. ඔහු බලවත් ලැජ්ජාවෙන් හා පීඩාවෙන් පෙළෙමින් ඔහුගේ අග්‍රකෘතිය අවසන් කිරීම සඳහා කැපවෙමින් තම විශ්‍රාම දිවිය ගත කළේ ය.

"ඓතිහාසික වාර්තා" පසුකාලීන රාජවංශ ග්‍රන්ථ රචනා කිරීම සඳහා ආකෘතියක් ඉදිරිපත් කරන නමුදු එය බොහෝ ක්‍රමයන්ගෙන් ඊට වඩා වෙනස් වේ. එහි කාල පරාසය වඩාත් දිගුකාලීන වන අතර මූලාශ්‍ර ද්‍රව්‍ය වඩා විවිධාකාර වේ. එය චින් සහ හන් රාජවංශයන්හි රාජසභා වාර්ෂික වාර්තා සම්බන්ධ කරනු ලැබුවා පමණක් නොව විවිධ පෙර ඓතිහාසික වාර්තා හා විවිධ ගුරුකුලයන්හි දාර්ශනික ලේඛනයන් ද එකතු කරන ලදී. විෂය වස්තුව අතින් සලකා බලන විට, පසුකාලීන ඉතිහාස ග්‍රන්ථවල පැවති රාජ සභාව කේන්ද්‍රීය වෙමින් දේශපාලනයට ප්‍රධාන ස්ථානයක් ලබාදීම ඔහුගේ "ඓතිහාසික වාර්තා"වල දක්නට නොලැබේ. ව්‍යාපාරිකයන්, කොල්ලකරුවන්, හොඳ හා නරක නිලධාරීන් ආදීහු ද ඇතුළත් සමාජයේ පුළුල් පරාසයක් ඔහුගේ ග්‍රන්ථයේ දක්නට ලැබේ.

සීමා-චියැන් විසූ කාලයේ සිට "ඓතිහාසික වාර්තා" චීනයේ ඓතිහාසික අග්‍රකෘතිය ලෙස හැඳින්වූ අතර චීනයේ පමණක් නොව චීන සාහිත්‍ය සම්ප්‍රදායේ බලපෑම සහිත සියලු පෙරදිග ආසියානු රාජ්‍යයන්හි විශාල ප්‍රමාණයේ ඓතිහාසික නිබන්ධ සඳහා ආකෘතියක් ලෙස ද සලකනු ලැබේ.

## සිතීමට යමක්

1. කොන්ෆියුසියානු වාදය ආගමක් ලෙස සැලකිය හැකි ද? ඊට හේතු කවරේ ද?

2. චුන්චියු සහ ජන්ගුවෝ සමයන්හි ''සියයක් දාර්ශනික ගුරුකුල'' යන තත්ත්වය ඇති වීමට හේතු වූ සමාජ පසුබිම කුමක් ද?

3. චුන්චියු සහ ජන්ගුවෝ සමයෙන් පසු චීන ඉතිහාසයේ නැවතත් ''සියයක් දාර්ශනික ගුරුකුල'' බිහි වූයේ නැත. ඊට තුඩු දුන් හේතු කවරේ ද?

4. මිනිසුන්ගේ ස්වභාවය යහපත් ද නැතහොත් අයහපත් ද යන්න පිළිබඳ පාලකයන් කරන විනිශ්චයන් ඔවුන්ගේ දේශපාලන ප්‍රතිපත්තිවලට බලපෑම් සිදු කරයි. ඉහත කරුණ චීන ඉතිහාසයේ සැබෑ සිද්ධීන් ඇසුරින් සනාථ කරන්න.

5. ''ලෞකිකත්වය'' සහ ''ප්‍රායෝගිකත්වය'' යන දෘෂ්ටිකෝණ දෙකෙන් චීන සහ ශ්‍රී ලංකාවේ සම්භාව්‍ය චින්තනයන්හි ඇති සමානකම් හා වෙනස්කම් විග්‍රහ කොට දක්වන්න.

# දෙවන කොටස
# කොන්ෆියුසියානු වාදය සහ මෝසියානු වාදය

චුන්චියු සමයේ අවසානයේදී, "රු (儒)" යනුවෙන් හඳුන්වනු ලැබුවේ හුදෙක්ම වෘත්තීය නාමයක් පමණක් වන අතර, ඉන් සඳහන් කරන්නේ නැකැත්කාරයෙකු හෝ බුද්ධිමත් පුද්ගලයකු ගැන මිස නිශ්චිත ගුරුකුලයක නාමයක් නොවේ. කොන්ෆියුසියස් "රු"හි ආරම්භකයා නොව, "රු" ගුරුකුල එනම් කොන්ෆියුසියානු ගුරුකුලයේ ආරම්භකයා විය. කොන්ෆියුසියස්ගේ සහ ඔහුගේ ගෝලයන්ගේ වදන් සහ ක්‍රියාවන් සටහන් කරන "ලුං-යූ (කොන්ෆියුසියස්ගේ කියමන් එකතුව)" නම් ග්‍රන්ථයෙහි "රු" කොන්ෆියුසියානු ගුරුකුලයේ අර්ථයෙන් භාවිත නොවේ.

ජන්ගුවෝ සමයේදී මෝසියානු ගුරුකුලය සහ නීති ගුරු කුලයන් බිහි වීමෙන් පසු "රු" ක්‍රමයෙන් ඊට සම්බන්ධ ගුරුකුලයක් - "රු" ගුරුකුලය එනම් කොන්ෆියුසියානු ගුරුකුලය බවට පත් විය. එයින් දක්නට ලැබෙන්නේ කොන්ෆියුසියානු වාදයේ ප්‍රතිවිරුද්ධ දැක්මක් ලෙස පැවති මෝසියානු ගුරුකුලය, කොන්ෆියුසියානු ගුරුකුලය ස්ථාපනය වීමට අඩිතාලමක් වූ බවයි. මෝසියානු ගුරුකුලයට මෙතරම් ප්‍රහල බලයක් තිබුණේ යැයි වර්තමානයේ වෙසෙන මිනිසුන්ට සිතීමට පවා දුෂ්කර

කොන්ෆියුසියස් විහාරය

ය. වසර දෙදාහක වූ "ඵලදායිතා ඉතිහාසය" දෘෂ්ටියෙන් බැලුවහොත් කොන්ෆියුසියානු වාදය සමඟ සන්සන්දනය කිරීමටවත් මෝවාදයට සුදුසුකම් නොමැත. සීමා-චියැන් පවා සිය "ඓතිහාසික වාර්තා"වල "මැන්සියස් සහ ෂුන්සියස් යන විද්වතුන්ගේ චරිතාපදානයන්" යන ලිපියේ මෝසියස් ගැන සඳහන් කළේ ස්වල්ප වශයෙනි. කෙසේවෙතත් චින් රාජවංශයෙන් පසුව මෝසියානු ගුරුකුලය අතුරුදහන් වූ හෙයින්, පූර්ව චින් යුගයේදී මෝසියානු වාදය සමෘද්ධිමත්ව පැවති බව ප්‍රතික්ෂේප කළ නොහැකි ය.

චුන්චියු සහ ජන්ගුවෝ යුගයේදී කීර්තිමත් වාදයන් ලෙස සැලකිය හැක්කේ කොන්ෆියුසියානු සහ මෝසියානු වාදයන් දෙක බව ජන්ගුවෝ සමයේදී විසූ හන්ෆෙයිසියස් පවසා ඇත. අප චීන චින්තනය අධ්‍යනය කිරීමේදී මුලින්ම අවබෝධ කරගත යුත්තේ චුන්චියු සහ ජන්ගුවෝ යුගයේ පවති මෙම කීර්තිමත් වාදයන් දෙකයි.

**කොන්ෆියුසියානු වාදය**

කොන්ෆියුසියස් යනු චුන්චියු සමයේ ලූ රාජධානියේ (වර්තමාන ෂංදුං පළාතේ චූෆු නගරය) විසූවෙකි. ඔහු සිටි සමයේදී ජෝව් රාජවංශයේ පාලනය යටතේ චාරිත්‍රවිධි පිළිවෙල බිඳ වැටුණු හෙයින් කොන්ෆියුසියස් විවිධ රටවල සංචාරය කරමින්යහපත් සමාජයක් ගොඩනැගීමට විසඳුම් ඉදිරිපත් කළේ ය.

පාලකයන්ගේ අභ්‍යන්තර සදාචාරාත්මක ගුණය තුළින් බාහිර සදාචාරාත්මක පාලනය ස්ථාපිත කළ හැකි යැයි කොන්ෆියුසියස් විශ්වාස කළේ ය. එබැවින් යහපත් රාජ්‍යපාලනයක් උදෙසා සුදුසු දේශපාලනික පද්ධතියක් පිහිටුවීමට වඩා මූලික වන්නේ අධ්‍යාපනයෙන් පාලකයන්ගේ ගුණය දියුණු කිරීමයි. මෙය අවධාරණය කර ඇති ආයතනික රීතියට වඩා බෙහෙවින් වෙනස් වේ. කොන්ෆියුසියස් වැදගත් කොට සැලකුවේ

වීං සමයේ ජීඕ-බින්වැන් සිතුවම් කළ "කොන්ෆියුසියස්ගේ පාසටහන්"

ගුණවන්තයින්ට සහ රජවරුන්ට ඉගැන්වීමයි.

සිය අදහස් පහදා දීමේදී කොන්ෆියුසියස් නිරන්තරයෙන් යාඕ සහ ශුන් යන පුරාතන රජු දෙදෙනා මතක් කරමින් ජෝව් රාජවංශයේ සිටි වෙන් සහ වූ රජවරුන් දෙදෙනා ආදර්ශකයන් ලෙස ඉදිරිපත් කළේ ය. එයින් කොන්ෆියුසියස්ට අනුව පරමාදර්ශී දේශපාලන නායකයා කෙසේද යන්න එළිදැක්වූ අතර ඔහුගේ ඓතිහාසික දැක්ම ද පිළිබිඹු වේ. එනම්, යාඕ සහ ශුන් නියෝජනය කරන පරම්පරා තුනක පාලනය කොන්ෆියුසියානු වාදයේ පරමාදර්ශී රාජ්‍යපාලන ක්‍රමයක් වීමයි.

යූ සිය රාජාණ්ඩුව ඔහුගේ පුත් චි වෙත භාර දීමෙන් අනතුරුව චීනය රාජවංශ යුගයට අවතීර්ණ විය. ජෝව් රාජවංශය ෂියා සහ ෂාන් රාජවංශ දෙකෙන් පාඩම් ඉගෙන ගනිමින් ශක්තිමත් රාජ්‍යයක් පිහිටුවීමට ද එම රාජ්‍යය යහපත් ලෙස පවත්වාගෙන යෑමට ද සාර්ථක වීම විශාල ජයග්‍රහණයක් ලෙස කොන්ෆියුසියස් සැලකුවේ ය. එනිසා ජෝව් ක්‍රමය නැවත යථා තත්වයට

පත් කිරීම ඔහුගේ විශාලතම දේශපාලන අභිලාෂය බවට පත් විය. යහපත් දේශපාලන ආදර්ශයක් ස්ථාපිත කිරීම සහ ඉතිහාසයේ ආරම්භක ස්ථාන නිරවුල් කිරීම එක්තරා ආකාරයක "නිරවද්‍ය කිරීමක්" ලෙස සැලකිය හැකි ය. යම් සංකල්ප අපැහැදිලි වී නම් සහ ප්‍රමිතීන් අපැහැදිලි වී නම්, ගැටළු සාකච්ඡා කිරීම හෝ විසඳුම් ලබා දීමට අපහසු විය.

කොන්ෆියුසියස්හට රජතුමාට ගුරුහරුකම් ලබාදීමට අමතරව ගුණවන්තයන් බිහි කිරීමට අවශ්‍ය අධ්‍යාපනය කෙරෙහි ද අවධානය යොමු කිරීමට සිදු විය. කොන්ෆියුසියස්ගේ අභාවයෙන් පසුව ඔහුගේ ගෝලයන් සහ ඔවුන්ගේ ගෝලයන් විසින් කොන්ෆියුසියස්ගේ ඉගැන්වීම් "ලුං-යූ" නම් ග්‍රන්ථයෙහි ලියා දැක්විය. ලිපි 20ක් අන්තර්ගත වූ මෙම ග්‍රන්ථයේ පළමුවන ලිපියේ "ඉගෙනුම" සහ "ඉගෙනීමට උපදෙස්" පිළිබඳ සාකච්ඡා විය. "රාජ්‍යපාලනය කිරීම" පිළිබඳ විස්තර දක්නට ලැබෙන්නේ දෙවැනි ලිපියේ ය. "ලී-ජී (චාරිත්‍ර ග්‍රන්ථය)" නම් ග්‍රන්ථයෙහි "ෂුඑ-ජී (ඉගෙනුම් විධි)" නම් ලිපියෙන් පෙන්වා දුන්නේ රටක් ගොඩනඟා ජනතාවගේ රාජාණ්ඩුවක් බවට පත්කිරීමට නම් ඉගැන්වීම සහ ඉගෙනුම අතිශයින් වැදගත් බවයි. කොන්ෆියුසියස් චීන ඉතිහාසයේ පළමු පුද්ගලික පාසල පිහිටුවීමට හේතුව මින් මනාව පැහැදිලි වේ.

ගුණවන්තයෙකු විසින් කුසලතා හයක් ප්‍රගුණ කළ යුතු අතර ඒවා පහත පරිදි වේ. කාව්‍යය (උත්සව පැවැත්වීමේදී ගායනාකිරීම), ලේඛන කලාව (සම්භාව්‍ය ග්‍රන්ථ), සමාජ චාරිත්‍ර (උත්සවවලට අදාල චාරිත්‍ර විධි), සංගීතය (උත්සව අවස්ථාවලදී සංගීත භාණ්ඩ වාදනය කිරීම), දුනු ශිල්පය හා අශ්ව රථ පැදවීම යන කුසලතාවන් ය.

කොන්ෆියුසියස් විශ්වාස කළේ, යමෙකුට "ගුණය" ඇත්තකු වීමට අවශ්‍ය නම්, තම "අභිලාශයන්" සකස් කරගත යුතු ය යන්නයි. එමෙන්ම සය කලාවන් ප්‍රගුණ කිරීම තුළින් "චාරිත්‍ර-වාරිත්‍ර" හොඳින් දන්නා

"කරුණාවන්ත" පුද්ගලයකු බවට පත් විය හැකි ය. මෙම සතර සංකල්පය කොන්ෆියුසියානු න්‍යායයේ මූලික හරය ලෙස හඳුන්වා දිය හැකි ය. "කරුණාවන්ත" බව ඔහුගේ චින්තනයේ ප්‍රධාන හරය වේ. "කරුණාවන්ත" යනුවෙන් දක්වනුයේ "අනෙකුත් මිනිසුන් කෙරෙහි දයාවක් දැක්වීම" යි. පුද්ගලයකු සමාජයේ හැසිරෙන විට වුවද, රජු සිය රට පාලනය කරන විට වුවද, "කරුණාවන්ත" වීම මූල ධර්මයක් ලෙස සැලකිය යුතු ය. "කරුණාවන්ත හා අවංක මිනිසෙක් , උසස් පරමාදර්ශ ඇති පුද්ගලයෙක්" වීම යමෙකු සිය ඇතුළාන්තයේ අරමුණ ලෙස සැලකිය යුතු අතර, "සදාචාරය" සහ "චාරිත්‍ර" යමෙකු බාහිරින් ඉටු කළ යුතු අරමුණ වේ. කොන්ෆියුසියස් අපේක්ෂා කළ පරමාදර්ශී දේශපාලනයක් වූයේ ගුණය සහ සදාචාරය යොදාගෙන සිදු කළ පාලනයකි.

දේශපාලනය කුමක් වුවද, ගුණවන්තයන්ට විවිධ ගැටළුවලට මුහුණ දීමට සිදු විය හැකි ය. ලෝකයේ විවිධාකාර ප්‍රතිවිරෝධතා හෝ වෙනස්කම් ඇති බව පිළිගැනීම අවශ්‍ය වුව ද, ප්‍රතිවිරෝධතා හෝ වෙනස්කම්වල අනුකූලතාවයන් පැවතීම කෙරෙහි අවධානය යොමු කිරීම ඊටත් වඩා වැදගත් ය. සියලුම දෑ එක හා සමාන නම් සමාජය ඒකාකාරී බවට පත්වන අතර, සියල්ල වෙනස් නම් සමාජය වෙන් වීමකට ලක් විය හැකි ය.

කොන්ෆියුසියස්ගේ අභාවයෙන් පසුව කොන්ෆියුසියානුවන් උප ගුරුකුල කිහිපයකට බෙදී ඇත. ඒ අතර මැන්සියස් සහ ෂුන්සියස් ප්‍රමුඛ උප ගුරුකුලයන් දෙක පුළුල් බලපෑම් සිදු කළ විද්වතුන් කණ්ඩායම් විය. සීමා-චියැන් සිය "ඓතිහාසික වාර්තා"වල මොවුන්ගේ චරිතාපදාන එකම පරිච්ඡේදයේ සඳහන් කළේ ය. ("මැන්සියස් සහ ෂුන්සියස් යන විද්වතුන්ගේ චරිතාපදානයන්")

මැන්සියස්ගේ සැබෑ නම මොං-ක්අ වූ අතර ඔහුගේ මව්බිම ත්සොව් නම්

මැන්සියස්

රාජ්‍යයක් විය. මැන්සියස් විසූ යුගයේදී මෝසියස් සහ යංජු යන දෙදෙනාගේ චින්තන ඉතා ජනප්‍රිය විය. මෝසියානු දර්ශනයේ හරය වූයේ “ජියැන්-අෙ (විශ්වීය ආදරය)”යි. මෝසියානු වාදය ප්‍රචලිත වීමත් සමඟ කොන්ෆියුසියානු වාදය විසින් අවධාරණය කරන ලද “රෙන්-ලුවන් (මානව සම්බන්ධතාවය)” විනාශ වීමට පත් වෙතැයි මැන්සියස් සිතුවේ ය. ජන්ගුවෝ සමයේ අක්‍රමිකතා පැවති යුගයේදී, “සෑම කෙනෙකුම තමා වෙනුවෙන්” යැයි යංජු යෝජනා කොට තිබේ. මෙය ආත්මාර්ථකාමීත්වයක් ලෙස සැලකූ මැන්සියස් පෙන්වා දුන්නේ ලෝකයට ප්‍රයෝජනවත් වීම සිය අරමුණ කොටගත් කොන්ෆියුසියානු වාදය හා සැසඳීමේදී, යංජුගේ දැක්ම අදූරදර්ශී එකක් වන බවයි.

මැන්සියස් “රෙන්-ජැන් (කාරුණිකව පාලනය කිරීම)” සිය චින්තනයේ සාරය සේ සලකා තිබේ. “රෙන් (仁)” යන අක්ෂරය, “二 (ද්විත්වය)” සහ “人 (මිනිසා)” යන කොටස් දෙකකින් යුක්ත වේ. මෙම අක්ෂරයෙන් මූලික අදහස් වන්නේ පුද්ගලයින් දෙදෙනෙකු යනුවෙන් ය. ඊට අමතරව, “මිනිස්සුන්ගේ උපහාරයට ලක් වීමෙන් පමණක් සමාජය පවත්වාගෙන ඉදිරියට ගමන් කළ හැකි ය”යන තේරුම ද එයින් ඇඟවේ. “රෙන්” එනම් කරුණාව යනු මිනිසුන් සහ

තිරිසන් සතුන් අතර මූලිකම වෙනස වේ. ගුණවන්තයන්ට මෙම වෙනස පවත්වා ගත හැකි අතර, දුර්ජනයන් තුළ මෙම වෙනස සෙමින් නැති යාමක් සිදු වේ.

කෙසේවෙතත් ලොවේ සෑම කෙනෙකුම ගුණවන්තයෙකු විය යුතු බව මැන්සියස්ගේ අරමුණ නොවීය. මිනිස්සු අතර "මොළය වෙහෙසවා වැඩ කරන" කොට්ඨාසයක් සහ "කය වෙහෙසවා වැඩ කරන" කොට්ඨාසයක් දක්නට ලැබේ. යථෝක්ත කොට්ඨාසය පාලකයින් යුක්ත වන අතර අපරරෝක්ත කොට්ඨාසය පාලනයට යටත් වන පිරිසෙන් යුක්ත වේ. ශ්‍රමයේ සමාජ බෙදීමක් ඇති වීමත් සමඟ ම පාලකයින් හා පාලනයට යටත් වන පිරිස යන සමාජ කොට්ඨාස දෙකක් ඇති වීම වැළැක්විය නොහැකි ය. පාලකයින් කාරුණිකව රට පාලනය කළ යුතු ය. රටේ සිටින සියලු මහලු අයට සිය පවුලේ වැඩිහිටියන් සේ සැලකිය යුතු අතර රටේ සිටින සියලු දරුවන්ට සිය දරුවන් සේ සැලකිය යුතු ය. එනිසා කරුණාවෙන් පාලනය කිරීම ඉතා වැදගත් වේ. කරුණාවන්ත පාලනයේ වැදගත් ම අංගය වන්නේ ජනතාව ය. මීළඟට රට ය. අවසානයට පාලකයන් ය.

මැන්සියස් මිනිසුන්ගේ වැදගත්කම අවධාරණය කරන හෙයින් ඔහුට අනුව "කාලයේ එළැඹුම" යන්න "භූමියේ වාසිය"තරම් අගය කළ නොහැකි අතර "භූමියේ වාසිය" යන්න "මිනිසුන්ගේ එකතුව" තරම් අගය කළ නොහැකි ය. යම් දේවල් කරන විටදී අප බාහිර ලෝකය මත අවශ්‍ය තරමට වඩා එල්ලී සිටීම වෙනුවට, මානව සාධකය ද සලකා බැලිය යුතු වේ. එයින් අදහස් කරන්නේ කාලය හා භූමිය මඟින් නිරූපනය කරන ස්වභාවික නීති අභිබවා යෑමට මිනිසාට හැකි බව නොවේ. මිනිසුන් තමන්ගේ සාර්ථකත්වය හෝ අසාර්ථකත්වය තමන්ටම අදාළ කරගත යුතු අතර වෙනත් කිසිදු දෙයක් සහ කිසිදු පුද්ගලයෙක් ගැන පැමිණිලි නොකළ යුතු ය.

යංජූගේ අදහස් මෙන් නොව, මැන්සියස්ගේ කාරුණිකව පාලනය

කිරීමේ පරමාදර්ශය සාක්ෂාත් කර ගැනීම සඳහා අවශ්‍ය වන්නේ නම්, යමෙකුට ප්‍රතිලාභ දුටු ගමන් සදාචාර ගැන නොසලකා සිටිය නොහැකි ය. මැන්සියස් චින්තනයේ අභ්‍යන්තරයෙන් සදාචාරය සංවර්ධනය කිරීම සහ බාහිරයෙන් කාරුණික පාලනය සිදු කිරීම සමාන්තරව වැදගත් කොට සලකනු ලැබේ. එහෙයින් මැන්සියස් අනුගමනය කොට තිබෙන කොන්ෆියුසියානු වාදය "ආධ්‍යාත්මික කොන්ෆියුසියානු වාදය" ලෙස ද සැලකේ.

"ආධ්‍යාත්මික කොන්ෆියුසියානු වාදය" හා සසඳන විටදී වෙනත් ප්‍රකට කොන්ෆියුසියානු චින්තකයෙකු වූ ෂුන්සියස් අනුගමනය කළේ "දේශපාලනික කොන්ෆියුසියානු වාදය"යි. ෂුන්සියස් "පාලකයන්" කෙරෙහි වැඩි අවධානයක් යොමු කරන අතර, රට එක්සත් කිරීම සඳහා "ලී (චාරිත්‍ර)" ඉතා අත්‍යවශ්‍ය වේ යැයි විශ්වාස කළේ ය. එමෙන්ම ඔහු රට පාලනය කිරීම සඳහා "දඬුවම් සහ නීතිය" නිසි ලෙස භාවිත කිරීම ද අවධාරණය කළේ ය. ෂුන්සියස්ට සුප්‍රසිද්ධ ගෝලයන් දෙදෙනෙකු වූ හන්ෆෙයිසියස් සහ ලී-ස්අ යන දෙදෙනා, ෂුන්සියස් විසින් වඩාත් අවධාරණය කරන ලද "චාරිත්‍ර"වලට වඩා "නීති" ඉතා උසස් කොට සැලකූහ. එයින් පිළිබිඹු වන්නේ ගුරුකුල සිය

ෂුන්සියස්

ගණනක් අතර කිසිදු මංසන්ධියක් නොමැති බව සත්‍ය නොවේ. ෂුන්සියස්ගේ කාලය වන විට කොන්ෆියුසියානු වාදයේ නීති වාදය සමඟ එක්තරා සම්බන්ධ වීමක් දැකිය හැකි ය.

## මෝසියානු වාදය

මෝසියස්ගේ සැබෑ නම මෝ-දී වූ අතර ලූ රාජධානියේ විසූ තැනැත්තෙකි. කොන්ෆියුසියස් මෙන් මෝසියස් ද යාඕ හා ශුන් යන පුරාතන රජවරුන් දෙදෙනාව ගෞරවයෙන් සැලකුවේ ය. ඊට අමතරව ෂියා රාජවංශයේ ආරම්භකයා වූ යූ රජුට වැඩි සැලකිල්ලක් දැක්වූ ඔහු පරිනත ඓතිහාසික දැක්මකින් යුත්තෙකු විය.

මෝසියස් වාදයේ මූලික අරමුණ වන්නේ "ලෝකයේ පොදු වාසි" වේ. එය කොන්ෆියුසියානු වාදයට බෙහෙවින් ම සමීප වුව ද ඔහුගේ ප්‍රවේශය වන්නේ මිනිසුන් අතර ඇති "වෙනස" බිඳ දැමීමයි. සමීප වූද දුරස්ථ වූද සම්බන්ධතා හෙයින් ඇති වන වෙනස වළක්වා ගත යුතු බව ඔහු අවධාරණය කළේ ය. මන්ද යත්, යම් වෙනසක් ඇති වූ විට වාසිය පිළිබඳ ගැටුමක් ඇති වී අවසානයේදී එය යුද්ධයකට තුඩු දෙනු ඇති නිසා ය.

මෝසියස්

"විශ්වීය ආදරය" මගින් පුද්ගලයන් අතර ඇති වෙනස තුරන් කිරීමට අමතරව මෝසියස්

අවධාරණය කළේ "අරපරිස්සම" ය. එනම් මුදල් ඉතිරි කිරීම, විනෝදයට ඇබ්බැහි වීම නොසිටීම, මළවුන් සඳහා අවමඟුල් සහ භූමදාන කිරීමේ කටයුතු සුඛෝපභෝගි ලෙස සිදු නොකිරීම එයින් ප්‍රධාන අංග වේ. "අරපරිස්සම" සිදු නොවන්නේ නම් සමාජයේ ධූරාවලිය බෙදීමට ලක් වන (ශ්‍රේණිගත කිරීම්වලට බෙදා එමඟින් ඉහළ සහ පහළ ශ්‍රේණිවලට පත්කරනු ලැබෙන) අතර "අරපරිස්සම" සිදු වන්නේ නම් සමාජය ආරවුල් ඇති වීමෙන් මිදේ.

"අරපරිස්සම" අවධාරණය කිරීම සහ යුද්ධවලට විරෝධී වීම මෝසියානු වාදයේ ප්‍රධාන අංග වූ හෙයින් මෝසියස් සහ ඔහුගේ ගෝලයන් ලෝකයාට ආදර්ශමත් විය යුතු විය. එබැවින් මෝසියස්වරුන්ගේ විනය අතිශයින් දැඩි විය. විවිධ ගුරුකුල අතර, මෝසියස්වරුන් වඩාත් ම කදිම ලෙස සංවිධානය වූ පිරිසක් විය. ඔවුන්ට ආගමික බවකින් යුක්ත සංවිධානයක් පැවති අතර එහි උත්තරීතර නායකයෙක් සිටියේ ය. එම නිසා මෝසියස්වරු යුද්ධයට විරුද්ධ වුවද, ඔවුන්ට සැලකිය යුතු සටන් හැකියාවන් තිබුණි. වරක් නගරයක් ආරක්ෂා කිරීම සඳහා සිය ගණනක් මෝසියස්වරු සිය දිවි පිදූහ.

චින් රාජවංශය රට එක්සේසත් කිරීමෙන් අනතුරුව මෝසියානු වාදය සම්පූර්ණයෙන්ම අතුරුදහන් විය. "මෝසියස්ගේ ඉගැන්වීම්" නම් ග්‍රන්ථය සකස් කිරීමේ කටයුතු සිදු වූයේ චීන් රාජවංශ සමය තෙක් ය. චීන් රාජවංශයේ අගභාගයේ ඇතැම් බුද්ධිමතුන් මෝසියස්ගේ "විශ්වීය ආදරය", ක්‍රිස්තියානි දහමේ "සෙනෙහස" සමඟ සංසන්දනය කිරීමට පටන් ගැනීමෙන් මෝසියස්ගේ සමහර සිතුවිලිවලට මිනිසුන් නැවතත් ආකර්ශනය විය.

## චීන සංස්කෘතියට අදාළ ද්විභාෂා වචන මාලාව

| | |
|---|---|
| 教化 | අධ්‍යාපනයෙන් මනස හැදීම |
| 治世理想 | පරමාදර්ශී රාජ්‍යපාලන ක්‍රමය |
| 《论语》 | ලුං-යූ (කොන්ෆියුසියස්ගේ කියමන් එකතුව) |
| 君子 | ගුණවන්තයා |
| 小人 | දූර්ජනයා |
| 六艺 | කුසලතා සය |
| 兼爱 | විශ්වීය ආදරය |
| 人伦 | මානව සම්බන්ධතාවය |
| 仁政 | කාරුණිකව පාලනය කිරීම |
| 天时地利人和 | කාලයේ එළැඹුම,භූමියේ වාසිය,මිනිසුන්ගේ එකතුව |
| 心性儒学 | ආධ්‍යාත්මික කොන්ෆියුසියානු වාදය |
| 政治儒学 | දේශපාලනික කොන්ෆියුසියානු වාදය |
| 节制 | අරපරිස්සම |

## චීන සංස්කෘතික හා චින්තනික පද

rén
仁
**රෙන්**

"රෙන්" යන මෙම යෙදුමේ මූලික අර්ථය වන්නේ අනෙකුත් මිනිසුන් කෙරෙහි ආදරයක්, කරුණාවක්, දයාවක් දැක්වීමයි. එසේ වුව ද පුළුල් අර්ථයෙන් සැළකූ කල, මිනිසුන් අතර සමගිය ද මිහිපිට ඇති ඇති සියල්ලෙහි එකමුතුකම ද එයින් විස්තර කෙරෙයි. කොන්ෆියුසියානුවාදය විසින් අනුදැන වදාරනු ලබන උත්තරීතර ම සදාචාරාත්මක මූලධර්මය මෙයයි. "රෙන්" යන මෙම යෙදුමෙන් කියැවෙන ආදරය, කරුණාව, දයාව පළමුවෙන් ම තම දෙමව්පියන් සහ වැඩිමහල් සහෝදර සහෝදරියන් කෙරෙහි බුහුමන් දැක්වීමෙන් ද, ඉක්බිතිව පවුලේ අනෙකුත් ඥාතීන් වෙත එය පැතිරවීමෙන් ද අවසානයේ දී මිහිපිට මත සිටින සියල්ලන් කෙරෙහි එ ලෙසින් ම සැළකීමෙන් ද ක්‍රියාවට නැංවිය යුතු වේ.

jūnzǐ
君子
**ජුන්-ත්ස (ගුණවන්තයා)**

ජුන්-ත්ස යන මෙම යෙදුම මුලින් ම භාවිතා කරනු ලැබුවේ යම් පුද්ගලයකුගේ සමාජ තත්ත්වය ප්‍රකාශ කිරීමට ය. ඒ අනුව පාලකයකු හෝ වංශාධිපති පවුලක සාමාජිකයෝ එ ලෙසින් හඳුන්වනු ලැබූහ. එසේ වුව ද, කොන්ෆියුසියස්තුමාගේ ඉගැන්වීම්වලින් මෙම යෙදුමට වෙනත් සදාචාරාත්මක මානයක් ලැබුණි. ඒ අනුව එය සැබෑ ගුණවත් කෙනකු

හැඳින්වීම සඳහා භාවිතා කෙරෙන යෙදුමක් බවට පත් වූයේ ය. ජුන් -ත්ස යන්නෙහි ප්‍රතිවිරුද්ධය ශියාඕ-රෙන් (小人) වේ. දළ වශයෙන් එහි අර්ථය වනුයේ "දුර්ජනයා" යන්න ය. කොන්ෆියුසියානු සම්ප්‍රදායට අනුව, ච්‍යුන්-ත්ස යනු තාඕ නමින් හඳුන්වනු ලබන පරමාදර්ශය අනුගමනය කරන්නා වූ මිනිසෙකි. එවැනි ගුණවන්ත මිනිසෙක් තාඕ යනු බලයට සහ ධනයට ඉහළින් පිහිටි ජීවිතයේ මූලික අර්ථය ලෙසින් පිළිගනියි.

---

mínwéibāngběn
民惟邦本
**රාජ්‍යයේ පදනම ජනතාව ය**

ජනතාව රාජ්‍යයේ සාරය හෝ එය රඳා පවත්නා පදනම වන බව මෙම යෙදුමෙන් කියැවෙයි. ජනතාව සාමයෙන් සහ තෘප්තියෙන් ජීවත් වන විට පමණක් රාජ්‍යය සාමකාමී හා ස්ථාවර වන්නේ ය. මැන්සියස් විසින් කියන ලද "රාජ්‍යයක සාරය යනු ජනතාව ය. ඉක්බිතව සිටිනුයේ භූමියේ සහ ධාන්‍යයේ දේවතාවුන් ය. අවසානයට සිටිනුයේ පාලකයා ය" යන ප්‍රකාශය තුළින් ද; ෂුංසියන් විසින් කියන ලද "ජලයට ඔරුවක් පා කළ හැකි සේ ම එය පෙරලා දැමීමට ද හැකි ය" යන ප්‍රකාශය තුළින් ද මෙම අදහසෙහි මූලය හඳුනාගත හැකි ය. කොන්ෆියුසියානු වාදය විසින් අනුදැන වදාළ "ජනතාවට මුල් තැන" යන චින්තනය ප්‍රභලත්වයට පත් කිරීම ද මෙ මඟින් සිදු කෙරිණි.

---

rénzhì
人治
**ජනතා පාලනය**

පැරැණි චීනයේ පිළිගනු ලැබූ කොන්ෆියුසියානු දේශපාලන දර්ශනයේ

වැදගත් ම පාලන සංකල්පය "ජනතා පාලනය" වේ. "නීතියේ පාලනය" යන යෙදුමට විරුද්ධ අර්ථයකින් මෙය භාවිතා කෙරිණි. විධිමත් මානව සම්බන්ධතා, සදාචාරාත්මක සම්මත සහ වෙනත් ඇගැයීම් පද්ධති මාර්ගයෙන් රාජ්‍යයක් සහ එහි ජනතාව පාලනය කළ යුතු බව එයින් කියැවෙයි. දේශපාලන කටයුතු සිදු කිරීමේ දී ජනතාවගේ මූලික කාර්යභාරය ද වැදගත්කම ද "ජනතා පාලනය" යන මෙම සංකල්පයෙන් අවධාරණය කරනු ලබයි. පාලකයකුට උසස් හා උතුම් චරිතයක් තිබිය යුතු බව ද රාජ්‍යය පවත්වාගෙන යාම සඳහා අවංක සහ දක්ෂ නිලධාරීන් තෝරා ගත යුතු බව ද සාමාන්‍ය ජනතාව දැනුම්වත් සහ ආදර්ශමත් කළ යුතු බව ද එයින් පෙන්වා දෙයි.

jiān'ài
兼爱
**විශ්වීය ආදරය**

විශ්වීය ආදරය යනු මෝසියානු වාදය විසින් අනුදැන වදාළ ඉගැන්වීමකි. සියලු පුද්ගලයින් කෙරෙහි සමානව ආදරය, දයාව, කරුණාව, සෙනෙහස දැක්විය යුතු ය යන්න මෝවාදී චින්තනයේ මූලික සංකල්පයකි. කොන්ෆියුසියානු ගුරුකුලය විසින් අනුදැන වදාළ තෝරා ගත් පිළිවෙළින් දයාව සහභ කරුණාව පෑමේ අදහසට මෙම ඉගැන්වීම පටහැනි ය. අන් අයටත් තමන්ට ම මෙන් ම ආදරය දැක්විය යුතු බව "විශ්වීය ආදරය" යන මෙම සංකල්පයෙන් අවධාරණය කෙරෙයි. සියලු මිනිසුන් හට එක හා සමානව එකිනෙකාට ආදරය කිරීමට හැකි වන අයුරින් අන්‍යයන්ගේ ඥාතීන්ට ද අන්‍ය දේශවල මිනිසුන්ට ද ආදරය දැක්විය යුතු බව මෙයින් කියැවෙයි. ලේ ඥාතීත්වය හෝ සමාජ තත්ත්වය ගැන කිසිදු තැකීමක් දයාව සහ කරුණාව පිළිබඳ මෙම මූලධර්මය තුළ නැත. "විශ්වීය ආදරය" යනු

පුද්ගලයින්, පවුල් හෝ ජාතීන් අතර පවත්නා වෙනස්කම් නො සලකා සමානව පෑ හැකි ආවේදනයකි. මෙම මූලධර්මයෙන් කියැවෙන ආදරය සාක්ෂාත් කරගත හැකි නම්, පුද්ගලයන්, ගෝත්‍ර හෝ ජාතීන් අතර ගැටුම් ඇතිවීම වළක්වා සියලු දෙනා හට සමාන ප්‍රතිලාභ ලබා දෙන වාතාවරණයක් උදා කරගැනීමට අපට හැකි වනු ඇත.

## අතිරේක කියවීම

### ජීවිතය පිළිබඳ කොන්ෆියුසියානු ඉගැන්වීම් *

කොන්ෆියුසියස්ට පෙර අධ්‍යාපනය සඳහා උරුමකම් හිමි වූයේ සමාජයෙහි උසස් පෙළපත්වලට අයත් අයට පමණි. චීන ඉතිහාසයේ ප්‍රථම වරට පෞද්ගලික අධ්‍යාපනය අවධාරණය කළ තැනැත්තා වන්නේ කොන්ෆියුසියස් ය. ඓතිහාසික වාර්තාවන්ට අනුව කොන්ෆියුසියස් වසර ගණනාවක් අධ්‍යාපනඥයෙකු වශයෙන් කටයුතු කළ අතර ශිෂ්‍ය-ශිෂ්‍යාවන් 3000කට අධික ප්‍රමාණයක් පුහුණු කළ බව සඳහන් වේ. එම පිරිසෙන් 72නෙකු, සංගීතය, චීන අක්ෂර ලිවීමේ කලාව, සිරිත්-විරිත්, දුනු විදීමේ ශිල්පය, රිය පැදවීම, සහ ගණිතය යන විෂයන් ප්‍රගුණ කළහ. එතුමාට අනුව "සදාචාරාත්මක පුද්ගලයෙකු" නිර්මාණය කිරීම අධ්‍යාපනයේ මූලික හරය වන අතර එය උසස් චරිතයකින් හා බුද්ධියකින් යුත් පුද්ගලයකු නිර්මාණය වීම සඳහා ඉවහල් වේ.

* ඉහත කොටස චීන FLTRP සහ ශ්‍රී ලංකාවේ ෆාස්ට් පබ්ලිෂින් (ප්‍රයිවට්) ලිමිටඩ් යන ප්‍රකාශකයන් විසින් පළ කරන ලද "අසිරිමත් චීන සංස්කෘතිය" යන කෘතියෙන් උපුටා ගැනීමක් සහ සංස්කරණය කිරීමකි

එමෙන්ම, දැනුමෙන් පෝෂණය වූ තැනැත්තා සමාජයට යුතුකම් ඉටු කිරීමේ හැකියාවකින් යුතු තැනැත්තෙකු ද විය යුතු වේ. අධ්‍යාපනයේ පොදු න්‍යායයන් වශයෙන් එතුමා විසින් අවධාරණය කරන ලද්දේ ඉහත විෂය ධාරා හය හා උසස් පරමාදර්ශයන්, ශ්‍රේෂ්ඨ ගුණධර්මයන්, මිනිසුන්ට ආදරය කිරීම යනාදිය අධ්‍යාපනයේ මූලික න්‍යායයන් වන බවයි. ඔහුගේ ශිෂ්‍යයන් දේශපාලනය, වාණිජ කටයුතු, අධ්‍යාපන ක්ෂේත්‍රය, රාජ්‍යතාන්ත්‍රික කටයුතු, උත්සව සංවිධානය, පැරණි පොත් සංස්කරණය ආදී ක්ෂේත්‍රයන්හි කටයුතු කළේ ය. ඔවුහු මේ සෑම එකකින් ම මානව ශාස්ත්‍ර හා ගුණධර්ම පිළිබඳ තවදුරටත් ස්වකීය දැනුම වර්ධනය කර ගැනීම අපේක්ෂා කළහ.

එතුමා විසින් අවධාරණය කරන ලද තවත් විෂය ක්ෂේත්‍රයක් වූයේ සෞන්දර්ය අධ්‍යාපනයයි. එතුමාට අනුව "ෂී-ජිං (කාව්‍ය ග්‍රන්ථය)" අධ්‍යයනය තුළින් පුද්ගල ආධ්‍යාත්මික සංවර්ධනය මෙන් ම, සෞන්දර්ය ඇගයීමේ හැකියාව වර්ධනය කර ගත හැකි වේ. එමෙන් ම, "ජෝව්-ලී (ජෝව් රාජවංශයේ සිරිත්-විරිත් පිළිබඳ ග්‍රන්ථය" මගින් පුද්ගලයාගේ චර්යා වර්ධනය සිදු වන අතරම, එමගින් බුද්ධිමත් පුද්ගලයකු ලෙස ජීවත් වීමේ හැකියාව ද වර්ධනය වේ. සංගීතය හැදෑරීම තුළින් ස්වකීය අධ්‍යාත්මය උසස් තත්ත්වයකට පත් වන අතර කෙනෙකුට සිය ජීවිතය වුව ද පරිත්‍යාග කිරීමේ හැකියාව වර්ධනය වේ. ඔහුට අනුව "ගුණධර්මයන්හි ඇති උසස් ම තත්ත්වය (උදා: පුද්ගලයාට ආදරය කිරීම) තේරුම් ගැනීම පමණක්, එය ස්වකීය පරමාර්ථය බවට පත් කර ගැනීම තරමට වැදගත් නොවේ. එය ස්වකීය පරමාර්ථය බවට පත් කර ගැනීම, එය අනුගමනය කිරීම හා ඒ තුළින් කිසියම් සන්තෘප්තියක් ලබා

ගැනීම තරමට උසස් නොවේ.''

එක් අවස්ථාවක දී කොන්ෆියුසියස් එතුමාගේ අනුගාමිකයන්ගෙන් තම තමන්ගේ අපේක්ෂාවන් ඉදිරිපත් කරන ලෙස ඉල්ලා සිටියේ ය. එහි දී ත්ස-ලූ සහ රාන් යන දෙදෙනාට රාජ්‍යයන් පාලනය කිරීමේ ඇති අවශ්‍යතාව දන්වා සිටියේ ය. ගුංසුන්-චි ශිෂ්‍යයාට අවශ්‍ය වූයේ චාරිත්‍ර-වාරිත්‍ර පිළිබඳ උසස් විශේෂඥයෙකු වීමටය. ත්සන්-දියැන් විසින් ප්‍රකාශ කරන ලද්දේ තමාගේ අපේක්ෂාව ඉහත දෙදෙනාට වඩා වෙනස් බවයි. "එය පිළිගත හැකියැ"යි කොන්ෆියුසියස් ප්‍රකාශ කළේ ය. "අපි කථා කරන්නේ අපේ අපේක්ෂාවන් පිළිබඳ පමණි." ත්සන්-දියැන් විසින් එවිට ප්‍රකාශ කරන ලද්දේ "මගේ සිහිනය" වසන්ත ඍතුවෙහි අවසාන භාගයේ එම කාලයට සුදුසු ඇඳුම්වලින් සැරසී ඊ ගංගාවේ තවත් වැඩිහිටියන් පස් හයදෙනෙකු හා ළමුන් හය හත්දෙනෙකු සමඟ පිහිනීම බවයි. සිසිල් සුළංගේ පහස විඳ ගී ගායනා කරමින් නැවත සතුටින් නිවෙස් කරා යා හැකි බවත් ඔහු ප්‍රකාශ කළේ ය. කොන්ෆියුසියස් එවිට මහත් ප්‍රීතියෙන් යුතුව "සත්‍යය වශයෙන් ම මම දියැන්ගේ අපේක්ෂාව බෙදා-හදා ගැනීමට කැමැති වෙමි" යනුවෙන් ප්‍රකාශ කළේ ය. ශිෂ්‍යයන් හතර දෙනාගේ එකිනෙකට වෙනස් වූ අපේක්ෂාවන් මගින් ප්‍රකාශ වන්නේ ඔවුන්ගේ ජීවිතයෙහි විවිධ පැතිකඩවල් ය. ත්සන්-දියැන්ගේ අපේක්ෂාව සමග කොන්ෆියුසියස් එකඟ වීමෙන් පැහැදිලි වන්නේ සමාජයට පුද්ගලයා සතු වගකීම හා ජීවිතයේ උසස් තත්ත්වය හෙවත් හරය වන්නේ පුද්ගලයා හා ස්වභාව ධර්මය අතර ඇති සහ-සම්බන්ධය බවයි. එතුමාට ජීවිතය සම්බන්ධයෙන් සැබෑ සෞන්දර්යාත්මක ආකල්පයක් තිබුණි.

කොන්ෆියුසියස්ගේ ආභාසය ලද පසුකාලීන චීන චින්තකයන්, ශිෂ්‍යයන් සහ උගතුන් හුදු දැනුම වර්ධනය කිරීම පමණක් ප්‍රමාණවත් නොවන බවත්, ඊට සාපේක්ෂව ඒ තුළින් ස්වකීය මානසිකත්වය සහ ආධ්‍යාත්මික ගුණධර්ම වර්ධනය කර ගත යුතු බවත් විශ්වාස කළ බව පෙනේ. එමගින් ඔවුන් විසින් අදහස් කරන ලද්දේ පුද්ගලයා නිරන්තරයෙන් ම ජීවිතයේ සැබෑ අර්ථය සහ වටිනාකම සෙවීමෙහි නිරත විය යුතු බවයි. නූතන බොහෝ උගතුන්ගේ විශ්වාසය වන්නේ "ජීවිතය පිළිබඳ න්‍යාය" චීන දර්ශනයෙහි වටිනා ම අංගය වන බවත්, එය කොන්ෆියුසියස්ගේ ඉගැන්වීම් මත පදනම් වී ඇති බවත් ය.

## චීන ඉතිහාසයේ ප්‍රසිද්ධ චරිතයක්

### කොන්ෆියුසියස්

කොන්ෆියුසියස්ගේ සැබෑ නම කොන්-චියු වූ අතර ආචාරශීලී නම චොං-නී විය. ඔහු ලෝකයේ විශිෂ්ට චින්තකයකු මෙන් ම අධ්‍යාපනඥයකු වශයෙන් ද උසස් ගෞරවයට හා පිළිගැනීමට පාත්‍ර වේ.

කොන්ෆිසියානු වාදයේ ආරම්භකයා වූ ඔහු තෙආකාරයකින් චීනයට උරුමයන් ලබාදී තිබේ. පළමුව, ඔහු සාක්ෂරමය කාර්ය සම්පාදනය හා ආරක්ෂා කිරීමේ කටයුතුවල යෙදී සිටියේ ය. කොන්ෆියුසියස් සිය මහලුවියේහි ශාස්ත්‍රීය ග්‍රන්ථ පහක් සම්පාදනය කොට තිබේ. ඒවා නම් "ෂී (කාව්‍ය ග්‍රන්ථය)", "ෂූ (ඓතිහාසික

පෙළ එකතුව)", "ලී (චාරිත්‍ර ග්‍රන්ථය)", "ඊ (විපරිණාම ග්‍රන්ථය)", "යුවේ (සංගීත ග්‍රන්ථය)", "චුන්චියු (චුන්චියු සමයේ වාර්ෂික සංග්‍රහය)" ලෙස දැක්විය හැකි ය. දෙවැන්න, කොන්ෆියුසියස් දාර්ශනික චින්තන පද්ධතියක් ස්ථාපනය කළ අතර "රෙන්" එහි මූලධර්මීය ගුණය කොටගෙන තිබේ. තෙවනුව, කොන්ෆියුසියස් විසින් පෞද්ගලික පාසල් ස්ථාපනය කොට ක්‍රමානුකූල අධ්‍යාපන පද්ධතියක් සමාජයට හඳුන්වා දෙනු ලැබිණ. පන්ති වෙනස්කම් නොතකා සෑම අයෙකුට ම අධ්‍යාපනය ලැබීමේ අයිතිය පැවතිය යුතුය යන අදහසින් ඔහු පිළිගනු ලැබිණ.

කොන්ෆියුසියස්ගේ සහ ඔහුගේ ගෝලයන්ගේ වදන් සහ ක්‍රියාවන් "ලුං-යූ" නම් ග්‍රන්ථයෙහි සටහන් විය. පරමාදර්ශී මිනිසකු බිහි කිරීම සඳහා අධ්‍යාපනය ලබා දෙන්නේ කෙසේ ද යන්න, පරමාදර්ශී මිනිසකු සමාජයේ හැසිරෙන්නේ කෙසේ ද යන්න මෙන් ම පරමාදර්ශී මිනිසකු දේශපාලනික සහ සමාජයීය කටයුතුවලට සහභාගි වෙන්නේ කෙසේ ද යන්න ආදි කොන්ෆියුසියස් වාදයේ අවධානය යොමු වන මූලික කරුණු රාශියක් එම ග්‍රන්ථයේ අන්තර්ගත වේ.

සිය දේශපාලන අපේක්ෂාවන් ඉෂ්ට කරගෙන පරමාදර්ශී සමාජ නියමයන් ප්‍රතිෂ්ඨාපනය කිරීම සඳහා කොන්ෆියුසියස්තුමා සිය දිවි පිදුවේ ය. වයස අවුරුදු 55දී තම දේශපාලන න්‍යායයන් ප්‍රවර්ධනය කිරීම උදෙසා ඔහු විවිධ රාජධානියන්හි සංචාරවල නිරත විය. සෙසු අය තම චින්තනය පිළි නොගත්ත ද හෙතෙම සිය උත්සාහය අත් නොහළේ ය. වසර දෙදාහකට අධික කාලයක් තුළ, චීනයේ විවිධ රාජවංශවල නිල මතවාදය ලෙස සැලකෙන කොන්ෆියුසියස්ගේ ඉගැන්වීම් චීන ජාතිකයන්ගේ සිරිත් විරිත්

හැඩගැස්වීමෙහි ලා විශාල බලපෑමක් කොට ඇත. අද වන තෙක් ඔහු චීනයේ පමණක් නොව, නැගෙනහිර ආසියාවේ ද ලෝකයේ ද ඉතා ශ්‍රේෂ්ඨ දාර්ශනික චින්තකයෙක් සේ සලකනු ලැබේ.

වර්තමානයේ විවිධ රටවල්වල "කොන්ෆියුසියස් ආයතන" ස්ථාපනය කිරීමත් සමඟ ම ලෝකයේ කොන්ෆියුසියානු වාදය සහ චීන චින්තනය පිළිබඳ අවබෝධ කරමින් සිටින අය දිනෙන් දින වැඩි වෙමින් පවතී.

## සිතීමට යමක්

1. කොන්ෆියුසියානු වාදයේ මූලික න්‍යායයන් සාරාංශ කොට විස්තර කරන්න.

2. කොන්ෆියුසියානු වාදයට සම්භාව්‍ය චීන සංස්කෘතියේ හිමි ස්ථානය කුමක් ද?

3. කොන්ෆියුසියානු වාදය වර්තමායේ කවර තත්ත්වයක පවතී ද?

4. කොන්ෆියුසියානු වාදය විසින් අවධාරණය කරනු ලබන "කරුණාව" සහ මෝසියානු වාදය විසින් වැදගත් කොට සලකනු ලබන "විශ්වීය ආදරය" යන සංකල්ප අතර ඇති වෙනස්කම් කවරේ ද?

5. මෝසියානු වාදය පූර්ව චින් යුගයේ ඉතා ප්‍රචලිතව පැවතුණු නමුත් චින් රාජවංශය චීනය එක්සත් කිරීමෙන් පසු මෝසියානු වාදය සම්පූර්ණයෙන් ම අතුරුදහන් වී ගියේ ය. මීට තුඩු දුන් හේතු කවරේ ද?

# තෙවන කොටස

# තාඕ වාදය සහ නීති වාදය

**තාඕ වාදය**

ලාඕසියස් සහ ජුවංසියස් යනු තාඕ වාදයේ නියෝජිතයින් වන අතර, ඔවුන් විසින් රචිත ග්‍රන්ථ වන්නේ "තාඕ-ද-ජිං (තාඕ ඉගැන්වීම් ග්‍රන්ථය)" ("ලාඕසියස්ගේ ඉගැන්වීම්" ද හැඳින්වේ) සහ "ජුවංසියස්ගේ ඉගැන්වීම්"වේ.

ඔවුන් දෙදෙනා "යථාර්ථය" පිළිබඳ අවබෝධයක් ඇති පුද්ගලයින් විය. චුන්චියු සහ ජන්ගුවෝ සමයන්හි පැවති අක්‍රමිකතාවයන් හමුවේ ලාඕසියස්ගේ විසඳුම වන්නේ මානව වර්ගයාගේ මුල් ස්වභාවයට පැමිණීමයි. මෙය ඔහු "ස්වභාවික බව" ලෙස හඳුන්වා දුන්නේ ය. ලාඕසියස් කියා සිටියේ මිනිසුන් පෘථිවිය අනුකරණය කළ යුතු බවත්, පෘථිවිය අහස අනුකරණය කළ යුතු බවත්, අහස සොබාදහමේ නීති අනුකරණය කළ යුතු බවත්ය. මෙය මැන්සියස්ගේ චින්තනයන්ට වඩා බෙහෙවින් ම වෙනස් වේ.

මානව බුද්ධි වර්ධනය නිසැකවම මිනිසුන්ට පොහොසත් ජීවිතයක් ගත කිරීමට උපකාරී වේ. නමුත් මිනිස්සු මෙම කුසලතා වැරදි අතට යොදාගනී නම්, ඔවුන්ට යහපත් බවේ නාමයෙන් නපුරු දෙයක් කළ හැකි ය. මිනිසුන් මුළුමනින්ම දුෂ්ට ක්‍රියාවන්ගෙන් වළක්වා ගැනීම සඳහා ලාඕසියස් යෝජනා කළේ ශ්‍රමයේ සමාජ බෙදීම සහ සමාජ පරිණාම අතහැර දමා පුරාණ කාලයේ මිනිසුන් මෙන් කුඩා රාජ්‍යයක කුඩා මිනිසුන් කණ්ඩායමක් සමඟ ජීවත් වීමයි. "කුකුළන් හා බල්ලන්ගේ ශබ්දයන්ට සවන් දෙමින් සාමයෙන් සිටිනවා, මිනිසුන් ඔවුනොවුන්ගේ ජීවිත කාලය පුරාම එකිනෙකාව

ලාඕසියස්

ආශ්‍රය කරන්නේ නැත'' යන ලාඕසියස්ගේ ප්‍රකට කියමන පෙන්නුම් කරන අයුරින්, ශ්‍රමයේ සමාජ බෙදීම් තොරව විශාල පරිමාණයේ නිෂ්පාදනය කිරීම නොමැත. මිනිසුන් සිය බුද්ධියෙන් යහපත් දේවල් නොකරන්නේ නම් අයහපත් දේවල් ද නොකරයි. එමගින් මිනිසුන්ට ආදිවාසීන්ගේ සාමකාමී ග්‍රාමීය ජීවිතයට අවතීරණය විය හැකි ය. මේ අයුරින් බලන කල්හි ලාඕසියස්ගේ අදහස් මුළුමනින්ම මනෝරාජික දර්ශනයක් නොව, ඉතිහාසය පිළිබඳ දුරදක්නා දැක්මකින් යුක්ත වේ.

මෙම අර්ථයෙන් ගත් කල කොන්ෆියුසියානු වාදයේ ''කරුණාව, ධාර්මිකත්වය, ආචාරශීලීත්වය, බුද්ධිමත්කම සහ විශ්වාසය'' යන මූලික න්‍යායයන්ට ලාඕසියස් විරුද්ධත්වයක් දැක් වූ බව පෙනේ. එසේ වුවද ඒවා අයහපත් යැයි ලාඕසියස් නොසිතුවේ ය. සැබැවින්ම ඊට විරුද්ධව, මෙම න්‍යායයන්ගෙන් ධනාත්මක සාරධර්ම පෙන්නුම් කරන නිසා දුර්ජනයන් ඒවා සිය ප්‍රයෝජනයට ගෙන අයහපත් දේ සිදු කිරීමට ඉඩකඩ ඇත. මෙහි ප්‍රතිඵලයක් ලෙස යහපත් සංකල්ප සහ ක්‍රියාමාර්ග දෙකම අපකීර්තියට පත්විය හැකි ය.

ජුවංසියස්ගේ දැක්ම ලාඕසියස්ගේ දැක්මට තරමක් සමාන වේ. ඔහු උපමා කථාවලින් සිය ඉගැන්වීම් පැහැදිලි කිරීමට ඉතා දක්ෂ විය. එපමණක් නොව, ඔහු සිය දර්ශන ග්‍රන්ථවල

තෙවන කොටස

තාඕ වාදය සහ නීති වාදය

මිං සමයේ ජන්-ලූ සිතුවම් කළ "ලාඕසියස් ගවයෙකු මත යෑම"

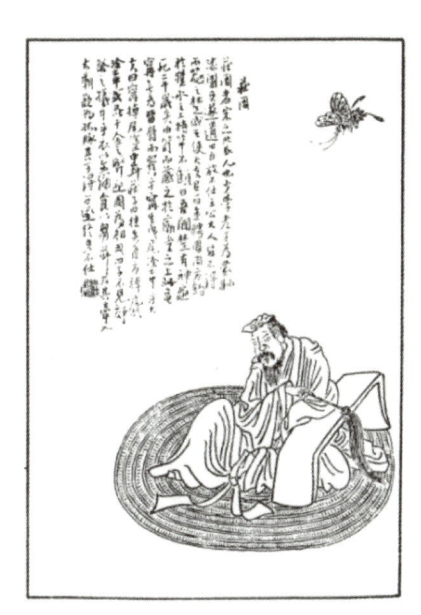

චීං සමයේ රෙන්-වෙයිචං සිතුවම් කළ "ජුවන්-ජොව්"

නිරන්තරයෙන් දෙබස් යොදාගැනීම හෙයින් ඒවා කියවීමේදී නාට්‍ය කියවීමක් සේ පාඨකයන්ට දැනේ. එබැවින් ඔහුගේ කෘති "සාහිත්‍යමය දර්ශනය, දාර්ශනික සාහිත්‍ය" ලෙස හැඳින්වේ. "ඇතුළාන්තයෙන් උසස් ගුණවන්තයෙකු වීම සහ බාහිරව නුවණැති පාලකයෙකු වීම" යන මතය මුලින් ම ඉදිරිපත් කරන ලද්දේ ජුවංසියස් විසිනි. එයින් අදහස් වන්නේ දේශපාලනික නායකයින්ට එක් අතකින් උතුම් ආත්මයක් තිබිය යුතු සේම, අනෙක් අතින් පාලන හැකියාව ද තිබිය යුතු බවයි. ඔහුගේ මෙම මතය නිසා කොන්ෆියුසියානු වාදය කෙරෙහි ප්‍රබල බලපෑමක් ඇති වී තිබේ.

## නීති වාදය

බාහිරින් බලන කල තාඕ වාදය සහ නීති වාදය එකිනෙකාව

හන්ෆෙයිසියස්

සම්පූර්ණයෙන් ම විරුද්ධ වන වාදයන් දෙකකි. තාඕ වාදය මානව වර්ගයාගේ මුල් ආරම්භක ස්ථානයට නැවත අවතීර්ණ වීම ගැන කතා කරන අතර, නීති වාදය පරිණාමනය, ප්‍රතිසංස්කරණ, වෙනස් කිරීම වැනි යථාර්තයන් අවධාරණය කරයි. වර්තමානයේ සෑම මොහොතක් ම ඉතිහාසයේ උත්තරීතර ස්ථානයක් විය යුතු බව නීති වාදය අවධාරණය කළේ ය. කෙසේවෙතත් සීමා-චියැන් සිය "ඓතිහාසික වාර්තාවේ" ලාඕසියස් හා හන්ෆෙයිසියස් දෙදෙනාගේ චරිතාපදානයන් එකම පරිච්ඡේදයේ එකට ලියා දැක්වුවේ හන්ෆෙයිසියස්ගේ නීති වාදය, ලාඕසියස්ගේ තාඕ වාදයෙන් දැඩි ආභාසයන් ලැබූ බව ඔහු විශ්වාස කළ හෙයිනි. මෙසේ බලන කල්හි තාඕ වාදය සහ නීති වාදය පෙනෙන අන්දමට සම්පූර්ණයෙන් ම ප්‍රතිවිරුද්ධ වන බව කිව නොහැකි ය.

ජන්ගුවෝ සමයේ නීති වාදයට ප්‍රධාන වශයෙන් මූලාරම්භ ස්ථාන දෙකක් තිබිණි. එකක් බටහිර ප්‍රදේශයේ තිබූ සන්ජින් ය (ජින් රාජ්‍යය, හන්, ජෞ, වෙයි යන රාජධානි තුනට බෙදී තුබුණු බැවින් එය සන්ජින් එනම් ජින්-තුන යනුවෙන් හැඳින්වේ). අනෙක නැගෙනහිර ප්‍රදේශයේ තිබූ චි රාජ්‍යය වේ. චී රාජ්‍යයේ නීති වාදය ජනතාවගේ ජීවනෝපාය කෙරෙහි වැඩි

අවධානයක් යොමු කළ අතර, සන්ජින්හි නීති වාදය "නීතිය", "තාක්ෂණය", "ප්‍රවණතාවය" යන උප ගුරුකුල තුනකට බෙදා තිබිණ. ශංයං දැඩි ලෙස පිළිපැදිය යුතු දැඩි "නීතිය" කෙරෙහි වැඩි අවධානයක් යොමු කළේ ය. ඔහු විසින් ප්‍රවර්ධනය කරන ලද දේශපාලනික ප්‍රතිසංස්කරණ තුළින් චින් රාජධානිය වඩාත් සමෘද්ධිමත් හා බලවත් විය. "ශංගේ ග්‍රන්ථය" ඔහු විසින් රචිත ග්‍රන්ථයකි. ෂෙන්-බූහයි පාලකයාගේ "තාක්ෂණය" මැනවින් අවධාරණය කළේ ය. එමෙන්ම ෂෙන්-දාඕ "ප්‍රවණතාවය" යන සංකල්පයේ වැදගත්කම අවධාරණය කළේ ය. පාලකයන් සමාජය වර්ධනය වීමේ ප්‍රවණතාවන් හොඳින් අවබෝධ කරගෙන ඊට අනුකූලව ක්‍රියාවට නැගිය යුතු බව ඔහුගේ ප්‍රධාන අදහස විය.

හන්ෆෙයිසියස් යථෝක්ත උප ගුරුකුල තුනෙහි න්‍යායයන් එක් කොට ඔහුගේ ම නීති වාදයේ උප ගුරුකුලයක් ආරම්භ කළේ ය. "හන්ෆෙයිසියස්ගේ ඉගැන්වීම්" නම් ග්‍රන්ථයෙහි ඔහුගේ වාදයේ ක්‍රමානුකූල බව දැකිය හැකි ය. ඔහු සහ ලී-ස්අ දෙදෙනා ෂුන්සියස්ගේ ගෝලයන් විය. හන්ෆෙයිසියස් චින් රාජ්‍යයට පැමිණීමෙන් පසු ලී-ස්අ ගේ කුමන්ත්‍රණයකින් ඝාතනයට ලක් විය. සැබෑ කොන්ෆියුසියස්වාදීන් එකිනෙකා සමඟ සටන් නොකරන අතර, නීති වාදීන් අතර එසේ කිරීම ඉඩකඩ තිබේ.

පසුව ලී-ස්අ චින් රාජවංශයේ පළමු අගමැති බවට පත් විය. ශංයංගේ ප්‍රතිසංස්කරණයේ සිට චින් රාජ්‍යය ගොවිතැන සහ යුද්ධය කෙරෙහි වැඩි අවධානය යොමු කර, නීති වාදයේ න්‍යායයන්ට අනුකූලව සිය රාජ්‍යපාලනය සිදු කළේ ය. චිං රජය වේගවත් ව සමෘද්ධිමත් වුව ද ඔවුන්ගේ පාලනයේ දයාව සහ කරුණාව දක්නට නොලැබිණි. පළමු චින් අධිරාජයා වූ යින්ජෙන් චීනය එක්සේසත් කිරීමෙන් පසුව ද එහි පාලකයෝ නීති වාදයට අනුකූලව රට පාලනය කළහ. නමුත් චිං රජය ඉතා ඉක්මනින් විනාශයට පත් විය.

නීති වාදයේ විවිධ අදහස් මුල් බැස ඇත්තේ නීති වාදීන් මිනිස් ස්වභාවය පිළිබඳ කළ විනිශ්චයන් තුළ ය. සියලු මිනිසුන් වාසි ලබාගැනීම සඳහා ධාර්මිකත්වය අමතක කරන බව ඔවුහු විශ්වාස කළහ. ඒ අනුව මිනිසුන්ගේ ආශාවන් මෙහෙයවීම හෝ පාලනය කිරීම සඳහා නීති, තාක්ෂණ සහ බලය යොදාගැනීම අත්‍යවශ්‍ය වේ.

නීති වාදයට අනුව පාලකයන් සිය අදහස් සහ දුර්වලකම් අන් අයගෙන් සැඟවීම සඳහා රාජ්‍යපාලනයට අදාළ විවිධ කටයුතුවලට ඍජුව සහභාගී නොවිය යුතු ය. එමගින් කටයුත්තක් අසාර්ථක වීමේ වගකීම, මෙම කටයුත්ත මෙහෙය වූ පුද්ගලයාට පැවරිය හැකි ය. නමුත් එම කටයුත්ත සාර්ථක වුවහොත් එය සිදු වූයේ පාලකයන්ගේ බුද්ධිමත් බව නිසා යැයි කිව හැකි ය. කෙටියෙන් පැවසුවහොත්, දේශපාලන ක්‍රියාවන් නිසා

මිං සමයේ "හන්ෆෙයිසියස්ගේ ඉගැන්වීම්" ග්‍රන්ථයේ පිටපතක්

පාලකයන්ට කිසිදු අපහාසයක් සිදු නොවනු ඇත.

කොන්ෆියුසියස් නීති ගුරුකුල විවිධ වාදයන් ඒකාබද්ධ කළා පමණක් නොව, "ස්වභාව ධර්මයට පටහැනිව නොයා රට පාලනය කිරීම" පිළිබඳ තාඕ වාදයේ චින්තනය ද උකහා ගත් බව පෙනේ. කෙසේ වෙතත් තාඕ වාදීන් බලාපොරොත්තු වූයේ මිනිසුන් ප්‍රාථමික ජනතාවගේ තත්ත්වයට නැවත අවතීර්ණ වීම සහ ඔවුන් සාමයෙන් හා සමගියෙන් ජීවත් වීමයි. නීති වාදීන් බලාපොරොත්තු වූයේ පාලකයන් දැහැමිව රට පාලනය කිරීමයි. එනම්, රට පාලන කටයුතු සිදු කිරීමට ඇමතිවරුන්ට භාර දී නමුත් රජුගේ සැබෑ අදහස් කෙසේ වෙතත් ඔවුන්ගෙන් සැඟවීමයි.

තාඕ වාදය සහ නීති වාදය යන ගුරුකුල දෙකම "ස්වභාව ධර්මයට පටහැනිව නොයා රට පාලනය කිරීම" පිළිබඳව සඳහන් කළ ද ඒ ගැන වෙනස් විධිවලින් විස්තාරණය කොට තිබේ. මානව ස්වභාවය හා ඓතිහාසික දෘෂ්ටිය අතින් ගුරුකුල දෙක දැරූ වෙනස් මතයන් එයට තුඩු දුන් ප්‍රධාන හේතුවකි. තාඕ වාදීන්ට වඩා වෙනස්ව, නීති වාදියෝ කාල වකවානු වෙනස්වීම් සමඟ දේශපාලන ප්‍රතිසංස්කරණ සිදු කළ යුතු බව තදින් විශ්වාස කළහ. ඔවුන් පෙර සිටි රජවරුන් ආදර්ශයට ගැනීමට මහත් සේ අකමැති වූයේ "පැරණි සහ නූතන වෙනස්වීම්"වල "නූතනයේ" සිටි හෙයිනි. එම නිසා ඔවුන්ගේ ඓතිහාසික දැක්ම සාපේක්ෂව දුර්වල එකක් ලෙස ඉතිහාසයේ දක්වා ඇත.

## චීන සංස්කෘතියට අදාළ ද්විභාෂා වචන මාලාව

| | |
|---|---|
| 《道德经》 | තාඕ-ද-ජිං (තාඕ ඉගැන්වීම් ග්‍රන්ථය) |
| 《庄子》 | ජුවංසියස්ගේ ඉගැන්වීම් |

| | |
|---|---|
| 自然 | ස්වභාවික බව |
| 田园生活 | සාමකාමී ග්‍රාමීය ජීවිතය |
| 仁、义、礼、智、信 | කරුණාව, ධාර්මිකත්වය, ආචාරශීලීත්වය, බුද්ධිමත්කම සහ විශ්වාසය |
| 民生 | ජනතාවගේ ජීවනෝපාය |
| 儒生，儒者 | කොන්ෆියුසියස්වාදියා |
| 商鞅变法 | ශංයංගේ දේශපාලන ප්‍රතිසංස්කරණය |
| 见利忘义 | වාසි ලබාගැනීම සඳහා ධාර්මිකත්වය අමතක කිරීම |

## චීන සංස්කෘතික හා චින්තනික පද

yīnyáng
阴阳
**ඉං සහ යං**

ඉං සහ යං යන්නෙහි මූලික අරුත වන්නේ සූර්යයාට සාපේක්ෂව විවිධ දේවල දිශානතිය අනුව පැහැදිලි කිරීමයි. හිරු දෙසට යොමු වූ පැත්ත යං යන්නෙන් අදහස් කෙරෙන අතර එයට විරුද්ධ සෙවන ඇති පැත්ත ඉං යන්නෙන් අදහස් කෙරෙයි. විස්තීර්ණ අයුරින් මෙය විග්‍රහ කරන ආකාර දෙකක් ද වෙයි. එයින් මුල් ආකාරය වනුයේ ස්වභාවධර්මයේ ප්‍රතිවිරුද්ධ ශක්ති (气) වර්ග දෙකක් ලෙසින් මේවා හඳුනා ගැනීම ය. දෙවැනි ආකාරය වනුයේ එකිනෙක හා සහජීවනයෙන් පවතින මූලික ප්‍රතිවිරුද්ධ බලවේග

හෝ ගුණාංග දෙකක් හෝ ලෙසින් මේවා හඳුනා ගැනීම ය. මේ අනුව ක්‍රියාකාරී, උණුසුම්, ඉහළට යොමු වූ, පිටතට යොමු වූ, දීප්තිමත්, ඉදිරියට යොමු වූ සහ ශක්තිමත් බලවේග යං ලෙසින් හඳුනා ගැනෙන අතර, උදාසීන, සීතල, පහළට යොමු වූ, ඇතුළට යොමු වූ, අඳුරු, පසුපසට යොමු වූ සහ දුර්වල බලවේග ඉං ලෙසින් හඳුනා ගැනෙයි. ඉං සහ යං බලවේග (ඉං සහ යං ශක්තීන්) අතර ඇතිවන අන්තර්ක්‍රියා මගින් සියල්ලෙහි ඇතිවීම සහ පැවැතීම තීරණය කෙරෙයි. විශ්වය සහ එහි අන්තර්ගත සියල්ල, සමාජ පිළිවෙල සහ මානව සම්බන්ධතා පැහැදිලි කිරීමේ හා තේරුම් ගැනීමේ පදනම වශයෙන් ඉං සහ යං න්‍යාය යොදා ගැනීමට පසුකාලීනව ඉපැරැණි ජාතිකයෝ කටයුතු කළහ. නිදසුනක් ලෙස, දිව්‍ය ලෝකය (අහස) යං වන අතර පෘථිවිය ඉං වේ; පාලකයා යං වන අතර පාලිතයා ඉං වේ; ස්වාමි පුරුෂයා යං වන අතර බිරිඳ ඉං වේ; කුලීනයා යං වන අතර නීචයා ඉං වේ; නායකයා යං වන අතර අනුගාමික යා ඉං වේ.

---

wúwéi'érzhì

## 无为而治

### අත නො දමන පාලනය

මෙහි චී (治) යන වචනයෙන් අදහස් කෙරෙනුයේ යහපත් පාලනය ය. වූ-වෙයි (无为) යන්නේ "අක්‍රිය" යන අදහස ගෙන දුන්න ද කිසිවක් නොකර සිටීම එයින් අදහස් නො කෙරෙයි. එය තේරුම් ගත යුත්තේ බලය යොදා මැදිහත් නොවීම ලෙසිනි. වෙනත් වචනවලින් පැහැදිලි කරන්නේ නම් මෙයින් අදහස් කෙරෙනුයේ පාලනයේ කැමැත්ත පාලිතයා මත නො පැනවීම ය. තාඕවාදී චින්තනයේ පැනෙන මෙම ප්‍රකාශනයේ අර්ථය වන්නේ පාලකයා පාලිතයාගේ (ජනතාවගේ) ස්වාභාවික ඇවතුම් පැවතුම්වලට ගරු කළ යුතු බවයි. ඔහු ජන ජීවිතයට අනවශ්‍ය ලෙසින් මැදිහත් නොවී

ඔවුනගේ අභිලාෂයන් සපුරා ගැනීමට සහ ඒවා සාක්ෂාත් කර ගැනීම සඳහා වන මාර්ග අනුගමනය කිරීමට ඉඩ දිය යුතු වේ. මෙම "අක්‍රීය බව" තුළින් සියල්ල සැබැවින් ම සාක්ෂාත් වනු ඇත.

shàngshàn-ruòshuǐ
上善若水
**උතුම් ගුණ දම් ජලය වැනි ය**

උතුම් ගුණ දම් ජලය වැනි ය. ජලය සියල්ල පෝෂණය කරන්නේ ඒවා හා තරග නොකරමිනි. ජලයෙන් නිරූපණය කෙරෙන මෘදු සහ ඉඩ දෙන සුලු ගුණය සහිතව ගුණවත් පාලකයා තම පාලන කාර්යය සිදු කළ යුතු ය යන මෙම යෙදුම මුල් වරට පවසන ලද්දේ ලාඕතුමා විසිනි. සම්පත් සඳහා තරඟ නොවැදී ජලය මෙන් ම පාලකයා මිනිසුන්ට උදව් කළ යුතු ය. මිනිසුන් ජලය මෙන් සෑම දෙයක් ම පෝෂණය කළ යුතු බව ද කීර්තිය හෝ ලාභය අපේක්ෂා නොකර අනෙක් අයට උදව් කිරීමට උපරිම උත්සාහයෙන් කටයුතු කළ යුතු බව ද පසුකාලීනව මෙම යෙදුමෙන් අදහස් කෙරුණි. උතුම් වූ අරමුණක් සාක්ෂාත් කර ගැනීම අරභයා නිහතමානිව ක්‍රියා කිරීම, ඒ සඳහා වන දුක් වේදනා විඳ දරා ගැනීම, එහි ජයග්‍රහණ උපේක්ෂාවෙන් ඉවසීම වැනි මානව ගුණාංග ද මෙයින් අදහස් කෙරෙයි.

fǎzhì
法治
**නීතියේ පාලනය**

නීතියේ පාලනය යනු ජනතා පාලනය යන අදහසට පටහැනි ලෙසින් ඉදිරියට ගෙන ආ මතවාදයකි. නීති සහ රෙගුලාසි පනවා ඒවා දැඩි ලෙසින් ක්‍රියාත්මක කිරීම ඔස්සේ පාලකයා විසින් රාජ්‍යයක් සහ එහි ජනතාව

පාලනය කළ යුතුය යන්න මෙම මතවාදයෙන් කියැවෙයි. මෙය ඡින් යුගයට පෙර පැවැති නීති ගුරුකුලයට අයත් උගතුන් විසින් අනුදැන වදාළ වැදගත් දේශපාලන චින්තනයකි. මනා ලෙසින් තීරණය කරන ලද සම්මාන සහ දඬුවම් ලබාදීමේ ක්‍රම මගින් නීතියේ පාලනය ක්‍රියාත්මක කිරීමට යෝජනා කෙරුණු නමුත් එය ක්‍රියාවට නැංවීමේ දී ඉතා දැඩි සහ දරුණු බවක් පෙනෙන්නට විය. හන් අධිරාජ යුගයේ සිට ඡිං අධිරාජ යුගය දක්වා ම නීතියේ පාලනය සහ ජනතා පාලනය යම් යම් ආකාරවලින් ක්‍රියාවට නංවන ලද අතර බොහෝ විට එම ක්‍රම දෙකෙහි ම සංකලනයක් ද ක්‍රියාත්මක විය.

fǎbù'ēguì

## 法不阿贵

**ධනය සහ බලය හමුවේ නීතිය නො නැමෙයි**

නීතිය සැමට ම එක හා සමව සලකයි. ධනවතුන් සහ බලවතුන් හමුවේ එය නො නැමෙයි. වංශවතුන් සහ දුප්පතුන් අතර හෝ සමීපතමයන් සහ දුරස්ථ පුද්ගලයන් අතර හෝ වෙනසක් නො තිබිය යුතු බව පුරාණ චීනයේ පැවැති නීති ගුරුකුලයට අයත් උගත්තු තර්ක කළහ. දඬුවම් ලබාදීම හෝ සම්මාන පිරිනැමීම දැඩි ලෙසින් නීතියට අනුගත වී ලබා දිය බව ද ඔවුහු පෙන්වා දුන්හ. නීතිය ඉදිරියේ සියලු දෙනා එක හා සමාන බව ද නීතිය ක්‍රියාත්මක කිරීමේ දී සාධාරණ විය යුතු බව ද ඔවුහු විශ්වාස කළහ. මෙම විශ්වාසය යුගයක් යුගයක් පාසා ප්‍රචලිත ව පැවතුණු අතර නීතියේ පාලනය යන සංකල්පය තහවුරු වීමට හේතු වූ ප්‍රධාන ප්‍රභවයක් වශයෙන් ද එය සැලකෙයි.

## අතිරේක කියවීම

### සුන්සියස් හා යුද්ධෝපාය ශිල්පය*

සුන්සියස්ගේ "යුද්ධෝපාය" යනු යුද්ධය සම්බන්ධයෙන් රචනා වී ඇති පැරණි ග්‍රන්ථයකි. මෙම ග්‍රන්ථය පරිච්ඡේද 13කින් සහ චීන අක්ෂර 6000කින් යුක්ත වේ. ක්‍රි.පූ. 550-540 අවධියේ දී නැතහොත් චුන්චියු යුගයේ අවසාන වකවානුවක දී උපත ලැබුවේ යැයි සැලකෙන මෙතුමා චී රාජ්‍යයේ වැසියෙකු වුව ද පසුකාලයේ දී වූ රාජ්‍යය වෙත පැමිණ එම රාජ්‍යයේ රජතුමාගේ ඉතාමත් විශ්වාසවන්ත යුද උපදේශකයකු වශයෙන් කටයුතු කර තිබේ. චීන ඉතිහාසයේ 3000කට අධික යුද්ධයන් පිළිබඳ රචනා වී ඇති කෘති අතරින් "සුන්සියස්ගේ යුද්ධෝපාය" නමැති කෘතිය ශ්‍රේෂ්ඨතම කෘතිය සේ සැලකේ. සුවිශේෂී උපායශීලී යුද ආකෘති, දාර්ශනික පදනම්, උපායශීලී ක්‍රම ආදිය මෙහි අන්තර්ගත වන හෙයින් සෙසු ග්‍රන්ථයන්ට වඩා මෙම ග්‍රන්ථය විශේෂ නිර්මාණයක් සේ සැලකේ. සියවස් ගණනාවක් තිස්සේ "යුද්ධය පිළිබඳ සියලු ග්‍රන්ථයන්ගේ පදනම" වශයෙන් මෙම කෘතිය ගෞරවයට පත්ව තිබේ.

"යුද්ධෝපාය" තුළ යුද්ධයක් ජයග්‍රහණය කිරීමට අවශ්‍ය සියලුම උපාය මාර්ග හා ක්‍රමෝපායයන් අන්තර්ගත වුව ද මෙම ග්‍රන්ථය පාලකයන් හට දුර දිග නොබලා යුද වැදීම සඳහා අනුබල දෙන ග්‍රන්ථයක් නොවේ. මෙහි ආරම්භයේ දීම අවධාරණය කරන්නේ "බලය යෙදවීම වූ කලී සොල්දාදුවාගේ ජීවිතය හා

* ඉහත කොටස චීන FLTRP සහ ශ්‍රී ලංකාවේ ෆාස්ට් පබ්ලිෂින් (ප්‍රයිවට්) ලිමිටඩ් යන ප්‍රකාශකයන් විසින් පළ කරන ලද "අසිරිමත් චීන සංස්කෘතිය" යන කෘතියෙන් උපුටා ගැනීමක් සහ සංස්කරණය කිරීමකි

මරණය අතර ප්‍රශ්නයක් වන්නා සේම, එය සාමාන්‍ය මිනිසුන්ගේ හා රටේ ද පැවැත්ම හා විනාශය පිළිබඳ තීරණය කරන්නක් ද වේ" යනුවෙනි. මෙබඳු බැරෑරුම් ප්‍රශ්නයක් කිසිවෙකුටත් සරල ව සැලකිය නොහැකි ය. ග්‍රන්ථයෙහි අවසානයේදී "රජයේ ප්‍රධානියා හුදු තාවකාලික හදිසි කෝපය පදනම් කොට ගෙන යුද්ධයට නොඑළැඹිය නොයුතු ය. එමෙන් ම තාවකාලිකව ඇති වන අයහපත් මානසිකත්වය පදනම් කොට ගෙන සේනාධිපතියන් සහ ජෙනරාල්වරුන් යුද්ධයට නොපෙළඹවිය යුතු ය. එහිදී සමස්ත ජනමතය සැලකිල්ලට ගෙන යුද්ධයට එළඹෙන්නේ ද එයින් වළකින්නේ ද යන්න තීරණය කළ යුතු වේ. ක්ෂණික කෝපය සතුට බවට ද, අයහපත් මානසිකත්වය යහපත් මානසිකත්වයක් බවට ද, පත් වීමේ ප්‍රවණතාවක් පවතී. රටක් විනාශ වුවහොත් එය සදාකාලික වන අතරම, ජීවිතයක් අහිමි වීම ද නැවත ලැබෙන්නක් නොවේ. එහෙයින් බුද්ධිමත් පාලකයා යුද්ධය පිළිබඳ තීරණ ගත යුත්තේ ඉතා කල්පනාකාරී ව වන අතර සේනාධිපතියන් සහ ජෙනරාල්වරු යුද කටයුතු ඉතා ප්‍රවේශමෙන් හා කල්පනාවෙන් සිදු කළ යුතු වේ. මෙය වූ කලී රටක් සහ හමුදාවක් ආරක්ෂා කිරීමේ දී උල්ලංඝනය නොකළ යුතු මූලික ම ප්‍රතිපත්තිය වේ."

මෙතුමාගේ යුද්ධයෙන් ආරක්ෂා වීම පිළිබඳ උපදෙස් "සුන්-බින්ගේ යුද්ධෝපාය" නමැති කෘතියේ තවදුරටත් දක්වා තිබේ. මෙය ජන්ගුවෝ යුගයේ යුද ශිල්පියෙකු විසින් රචනා කරන ලද්දකි. යුද්ධ කරන්නේ කෙසේ ද සහ යුද්ධයක් දිනන්නේ කෙසේ ද යන්න හමුදා වෘත්තිකයන්ට උගන්වන අතරතුර සුන් බින් විසින් ප්‍රකාශ කරන ලද්දේ සටන් කිරීම සහ සෑම යුද්ධයකින් ම ජයග්‍රහණය කිරීම බුද්ධිමත් ක්‍රියාවක් නොවන බවයි. යුදවාදී

මානසික තත්ත්වයෙන් යුක්ත පුද්ගලයින් නිරන්තරයෙන් ම තමා වෙත අවමානය හා පරාජය ඉතා ඉක්මනින් ළඟා කර ගන්නා බව ඔහුගේ අදහස විය.

මෙම ග්‍රන්ථයන් දෙක එනම් "සුන්සියස්ගේ යුද්ධෝපාය" සහ "සුන්- බින්ගේ යුද්ධෝපාය" මගින් යුද්ධයේ ඇති අනතුරුදායක බව නිරන්තරයෙන් ම අවධානය කෙරේ. මෙයින් පෙනෙන්නේ ඔවුන් මනුෂ්‍ය ජීවිතයේ වටිනාකම ඉහළ ඇගයීමකට ලක් කර ඇති බවකි. මෙම ශ්‍රේෂ්ඨ චීන චින්තකයින් දෙදෙනාගේ යුද්ධය පිළිබඳ ඉගැන්වීම් බොත්තමක් එබූ පමණින් න්‍යෂ්ටික යුද්ධයක් සඳහා යොමු විය හැකි බලය ඇති නූතන ලෝකයේ පුද්ගලයින් හට අතිශයින් වැදගත් වනු ඇත.

තං අධිරාජ්‍යයාගේ (618-907) අවධියේ සිට "සුන්සියස්ගේ යුද්ධෝපාය" නමැති කෘතිය විදේශීය රටවල්වල ප්‍රචලිත වීම ආරම්භ විය. 17වන සියවස වන විට "සුන්සියස්ගේ යුද්ධෝපාය" පිළිබඳ අධ්‍යයනය කළ කෘතීන් 170කට වඩා වැඩි ප්‍රමාණයක් ජපානයේ දී මුද්‍රණය විය. 19වන සියවස වන විට එම ග්‍රන්ථය කොරියානු, ප්‍රංස, රුසියානු, ඉංග්‍රීසි, ජර්මානු, ඉතාලියානු, චෙක්, වියට්නාම, හීබෘ, සහ රුමේනියානු භාෂාවලට පරිවර්තනය වී තිබේ.

දෙවන ලෝක යුද්ධයෙන් පසුව, ප්‍රසිද්ධ වියතුන් සහ විශේෂඥයන් මෙම කෘතිය කෙරෙහි විශේෂ උනන්දුවක් දැක්වූයේ ය. බර්නාඩ් ලෝ මොන්ට්ගොමරි (Bernard Law Montgomery) නමැති බ්‍රිතාන්‍ය යුද සේනාධිපතිවරයා මෙම ග්‍රන්ථය ලෝකයේ සෑම යුද අභ්‍යාස විද්‍යාලයකම යුද පාඨමාලාවලට අයත් නිර්දිෂ්ට ග්‍රන්ථයක් වශයෙන් අනිවාර්ය කළ යුතු බව ප්‍රකාශ කර සිටියේ ය. එම අවධියේ සිට මේ පිළිබඳ විවිධ අධ්‍යයනයන් සහ පරිවර්තනයන්

සිදු කර තිබේ.

"සුන්සියස්ගේ යුද්ධෝපාය" ලෝකයේ ප්‍රචලිත වීමත් සමග එය යුද ක්ෂේත්‍රයෙහි පමණක් නොව, ආර්ථික විද්‍යාව, දේශපාලන විද්‍යාව, සංස්කෘතික, රාජ්‍යතාන්ත්‍රික ක්ෂේත්‍රය ආදී විවිධ ක්ෂේත්‍රයන් කෙරෙහි ද විශේෂ බලපෑමක් එල්ල කළ බව පෙනේ. බොහෝ දෙනා විසින් මෙම ග්‍රන්ථය සලකනු ලබන්නේ යුද්ධෝපාය පිළිබඳ ග්‍රන්ථයක් පමණක් වශයෙන් නොව, දාර්ශනික උපායමාර්ග අන්තර්ගත වන්නා වූ ද සමාජ ජීවිතයේ සියලු ප්‍රදේශ ආවරණය වන ප්‍රතිපත්ති අන්තර්ගත වන්නා වූ ද ග්‍රන්ථයක් වශයෙනි. 2001 දී ඇමසන් ප්‍රකාශකයන් මෙම කෘතිය මානව ශාස්ත්‍ර ක්ෂේත්‍රයේ වැඩියෙන් ම අලෙවි වූ කෘතිය වශයෙන් සඳහන් කර තිබුණි. සමකාලීන බොහෝ උගතුන්ගේ මතය වන්නේ සුන්ත්සතුමාගේ ඥානය කොන්ෆියුසියස්තුමාගේ ඥානය මෙන් ම ශ්‍රේෂ්ඨ වන බවයි.

## චීන ඉතිහාසයේ ප්‍රසිද්ධ චරිතයක්

### ලාඕසියස්

ලාඕසියස්ගේ සැබෑ නම ලී-අර් වූ අතර ආචාරශීලී නම ටැං විය. ඔහු චීන ඉතිහාසයේ සුප්‍රකට චින්තකයෙකු, දාර්ශනිකයෙකු, සිහිත්‍යඥයෙකු මෙන් ම ඉතිහාසඥයෙකු ලෙස සැලකේ. ඔහු තාඕ වාදයේ ආරම්භකයා වූ අතර තඕ වාදය පදනම් කොටගෙන බිහි වූ තඕ අගමේ මුතුන්මිත්තා ලෙස ද සලකනු ලැබේ. එපමණක්

නොව, තඕ ආගමේ ප්‍රධාන දෙවියා වන "ටයි-ශන්-ලෞ-ජුන්"ගේ මිනිස් ස්වරූපයක් ලෙස ද ලාඕසියස්ව තඕ ආගම අදහන්නන් විසින් පුදපූජා කරනු ලැබේ.

ලාඕසියස් ජෝව් රාජ්‍ය සභාවේ නිලධාරී තනතුරක් දරමින් සිටි කාලයේ කොන්ෆියුසියස් ඔහුව බැහැදැකීමට පැමිණී ඇත. චුන්චියු සමයේ අවසානයේදී චීනයේ ආර්වුල් තත්තවයක් පැවතිණි. සිය රට දිනෙන් දින පිරිහීමට පත්වෙමින් පවතිනවා දුටු ලාඕසියස් කලකිරීමට පත්වී සිය තනතුර අත්හැර දමා අගනුවරින් පිටත් වී බටහිර දිශාවට ගමන් කළේ ය. අතරමඟදී යහළුවෙකුගේ යෝජනාව මත සිය සුප්‍රකට ග්‍රන්ථයක් "තාඕ-ද-ජිං (තාඕ ඉගැන්වීම් ග්‍රන්ථය)" රචනා කොට දැක්වුවේ ය. පරිච්ඡේද 81කින් සමන්විත, 5000කට වඩා චීන අක්ෂරවලින් ලියන ලද මෙම අග්‍රකෘතිය ලාඕසියස්ගේ දාර්ශනික චින්තන සවිස්තරව දැක්වූ අතර චීන ඉතිහාසයේ වැදගත්ම සම්භාව්‍ය ග්‍රන්ථ තුනෙන් එකක් ලෙස සැලකේ. මෙම ග්‍රන්ථය වර්තමානය වන තෙක් මුළු ලෝකයේ ම වැඩිම පැතිරීමේ ප්‍රමාණයක් සහිත ග්‍රන්ථවලින් එකක් ලෙස පුළුල් සහ උසස් පිළිගැනීමක් ලබාගෙන තිබේ.

ලාඕසියස්ගේ චින්තනයේ හරය වන්නේ "තාඕ" යන සංකල්පයයි. මෙම වචනය ඔහුගේ "තාඕ-ද-ජිං" නම් ග්‍රන්ථයේ 73වරක් සඳහන් වී තිබේ. "තාඕ" යනු ලෝකය ඇති වීමට පෙර විශ්වයේ තිබුණු තත්ත්වයයි. "තාඕ" ලෝකයේ ආරම්භය ලෙස සැලකිය හැකි අතර ලෝකයේ සියලු දේවල් පවත්වාගෙන යෑමට අනුගමනය කළ යුතු මූලික න්‍යායයි.

ලාඕසියස්ගේ චින්තනයේ අපෝහකවාදයේ ලක්ෂණයන්ගෙන් හීන නොවූ අතර ලෝකයේ සෑම දෙයකට

ප්‍රතිවිරුද්ධ ලෙස පවතී යැයි ඔහු විශ්වාස කළේ ය. සුන්දරත්වය සහ අසුන්දරත්වය, කරුණාවන්තකම සහ දුෂ්ටකම, ඇති වීම සහ නැති වීම, දුෂ්කර සහ සරළ, දිග සහ කෙටි යන සියල්ල ම එකිනෙකාට අන්තර් සම්බන්ධතා පවත්වයි. ප්‍රතිවිරුද්ධව පවතින දේවල් දෙක එකිනෙකා මත රඳා පවතින අතර නිරන්තරයෙන් අන්‍යෝන්‍ය වශයෙන් පරිණාමනය වෙමින් ද පවතී. මෙම පරිණාමනය කොන්දේසි විරහිත, මිනිසාගේ බලපෑම්වලට ලක් නොවූවකි.

ලාඕසියස් සිය ජීවිත කාලය තුළ බොහෝ ඓතිහාසික ශාස්ත්‍රීය කෘති අධ්‍යයනයට පමණක් සීමා නොවූ අතර ස්වභාවික විද්‍යාව, තාරකා විද්‍යාව හා චන්ද්‍ර දින දර්ශනය ද අධ්‍යයනය කළේ ය. තාඕ දහමේ බොහෝ මූලධර්මයන් චීන සංස්කෘතියේ සංවර්ධනයට දීර්ඝකාලීනව බලපා තිබෙන චීන ජනතාවගේ වැදගත් පරමාදර්ශ හා සම්මතයන් බවට පත්ව තිබේ.

## සිතීමට යමක්

1. ලාඕසියාස් සහ ජුවංසියස් දෙදෙනා තාඕ වාදයට අයත් දාර්ශනිකයන් වුවද ඔවුන්ගේ චින්තනවල වෙනස්කම් දක්නට ලැබේ. එම වෙනස්කම් කවරේ ද?

2. "ජුවං-ජෝව් සිය සිහිනයේ සමනළයෙක් දැකීම" යන ජුවංසියස් පිළිබඳ ප්‍රසිද්ධ කතාව විස්තර කොට එයින් පිළිබිඹු වන දාර්ශනික අදහස් ද විග්‍රහ කරන්න.

3. චින් රාජවංශය එහි දෙවන අධිරාජයා පාලනය කළ කාලයේ ම

අවසන් විය. නීති වාදය උසස් කොට සලකමින් දරුණු දේශපාලනික ප්‍රතිපත්ති ක්‍රියාත්මක කිරීම චින් රාජවංශයේ පරාජයට තුඩු දුන් ප්‍රධානතම හේතුව ද?

4. අධ්‍යාපනය පිළිබඳ නීති වාදය දරන අදහස් කවරේ ද?

5. නීති වාදයේ ඇති ප්‍රගතිශීලී බව සහ එහි අඩුපාඩුකම් කවරේ ද?

# සිව්වන කොටස

# සම්භාව්‍ය චීන චින්තනයන් සහ එහි විවිධත්වය

චින් සහ හන් රාජවංශ සමයන්හි චීන පාලකයින්ගේ වැඩි සැලකිල්ලකට ලක් වූ දේශපාලනික වාදයන් තුනක් ඇත. චින් රාජවංශයේ පාලකයින් නීති වාදය අනුගමනය කළ හෙයින් ඔවුන්ගේ පාලනය ඉතා දරුණු එකක් විය. හන් රාජවංශයේ මුල් අවධියේදී, තාඕ වාදය අනුගමනය කළ පාලකයෝ හැකි තරමට අඩුවෙන් ප්‍රතිපත්ති ඉදිරිපත් කළ හෙයින් ජනතාවට පුනරුත්ථාපනය වීමට දුන් ප්‍රයත්නයන් සාර්ථක විය. ඔවුන් විසින් මූලික වශයෙන් “ස්වභාව ධර්මයට පටහැනිව නොයා රට පාලනය කිරීම” ඉටු කරන ලදී. හන් රාජවංශයේ වූ නම් අධිරාජ්‍යයාගේ සමයේ සිට පාලකයෝ “සියලු දාර්ශනික ගුරුකුල ප්‍රතික්ෂේප කොට කොන්ෆියුසියානු දහමට පමණක් ගරු-බුහුමන් දැක්වීමට” පටන් ගත්හ.

හන් රාජවංශයේ වූ අධිරාජයාගේ සමයෙහි විසූ කොන්ෆියුසියානු විශාරදයකු වන දූං-ජුංෂූ “දෙවියන් විසින් අධිරාජ්‍යයන්ට රාජාණ්ඩුව භාර දීම” සහ “ස්වර්ගය සහ මිනිසා අතර ඇති අනුරූපතාව” යන මතයන් ඉදිරිපත් කිරීමට පෙනී සිටියේ ය. ඔහුට අනුව, පාලකයාගේ මිනිස්

දූං-ජුංෂූ

ලොවේ කළ ක්‍රියාවන් ආකාශ වස්තූන්ගේ චලනය කෙරෙහි බලපායි. වෙනත් විදියකින් කිවහොත් ස්වභාවික විපත් සිදු වෙන්නේ මිනිසුන්ගේ අතින් සිදු වෙන විවිධ ආපදාවන් හෙයිනි. වර්තමාන මිනිසුන්ට මෙම විශ්වාසය පූර්ව විද්‍යාත්මක යුගයේ මිථ්‍යා විශ්වාසයක් වුව ද පැරණි කාලයේ එය පෙන්නුම් කරනුයේ රාජාණ්ඩුවේ බලයේ නීත්‍යානුකූල භාවය පැමිණෙන්නේ ස්වර්ගයෙන් බව පමණක් නොව, රජුගේ බලය සීමාසහිත වන බව ය. එනම්, රජුට පොදු ජනතාව වෙත සිය අවධානය යොමු කළ නොහැකි නම් ස්වභාවධර්මය විසින් ඔහුට රාජාණ්ඩු අහිමි කළ හැකි ය.

දුං-ජුංෂූගේ මතයන්හි ඉං-යං ගුරුකුලයේ අදහසින් උකහා ගැනීමක් දක්නට ලැබෙන නමුත්, එය මූලික වශයෙන් අයත් වනුයේ කොන්ෆියුසියානු ගුරුකුලයට ය. ක්‍රි.පූ.135දී හන්-වූ අධිරාජ්‍යයා දුං-ජුංෂූගේ යෝජනාව පිළිගෙන කොන්ෆියුසියානු වාදය පමණක් අනුගමනය කිරීමට තීරණය කළේ ය. එපමණක් නොව, රජය විසින් කොන්ෆියුසියානු ගුරුකුලයේ සම්භාව්‍ය ග්‍රන්ථ සේ සැලකූ “ෂී”, “ෂූ”, “ලී”, “ර්”,“චුන්චියු” යන ග්‍රන්ථ පහ වෙනුවෙන් නිල වශයෙන් “පංච සම්භාව්‍ය ග්‍රන්ථ විශාරදයා” යන රාජ්‍ය තනතුරක් ස්ථාපිත විය. “ජිං” යන වචනයේ මූලික අර්ථය රෙදිපිළි තාක්ෂණයේ සංකල්පයක් වූ අතර, විවිධ චින්තන ගුරුකුලවල මූල ධර්මයන් පෙන්වා දෙන ලේඛන ද “ජිං” නමින් හැඳින්වේ. හන්-වූ අධිරාජ්‍යයාගේ සමයේ සිට “ජිං” භාවිත කරනු ලැබුවේ කොන්ෆියුසියානු වාදයේ මූලික ග්‍රන්ථවලට පමණි. විවිධ මිනිසුන් විසින් එක් එක් “ජිං” ග්‍රන්ථය සඳහා විවිධාකාරව තේරුම් ගන්නා ලද බැවින්, “ජිං” අර්ථකථනය කිරීමේ ගුරුකුල බොහෝමයක් ද බිහි විය.

ක්‍රි.පූ. 135 සිට 1905දී චීං රාජවංශයේ ගුවාං-ෂූ අධිරාජයා විසින් අධිරාජ්‍ය තරඟ විභාග ක්‍රමය සම්පූර්ණයෙන්ම අහෝසි කිරීම දක්වා වූ කාල වකවානුව තුළ “ජිං අධ්‍යයනය” විවිධ චීන පාලක රාජවංශයන්හි නිල මූලධර්මය විය.

එය වසර 2040ක කාලයක් පැවතිණි.

මෙසේ බලන කල්හි ජිං අධ්‍යයනය කොන්ෆියුසියානු වාදයට සමාන නොවේ. "සුයි-ෂූ (සුයි ග්‍රන්ථය)"වලට අයත් "ජිං-ජී-ජ්අ" නම් කෘතියෙහි ප්‍රථම වතාවට සම්භාව්‍ය චීන අධ්‍යයනය කොටස් හතරකට බෙදී තිබිණි. එනම්, "ජිං", "ෂී", "ත්ස", "ජී" යන ග්‍රන්ථ එකතු හතර විය. "ජිං අධ්‍යනය" ද ඉන් එකක් වේ. කොන්ෆියුසියානු වාදය දෘෂ්ටිවාදාත්මක චින්තනයක් වන අතර, "ජිං අධ්‍යයනය" යනු හන් රාජවංශයේ සිට චිං රාජවංශය දක්වා වූ කාලය තුළ චීන පාලකයන් විසින් අනුගමනය කරන ලද එකම පාලන මූලධර්මයයි. ජිං අධ්‍යයනයන්වල පෙන්වා දෙන සියලු දේ කෙදිනකවත් සැකයකට හා සාකච්ඡාවකට ඉඩක් නොදේ.

කොන්ෆියුසියානු වාදයට පමණක් ගරු කිරීම මායිමක් ලෙස සලකමින් චීන චින්තන ඉතිහාසය විවිධ ගුරුකුල ඉගැන්වීම් කාල පරිච්ඡේදයෙන් කොන්ෆියුසියානු සම්භාව්‍ය අධ්‍යයන කාලයට අවතීර්ණ විය. එහෙත් කොන්ෆියුසියානු සම්භාව්‍ය අධ්‍යයනයේදී එක්සත් වීම යනු චීන චින්තනයට ඇත්තේ එක් හිමිකම් පෑමක් පමණක් නොවේ. චීනයේ විශාල අවකාශය තුළ නොකඩවා ම නව සිතුවිලි බිහි වෙමින් පැවතිණි. එමෙන් ම චීනය සහ විදේශ රටවල් අතර ඇති ගමනාගමනය සහ හුවමාරුව, විදේශීය චින්තනයන් චීනයට ඇතුළු වීමට ද චීනකරණය වීමට ද රුකුලක් වී තිබේ.

### ජිං අධ්‍යයනය

දුංහන් රාජවංශ සමයේදී කොන්ෆියුසියස් "ප්‍රථම ගුරු" ලෙස සලකනු ලැබිණි. නමුදු ෂීජෝව් රාජවංශයේ මුල් රජුට සහාය වූ ජෝව්-ගුං නමැත්තා ඊට වඩා උසස් "ප්‍රථම සාන්තුවරයා" ලෙස හඳුන්වනු ලැබීය. තං රාජවංශයේ නිර්මාතෘ වූ ගාඕ-ත්සොං යන ගෞරව රාජකීය නාමය ලැබූ ලී-යුවාන් ද ජෝව්-ගුං පැරණි පරම්පරාවේ උසස්ම සාන්තුවරයා ලෙස සැලකූ අතර

කොන්ෆියුසියස් තරමක් පහත් තත්ත්වයක සිටී යැයි ඔහු සිතුවේ ය. නමුත් ඔහුගේ පුත් තයි-ත්සොං අධිරාජ්‍යයා ලී-ෂිමින් එසේ නොසිතුවේ ය.

තයි-ත්සොං අධිරාජ්‍යයා ජෝව්-ගුංගේ ස්ථානය වන "ප්‍රථම සාන්තුවරයා" යන්න අවලංගු කිරීමට නියෝග කළේ ය. ඉන්පසු කොන්ෆියුසියස් "ප්‍රථම ගුරු" සිට "ප්‍රථම සාන්තුවරයා" දක්වා උසස් කරන ලදී. ඔහුගේ ගෝලයෙකු වූ යැන්-හුයිගේ තත්ත්වය ද "ප්‍රථම ගුරු" බවට පත්විය. මීහන් රාජවංශයේ රාජකීය පවුලේ ඥාතියකු වූ වං-මං ජෝව්-ගුංගේ නමින් රාජ්‍යබලය අල්ලා ගත්තේ ය. ඉන්පසු අධිරාජයෝ වං-මං සේ ජෝව්-ගුංගේ නාමයෙන් රාජ්‍යපාලනයට හානි කරන නිලධාරීන් නැවත බිහි වීම වැළැක්වීම සඳහා කොන්ෆියුසියස්ගේ ස්ථානය අධිරාජ්‍යයන් විසින් අවධාරණය කරන ලදී. තයි-ත්සොං අධිරාජ්‍යයාගේ සමයේ සිට ම කොන්ෆියුසියස් "ප්‍රථම සාන්තුවරයා" ලෙස ද යැන්-හුයි "ප්‍රථම ගුරු" ලෙස ද නියම කෙරුණි. තං රාජවංශයේ ෂුවැන් අධිරාජ්‍යයා ලී-ලොංජී විසින් යැන්-හුයි "දෙවන සාන්තුවරයා" බවට ද පත්විය.

හන්-යූ

හන්-යූ සිය "යුවැන් තාඕ ( ධර්මයේ සම්භවය)" නම් සුප්‍රසිද්ධ ග්‍රන්ථයෙහි පැරණි පරම්පරාවේ කොන්ෆියුසියානු ගුරුකුලයේ

විශිෂ්ට සාන්තුවරයන්ගේ ධූරාවලියක් සකස් කොට ඉදිරිපත් කළේ ය. යාඕ, ශුන්, යූ සිට ආරම්භ වන මෙම පෙළපත ෂාන් රාජවංශයේ තං රජු, ජෝව් රාජවංශයේ වෙන් සහ වූ රජු දෙදෙනා, ජෝව්-ගුං, කොන්ෆියුසියස් සහ මැන්සියස් ඇතුළත් ය. නමුත් මැන්සියස්ගෙන් අනතුරුව කිසිම අනුප්‍රාප්තිකයකු බිහි වූයේ නැති බව හන්-යූගේ අදහස විය. හන්-යූගේ අතින් යැ-හුයි වෙනුවට මැන්සියස්ගේ ස්ථානය උසස් වීමක් ලැබූ අතර යැන්-හුයිට පහත හෙළීමක් සිදු විය. හන්-යූ විසින් ඉදිරිපත් කෙරුණු මෙම කොන්ෆියුසියානු සම්භාව්‍යයන්හි ධූරාවලිය ජිං අධ්‍යයනයෙහි සාධර්මිකතාව ලෙස සැලකෙන අතර එය මොන අවස්ථාවක වුවද උල්ලංඝනය කළ නොහැකි ය.

තං සහ සුං රාජවංශ සමයන්හි කොන්ෆියුසියානු ධූරාවලියේ මැන්සියස්ගේ ස්ථානය උසස් කිරීමේ ව්‍යාපාරයක් පැවතුණි. සුං රාජවංශයේ ජූ-ෂී විසින් "ලී-ජී (චාරිත්‍ර ග්‍රන්ථය)" නම් ග්‍රන්ථයෙහි "දා-ෂුයේ (ශ්‍රේෂ්ඨ ඉගෙනුම)" සහ "චොං-යොං (මධ්‍යස්ථතාව පිළිබඳ ග්‍රන්ථය)" යන ලිපි දෙකට "ලුංයූ (කොන්ෆියුසියස්ගේ කියමන් එකතුව)" සහ "මැන්-ත්ස (මැන්සියස්ගේ ඉගැන්වීම්)" යන උසස් පිළිගැනීමක් සහිත කොන්ෆියුසියස් වාදයේ සම්භාව්‍ය ග්‍රන්ථ දෙකට සම තැනක් ලබා දී එම ග්‍රන්ථ හතර "ශ්‍රේෂ්ට ග්‍රන්ථ සතර" ලෙස නම් කළේ ය. මෙමගින් "ශ්‍රේෂ්ඨ ඉගෙනුම" සහ "මධ්‍යස්ථතාව පිළිබඳ ග්‍රන්ථය" යන්නෙහි ස්ථානය ඉහළ දැමීමක් පමණක් නොව මැන්සියස්ගේ ස්ථානය ද ඉහළ දැමීමක් සිදු විය. මේ ආකාරයට කොන්ෆියුසියස් ගුරුකුලයේ යැන්-හුයිට තිබුණු ස්ථානය මැන්සියස් විසින් ආදේශ කරන ලදී .

**ආගම**

තාඕ ආගම චීනයේ ස්වදේශික ආගමකි. එය තාඕ වාදයේ චින්තනය

පදනම් වී භූත විද්‍යාව, ජ්‍යෝතිෂ්ශාස්ත්‍රය, අවතාර හා දේව විශ්වාසය යනාදියන් සමඟ එකතු වී සකස් වූ බහු දේව ආගමකි. අමරණීයභාවය ලුහුබැඳීම, ආධ්‍යාත්මික පුහුණු වීමෙන් දෙවියන් බවට පත්වීම, ලෝකයන්ට සහය වීම හා උපකාර කිරීම යනාදිය එහි ප්‍රධාන අරමුණ වේ. විවිධ ඓතිහාසික යුගවලදී තාඕ ආගම පාලකයින් බෙහෙවින් පැසසුමට ලක් කර ඇති අතර, එය ජනතාව අතර වැඩි බලපෑමක් ඇති කරමින් චීන ජනතාවගේ චින්තනයට හා අධ්‍යාත්මයට ප්‍රබල බලපෑමක් ඇති විය.

ශීහන් රාජවංශයේදී බුද්ධාගම චීනයට හඳුන්වා දුන් අතර ක්‍රි.ව. 67දී ම බෞද්ධ ලියවිලි හා බෞද්ධ සූත්‍රවල චීන පරිවර්තනයන් දක්නට ලැබේ. එතැන් පටන් වසර දහස් ගණනක් තිස්සේ බෞද්ධ ග්‍රන්ථ චීන භාෂාවට පරිවර්තනය කිරීමේ කටයුතු නොකඩවා ම පැවතී අතර, එය චීන පරිවර්තන ඉතිහාසයේ ඉතා වැදගත් අංගයක් බවට පත් විය. චීනයට බුද්ධාගම හඳුන්වාදීමේ කාලය, මාර්ගය සහ කලාපීය වෙනස්කම් හේතුවෙන් චීන හන් බුද්ධාගම (චීන භාෂා මාධ්‍ය), ටිබෙට් බුද්ධාගම (ටිබෙට් භාෂා මාධ්‍ය) සහ යුන්නන් පළාතෙහි ප්‍රචලිතව පවතින ථේරවාදී බුද්ධාගම (පාලි භාෂා මාධ්‍ය) ලෙසින් ප්‍රධාන පද්ධති තුනක් බිහි විය.

සුයි සහ තං රාජවංශ සමයන්හි බුද්ධාගම පාලකයින්ගේ දැඩි පැසසුමට ලක්වී ඔවුන්ගේ අනුබලය යටතේ විශාල ප්‍රගතියක් අත්කර ගත්තේ ය. එය තාඕ ආගම, කොන්ෆියුසියානු වාදය සමඟ චීනයේ ප්‍රධානම චින්තන පද්ධති තුනෙන් එකක් ලෙස සැලකේ. කොන්ෆියුසියානු වාදය, බුදුදහම සහ තාඕ අගම යන ගුරුකුල තුන අන්‍යෝන්‍ය වශයෙන් ඒකාබද්ධ වී "ආගම් තුනක එකතුවක්" බවට පත්වූයේ ද මෙම වකවානුව තුළ ය.

සුයි සහ තං රාජවංශ සමයන්හි බුදුදහමේ ප්‍රධාන නිකායන් අටක් ස්ථාපිත වී තිබුණි. ඒවා නම්, "ජිං-ටු (පිරිසිදු භූමිය)" නිකාය, "සන්-ලුන් (ත්‍රිත්ව ග්‍රන්ථ)"නිකාය, "ලියූ (විනය)"නිකාය, "චැන් (සෙන්)"නිකාය,

“තියැන්-තැයි”නිකාය, “ෆා-ෂාං”නිකාය, “හුවා-යැන්”නිකාය සහ වජ්‍රයාන නිකාය වශයෙනි. ඉන් චීන බුදුදහමට නව මුහුණුවරක් ලබා දුන් අතර එය “බුදුදහම චීනකරණය වීම” ලෙස දැක්විය හැකි ය. එබැවින් “චීනයේ බුදුදහම” සහ “චීන බුදුදහම” අතර වෙනසක් පැවතුණි. එනම් පළමු වැන්නෙන් අදහස් කරනුයේ චීනයේ පවතින විදෙස් රටවලින් පැතිරී ආ බුද්ධාගම ය. දෙවැන්නෙන් අදහස් කරනුයේ බුද්ධාගම දේශීය චින්තන ධාරා සමඟ ඒකාබද්ධ වී බිහි වී ඇති චීන බුද්ධාගම ය.

තං රාජවංශය සමයේදී නෙස්ටෝරියානු ආගම, මැනිචේ අගම සහ ඉස්ලාම් ආගම වැනි විදේශීය ආගම් ද චීනයට හඳුන්වා දුන් අතර ඒවායින් චීන චින්තනයට වඩා පොහොසත් අන්තර්ගතයන් ඇතුළත් විය.

බුදුදහම චීනයට හඳුන්වාදීමෙන් පසු ගොඩනැගූ ප්‍රථම රාජ්‍ය විහාරය--බයි-මා විහාරය

## වෙයි-ජින් ෂුවැන් වාදය (වෙයි සහ ජින් රාජවංශ සමයන්හි බිහි වූ පාරභෞතික වාදය)

වෙයි සහ ජින් රාජවංශ සමයන්හි සමාජයේ ආරවුල් තත්ත්වයක් දිගටම පැවතුණි. එනිසා එකල මිනිසුන් නිරන්තරයෙන් තාඕ ආගම හා බුද්ධාගම තුළ අධ්‍යාත්මික සැනසිල්ල සෙවීමට පෙළඹුණි. එනිසා එම කාල වකවානුවේදී මෙම ආගම් දෙක බෙහෙවින්ම ප්‍රචලිත වී තිබුණි. "වෙයි-ෂූ (වෙයි රාජවංශ ඉතිහාසය)"වල අවසාන පරිච්ඡේදය වන "ෂී-ලාඕ-ජි" බුද්ධාගම (ෂී) සහ තාඕ අගම (ලාඕ) පිළිබඳ විස්තර කර ඇත.

වෙයි සහ ජින් රාජවංශ සමයන්හි ෂුවැන් වාදය එනම් පාරභෞතික වාදය ද ඉතා ජනප්‍රිය වී තිබුණි. එම වාදය "ලාඕ-ත්ස (මැන්සියස්ගේ ඉගැන්වීම්)", "ජුවං-ත්ස (ජුවංසියස්ගේ ඉගැන්වීම්)" සහ "ජොව්-ඊ" සිය මූලික චින්තන ග්‍රන්ථ ලෙස සැලකේ. ෂුවැන් වාදයේ ප්‍රධාන නියෝජිතයින් වන්නේ හ්අ-යැන්, වං-බී සහ එවකට සුප්‍රසිද්ධ වූ "උණ වනාන්තරයේ සප්ත ප්‍රාඥයින්" ය. ඔවුහු එකල සිටි ප්‍රසිද්ධ ප්‍රාඥයින් වූ අතර ඔවුහු නිරන්තරයෙන් උණ වනාන්තරයට රැස් වී කවි නිර්මාණය කිරීම ද කාව්‍යමය ගීත ගායනා කිරීම ද පාරභෞතික වාදය පිළිබඳ සාකච්ඡා කිරීම ද සිදු කළහ. මෙම කාල පරිච්ඡේදයේ චීන චින්තනයට, සොබාදහමට අනුකූලව ද හෝ කොන්ෆියුසියානු ආචාර ධර්මයට අනුකූලව ද ජීවත් විය යුතු යැයි තර්කයක් තිබුණි. ජී-කං ප්‍රමුඛ පිරිසක් සොබාදහම අතිශයින් අගය කොට මිනිස් ස්වභාවයට අනුකූලව ජීවත් වීමට වැඩි කැමැත්තක් දැක්විය.

## සුං-මිං ලී වදාය සහ ෂිං වාදය (සුං සහ මිං රාජවංශ සමයන්හි බිහි වූ පරමාදර්ශී වාදය සහ මනෝවිද්‍යා වාදය)

කොන්ෆියුසියානු වාදය, තාඕ ආගම, බුදුධාගම සහ වෙනත් සිතුවිලි සම්මිශ්‍රණය වීම නිසා සුං සහ මිං රාජවංශවල චීන චින්තන ක්ෂේත්‍රය යළිත් වරක් නව මුහුණුවරක් පෙන්නුම් කළේ ය. පරමාදර්ශී වාදය සහ මනෝවිද්‍යා වාදය බිහි වූයේ එම අවධියේදී ය.

සුං රාජවංශයේ ලී වාදයේ ගුරුකුල හතරක් දක්නට ලැබේ. එම ගුරුකුල හතරේ ප්‍රමුඛයන් වන්නේ: ජෝව්-දුන්ර්, චෙං-හාඕ සහ චෙං-ර්, ජාං-ත්සැයි, ජූ-ෂී යනාදීන් ය. මෙම සිව් ගුරුකුල අතර චෙං-හාඕ සහ චෙං-ර්ගේ ගුරුවරයා ජෝව්-දුන්ර් වූ අතර ජාං-ත්සැයි සහ චෙං දෙදෙනා එකිනෙකාට බලපෑම් කළහ. ජූ-ෂී විසින් චෙං දෙදෙනාගේ චින්තනයන්ට උරුමකම් කියමින් ලී වාදයේ චින්තනය වර්ධනය කොට එහි විශිෂ්ට ම ගුරු බවට පත් විය.

මෙම ලී වාදයට අයත් ගුරුකුල හතර, වෙන් වෙන් ව ඊට අදාළ

ජාං-ත්සැයි

ජාං-ත්සැයි අනුස්මරණ විහාරය

වූ භූගෝලීය කලාප මුල් කොට ගෙන බිහි වූ හෙයින් ඒවා පිළිවෙලින් ''ලියැන්''වාදය, ''ලුවෝ''වාදය, ''ගුවන්''වාදය සහ ''මින්''වාදය ලෙස ද හැඳින්වේ. ලී වාදය, සොබාදහමේ නීති ගවේෂණය කරනවා පමණක් නොව ජනතාවගේ සදාචාරාත්මක නීති පිළිබඳව ද සොයා බැලුවේ ය. ඉහත කී සියලුම ලී වාදයේ ගුරුකුල විශ්වාස කරනුයේ ස්වර්ගීය මූලධර්ම මිනිස් හදවතේ සදාචාරාත්මක හැඟීම් ජනිත කරන බවයි. එමෙන්ම ඔවුහු ලී වාදයට ඇති එකිනෙකාව වෙනස් වූ අවබෝධයන් මත, මිනිස් ස්වභාවය, ස්වර්ගය හා මිනිසා අතර ඇති සහසම්බන්ධතාවය හා අතීතයේ සහ වර්තමානයේ වෙනස්කම් යනාදි ප්‍රශ්නවලට පිළිතුරු සැපයීමේ නියැළී සිටියහ.

එයට වෙනස්ව, ෂිං වාදයේ ප්‍රමුඛයා වූ ලූ-ජියු-යුවැන් විශ්වාස කරන්නේ පුද්ගලයකුගේ සදාචාරය පිළිබඳ හැඟීම් කෙනෙකුගේ හෘදය සාක්ෂියට අයත් බව මිස එය සොබාදහමේ නීති මඟින් ලබා නොදෙන බවයි. මිං රාජවංශයේ සුප්‍රසිද්ධ චින්තකයෙකු මෙන්ම දාර්ශනිකයකු වූ වං-ෂොව්-රෙන් විසින් ලූ-ජියු-යුවැන්ගේ අදහස් අනුගමනය කළේ ය. ජූ-ෂී විසින් අවධාරණය කරන ලද ''සොබාදහමේ නීති'' සැබැවින්ම මිනිසාගේ හදවතේ ඇති බව ඔහු විශ්වාස කළේ ය. වං-ෂොව්-රෙන් හෘදය සාක්ෂිය වැදගත් කොට සැලකුව ද ඔහු ලෞකික ලෝකය ගැන සැලකිල්ලක් නොදක්වන පුද්ගලයකු නොවීය. ''දැනුමේ හා ක්‍රියාවේ එකමුතුව'' යන න්‍යාය යෝජනා කළ ඔහු දැනුම සහ ක්‍රියාව සමාන්තරව වැදගත් වන බව ද ඒවා ඒකාබද්ධ කළ යුතු බව ද අවධාරණය කළේ ය.

## බටහිර ඉගෙනීම

මිං රාජවංශයේ අගභාගයේ සිට යුරෝපීය මිෂනාරිවරු චීනයට

පැමිණියහ. ලුවෝ-මිං-ජියැන් (සැබෑ නම: Michele Ruggieri), ලී-මා-දොව් (සැබෑ නම: Matteo Ricci), අයි-රූ-ලුඒ (සැබෑ නම: Giulio Aleni), තං-රුඕ-වං (සැබෑ නම: Johann Adam Schall von Bell), නන්-හුවයි-රෙන් (සැබෑ නම: Ferdinand Verbiest) යනාදීන් ප්‍රධාන නියෝජිතයින් සේ සැලකේ. එතැන් සිට බටහිර අදහස් වැඩි වැඩියෙන් චීනයට හඳුන්වා දී ඇති අතර චීන අය මෙම දිගුකාලීන චින්තන සංක්‍රමණය හඳුන්වනුයේ "බටහිර ඉගෙනීම් නැගෙනහිරට පැතිරවීම" යනුවෙනි. ඒවා චීනයට හඳුන්වා දෙන විට "බටහිර ඉගෙනීම" වුවද චීනයේ මුල්බැසගත් පසු ක්‍රමයෙන් චීන චින්තනයෙන් කොටසක් බවට පත්වන බව පෙනේ. එය "චීනයේ බුදුදහම", "චීන බුදුදහම" බවට පත්වීම බඳු ය.

ලී-මා-දොව් සහ ෂු-ගුවං-චී

කෙසේවෙතත් බටහිර ඉගෙනුම් චීනය තුළ සැලකිය යුතු බලපෑමක් ඇති කිරීම සඳහා තරමක් දිගු කාලයක් ගත විය. 19වන සියවසේ සිට චීනය යුරෝපියානු සහ ඇමරිකානු තාක්ෂණයන්, සමාජ පද්ධතියන් සහ චින්තනයන් හැදෑරීම ආරම්භ කර තිබේ. චීන හා බටහිර සංස්කෘතීන් සම්මිශ්‍රණය වීම හේතුවෙන් කං-යෝ-වෙයි නැමැත්තා නැවතත් චීනයේ සම්භාව්‍ය ග්‍රන්ථවලට අවධානය යොමු කරමින් "ලී-ජී"වලට අයත් "ලී-යුන්" නම් කෘතියේ සඳහන්

තං-රුඕ-වං

කං-යෝ-වෙයි සහ ලියාං-චි-චාඕ (සිටගෙන සිටින)

වූ "විශ්වීය සුසංවාදය" යන අදහස විදහා දැක්වීමට කටයුතු කළේ ය. මෙම අදහස 20වන ශත වර්ශයේදී චීන ජනයාගේ ආත්මය කෙරෙහි බලපෑ ඇති ප්‍රධාන අදහසක් බවට පත් විය. එමෙන්ම ලෝකය පිළිබඳ චීන බුද්ධිමතුන්ගේ පරමාදර්ශී පරිකල්පනය ද එයින් පිළිබිඹු විය.

ලියාං-චි-චාඕ ද චීන සම්භාව්‍ය ග්‍රන්ථ නැවත ඉගෙන ගනිමින් යුරෝපයේ හා ඇමරිකා එක්සත් ජනපදයේ "ප්‍රජාතන්ත්‍රවාදය" සහ "ජාතිකත්වය" වැනි නව අදහස් හඳුන්වා දීමට උත්සුක විය.

වර්ෂ 1905දී චීනයේ අධිරාජ්‍ය විභාග ක්‍රමය අවලංගු කරන ලදී. එතැන් සිට "ජිං", "ෂි", "ත්ස", "ජී" යන කොටස් හතරෙන් දැනුම වර්ගීකරණය කොට දැක්වීම අතහැර දමා, බටහිර විද්‍යාවට අනුකූලව දැනුම වර්ගීකරණය කිරීම ආරම්භ විය. කෙසේවෙතත් ඉන් චීනයේ සාම්ප්‍රදායික චින්තනයට හා සංස්කෘතියට බාධා පැමිණියා යැයි කිව නොහැක. අද වන තෙක් චීන

චීන ජනරජ සමයේ පෞද්ගලික පාසලක්

ජනතාව සාම්ප්‍රදායික චින්තනයෙන් පෝෂණයන් ලබා ගනිමින් ඒවාට නව අර්ථකථනයන් ලබා දීමට වෙහෙසේ.

## චීන සංස්කෘතියට අදාළ ද්විභාෂා වචන මාලාව

| | |
|---|---|
| 经学 | ජිං අධ්‍යයනය |
| 先师 | ප්‍රථම ගුරු |
| 先圣 | ප්‍රථම සාන්තුවරයා |
| 四书 | ශ්‍රේෂ්ට ග්‍රන්ථ සතර |

| | |
|---|---|
| 道教 | තාඕ ආගම |
| 长生不老 | අමරණීයභාවය ලුහුබැඳීම |
| 修道成仙 | ආධ්‍යාත්මික පුහුණු වීමෙන් දෙවියන් බවට පත්වීම |
| 济世救人 | ලෝකයන්ට සහය වීම හා උපකාර කිරීම |
| 汉传佛教 | හන් බුද්ධාගම |
| 藏传佛教 | ටිබෙට් බුද්ධාගම |
| 上座部佛教 | ථේරවාදී බුද්ධාගම |
| 天理 | සොබාදහමේ නීති |
| 本心 | හෘද සාක්ෂිය |
| 西学东渐 | බටහිර ඉගෙනීම් නැගෙනහිරට පැතිරවීම |
| 大同 | විශ්වීය සුසංවාදය |

## චීන සංස්කෘතික හා චින්තනික පද

zhūzǐ-bǎijiā
### 诸子百家
**ගුරුකුල සියයක්**

චුන්චියු සමයේ අග භාගයේ සිට හන් අධිරාජ යුගයේ ආරම්භය දක්වා වූ කාල පරිච්ඡේදය තුළ ඇති වූ විවිධ ගුරුකුල සහ ඒවා වෙනුවෙන් පෙනී සිටි අය ගැන මෙයින් කියැවෙයි. පැරණි සමාජ ක්‍රමය ඉතා වේගයෙන් බිඳ වැටෙන බව වසන්ත හා සරත් සමයේ දී දැක ගත හැකි විය. සමාජ

අර්බුදය අභිමුවේ කිසිදු බැඳීමකට යට නො වී, එ කල සිටි විද්වත්හු එම ගැටලු පිළිබඳව ගැඹුරින් ආවර්ජනය කළහ. සමාජය යථා තත්ත්වයට පත් කිරීමට සහ සාරධර්ම වර්ධනයට අදාළ වූ විවිධ න්‍යාය ඔවුහු ඉදිරිපත් කළහ. එලෙස ක්‍රියාකාරී ලෙස න්‍යාය හඳුන්වා දීම සහ ශාස්ත්‍රීය වාදවල නියැලීම බටහිර හන් අධිරාජ යුගයේ මුල් කාලය දක්වා ම පැවතුනි. පසු කාලයේ විසූ අය විසින් ඒවා ගුරුකුල දහයකට වර්ග කර දක්වා තිබේ. කොන්ෆියුසියානුවාදය, මෝවාදය, තාඕවාදය, තර්කවාදය, නීතිවාදය, ඉං-යං ගුරුකුලය, ගොවිතැන්වාදය, රාජතාන්ත්‍රික ගුරුකුලය, අනුකලනවාදය (ප්‍රකීර්ණක ගුරුකුලය) සහ ශාඕ-ෂ්වෝ ගුරුකුලය යනු ඒවා ය. මේවා වෙනුවෙන් පෙනී සිටි අයගේ අධික ප්‍රමාණය සහ ඔවුන් විසින් ඉදිරිපත් කළ විවිධ වූ න්‍යාය නිසා සාමාන්‍යයෙන් මේවා "ගුරුකුල සියයක්" ලෙසින් හැඳින්වෙයි.

xiū-qí-zhì-píng
修齐治平
**ස්වයං වර්ධනය, පවුල් සාධනය, රාජ්‍ය පාලනය සහ සැමට සාමය උදාකිරීම**

ස්වයං-වර්ධනය යනු පියවර කිහිපයක් ඔස්සේ සමාජය වෙත පිවිසීමේ ආරම්භක ස්ථානය ය. විවාහ වී දරු මල්ලන් බලා පවුල් සාධනය ඊළඟ පියවරයි. ඉක්බිතව රාජ්‍යය පාලනයට සම්බන්ධ විය හැකි ය. අවසාන පියවර වනුයේ මිහිපිට සිටින සියල්ලන් හට සාමය හා යහපත් පාලනයක් ලබාදීම ය. කොන්ෆියුසියානු සදාචාර දර්ශනයේ සහ දේශපාලනය පිළිබඳ කතිකාවේ මූලික තේමාවක් වන්නේ මෙම ක්‍රියාවලිය ය. පුද්ගල මට්ටමින් ආරම්භ කර බාහිරට යොමුව වඩා විශාල පිරිසක් වෙනුවෙන් සේවය කිරීම සඳහා පොළඹවන මෙය ක්‍රමානුකූලව පුළුල් වන ක්‍රියාදාමයකි. මෙවැනි ක්‍රියාවලියක දී, පුද්ගලයකුගේ ගුණවත්කම සහ ස්වයං දියුණුව ඔහුගේ

දේශපාලන අභිලාෂයන්ගෙන් වෙන් කළ නොහැකි ය.

qiútóng-cúnyì
求同存异
**වෙනස්කම් පසෙක ලා පොදු දේ මත එක්වන්න**

මිනිසුන් සහ රාජ්‍යයන් අතර සබඳතාවල දී, සලකා බලනු ලබන පාර්ශ්වයන් අතර වෙනස්කම් තිබුණ ද ඒවාට ඉඩ දී "ඒකීයත්වයෙන් තොර සහජීවනය" අත්පත් කරගත හැකි බව කොන්ෆියුසියස්තුමා විසින් අනුදැන වදාරන ලද කොන්ෆියුසියානු සංස්කෘතිය අවධාරණය කළේ ය. අවසානයේ දී සියලු පාර්ශ්වයන් අතර ඇති විය හැකි පුළුල් ම එකඟතාව ඇති කරගත හැක්කේ වෙනස්කම් පවතින බව පිළිගෙන ඒවා පසෙකට දැමීමෙනි. එවැනි සම්මුතියක් ඇති කර ගැනීම සඳහා සංස්කෘතීන්ගේ සහ ඇගැයීම්වල විවිධත්වය පිළිගත යුතු වෙයි. පරම ඒකමතිකත්වය හෝ බලහත්කාරය මත ඇති කරගන්නා එකඟතා නො සෙවිය යුතු ය. හැකි තරමින් අන් අයගේ ඇසින් අදාළ කාරණා දෙස බැලීමට ද යොමු විය යුතු ය. මෙම ප්‍රවේශය පසු කාලීනව චීනයේ විදේශ සබඳතා හැසිරවීමට අදාළ ඉතා වැදගත් මූලධර්මයක් බවට ද පත්විය.

héxié
和谐
**සහජීවනය**

මෙම යෙදුමෙන් සමායෝජනය සහ මිත්‍රත්වය අදහස් කරයි. හ-ශියේ (和谐) යන චීන යෙදුම මුලින් ම යොදා ගනු ලැබුවේ විවිධ වූ නාද සමගාමීව සංයෝජනය කිරීමෙන් සංගීත නිර්මාණයක් ඇතිවීම දැක්වීම සඳහා ය. වෙනස්කම්වලට සහ විවිධත්වයට ගරුකිරීම මත පදනම් වී සහජීවනයෙන්

පවතින යහපත් සමාජ සම්බන්ධතා සහිත පාලනයක් හැඳින්වීම සඳහා පසුව එය යොදා ගැනිණි. හ-ශියේ යනු පුද්ගලාන්තර සම්බන්ධතා හැසිරවීමට සහ සමාජ හා දේශපාලන ක්‍රියාකාරකම් සඳහා මග පෙන්වීමට යොදා ගනු ලැබූ ප්‍රධානතම කොන්ෆියුසියානු සදාචාර මූලධර්මයකි. එය දැන් මිනිසුන් අතර, කණ්ඩායම් අතර සහ රටවල් අතර එකමුතුකම, සාමකාමී බව සහ මිත්‍රශීලී සබඳතා දැක්වීම සඳහා සාමාන්‍යයෙන් යොදා ගනු ලැබෙයි. ප්‍රචණ්ඩත්වයට හා ගැටුම්වලට විරුද්ධවීමේ සහ සාමය හා ස්ථාවරභාවය වෙනුවෙන් කටයුතු කිරීමේ චීන සංස්කෘතික ඇගැයීම සහජීවන සංකල්පය තුළින් නිරූපණය කෙරෙයි.

---

nièpán
涅槃
**නිර්වාණය**

මෙම යෙදුමෙන් සංසාරයෙන් - එනම් නැවත ඉපදීමේ චක්‍රයෙන්; මිදීම නිරූපණය කෙරෙයි. ගින්නක් මෙන් දැවෙන පීඩාවන්ගෙන් දුරු වී යාම හෝ ඉක්මවා යෑම නිර්වාණය යන්නෙහි වචනාර්ථය වේ. දුක, උපත සහ මරණය දුරුකර සම්බෝධය ලබා ගන්නා වූ පවිත්‍ර වූ තත්ත්වයකට පත්වීම එයින් අදහස් කෙරෙයි. සියලුම බෞද්ධ ක්‍රියාකාරකම්වල මූලික ම ඉලක්කය මෙයයි.

# අතිරේක කියවීම

## තං යුගයේ බුදුදහම ගවේෂණයෙහි නිරත වීම*

තං අධිරාජ්‍යයා විදේශීය හිතමිතුරන්ට දොරටු විවෘත කිරීම හා විදේශීය සංස්කෘතීන් වැළඳ ගත්තා පමණක් නොව, බොහෝ ජනයා විදේශීය සංස්කෘතීන් අධ්‍යයනය කිරීම සඳහා විදේශයන්ට පිටත් කර යැවීමට ද උනන්දු විය. මේ සඳහා ඇති හොඳ ම උදාහරණයක් වශයෙන් උගත් බෞද්ධ භික්ෂූන් වූ ශුඇන්-ත්සං (602-664) සහ ඊ ජිං (635-713) දැක්විය හැකි ය.

ශුඇන්-ත්සං වර්ෂ 627 දී චීනයෙන් දකුණු ආසියාව බලා පිටත් වූ අතර නැවත චාංඅන් නගරය වෙත පැමිණියේ වර්ෂ 645 දී ය. එතුමා වර්තමානයේ මැද හා දකුණු ආසියාව වශයෙන් හඳුන්වන බටහිර පෙදෙස්වල කුඩා රාජධානි 100කට අධික ප්‍රමාණයක සංචාරය කළ අතර, බෞද්ධ ලේඛන කාණ්ඩ 657ක් චීනයට රැගෙන ආවේ ය. නැවත චීනයට ළඟා වූ ශුඇන්-ත්සං භික්ෂූන් වහන්සේ සමඟ තයි-ත්සුං අධිරාජයා පැය 10කට වඩා සාකච්ඡා කළ බවත්, පරිවර්තන කාර්යයෙහි ලා සහය දැක්වීම සඳහා උගත් භික්ෂූන් 50 නමක් පත් කළ බවත් සඳහන් වේ. ශුඇන්-ත්සං තෙරුන් වහන්සේ ප්‍රධාන පරිවර්තකයා ලෙස කටයුතු කළ අතර අනෙක් භික්ෂූන් වහන්සේලාට විවිධ කාර්යයන් පැවරුවේ ය. මෙහි දී ඇතැම් භික්ෂූන් වහන්සේලා පරිවර්තන කාර්යයට සහය වූ අතර ඇතැම් භික්ෂූන් වහන්සේලා ඒවා ඉතා සුපරීක්ෂාකාරීව නිරීක්ෂණය කළහ.

* ඉහත කොටස චීන FLTRP සහ ශ්‍රී ලංකාවේ ෆාස්ට් පබ්ලිෂින් (ප්‍රයිවට්) ලිමිටඩ් යන ප්‍රකාශකයන් විසින් පළ කරන ලද “අසිරිමත් චීන සංස්කෘතිය” යන කෘතියෙන් උපුටා ගැනීමක් සහ සංස්කරණය කිරීමකි

එමෙන් ම සෙසු පිරිස් සංස්කෘත ග්‍රන්ථ සමඟ ඒවා සංසන්දනය කර බැලූ අතර තවත් භික්ෂූන් වහන්සේලා පිරිසක් පරිවර්තනය කර අවසන් කළ කෘති තවදුරටත් මනාව නිමාවට පත් කළහ. ශුඇන්-ත්සං තෙරුන් වහන්සේ දිවා රාත්‍රියෙහි වසර 19ක් පුරා මෙම කර්තව්‍යයෙහි යෙදෙමින් ලේඛන යුගල 75ක් වෙළුම් 1335කින් යුක්තව පරිවර්තනය කළහ. ශුඇන්-ත්සං තෙරුන් වහන්සේගේ වාර්තාවන්ට සවන් දෙමින් ඔහුගේ ශිෂ්‍යයකු වන බියැන්-ජී හිමියන් වෙළුම් 12කින් යුත් “දා-තං-ශියු-ජී (බටහිර පෙදෙස් පිළිබඳ තං රාජ වංශ වාර්තා)” නමැති කෘතිය රචනා කිරීම ද මෙහි තවත් එක් විශේෂත්වයක් වේ. මෙම කෘතියෙහි ශුඇන්-ත්සං තෙරුන් වහන්සේ බටහිර පෙදෙස්වල පැවැති 138ක් පමණ වූ රාජධානිවල දී ඇසූ-දුටු දේ අන්තර්ගත වේ. එම රාජ්‍යයන්හි පැවැති භූගෝලීය පසුබිම, ගමනාගමනය, දේශගුණය, නිෂ්පාදිත ද්‍රව්‍ය, විවිධ ජන වර්ග, භාෂා, ඉතිහාසය, ආගම්, දේශපාලනය, ආර්ථිකය, සංස්කෘතීන් සහ සිරිත් විරිත් ආදිය පිළිබඳව ද මෙම කෘතියෙහි අන්තර්ගත වේ. සමකාලීන උගතුන් විසින් මෙම කෘතිය දකුණු ආසියාතික රටවල ඉතිහාසය හා දර්ශනය මෙන් ම, ආගමික විශ්වාස හා සාහිත්‍යය අධ්‍යයනය කිරීමේ වැදගත් මූලාශ්‍රයක් වශයෙන් සැලකනු ලබයි.

ඊ ජිං තෙරුන් වහන්සේ ද මුහුදු මාර්ගය ඔස්සේ දකුණු ආසියාවේ සංචාරය කළහ. වර්ෂ 671දී එතුමා ගුවංජොව් නගරයෙන් පිටත් වී සුමාත්‍රා හරහා ඉන්දියාවට ළඟා විය. උන්වහන්සේ බෞද්ධ ග්‍රන්ථ 400ක් චීනයට රැගෙන නැවත චීනයට සම්ප්‍රාප්ත වූ අවස්ථාවෙහි දී වූ අධිරාජිණිය මාලිගාවෙන් පිටතට පැමිණ උන්වහන්සේ පිළිගත් අතරම, විශාල උත්සවයක් ද පැවැත්වූවා ය. පසුව ජොං-ත්සුං අධිරාජයා චාංඅන්වල පිහිටි

දා-ජියැන්-ෆු ආරාමයෙහි මෙම ග්‍රන්ථ පරිවර්තනය කිරීම සඳහා වෙනම ආයතනයක් පිහිටුවීය. වෙළුම් 230කින් යුත් 56ක් වූ මුල් ග්‍රන්ථාවලිය පරිවර්තනය කිරීම සඳහා 83 දෙනෙකුගෙන් යුත් කණ්ඩායමක් වසර 16ක් තිස්සේ එම කාර්යයේ නියුක්ත විය. මෙම කණ්ඩායමට වෙනත් ප්‍රදේශවලින් ශාස්ත්‍රඥයන් 13දෙනෙක් ද නිලධාරීන් 32ක් ද ඇතුළත් වූ අතර එයින් 11දෙනෙකු ප්‍රධාන ඇමතිවරු වූහ. මෙබඳු උසස් ගණයේ පරිවර්තක කණ්ඩායමක් පත් කිරීමෙන් පැහැදිලි වන්නේ තං අධිරාජ්‍යය විදේශ සංස්කෘතීන් කෙරෙහි දැක්වූ විවෘත බවයි.

## චීන ඉතිහාසයේ ප්‍රසිද්ධ චරිතයක්

### ලී-මා-දොව් (මැට්ටියෝ රිස්සි)

මුල්කාලීනව චීනයට කතෝලික දහම ප්‍රචලිත කිරීම සඳහා පැමිණි ඉතාලියානු ජේසු නිකායික පූජකවරයකු ලෙස මැට්ටියෝ රිස්සි හැඳින්විය හැකි ය. 1582 සිට 1610 දක්වා වූ වසර 28ක කාලය තුළ ඔහු චීනයේ ධර්මදූත කටයුතුවල නියැළී සිටියේ ය. චීන සාහිත්‍ය පරිශීලනය කළ, චීන සම්භාව්‍ය කෘති අධ්‍යයනය කළ, එමෙන්ම තම ගණිතමය හා තාරකා විද්‍යාත්මක දැනුම චීනය වෙත ලබාදුන් ප්‍රථම බටහිර විද්වතා ඔහු ය.

1582 දී මැකාවෝහී පෘතුගීසි ජනාවාසයන් වෙත මැට්ටියෝ රිස්සි පැමිණියේ ය. ඔහු එහිදී චීන භාෂාවේ ප්‍රවීණත්වය ලබනු පිණිස චීන බස පිළිබඳව පාඨමාලාවක් හදාරා ඇත. ඉන්පසු ආගමික

ප්‍රචාරක කටයුතු සඳහා ඔහු ජ්අවු-චීං, ෂාඕ-ගුවන්, නන්-චාන්, නන්-ජීං යන විවිධ නගරවල පදිංචි වී සිටී තිබේ. වර්ෂ 1601 ජනවාරි 24 දින, රාජ්‍ය සභාවේදී තමන් මුණගැසෙන ලෙස එකල සිටි මිං රාජවංශයේ වං-ලී අධිරාජ්‍යයාගෙන් ඔහුට ඇරයුමක් ලැබිණ. මෙම ආරාධනයත් සමග බෙයිජිං වෙත පැමිණීමට අවසරය ලැබූ ප්‍රථම ජේසු නිකායික පූජකවරයා මෙන්ම, තහනම් නගරය වෙත ඇතුල්වීමට අවසරය ලැබූ ප්‍රථම බටහිර ජාතිකයා බවට පත්වීමට ද ඔහුට හැකියාව ලැබිණ. ඉන්පසු ඔහු බෙයිජිංහි පැරණිතම කතෝලික පල්ලිය ස්ථාපනය කිරීමට ද කටයුතු කළේ ය.

චීන විද්වතෙකු මෙන් හැඳපැළඳ සිටින්නට මැට්ටියෝ රිස්සි යොමු වූ අතර චීන ජාතිකයන්ගේ පිළිගැනීම් ලබාගැනීම සඳහා ලී-මා-දොව් යන චීන නාමය භාවිතා කරන්නට ද විය. බෙයිජිංහි සිටි කාලයේ ඔහුගේ චීන භාෂාව නිපුණතාව, චීන බසින් ග්‍රන්ථ කිහිපයක් මුද්‍රණය කිරීමට තරම් ප්‍රමාණවත් පරිද්දෙන් දියුණුව පැවතිණ. එපමණක් නොව, මැට්ටියෝ රිස්සි රාජ්‍ය සභාවේ නිලධාරියන් සහ විද්වතන් අතර කීර්තිනාමයක් ස්ථාපිත කිරීමට සමත් විය. ඔහු විසින් මින් පසු වසර 200ක පමණ කාලයක් තුළ බටහිර ධර්මදූතයන් චීනයේ සිය කටයුතු සිදු කිරීමට පොදුවේ යොදාගත් ක්‍රමය ආරම්භ කරන ලදී. එනම්, චීන භාෂාවෙන් කතෝලික දහම පැතිරවීම සහ විද්‍යාත්මක සහ තාක්ෂණික දැනුම උපයෝගී කරගෙන චීන ජනතාවගේ කැමත්ත දිනා ගැනීමයි.

1605 වන තෙක්, බෙයිජිං නගරයේ කතෝලික ආගම අදහන්නන්ගේ සංඛ්‍යාව 200කට වඩා වැඩි විය. ඒ අතරින් රාජ්‍ය සභාවේ නිලධාරීන් ද විද්වතුන් ද සිටි අතර ෂූ-ගුවන්-චී, ලී-ජ්ඉ-ස්ඕ, යං-ටිං-යුන් යන තිදෙනා ඔහුට බෙහෙවින් උපකාර කොට

තිබේ. ඔවුන් සමඟ මැට්ටියෝ රිස්සි "යුක්ලීඩ්ගේ මූලද්‍රව්‍ය (Euclid's Elements)" ඇතුළු බටහිර ගණිත ශාස්ත්‍රයේ වැදගත් ග්‍රන්ථ කිහිපයක් චීන භාෂාවට පරිවර්තනය කොට ඇත. එයින් චීන ගණිත අධ්‍යයනයට ගැඹුරු බලපෑමක් සිදු වී තිබේ. 1602 වර්ෂයේදී වං-ලී අධිරාජ්‍යයාගේ ඉල්ලීමට අනුව රිස්සි මැට්ටියෝ සහ චීන ජාතික සහායකයන් ද සමඟ "මහා විශ්ව භූගෝලීය සිතියම" නැමැති ලෝක සිතියමක් නිර්මාණය කරන ලදී. ඊට අමතරව රිස්සි මැට්ටියෝ චීන භාෂාවෙන් ග්‍රන්ථ කිහිපයක් පළ කළ අතර චීන සංස්කෘතිය බටහිර ලෝකයට හඳුන්වාදීමට සක්‍රිය ලෙස කටයුතු කළේ ය. ඉතිහාසයේ ප්‍රථම වතාවට සම්භාව්‍ය චීන ග්‍රන්ථ එකතුවක් වූ "සී-ෂූ" ලතින් භාෂාවට පරිවර්තනය වූයේ ඔහු විසිනි.

## සිතීමට යමක්

1. "ශ්‍රේෂ්ඨ ග්‍රන්ථ සතර" සහ "පංච සම්භාව්‍ය ග්‍රන්ථ" සම්භාව්‍ය චීන චින්තන ඉතිහාසයේ ලබාගත් ස්ථානය සහ ඒවායෙන් චීන චින්තනයට ඇති වූ පලබෑම් පිළිබඳ විග්‍රහ කරන්න.

2. වෙයි-ජින් සමයන්හි ෂුවැන් වාදය බිහි වීමට හේතු නම් කරන්න?

3. චීන බුදුදහමේ ලක්ෂණයන් කවරේ ද?

4. පැරණි කාලයේ චීනය සහ ශ්‍රී ලංකාව අතර බෞද්ධ ක්ෂේත්‍රයේ ඇති හුවමාරුව පිළිබඳ විස්තර කරන්න.

5. පාඩමේ සඳහන් වූ චින්තන ගුරුකුල හැර, චීන ඉතිහාසයේ සෙසු වැදගත් ගුරුකුල සහ එහි නියෝජිතයන් පිළිබඳ සරළ හැඳින්වීමක් කරන්න.

# තෙවන පරිච්ඡේදය
# භාෂාව සහ සාහිත්‍යය

චීන භාෂාව සහ චීන අක්ෂර යනු චීන ශිෂ්ටාචාරයේ වැදගත් කොටසක් මෙන්ම අත්‍යවශ්‍ය අංගයක් වේ. චීන භාෂාව සම්මත භාෂාව සහ උප භාෂා යනුවෙන් කොටස් දෙකකට බෙදා ඇත. සම්මත භාෂාව යනු අප එදිනෙදා ව්‍යවහාරයේදී භාවිත කරන මැන්ඩරින් චීන භාෂාව වන අතර, එය චීනයේ බහුලව භාවිත වන භාෂාව ලෙස සැලකේ. සංකල්ප ලේඛන පද්ධතියකින් යුත් නූතන චීන භාෂාවේ ඒකාබද්ධ හා ප්‍රමිතිගත ව්‍යාකරණ දක්නට ලැබේ.

චීන අක්ෂර යනු වැඩිම කාලයක් තිස්සේ අඛණ්ඩව භාවිත කර ඇති ප්‍රධාන අක්ෂර වර්ගයක් ලෙස සැලකේ. එමෙන්ම පුරාණයේ ප්‍රධාන ලේඛන පද්ධතිවලින් ආරම්භ වී වර්තමානය දක්වා පැවත ආ එකම අක්ෂර වර්ගය ලෙස සැලකේ. නොයෙක් විද්වතුන් විශ්වාස කරනුයේ චීන ජාතියේ දීර්ඝ කාලීන එක්සත් වීම පවත්වා ගෙනයාම සඳහා ප්‍රධාන වන සාධකයක් ලෙස චීන අක්ෂර පෙන්වා දිය හැකි බවයි. එපමණක් නොව තවත් විද්වතුන් දක්වන්නේ චීන අක්ෂර යනු චීනයේ පස්වන විශාලතම නව නිපැයුම ලෙසයි. චීනයේ සියලුම රාජවංශවල ප්‍රධාන නිල පිටපත ලෙස චීන අක්ෂර භාවිත කර ඇත.

ඓතිහාසික වශයෙන් චීනය අවට ඇති සමහර රටවල් හා ප්‍රදේශ ඉතිහාසය සනිටුහන් කිරීම උදෙසා චීන අක්ෂර භාවිත කොට ඇති අතර ඔවුන්ගේ ම අක්ෂර පද්ධතිය දියුණු වීමේදී චීන අක්ෂරවලින් ආභාෂයන්

ලැබී ඇත. ඒ අතර වියට්නාමය, කොරියාව, ජපානය, තායිලන්තය, මොංගෝලියාව ඇතුළු රටවල් චීන අක්ෂරවල බලපෑමට ලක් වී ඇත. එහි ප්‍රතිඵලයක් ලෙස නැගෙනහිර ආසියාවේ චීනය පදනම කොටගත් “චීන අක්ෂර සංස්කෘතික කවය” ඇති විය. වර්තමානයේ ලොව පුරා බිලියන 1.7කට වැඩි පිරිසක් චීන භාෂාව සහ චීන අක්ෂර භාවිත කරන අතර, එක්සත් ජාතීන්ගේ සංවිධානයේ භාවිත කරන රාජකාරී භාෂාවලින් හයකින් එකක් ලෙස චීන භාෂාව ද නම් කෙරිණි.

චීන සාහිත්‍යය යනු චීන භාෂාවේ සහ චීන අක්ෂරවල වැදගත් වාහකයක් වන අතර, එය චීන සංස්කෘතියේ වඩාත්ම ප්‍රාණවත් මෙන්ම වඩාත් කැපී පෙනෙන සුවිශේෂී අංගයකි. පැරණි චීන සාහිත්‍යයේ චීන සංස්කෘතියේ අඩංගු මූලික සාරාංශය අන්තර්ගත වන අතර, චීන ජාතිකයින්ගේ සෞන්දර්යාත්මක වින්දනයන් ඉන් මනාව පිළිබිඹු වේ. එමෙන්ම චීන ජාතියේ අපේක්ෂාවන් සහ විශ්වාසයන් පැරණි චීන සාහිත්‍යයේ ගැබ් වී ඇති අතර, චීනයට ආවේණික වූ පෞරුෂත්වය පැහැදිලිව පෙන්නුම් කරයි.

වුදැයි ජොව්-වැන්ජු සිතුවම් කළ “වෙන්-යුඅැන් සිතුවම” (කොටසක්)

පුරාණ පුරාවෘත්තයන්ගේ සිට මිං හා චිං සමයේ කතාවෘත්තයන් දක්වා, වසර දහස් ගණනක් තුළ චීනයේ විවිධාකාර සාහිත්‍ය ආකෘතීන් බිහි වී තිබේ. ඒ සමඟ ම බොහෝ සුප්‍රසිද්ධ ලේඛකයින් හා අමරණීය සාහිත්‍ය කෘතීන් ද කරලියට පැමිණ තිබේ. පැරණි චීන සාහිත්‍යය, එහි අද්විතීය අන්තර්ගතය, ස්වරූපය සහ ශෛලිය මුල් කොටගෙන ස්වකීය ලක්ෂණයන් සකස් කරගැනීමට සමත් වී තිබේ. එපමණක් නොව, චීනයේ

ස්වකීය චින්තනික හා සංස්කෘතික සම්ප්‍රදායන් මුල් කොටගෙන පැවත ආ පැරණි චීන සාහිත්‍යය, ක්‍රමවත් සාහිත්‍ය න්‍යාය හා විචාර සිද්ධාන්ත ද සකස් කොට ඇත. ලෝකයේ ඕනෑම විශිෂ්ට සාහිත්‍ය සම්ප්‍රදායන් සතු රටක් සමඟ සැසඳීමේදී චීනය ඊට දෙවැනි නොවේ.

චීනයේ ප්‍රථම කාව්‍ය සංග්‍රහය වන "කාව්‍ය ග්‍රන්ථය" ක්‍රි.පූ.11වන සියවසේ සිට ක්‍රි.පූ 6 වන සියවස දක්වා වූ කාල පරිච්ඡේදයෙහි බිහි වූ කවිවල ඒකරාශී කිරීමකි. එහි පොහොසත් අන්තර්ගතයක් තිබුණු අතර ඉහත කී වසර 500ක පමණ කාලය තුළ සමාජ ජීවිතයේ කැඩපතක් බඳු විය. "චූ-ත්ස" යනු "කාව්‍ය ග්‍රන්ථයෙන්" පසු බිහි වූ නව කාව්‍ය ශෛලියක් විය. එය බිහි වූයේ ක්‍රි.පූ.4වන සියවසේ පමණ සමයේදී දකුණු චීනයේ "චූ" නම් රාජධානියකදී ය. "චූ-ත්ස" බිහි වීමේදී, යැංසි ගංගා ද්‍රෝණියේ ගැමි ගීත, සංගීතය සහ ජන සාහිත්‍යය ප්‍රබල සේ බලපා ඇත. චූ-යුවාන් යනු "චූ-ත්ස"හි ප්‍රධානතම නියෝජිත ලේඛකයා වූ අතර, චීන ඉතිහාසයේ අතිශය ගෞරවාදරයට පාත්‍ර වූ ශ්‍රේෂ්ඨ දේශප්‍රේමී කවියකු ලෙස හඳුන්වනු ලැබේ. තං කාව්‍යය සහ සුං කාව්‍යය තුළ දක්නට ලැබෙන අද්විතීය ප්‍රකාශන කිරීමේ රටාවන් සහ කලාත්මක ආකර්ශනීයත්වය නිසා එම කාව්‍ය කලාවන් දෙක චීන වාක්‍ය කාලවේ උච්චතම අවස්ථාව නිරූපණය කිරීමක් සේ දැක්විය හැකි ය. ඒවායින් චීන භාෂාවට සතු මිනිසාගේ අදහස් සහ හැඟීම් ප්‍රකාශ කරන හැකියාවන් එළිදරවු වේ.

ගද්‍ය යනු චීන සාහිත්‍යයේ විශාලතම සහ ඉතා සංකීර්ණ වූ සාහිත්‍ය අංගයකි. චීන ගද්‍ය සාහිත්‍යය ආරම්භ වූයේ ෂාන් රාජවංශයේ මධ්‍ය හා අග කාලයේදී (ක්‍රි.පූ.14- ක්‍රි.පූ.11) ඉබිකටු අස්ථි සෙල්ලිපිවලින් ය. "ෂං-ෂූ" නමින් හඳුන්වන්නේ චීනයේ මුල්ම ගද්‍ය එකතුව වේ. එකල රාජ්‍ය කටයුතු මෙහෙයවීමේදී හමු වූ විවිධ රාජ්‍ය ලේඛනයන්ගෙන් එය සමන්විත වේ. කොන්ෆියුසියස්ගේ සිතුවිලි සහ කථා නියෝජනය කරන "චුන්-චියු"

තෙවන පරිච්ඡේදය

සහ "ලුං-යූ", ඓතිහාසික චරිතාපදාන එකතුවන් වන "ෂී-ජී (ඓතිහාසික වාර්තා)" සහ "හන්-ෂූ (හන් රාජවංශයේ ඉතිහාසය)" යන සියල්ලම ගද්‍ය සාහිත්‍යයේ මුල් කාලයේ කැපී පෙනෙන කෘති වේ. තං සහ සුං රාජවංශ සමයන් දෙක චීන පුරාණ ගද්‍ය සාහිත්‍යයේ වර්ධනයේ උච්චතම අවස්ථාව දක්වන කාල පරිච්ඡේදයක් ලෙස පෙන්වා දිය හැකි ය. "තං සහ සුං සමයේ අෂ්ට මහා ශාස්ත්‍ර" නියෝජනය කරන ගද්‍ය රචකයින්, ගද්‍යයෙහි විෂය අන්තර්ගතය වඩා අර්ථවත් කරමින් එහි වූ කලාත්මක රසය ද වැඩි දියුණු කළේ ය. ඔවුන් විසින් රචිත බොහෝ ගද්‍යයන් අද වන තෙක් චීන ජනයාට හුරුපුරුදු සාහිත්‍ය නිර්මාණයන් වේ.

චීනයට වෘතාන්ත සාහිත්‍යයේ දීර්ඝ ඉතිහාසයක් ඇති අතර, පැරණි පුරාවෘත්තයන් මෙම සම්ප්‍රදායේ උල්පත ලෙස සැලකේ. මීට වසර 1000කට පමණ පෙර තං රාජවංශ සමයේදී වර්තමාන නවකතාවල ලක්ෂණයන් සහිත සාහිත්‍ය ආකෘතියක් බිහි වී තිබේ. එය "තං ජනප්‍රවාද" ලෙස හැඳින්වේ. සුං රාජවංශයේ පුරවැසි පන්තියෙහි සාහිත්‍ය හා කලාත්මක ස්වරූපයන් නියෝජනය කරන "වාචික භාෂාවෙන් නවකතා" බිහි විය. එකල ඓතිහාසික කතාංග සහ සමාජ ජීවිතය ප්‍රකාශ කිරීමට පොදු ජනතාව භාවිතා කළ බස යොදාගෙන තිබේ. මිං සහ චිං යුගය වන විට, චීන නවකතා සාහිත්‍යය වර්ධනය වී ඉතා උසස් මට්ටමකට පැමිණියේ ය. "ජල ආන්තිකය", "තුන් රාජධානි", "බටහිර සංචාරයේ සටහන්" සහ "රක්ත මන්දිරයේ සිහිනය" යන නවකතා හතර නියෝජනය කරන මිං-චිං නවකතා ඉතාමත් ඉහළ සාහිත්‍යමය සහ කලාත්මක ජයග්‍රහණවලට ලක් වී ඇති අතර, ඒවා චීන ජනයාගේ චින්තනය සහ ලෝක දැක්මට බෙහෙවින් බලපෑම් සිදු කොට ඇත.

වසර 3000කට වඩා වැඩි කාලයක් පුරාණ චීන ඉතිහාසයේ වර්ධනය දෙස බලන විට, පහත සඳහන් ලක්ෂණ පහ සාරාංශ වශයෙන් කළ හැකි ය.

1. සාහිත්‍යය තුළ ඓතිහාසික කාර්යයන් හා සමාජ කාර්යයන් සැමවිටම අගය කරනු ලැබේ. "අදහස් රැගෙන යන වාහනය සාහිත්‍යයයි" යන්න චීන සාහිත්‍ය තුළ දක්නට ලැබෙන ප්‍රධාන ලක්ෂණයකි.

2. ස්වරූපය සහ ආකෘතිය අතින් චීන සාහිත්‍ය සැම විටම පරිණත හා විවෘත පද්ධතියක් වන අතර එය නිරන්තරයෙන්ම නව්‍යකරණය වෙමින් සංවර්ධනය වෙමින් පවතී.

3. චීන සාහිත්‍යය ලෝක සාහිත්‍යයෙන් අඛණ්ඩව හැදෑරීම තුළින් වර්ධනය වෙමින් පවතින සාහිත්‍යයකි. එමෙන්ම චීන සාහිත්‍යය කොන් නොවන අතර ලෝක සාහිත්‍යයේ ප්‍රවණතාවන් සමඟ එක් විය හැකි ය.

4. විවිධාකාරයේ සාහිත්‍ය ශෛලීන් පැවතීම, නිදහසින් සංවර්ධනය වීම සහ සාධාරණව තරඟ කිරීම යනාදිය හෙයින් චීන සාහිත්‍යය සැම විටම දැඩි ප්‍රාණවත්කමක් පවත්වාගෙන යයි.

5. "විද්වතුන්ගේ සාහිත්‍ය" සහ "ජන සාහිත්‍ය" එක්ව අත්වැල් බැඳගෙන එකිනෙකාගෙන් පෝෂණය ලබමින් එකිනෙකා ප්‍රවර්ධනය කරමින් චීන සාහිත්‍යයේ දියුණුව හා සමෘද්ධිය සඳහා ප්‍රබල ශක්තියක් බවට පත් වී ඇත.

# පළමුවන කොටස

# චීන භාෂාව සහ චීන අක්ෂර

## චීන භාෂාව

චීන භාෂාව චීනයේ හන් ජාතිකයින් භාවිතා කරන භාෂාව වන අතර එය ලෝකයේ වැඩි වශයෙන්ම භාවිතා කරන භාෂාව ලෙස හඳුන්වා දිය හැකි ය. චීනයට අමතරව සිංගප්පූරුව, මැලේසියාව සහ වෙනත් රටවල්වල

ද සැලකිය යුතු පිරිසක් චීන භාෂාව භාවිතා කරති. ලොව පුරා විසුරුණු මිලියනයකට අධික විදේශීය චීන ජාතිකයින් ද ඔවුන්ගේ මව් භාෂාව ලෙස චීන භාෂාවේ විවිධ උප භාෂා භාවිතා කරයි.

චීන භාෂාව යනු චීනයේ පොදුවේ භාවිතා වන භාෂාව වන අතර, එක්සත් ජාතීන්ගේ සංවිධානය විසින් නියම කරනු ලබන රාජකාරී භාෂාවන්ගෙන් එකකි. චීන භාෂාවේ සම්මත භාෂාව "පූ-තොං-හුවා", එනම් මැන්ඩරින් වේ. එය, බෙයිජිං ශබ්ද උච්චාරණය සිය සම්මත උච්චාරණය ලෙසත්, උතුරු උප භාෂාව සිය මූලික උප භාෂාව ලෙසත්, නූතන වාචික චීන භාෂාවේ ව්‍යාකරණය සිය සම්මත ව්‍යාකරණය ලෙසත් සකස් වී ඇති භාෂාවකි. චීනයේ විශාල භූමි ප්‍රමාණයක් මෙන්ම විශාල ජනගහනයක් ඇති නිසා විවිධ ප්‍රදේශවල භාවිතා කරන උප භාෂා රාශියක් ද දක්නට ලැබේ. එම උප භාෂා චීන භාෂාවේ ශාඛාවන් ලෙස සැලකෙන අතර සෑම උප භාෂාවක් ම නිශ්චිත ප්‍රදේශයක පමණක් ප්‍රචලිතව පවතී. දැනට ප්‍රධාන චීන උප භාෂා හතක් ඇත. ඒවා උතුරු උප භාෂාව, "වූ" උප භාෂාව, "ශියං" උප භාෂාව, "ගන්" උප භාෂාව, "ක්අ-ජියා" උප භාෂාව, "මින්" උප භාෂාව සහ "යුළු" උප භාෂාව (කැන්ටොනිස්) වශයෙන් දැක්විය හැකි ය. මේ අතරින් උතුරු උප භාෂාව යනු වඩාත්ම පුළුල් සේ ව්‍යාප්ත වී ඇති සහ වැඩිම ජනගහනයක් භාවිතා කරන උප භාෂාව වේ.

චීන භාෂාවේ දිගු ඓතිහාසික සංවර්ධන ක්‍රියාවලියේදී එහි උච්චාරණය එකම ස්වරූපයක් නොගනී. වර්තමානයේදී අපට "පින්යින්" මඟින් චීන භාෂාවේ ශබ්ද ආකාරය වඩාත් අවබෝධ කරගත හැකි ය. "පින්යින්" යනු චීන උච්චාරණය දැක්වෙන ලතින් අක්ෂරවලින් ලේබල් කිරීමේ ක්‍රමයකි. එය 1958දී නිල වශයෙන් තහවුරු විය. මින් පෙර චීන අක්ෂරවල උච්චාරණ සටහන් කිරීමේ ක්‍රම කිහිපයක් පැවතුණු අතර තායිවන් පළාතේ අදටත් භාවිතා වන ශබ්ද සංකේත යන ක්‍රමය එයින් එකක් වේ.

ස්වර සහ ව්‍යංජනාක්ෂර උච්චාරණයට අමතරව චීන භාෂාවේ “ෂැන්-දියාඕ” එනම් “ශබ්ද රටා” දක්නට ලැබේ. ඒවා විවිධ අක්ෂර හා වචන වෙන්කර හඳුනා ගැනීම සඳහා ශබ්දවල නැගීම සහ බැසීම යනාකාරයෙන් භාවිත කරයි. වර්තමාන මැන්ඩරින් භාෂාව ප්‍රධාන වශයෙන් ශබ්ද රටා හතරකට බෙදා දැක්වේ. එනම්;

1. “ඉං-පිං”: පළමු ශබ්ද රටාව එනම් ඉහළින් මෙන්ම එක් මට්ටමක ශබ්ද රටාව

2. “යං-පිං”: දෙවන ශබ්ද රටාව එනම් ඉහළ නැගී එන ශබ්ද රටාව

3. “ෂන්-ෂැන්”: තෙවන ශබ්ද රටාව එනම් පහළ වැටී නැවත ඉහළට යන ශබ්ද රටාව

4. “චු-ෂැන්”: සිව්වන ශබ්ද රටාව එනම් පහළ වැටෙන ශබ්ද රටාව

යනුවෙනි.

එමෙන්ම සමහර චීන අක්ෂර ශබ්ද රටා කිසිදු රටාවකින් තොරව මෘදු නාදයක් ගනී. අනෙක් උප භාෂා ශබ්ද රටා ගණන සහ ඒවා සංඛ්‍යාවලින් සලකුණු කර ඇති ආකාරය අනුව වෙනස් වේ. මැන්ඩරින් භාෂාවේ එකම අක්ෂරය විවිධ ශබ්ද රටා වලින් නිරූපණය කළ හැකි ය. නිදසුන් ලෙස:

1=mā，妈 මව

2=má，麻 හණ

3=mǎ，马 අශ්වයා

4=mà，骂 බැනීම

චීන භාෂාවට ශබ්ද රටා නොමැති නම් භාෂාව තේරුම් ගැනීමේදී යම් අපහසුතාවයක් ඇති විය හැකි ය. උදාහරණයක් ලෙස, වෙනස් උච්චාරණ සහිත “山西” සහ “陕西” යන පළාත් නම් දෙක, ශබ්ද රටා තොරව පිංයිංවලින් සලකුණු කරන විට එකම ස්වරූපය ගනී, එනම් “Shanxi” ලෙස ලියැවේ. නමුත් ශබ්ද රටා ඇතිව මෙම පළාත් නම් දෙක සලකුණු කළහොත්

එහි උච්චාරණවල වෙනස පැහැදිලිව පෙනේ. එනම් "山西" ("Shānxī") ලෙස ද "陕西" ("Shǎnxī") ලෙස ද දැක්වේ.

විදේශීය සිසුන්ට දැනෙන්නේ චීන ශබ්ද රටා නිවැරදිව ප්‍රගුණ කිරීම ඉතාමත් බැරෑරුම් අභියෝගයක් ලෙසයි. නමුදු චීන වචන මාලාව බොහෝ දුරට ඒකාක්ෂර පද හෝ යුගලාක්ෂර පදවලින් සමන්විත වන හෙයින් වචන සාපේක්ෂව කෙටි වේ. එනිසා ඒවා පහසුවෙන්ම මතකයේ තබා ගත හැකි ය. පැරණි චීන භාෂාවේ ඒකාක්ෂර පද ආධිපත්‍යයක් දරයි. ඒකාක්ෂර ස්වරූපයෙන් අර්ථ නිරූපණය කිරීමේ මෙම ලක්ෂණය මගින් චීන අක්ෂර හා අර්ථකථන අතර ඉතා පිළිවෙලින් එක හා එක අනුරූපතාවයක් දැක්වේ. පුරාණ චීන කවි හා කවි රචනා කිරීම සඳහා මෙය ශක්තිමත් අඩිතාලමක් විය. නූතන චීන භාෂාවේ නම්, යුගලාක්ෂර පද ආධිපත්‍යයක් දරයි. කෙසේනමුත් ඉන්දු-යුරෝපීය භාෂාවන් හා සැසඳීමේදී බොහෝ විට චීන වචන කෙටිම ස්වරූපයක් දක්වයි. එමගින් එකම ලේඛනයේ චීන අනුවාදය බොහෝ විට බහුභාෂා අනුවාද අතර කෙටිම ස්වරූපයක් දක්වයි.

## චීන අක්ෂර

චීන අක්ෂර යනු ලෝකයේ පවතින ආරම්භයේ සිට අද දක්වා නොකඩවාම භාවිත වන එකම සංකල්ප ලේඛන ක්‍රමයකි. චීන අක්ෂර එහි සම්භවයේ සිට ම හන් ජාතියේ සංස්කෘතික විකාශනයත් සමඟ වර්ධනය වෙමින් පවතී. එය භාෂා සන්නිවේදනයේ ක්‍රියාකාරීත්වය සපුරාලන අතර ම එහි අද්විතීය චිත්‍රාක්ෂර ලක්ෂණ

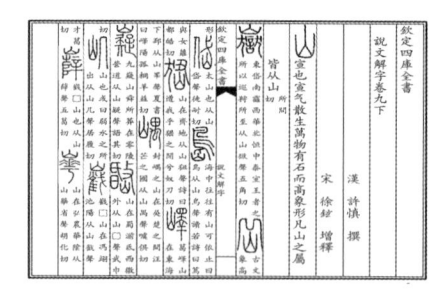

දුංහන් ෂූ-ශෙන් විසින් රචිත "පාඨ සහ අක්ෂරවල අනුවාදය" පිටපතක්

සහ විධිමත් සංයුතියක් මත චීනයේ පොහොසත් ඓතිහාසික සහ සංස්කෘතික උරුමයන්ගෙන් පෝෂණය වී පැවත එයි.

වර්තමානයේ දක්නට ලැබෙන පැරණිතම චීන අක්ෂර මීට වසර 3000කට පමණ පෙර ඉබිකටු අස්ථි සෙල්ලිපිවලින් සොයාගත හැකි ය. මෙම අක්ෂරවල ඉතා පරිණත ස්වභාවයක් දක්නට ලැබෙන අතර, ඉන් චීන අක්ෂර බිහි වූ කාල සීමාවක් පවා නිර්ණය කිරීමට අපහසු වේ. ඉබිකටු අස්ථි අක්ෂරවලටත් වඩා පැරණි චීන අක්ෂර තවමත් භූමිය යට කොතැනක හෝ තැන්පත්ව ඇති යැයි ද, පුරාවිද්‍යාත්මක කැනීම්වලින් ඒවා සොයාගනු ඇතැයි ද බොහෝ අය විශ්වාස කරති.

මුල්ම චීන අක්ෂර රූපමය ස්වභාවයක් ගත් අතර, එම අක්ෂරවලින් නිරූපණය වන ඇතැම් භෞතික ගුණාංග ඉන් ගම්‍යමාන වේ. නිදසුනක් වශයෙන් යන අක්ෂරය ඇසක් මෙන් ඇඳ ඇත. පසුව එය "目" එනම් "ඇස" යන චිත්‍රාක්ෂරය බවට පත් විය. යන අක්ෂරය බැටළු හිසක් මෙන් ඇඳ ඇත. පසුව එය "羊" එනම් "බැටළුවා" යන චිත්‍රාක්ෂරය බවට පත් විය. එමෙන්ම  යන අක්ෂරය ගසක් මෙනි. එයින් පසු කාලයකදී "木" එනම් "ලී" යන චිත්‍රාක්ෂරය සකස් විය.

එතැන් සිට මෙම සරල චිත්‍රාක්ෂර එකතු වී

甲骨文
金文
小篆
隶书
楷书

"වතුර" අක්ෂරයේ විකාශනය

සංකීර්ණ අකුරු බවට පත් විය. නිදසුනක් ලෙස ගස් දෙකක් හෝ තුනක් එකට එක් වී "林" සහ "森" යන අක්ෂර දෙක නිර්මාණය වේ. එහි අර්ථය වන්නේ "වනාන්තරය" යි. වෙනත් නිදසුනක් වශයෙන්, සූර්යයා නියෝජනය කරන "日" අක්ෂරය හා චන්ද්‍රයා නියෝජනය කරන "月" අක්ෂරය එකට එක්කාසු වී "明" එනම් "දීප්තිය" යන අක්ෂරය නිර්මාණය වේ.

චීන අක්ෂර නිර්මාණය වීමේදී ප්‍රධාන සේ භාවිත වන මූලධර්මය නම් අක්ෂරයක එක් කොටසකින් අර්ථය පිළිබිඹු කිරීම සහ අනෙක් කොටසින් උච්චාරණය දැක්වීමයි. උදාහරණයක් ලෙස, "材" යන අක්ෂරයේ වම් පසින් දක්වා ඇති "木" යනු "දැව/ලී" එනම් ගස් සමඟ සම්බන්ධ වේ. දකුණු පසින් දක්වා ඇත්තේ "才" යන්න "ත්සැයි" යනුවෙන් උච්චාරණය කරන අක්ෂරයකි. මේ ආකාරයට මෙම කොටස් දෙක ඒකාබද්ධ වීමෙන් සෑදෙන "材" අක්ෂරය ශබ්දය වන්නේ "ත්සැයි" යන්නයි. එහි අර්ථය වන්නේ ද්‍රව්‍යයයි. එවැනි අක්ෂර එකතු කිරීමෙන් නිර්මාණය වූ අක්ෂරය "ශබ්ද රූප අක්ෂරය" ලෙස හැඳින්වේ. එවැනි අක්ෂරයකදී අර්ථය අඟවන කොටස "බූ-ෂඕ (රැඩිකල්)" ලෙස හැඳින්වන අතර එය බොහෝ විට අක්ෂරයක වම් පසින් දිස්වේ. උදාහරණයක් ලෙස, "理"යන අක්ෂරයේ "王" එහි රැඩිකල් වේ. එසේ නමුත් රැඩිකල් අක්ෂරයක වෙනත් ස්ථානවල ද දිස්විය හැකිය. නිදසුනක් ලෙස, "鸽" යන අක්ෂරයේ එහි රැඩිකල් වන "鸟" කොටස දක්වා ඇත්තේ දකුණු පසිනි. තවත් නිදසුනක් ලෙස, "舅" යන අක්ෂරයේ එහි රැඩිකල් වන "男" කොටස දක්වා ඇත්තේ පහළිනි.

වසර දහස් ගණනක් තිස්සේ චීන සංස්කෘතියේ සංවර්ධනයත් සමඟම චීන අක්ෂර සංඛ්‍යාවද අඛණ්ඩව වර්ධනය වෙමින් පවතී. චිං රාජවංශ සමයේ රජය විසින් සම්පාදනය කරන ලද "කං-ෂී ශබ්ද කෝෂය" හි චීන අක්ෂර 47035කින් සමන්විත වන අතර, වර්තමානයේ සම්පාදනය කරන ලද "චීන මහා ශබ්ද කෝෂය"හි චීන අක්ෂර 56000කට වඩා වැඩි ප්‍රමාණයක් අඩංගු

වේ. එනමුදු පැරණි ජනතාව භාවිත කරන බොහෝ චීන අක්ෂර වර්තමානයේ භාවිත නොවේ. දැනට අප දෛනිකව භාවිත කරන චීන අක්ෂර ප්‍රමාණය 3000-4000ක් අතර වන අතර, යමෙකු වදන් 1000-2000ක් පමණ දැනගෙන සිටියහොත් ඔහුට චීන පුවත්පත් කියවිය හැකි ය.

චීන අක්ෂර වර්ධනයේ ඉතිහාසය යනු "ජ්‍යාගූ-වැන් (ඉබිකටු අස්ථි අක්ෂර)"වල සිට වර්තමානයේ භාවිතා වන "කයි-ෂූ" (නිත්‍ය අක්ෂර) තෙක් වූ කාලයයි. ජ්‍යාගූ අක්ෂර යනු අපට දැකිය හැකි පැරණිතම ක්‍රමානුකූල ලේඛන ක්‍රමය වේ. එම අක්ෂර ප්‍රධාන වශයෙන් කැටයම් කර ඇත්තේ ඉබි කටු මත හා ගවයින්ගේ උරහිස් තල මතයි. දැනට අපට තේරුම් ගත හැකි ජ්‍යාගූ අක්ෂර 4000ක් පමණ ඇති අතර, ඒවායින් බොහෝමයක් චිත්‍රාක්ෂර ලෙස සැලකිය හැකි ය. ඉහත සඳහන් කරනු ලැබූ "目", "羊" සහ "木" යන අක්ෂරවල මුල් ස්වරූපයන් ජ්‍යාගූ අක්ෂරවලට අයත් වේ. ජ්‍යාගූ අක්ෂරවලින් පසු, චීන අක්ෂර විකාශනය වී "ජින්-වැන් (ලෝහ අක්ෂර)" වකවානුවට පැමිණියේ ය. එම අක්ෂර "ජොං" සහ "දිං" යන ලෝකඩ බඳුන් මත කැටයම් කර ඇති ශිලා ලේඛන වේ. "ජොං" යනු සීනුවයි. එය පුරාණ චීන සංගීත භාණ්ඩයක් පමණක් නොව, විවිධ වූ චාරිත්‍ර-වාරිත්‍ර සඳහා භාවිතයට ගන්නා ලද උපකරණයක් විය. "දිං" නමැති බඳුන් පැරණි චීන ජාතිකයින් ආහාර දැමීමට ගන්නා ලද භාජනයක් වූ අතර විවිධ උත්සවවලදී පුද-පූජා පැවැත්වීමට ගන්නා ලබන චාරිත්‍රානුකූල බඳුන් වර්ගයක් විය. "ජින්-වැන්" අක්ෂර තුළ "ජ්‍යාගූ" අක්ෂරවලට වඩා වැඩියෙන් තොරතුරු අන්තර්ගත වේ. එමෙන්ම ඒවා රූපමය තත්වයේ සිට අක්ෂරමය තත්වය දක්වා පරිණාමය වී ඇත. චීනයේ පළමු වැඩවසම් ක්‍රමය අනුගමනය කළ රාජවංශය වූ චින් රාජවංශය චීනය එක්සේසත් කිරීමෙන් අනතුරුව එකල තිබුණු අක්ෂර සංවර්ධනය කරමින් චින් රාජවංශයේ සම්මත අකුරු බවට පත් කළේ ය. එය "ෂියාඔ-ජුවන් (කුඩා මුද්‍රා අක්ෂර)" නමින් හැඳින්වේ. සමකාලීනව "ලී-ෂූ

(ලිපිකරු අක්ෂර)" අක්ෂර ද කරලියට පැමිණියේ ය. "ලී-ෂූ" අක්ෂර දිගින්-දිගටම විකාශනය වෙමින් හන් රාජවංශය විසින් ජාතික සම්මත අක්ෂර ලෙස නම් කරන ලදී. වෙයි සහ ජින් රාජවංශ සමයේදී, "ලී-ෂූ" අක්ෂරවලට තවත් වර්ධනයක් ලැබී "කයි-ෂූ" (නිත්‍ය අක්ෂර) බවට පත් විය. මෙය වර්තමාන චීනයේ අක්ෂරවල මූලික ස්වරූපය වේ.

චීන අක්ෂර වසර දහස් ගණනක් තිස්සේ නිරන්තරයෙන් පරිණාමය වෙමින් පවතී. මෙම අක්ෂරවල නව්‍යතම ප්‍රමිතිකරණය 20වන සියවසේ 50ගණන්වල සිදුකරන ලද අතර, රජයේ අනුග්‍රහය යටතේ සරල කළ අක්ෂර නිර්මාණය සිදුවිය. මෙහි ප්‍රතිඵලය වූයේ චීන අක්ෂර පද්ධති දෙකක් පැවතීමයි. පැරණි අක්ෂර "සංකීර්ණ චීන අක්ෂර" නැතහොත් "සාම්ප්‍රදායික චීන අක්ෂර" නමින් ද, සරල කළ අක්ෂර "සරල චීන අක්ෂර" නමින් ද හැඳින්වේ. සරල චීන අක්ෂර චීනයේ සහ සිංගප්පූරුවේ භාවිත වන අතර, සංකීර්ණ චීන අක්ෂර චීනයේ හොංකොං, මැකාඕ සහ තායිවාන් යන ප්‍රදේශයන්හි භාවිත වේ. ජපානයේ භාවිත කරන "කන්ජි" නම් අක්ෂර නිර්මාණය වී ඇත්තේ චීන අක්ෂරවලිනි. එය සංකීර්ණ සහ සරල චීන අක්ෂර පද්ධති දෙක අතර සමානකමක් දක්නට ලැබේ.

චීන භාෂාව සහ චීන අක්ෂර චීන ශිෂ්ටාචාරයේ වැදගත් වාහකයන් සහ අත්‍යවශ්‍ය අංග වේ. මානව සමාජයේ ප්‍රගතියත් සමඟ චීන භාෂාව හා චීන අක්ෂර ප්‍රබල ජෛව ශක්තියක් පෙන්නුම් කරයි. වර්තමානයේ චීන භාෂාවෙන් අඛණ්ඩව නව වචන මාලාවක් මතුවෙමින් පවතින අතර, නව ප්‍රකාශන ද විශාල වශයෙන් කරලියට අවතීර්ණ වේ. චීන භාෂාව ප්‍රගුණ කිරීම මගින් වසර දහස් ගණනක් තිස්සේ පුරාණ චීන ජනයාගේ ප්‍රඥාව සහ සෞන්දර්යාත්මක වින්දනය ග්‍රහණය කරගත හැකි අතර, වර්තමාන චීනයේ නවීනතම විද්‍යාත්මක හා තාක්ෂණික දැනුම ද ශිෂ්ටාචාරයේ ජයග්‍රහණ ද තේරුම් ගත හැකි වේ. චීන ශිෂ්ටාචාරයේ වාර්තා, උරුමය සහ සංවර්ධනය

සඳහා චීන අක්ෂර සෑම විටම පදනම වී ඇති බව පැවසිය හැකි ය.

## චීන සංස්කෘතියට අදාළ ද්විභාෂා වචන මාලාව

| | |
|---|---|
| 方言 | උප භාෂාව |
| 汉字文化圈 | චීන අක්ෂර සංස්කෘතික කවය |
| 《诗经》 | "කාව්‍ය ග්‍රන්ථය" |
| 甲骨文 | ඉබිකටු අස්ථි අක්ෂරය |
| 《史记》 | "ඓතිහාසික වාර්තා" |
| 普通话 | මැන්ඩරින් |
| 声调 | ශබ්ද රටාව |
| 象形字 | චිත්‍රාක්ෂරය |
| 形声字 | ශබ්ද රූප අක්ෂරය |
| 部首 | රැඩිකල් |
| 楷书 | නිත්‍ය අක්ෂර |
| 小篆 | කුඩා මුද්‍රා අක්ෂර |
| 隶书 | ලිපිකරු අක්ෂර |

## චීන සංස්කෘතික හා චින්තනික පද

wényǐzàidào
文以载道
**අදහස් රැගෙන යන වාහනය සාහිත්‍යයයි**

අදහස් සහ සාහිත්‍යය අතර සම්බන්ධතාව පිළිබඳ මෙම යෙදුම කොන්ෆියුසියානු ප්‍රකාශයකි. සාහිත්‍යය වාහනයක් මෙන් සැලකුණු අතර අදහස් එය මත පටවන ලද භාණ්ඩවලට සමාන කෙරිණි. ඒ අනුව ගත් කල, සාහිත්‍යය යනු කොන්ෆියුසියානු අදහස් ප්‍රකාශ කිරීමේ මාධ්‍යයක් සහ වාහනයක් පමණකි. සාහිත්‍යයේ සමාජ භූමිකාව අවධාරණය කළ බැවින් ද කෘතීන් තුළින් නිවැරදි අදහස් ඉදිරිපත් කරන බව සහතික කිරීමට තමන් ලියන දේ පිළිබඳව ලේඛකයින් දැන සිටිය යුතු බව අවධාරණය කළ බැවින් ද මෙම න්‍යායට වටිනාකමක් ලැබිණි. කෙසේ වුව ද, මෙම අදහසින් සාහිත්‍යයේ සැබෑ සෞන්දර්යාත්මක වටිනාකම අවතක්සේරු කෙරෙන බවට චෝදනා එල්ල විය. එහෙයින්, මෙම අදහස සාහිත්‍යයේ වටිනාකම අවධාරණය කළ චින්තකයින්ගේ හා ලේඛකයන්ගේ දැඩි විවේචනයට පාත්‍ර විය.

liùyì
六艺
**කුසලතා සය**

කලා ශිල්ප සය යන්න අන්තර්ගතය අනුව ආකාර දෙකකින් දක්වා තිබේ. එම යෙදුමෙන් කවි ගී පොත, ඉතිහාස පොත, සිරිත් පොත, සංගීත පොත, විපර්යාස පොත සහ වසන්ත හා සරත් වංශ කතා යන සම්භාව්‍ය ග්‍රන්ථ සය හඳුනා ගත හැකි ය. කොන්ෆියුසියානු විද්වත්හු යුග ගණනාවක්

පුරා මෙම සම්භාව්‍ය ග්‍රන්ථ අර්ථකථනය කරමින් ඒවායෙහි වැදගත්කම පෝෂණය කිරීමට උත්සාහ කළහ. ස්ථාවරභාවය සහ සාරධර්ම පිළිබඳ පැරැන්නන් දැක් වූ මූලික මතවාද සය කලාවන් හා සම්බන්ධ න්‍යායන් මගින් හෙළිදරව් කරයි. පුරාණ කාලයේ පාසල්වල උගන්වන ලද මූලික විෂයයන් වූ සමාජ චාරිත්‍ර, සංගීතය, දුනු ශිල්පය, අස් රථ ධාවනය, ලේඛන කලාවේ ස්වභාවය සහ ගණිතය යන කුසලතා ද සය කලාවන් පිළිබඳ මෙම අදහසින් දැක්විය හැකි ය.

---

shínián-shùmù,bǎinián-shùrén

## 十年树木，百年树人

**ගසක් හදන්න අවුරුදු දහයක් - කුසලතා සපිරි මිනිසකු හදන්න අවුරුදු සියයක්**

ගසක් ලොකු මහත් කිරීමට ඉතා දිගු කාලයක් ගත වන අතර කුසලතා පෝෂණය කිරීමට ඊටත් වඩා දිගු කාලයක් අවශ්‍ය බව මෙයින් ප්‍රකාශ කෙරෙයි. මෙම කියමනෙන් ගම්‍ය කෙරෙන අදහස් දෙයාකාර ය. පළමුව, රටක සහ සමාජයේ සංවර්ධනය සඳහා කුසලතා හඳුනා ගැනීම සහ ඒවා ඉහළට එසවීම දිගු කාලීන වැදගත්කමක් සහිත කාර්යයක් බව මෙයින් කියැවෙයි. දෙවනුව, උපාය මාර්ගික දැක්මක්, තිරසාර උත්සාහ කිරීම් සහ පුළුල් සැලැස්මක් අනුව කුසලතා පෝෂණය කිරීම කළ යුතු කාර්යයක් බව ද මෙයින් කියැවෙයි.

---

jiàoxué-xiāngzhǎng

## 教学相长

**ඉගැන්වීම සහ ඉගෙනීම එකිනෙක පෝෂණය කරයි**

ගුරුවරු සහ සිසුහු එකිනෙකා ඉහළට ඔසවති. ඉගැන්වීම යනු

හුදෙක් ම ගුරුවරුන් විසින් සිසුන් හට යමක් කියාදීමක් පමණක් නොවන බත්, එය දෙපසට සිදුවන අන්‍යෝන්‍ය ගනුදෙනුවක් බවත් පැරණි චීන ජාතිකයෝ හඳුනා ගෙන සිටියහ. මෙම ක්‍රියාවලියේ දී, ගුරුවරු සහ සිසුහු අඛණ්ඩව ම තමන්ගේ ප්‍රගතිය සහ වැඩි දියුණුව සාදා ගනිති. නවීන අධ්‍යාපන අදහස්වල ද ගැබ් වී ඇති අයුරින් ම, ගුරුවරුන් සහ ශිෂ්‍යයින් හට ඔවුනොවුනගේ ක්‍රියාකාරකම්වලින් ප්‍රයෝජන ගත හැකිය යන අදහස මේ තුළ අන්තර්ගත ය.

qiānlǐzhīxíng,shǐyúzúxià
千里之行，始于足下

**ලී දහසක ගමනක් පළමු පියවරෙන් ඇරඹෙයි**

ඕනෑ ම මහා කාර්යයක් මූලික කුඩා පියවරවලින් ආරම්භ කළ යුතු ය. මෙම අදහස ලාඕතුමා විසින් පැවසූ එකකි. ත්සු-ශියා (足下) යන්නෙන් අදහස් කෙරෙනුයේ යමෙකු රැඳී සිටින ස්ථානයයි. මෙම අදහස පැහැදිළි කිරීම සඳහා ලාඕතුමා එකිනෙකට වෙනස් කරුණු දෙකක් ගෙන හැර දැක්වීය. යම් දෙයක් නරක අතට හැරීමට ඉඩ නො දී, ගැටලු හෝ කරදර හෝ ඇතිවීමට පෙර එය වැළැක්වීමේ නිසි පියවර ගත යුතුය යන්න පළමු කරුණ ය. සාර්ථකත්වය හෝ අසාර්ථකත්වය හෝ නිතරම යහපත් ආරම්භය මත රඳා පවතින බැවින් ඕනෑ ම කාර්යයක් එහි මුල් පියවරෙන් ම ආරම්භ කළ යුතු ය යන්න දෙවැනි කරුණ ය. සපුරා ගත නොහැකි යැයි බැලූ බැල්මට පෙනෙන දුරස්ථ වූ පරමාදර්ශ හා අභිලාෂ කරා පියනැගීම ආරම්භක ප්‍රායෝගික පියවර ගණනාවක් මත රඳා පවතින්නේ ය යන්න ද මෙම අදහසෙහි ම දිගුවකි.

# අතිරේක කියවීම

## ආකර්ෂණීය ඔලිම්පික් සංකේත*

2008 වර්ෂයේ දී පැවැත් වූ ඔලිම්පික් තරඟාවලියේ දී චීන ලේඛන කලාවේ අලංකාරය විදහා දැක්වෙන ආකාරයට අක්ෂර තෝරා ගැනීමට සංවිධායිකයින් සැලකිලිමත් වී ඇත. පාරම්පරික චීන අක්ෂරවල ඇති ඇතැම් හැඩතල එකට මුසු කර නිර්මාණය වූ සංකේත මගින් ඔලිම්පික් තරඟාවලියේ ජීවමාන හා ක්‍රියාශීලී ස්වභාවය පිළිබිඹු කර තිබේ. චීන අක්ෂර වූ කලි රූපාක්ෂර භාෂාවක් වුව ද, එමගින් භාෂා රූප සංකේතවත් නොවේ. මුල් අවධියෙහි දී රූපාක්ෂර භාෂා මගින් බොහෝ දුරට භාෂා මගින් බොහෝ දුරට භාෂා රූපයන් අවධාරණය වූ අතර එහි දී විශේෂයෙන් ම විවිධ වස්තූන්ගේ බාහිර ස්වරූපය මූර්තිමත් විය. එම භාෂාවල දැක්වෙන භාෂා සංකේත සිතුවම්වලින් සම්පූර්ණයෙන් වෙනස් නොවේ. උදාහරණයක් වශයෙන් පැරණි ඊජිප්තුවේ ඇති ගුප්ත-චිත්‍රාක්ෂර දැක්විය හැකි ය .

ආරම්භයේ දී චීන අක්ෂරවල ද මෙබඳු භාෂා සිතුවම් අන්තර්ගත වුව ද සත්ව ඇටකටුවල අක්ෂර ලියන අවධිය වන විට එය ක්‍රමයෙන් භාවිතයෙන් ඉවත් වී ගියේ ය. බොහෝ සංකේත සරල රේඛා මගින් නිරූපණය විය. උදාහරණයක් වශයෙන් "犬 (සුනඛයා)" යනුවෙන් සත්ව ඇටකටුවල කොටා ඇති වචනය ලියූවේ ආකාරයෙනි. සිතුවමක් ඇඳීම වෙනුවට උසස් සරල

* ඉහත කොටස චීන FLTRP සහ ශ්‍රී ලංකාවේ ෆාස්ට් පබ්ලිෂින් (ප්‍රයිවට්) ලිමිටඩ් යන ප්‍රකාශකයන් විසින් පළ කරන ලද "අසිරිමත් චීන සංස්කෘතිය" යන කෘතියෙන් උපුටා ගැනීමක් සහ සංස්කරණය කිරීමකි

සංකේතවත් රේඛාව යන වචනය නිරූපණය විය.

"චීන මුද්‍රා අක්ෂර"වල ඇති අලංකාරය පිළිබිඹු වන ආකාරයෙන් චීන ලේඛන කලා සංකේත බෙයිජිං ඔලිම්පික් තරඟාවලියේ දී යොදා ගත් බව පෙනේ. "මුද්‍රා අක්ෂර" යනු මුද්‍රාවක කළ චීන අක්ෂර කැටයම් කලාවයි. මෙම අක්ෂර කලාවේ වර්ග දෙකක් එනම්: දා ජුවන් හෙවත් උසස් මුද්‍රා අක්ෂර සහ ෂිඕ ජුවන් හෙවත් කුඩා මුද්‍රා අක්ෂර යනුවෙන් දැකිය හැකි ය. මෙම උසස් මුද්‍රා අක්ෂර තඹ ලෝහයේ කෙටූ අක්ෂර යනුවෙන් ද හැඳින්වේ. පුරාණ අවධියේ සිට තඹ භාණ්ඩවල අක්ෂර කොටා තිබීම මෙයට හේතු වී ඇත. චිං රාජවංශයෙහි ප්‍රථම අධිරාජ්‍යයා පොඩි මුද්‍රා අක්ෂර සමස්ත රටෙහිම යොදා ගන්නා සම්මත අක්ෂර ලෙස නියම කළ අතර එය ඔහු විසින් චීනය එක්සේසත් කරන ලද අවධියේ දී (ක්‍රි.පූ. 221) ආරම්භ කෙරුණකි. මෙම කුඩා මුද්‍රා අක්ෂර, සත්ව ඇටකටුවල කෙටූ අක්ෂරවලට වඩා දියුණු ස්වරූපයක් පෙන්නුම් කරන අතර ඒවායේ වඩාත් සියුම් ආකාරයක් සහ රිද්මයානුකූල බවකින් යුත් රේඛා දැකිය හැකි ය. මෙමගින් එම අක්ෂරයන්හි ආකර්ෂණීය භාවය වඩාත් කැපී පෙනේ.

මෙය වූ කලී "පිහිනීම" සංකේතවත් කරන්නකි.

游泳 පිහිනීම

මෙහි ඉහළ කොටසින් "ක්‍රීඩකයා" සංකේතවත් වන අතර පහළ කොටසින් "ජලය" සංකේතවත් වේ. පිහිනුම්කරුවා ජවයෙන්

යුතුව ජලය පසුපසට යවන අතර එමගින් ඉදිරියට යාමට අවශ්‍ය බලය ලබා ගනී. "අව්දිනවා" යන්න නිරූපණය වන මුද්‍රා අක්ෂරය සැලකිල්ලට ගැනීමේ දී ⿰ අක්ෂරයේ ඉහළ කොටසින් "පැද්දෙන බාහු" ද පහළ කොටසින් "ඇවිදින පාද" ද නිරූපණය වේ. එය ඔලිම්පික් ලාංඡනය සමග සමානරූපී බවක් පෙන්නුම් කරන බවයි. ඔලිම්පික් සංකේතයේ පහළ කොටසේ දැක්වෙන මෘදු ගලා යන රේඛා "ජලය" නිරූපණය වන මුද්‍රා අක්ෂරයට සමානත්වයක් දරයි.

මෙය වූ කලී "මලල ක්‍රීඩා" සංකේතවත් කරන්නකි.

田径 මලල ක්‍රීඩා

මෙම සංකේතය "රංගනය" සංකේතවත් කිරීම සඳහා දැක්වෙන මුද්‍රා අක්ෂර වන ,"尢" ආභාසයෙන් සකස් වූවකි. රංගන ශිල්පියා ඔහුගේ හිස එක පැත්තකට ඇල කරමින් ශරීරය ඉදිරිපසට යොමු කරවා දෙඅත් ඉදිරියටත් පසුපසටත් ලොකු ජවයකින් යුතුව පද්දයි. එමෙන් ම වේගයෙන් දුවන ආකාරයක් පෙන්නුම් කරමින් ඔහුගේ පාද ඔසවයි. ඉතා ක්‍රීඩාශීලී එහෙත් කෘතඥතාපූර්වක බවක් පෙන්නුම් කරන මෙම සංකේතය "තුන් ඉසව් මලල ක්‍රීඩා", "පාපන්දු" යන තරඟ සඳහා යොදා ගෙන ඇත.

නූතන ඔලිම්පික් ක්‍රීඩා කෙතරම් දුරට චීන භාෂා අක්ෂරයන්හි අන්තර්ගත ආකර්ෂණීයත්වය විදහා දක්වන්නේ ද යන්න මෙමගින් මනාව පැහැදිලි වේ.

## චීන ඉතිහාසයේ ප්‍රසිද්ධ චරිතයක්

### ෂූ-ශෙන්

ෂූ-ශෙන් (ක්‍රි.ව.58–147) යනු චීනයේ කොන්ෆියුසියස් අනුගාමියකු, වාග් විද්‍යාඥයකු සහ දුංහන් රාජවංශයේ ලේඛකයෙකි. ඔහු විසින් "ෂ්වෝ-වැන්-ජියේ-ස්අ (පාඨ සහ අක්ෂරවල අනුවාදය)" නැමති චීනයේ පළමුවන අක්ෂර ශබ්දකෝෂය සකස් කරන ලදී. මෙහි චීන අක්ෂරයන්හි වර්ධනය මෙන්ම ඓතිහාසික භාවිතය පිළිබඳ තොරතුරු විද්වතුන්ට සපයනු ලබයි. මෙම ග්‍රන්ථයේ පළමු දළ සැලැස්ම ක්‍රි.ව. 100 දී සකසන ලද අතර වසර ගණනාවකට පසුව අවසන් කර ක්‍රි.ව. 121 දී අධිරාජ්‍යයා වෙත පිරිනමන ලදී. එහි පරිච්ඡේද 15ක් හා චීන අක්ෂර 10000කින් ද පූර්විකා හා පසුවදනකින් ද සංගෘහිත ය. "විද්වතුන්ට ප්‍රයෝජනයක් අත්වනු පිණිස හා භාෂාවේ ජීවගුණයේ සත්‍ය අර්ථකථනය උදෙසාත් නිර්වචනාත්මක පැහැදිලි අර්ථකථන ස්ථාපනය හා වැරදි සහගත සංකල්පයන් නිවැරදි කිරීමත් සඳහා මෙම ග්‍රන්ථය රචනා කොට තිබේ" යනුවෙන් ෂූ-ශෙන් විසින් පසු වදනෙහි සඳහන් කර තිබේ. ඔහු විසින් පූර්ව චින් රාජවංශ සමයේ භාවිතා වූ වචන ඒවායේ ඊට පෙර ස්වරූප සමග වඩාත් විශ්වාසදායක අර්ථකථනයන්ට ඉඩ ලබාදෙනු පිණිස අරමුණු සහගතව ලයිස්තුගත කරන ලදී . මෙම ග්‍රන්ථය ලෝකයේ සවිස්තරාත්මකව අක්ෂර පරිණාමනය පිළිබඳව අධ්‍යයනය කළ පළමු අක්ෂර ශබ්දකෝෂයන්ගෙන් එකක් ලෙස සැලකේ. ඊට අමතරව, ෂූ-ශෙන් විසින් දහස් ගණනක වචන සංවිධානය කිරීම සඳහා රැඩිකල් 540ක් ස්ථාපනය කර

සංකීර්ණත්වයෙන් අඩු ඒවායේ සිට වැඩි ඒවා දක්වා පටිපාටිගත කරන ලදී. ෂූ-ශෙන්ගේ "පාඨ සහ අක්ෂරවල අනුවාදය" ලිඛිත චීන භාෂාව පහදා දීම සඳහා සාපේක්ෂව ක්‍රමානුකූල ක්‍රමයක් ස්ථාපිත කළ අතර, චීන අක්ෂර සුවිගත කිරීමේදී රැඩිකල් භාවිතා කිරීම චීනයේ ශබ්ද කෝෂ සම්පාදනය කිරීමේ මූලික ක්‍රමයක් බවට පත්වී ඇත. ෂූ-ශෙන් විසින් වසර 21ක් පමණ කාලයක් වැයම් කොට සම්පාදනය කරන ලද මෙම ග්‍රන්ථයේ අක්ෂර 10516ක් අන්තර්ගත වූ අතර සියලු අක්ෂර ම රැඩිකල්වලට අනුව ලැයිස්තුගත වී දැක්වේ. ෂූ-ශෙන් චීන ශබ්දවිද්‍යාවට හා චීන අක්ෂර අධ්‍යයනයට ලබාදුන් විශිෂ්ට දායකත්වයන් හෙයින් පසුකාලීන පරපුර විසින් ඔහුව "අක්ෂර සන්තුවරයා" ලෙසින් ද හැඳින්වේ.

## සිතීමට යමක්

1. ඔබගේ උපන්ගමේ භාවිතා වන භාෂාව කවර උපභාෂා ගණයට අයත් වේ ද? එය මැන්ඩරින් භාෂාව හා සසඳන විට දැක්වෙන වෙනස්කම් කවරේ ද?

2. උප භාෂා චීන ජනයාගේ දෛනික ජීවිතයට සහ අන්තර් මිනිස් සම්බන්ධතාවට සිදු කොට ඇති බලපෑම් කවරේ ද?

3. දැනට චීනයේ මැන්ඩරින් භාෂාව භාවිතා කිරීම ප්‍රචලිතව පවතින හෙයින් උප භාෂා අභාවයට යනු ඇතැයි ඇතැම් අය සිතති. ඔවුන්ට අනුව උප භාෂා ආරක්ෂා කිරීම සඳහා රජය විධිවිධාන සකස් කළ යුතු ය. මෙය පිළිබඳ ඔබගේ අදහස් දක්වන්න.

4. අන්තර්ජාලයෙන් චීන භාෂාවට සිදු වී ඇති බලපෑම් නිදසුන් ඇසුරින් දක්වන්න.

5. චීන අක්ෂර ඉතා බහුල හෙයින් හැදෑරීමට ද භාවිතා කිරීමට ද අපහසු ය. එම නිසා නිතර භාවිතයට ගන්නා අක්ෂර 3500ක් හැරුණු කල අන් සියලු ම අක්ෂර අහෝසි කොට ඒවාට සමාන උච්චාරණ සහිත අක්ෂර ආදේශ කිරීම ඔබ සිතන ආකාරයට අනුව කළ හැකි දෙයක් ද යන්න විස්තර කරන්න.

# දෙවන කොටස

# පැරණි පද්‍ය සාහිත්‍යය

පැරණි චීන සාහිත්‍යයේ පද්‍යය යනු වඩාත්ම විශ්මයජනක මෙන්ම දීප්තිමත් අංගයක් වේ. "කාව්‍ය ග්‍රන්ථය" එහි ආරම්භය ලෙස සැලකුවහොත් චීන පද්‍යයේ වසර 3000ක පමණ ඉතිහාසයක් ඇත. චීන පද්‍යයට ජනතාවගේ දෛනික ජීවිතය හා චිත්තවේගී ලෝකය සමඟ සමීප සබඳතාවක් ඇත. චීනයේ සියලුම රාජවංශවල කැපී පෙනෙන කවියන් හා මනබඳින කෘතීන් රාශියක් බිහි වී ඇත.

ෂීජෝව් රාජවංශය පිහිටුවීමෙන් පසු, රජය විවිධ ආඥා පනත් සකස් කොට "චාරිත්‍ර හා සංගීත පද්ධතිය" ලෙසින් හැඳින්වූ සමාජ පද්ධතියක් ස්ථාපිත කොට තිබේ. ඉන්පසුව ජෝව් රාජවංශයේ පාලකයින් "බැලඩ් කාව්‍යය" (කවියෙන් හෝ ගීතයෙන් කියවෙන කතා) එකතු කිරීම සඳහා විවිධ ප්‍රදේශවලට මිනිසුන් යැව්වේය. ක්‍රි.පූ. 6වන සියවසේදී පමණ ඒවා ග්‍රන්ථයක් සේ සංස්කරණය කරන ලදී. මෙම කෘතිය ෂීජෝව් රාජවංශයේ (ක්‍රි.පූ. 11වන සියවස) මුල් සමයේ සිට චුන්චියු රාජවංශයේ මධ්‍යම සමය (ක්‍රි.පූ. 6වන සියවස) දක්වා වූ වසර 500ක පමණ කාලය තුළ නිර්මාණය වූ කාව්‍ය 305කින් සමන්විත වූ හෙයින් එය "කාව්‍ය 300" ලෙසින් හැඳින්වූ අතර පසුකාලීනව "කාව්‍ය ග්‍රන්ථය" ලෙසින් ද හැඳින්විය. එය චීන යථාර්ථවාදී කාව්‍යයේ මූලාශ්‍රය වේ. එමෙන්ම චීන රොමැන්ටික්වාදී කාව්‍යයේ මූලාරම්භය "චූ-ත්ස" ය. මෙය ජන්ගුවෝ සමයේ අග භාගයෙහි "චූ" නම් රාජධානියේ ප්‍රචලිතව පැවතුණු ජන කාව්‍ය පදනම් කොටගෙන නිර්මාණය වූ ශෛලියක් විය. එහි ශක්තිමත් ප්‍රාදේශීය ලක්ෂණයන් දක්නට ලැබේ. චීන ඉතිහාසයේ සුප්‍රසිද්ධ දේශප්‍රේමී කවියෙකු වූ චූ-යුවන් එහි නිර්මාතෘ හා

නියෝජිත කවියා ලෙස සැලකේ.

හන් රාජවංශයේ කාව්‍ය නිර්මාණයන් තුළ ඍජුවම "කාව්‍ය ග්‍රන්ථයෙන්" ආභාෂයන් ලැබූ "සිව්පද කවි" දක්නට ලැබූ අතර "චූ-ත්ස"වල කාව්‍ය ආකෘතිය යොදාගෙන රචනා කර ඇති "චූ කාව්‍ය" ද දක්නට ලැබුවේ ය. හන් යුගයේ කාව්‍ය ලබාගත් විශිෂ්ටම දියුණුව ලෙස සැලකිය හැක්කේ "යුවේ-ෆූ කාව්‍යය" සහ "පැරණි කාව්‍ය 19ක්" යනාදියයි. "යුවේ-ෆූ" කාව්‍යයේ ප්‍රභවය හන් සමයේ පැවතුණු "යුවේ-ෆූ" නම් සංගීත ආයතනය සමඟ ඉතා සමීප සම්බන්ධයක් පැවැත්විය. ඓතිහාසික මූලාශ්‍රයන්ට අනුව, චින් රාජවංශ සමයේදී ප්‍රථමයෙන් ස්ථාපනය වූ "යුවේ-ෆූ" ආයතනය හන් රාජවංශයේ "වූ" අධිරාජ්‍යයාගේ සමයේ සිට ම ඉතා සක්‍රිය ලෙස ක්‍රියාත්මක වීමට ආරම්භ විය. ජනතාව විසින් නිර්මාණය වූ ජන කාව්‍ය එක්රුස් කිරීම, සංස්කරණය කිරීම, ගායනා කිරීමට සුදුසු පරිදි සංගීත එකතු කිරීම යනාදි කාර්යභාරයන් එම ආයතනයෙන් සිදු වී තිබේ. පසුකාලයේදී "යුවේ-ෆූ" විසින් මෙසේ සකස් කරන ලද ජන කාව්‍ය "යුවේ-ෆූ කාව්‍ය" හෝ "යුවේ-ෆූ ගීත" යනුවෙන් හැඳින්වේ. "හන් යුවේ-ෆූ" කාව්‍ය "කාව්‍ය ග්‍රන්ථයෙන්" උරුමකම් කියමින්, සමාජයේ පහළ පන්තියේ වැඩ කරන ජනතාවගේ ජීවිත සහ හැඟීම් ප්‍රකාශ කිරීමට පෙළඹුණි. හන් රාජවංශයේ අවසානයේදී පහළ සහ මධ්‍යම පන්තියේ නොහඳුනන උගතුන් විසින් නිර්මාණය කරන ලද "පංචපද කාව්‍ය", ජින් සමයෙන් පසු "පැරණි කාව්‍ය" ලෙස නම් කරන ලදී. ඒ අතරින් කාව්‍ය 19ක් නන්චාඕ රාජවංශයේ විසූ ෂියාඕ-ටොං තම "ජ්අඕ-මිං තෝරාගත් කෘති" යන ග්‍රන්ථයට ඇතුළත් කොට ඇත. එම කවි 19 හන් රාජවංශයේ පංචපද කාව්‍යයන්හි ඉහළම ස්ථානයක වැජඹුණු බව සැලකේ.

සාහිත්‍ය විඥ්ඥානය පහළ වීමක් දැකිය හැකි සමයක් වූ අතර, එය පංචපද කාව්‍ය නිර්මාණයේ සමෘද්ධිමත් අවධියක් ලෙස හඳුන්වා දිය හැකි ය. එකල අති සාර්ථක කවි නිර්මාණ අතර "ස්අව් තුන්දෙනා" (ස්අව්-

"කාව්‍ය ග්‍රන්ථය"වල ජියැන්-බැන් සංස්කරණය

තන්සුන් මා-හ්අ-වී සිතුවම් කළ "කාව්‍ය ග්‍රන්ථය" සිතුවම් මාලාවේ එකකි (කොටසක්)

යුවැන් වන්-වෝ සිතුවම් කළ "චූ-යුවැන් (ගීත නමය) ෂියං-ජුන්" (කොටසක්)

ස්අච්, ස්අච්-පී, ස්අච්-ජි) සහ "ජියැන්-ආන් කාලපරිච්ඡේදයේ ලේඛකයින් හත්දෙනා" (කොං-රොං, වං-සාන්, ලියු-ජෙන් යනාදි අය) වේ. ඔවුහු යුවේ-ෆු කාව්‍ය හදාරා ඔවුන්ගේ පෞද්ගලික අත්දැකීම් පදනම් කොටගෙන රටේ සහ ජනතාවගේ දුක් වේදනා පිළිබිඹු කරමින් ශක්තිමත් යථාර්ථවාදී රසැති කාව්‍ය නිර්මාණය කළේ ය. "ජියැන්-ආන්" සාහිත්‍ය සමයෙන් පසු, චීන පද්‍ය සාහිත්‍යය, රුවන්-ජී සහ ජී-කාං යන කවීන් නියෝජනය කළ "ජෙන්-ෂි" සාහිත්‍ය සමයට එළඹුණි. ෂීජින් රාජවංශ සමයේ කාව්‍ය යථාර්ථයෙන් ක්‍රමයෙන් ඈත් විය. ලූ-ජි සහ පන්-යුවේ ඇතුළු කවින්හු කාව්‍ය ආකෘතිය අතින් නවීකරණයක් සිදු කිරීමට උත්සුක වූහ. දුංජින් සහ ලියු-සුං රාජවංශ සමයේ නියෝජිත ලේඛකයින් වූයේ ත්ඕ-යුවන්-මිං සහ ෂියෙ-ලිං-යුන් ය. ත්ඕ-යුවන්-මිං චීන "ග්‍රාම කාව්‍යයේ" පුරෝගාමියා විය. ඔහුගේ "ආපසු මගේ ගොවිබිමට යාම" සහ "පීච් මල් පිපෙන උයන" යනාදී කවි චීනයේ නොදන්නා කෙනෙකු නොමැත. අපිරිසිදු යථාර්ථය කෙරෙහි කලකිරීම සහ ශාන්ත ග්‍රාමීය ජීවිතය කෙරෙහි ආදරය ඔහුගේ කවිවල මූලික තේමාව විය. පරමාදර්ශී ලෝකයක් සඳහා වූ අපේක්ෂාව කාව්‍යමය බසින් විදහා දැක්වීමට ත්ඕ-යුවන්-මිං සිය කාව්‍යවලින් සිදු කළේ ය. එකල වෙනත් ප්‍රසිද්ධ කවියෙකු වූ ෂියෙ-ලිං-යුන්ගේ "භූ දර්ශන කාව්‍ය"වල ස්වභාවධර්මය කෙරෙහි කවියාගේ සූක්ෂම නිරීක්ෂණය සහ සියුම් හැඟීම් මනා ලෙස දක්වයි. ඔහුගේ කාව්‍ය භූ දර්ශනවල සැබෑ සුන්දරත්වය මනාව නිරූපණය වන අතර කාව්‍යයේ ආඛ්‍යානය, දර්ශන නිරූපණය කිරීම හා යම්කිසි තර්කයක් ඉදිරිපත් කිරීමේ සංයුක්ත වීමක් දක්නට ලැබේ.

නන්චාඕ රාජවංශයේ අගභාගයේදී සමාජයේ සුඛෝපභෝගී විලාසිතාවක් ප්‍රචලිතව පැවතුණු හෙයින් ඊට අනුරූපව කාව්‍ය නිර්මාණයන්හි අර්ථශූන්‍ය බවක් සහ හිස් බවක් පහළ විය. ෂියාඕ-ගං ආදීන් විසින් රචිත "මන්දිර වර්ණනා කාව්‍ය" සුන්දර කාන්තාවන් ප්‍රධානතම වස්තු විෂය ලෙස

කොටගෙන ශෘංගාර රසයෙන් යුක්ත වේ. යූ-ෂින් නම් කවියෙකු මුලින් "මන්දිර වර්ණනා කවි"වලින් තදින්ම බලපෑම් ලැබූ නමුත්, රාජ්‍යදූතයෙකු ලෙස බෙයිචාඕ රාජධානියට පැමිණීමෙන් පසු උතුරු-දකුණු කාව්‍යයන්ගේ යහපත් ලක්ෂණයන් ඒකාබද්ධ කරමින් නන්බෙයිචාඕ සමයේ කාව්‍ය කලාවට උසස් දායකත්වයක් ලබාදුන් ප්‍රවීණයෙකු වී තිබේ. යූ-ෂින් විසින් "නී-යොං-හුවැයි" තේමාවෙන් රචිත කවි 27ක් ඔහුගේ උසස් ම නිර්මාණයන් ලෙස සැලකේ. ඔහු එම කාව්‍යවල මව්බිමට තිබූ ගැඹුරු සෙනෙහස මනා ලෙස දැක්වූ අතර ඔහු එම කාව්‍යවල යොදාගත් භාෂාව පෙර නොවූ විරූ ස්වරූපයක් පෙන්නුම් කළේ ය. යූ-ෂින් පසුකාලීන තං කාව්‍යයේ පුරෝගාමියෙකු ලෙස ද හැඳින්වේ.

නන්බෙයිචාඕ රාජවංශයේ කාව්‍ය නිර්මාණයේ තවත් විශිෂ්ට ජයග්‍රහණයක් වන්නේ ජන ගීවල නව වර්ධනයක් ලබාගැනීමයි. නන්චාඕ ජන ගීත සියල්ලම පාහේ ස්ත්‍රීන් හා පුරුෂයින් අතර ඇති වූ ප්‍රේම වෘත්තාන්ත ගෙනහැර පාන කාව්‍යයන් වේ. එහි නියෝජිත කාව්‍ය අතර "ෂී-ජෝව් ගී" , "මධ්‍ය රාත්‍රී ගී" ඇතුළත් වේ. මෙම කාව්‍ය බොහෝ දුරට අක්ෂර පහකින්

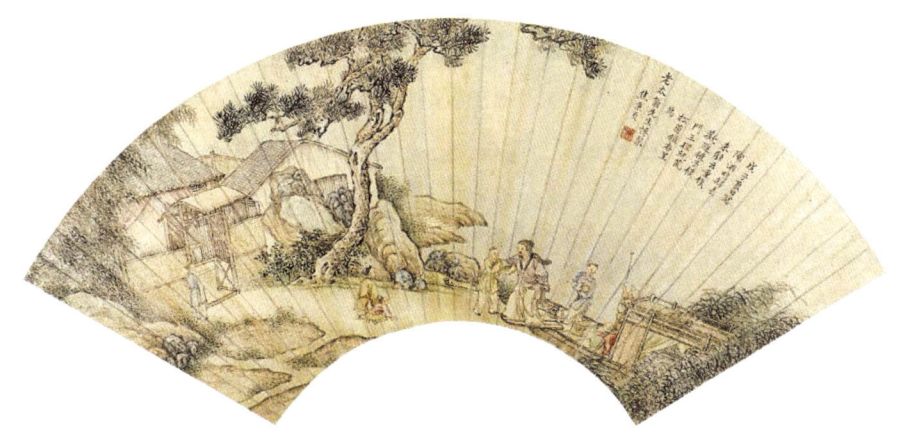

වීං ජීඕ-බින්වැන් සිතුවම් කළ "ත්ඖ-යුවන්-මිං: නිවස පැමිණීමේ ගීතය"

සහ වාක්‍ය හතරකින් සමන්විත වූ අතර, හැඟීම් අතින් සොම්නස් මෙන්ම කණගාටුදායක බවක් ජනිත කරයි. එමෙන්ම ඒවා ඉතාමත් විචිත්‍රවත් මෙන්ම දුර්ලභ ගණයේ සජීවී භාෂාවකින් යුත් නිර්මාණයන් ය. බෙයිචාඕ ජන ගීවලට පුළුල් පරාසයක විෂයයන්, ඍජු හැඟීම් සහ සරල භාෂා ශෛලියක් ඇත. එයින් නියෝජනය කරන කාව්‍යයක් වන "මුලාන් ගී"වල කතා පැවැත්වීම සහ හැඟීම් ප්‍රකාශනය කිරීම එකවර තිබෙන අතර එය සියුම් මෙන් ම නිර්භීත හැඟීම් ද ජනිත කරවන උසස් සාහිත්‍යමය ගුණයන්ගෙන් යුත් කාව්‍යයකි. මෙය බෙයිචාඕ ජන ගීවල ඉහළම ජයග්‍රහණයක් ඇති නිර්මාණයක් ලෙස නිබඳව ගෞරවාදරයට පාත්‍ර වී තිබේ.

**තං සහ සුං පද්‍ය**

තං සහ සුං රාජවංශ සමයන් දෙක චීන කාව්‍ය ඉතිහාසයේ ස්වර්ණමය කාල පරිච්ඡේදයන් ලෙස හඳුන්වා දිය හැකි ය. තං සහ සුං කාව්‍ය චීන පද්‍ය ඉතිහාසයේ උච්චතම අවස්ථාවක් ලෙස සැලකේ. චිං රාජවංශයේ කංෂී යුගයේදී සම්පාදනය කරන ලද "සම්පූර්ණ තං රාජවංශයේ කාව්‍ය" 2200කට වැඩි පිරිසකගේ කවි 49000කට වැඩි ප්‍රමාණයක් අන්තර්ගත වේ.

තං රාජවංශයේ සමෘද්ධිමත්ම අවධියේ වඩාත්ම ප්‍රසිද්ධ වූයේ ලී-බායි සහ දූ-ෆූ යන කවීන් දෙදෙනායි. එනිසා පසු කාලයේදී ඔවුන්ව "ලී-දූ" ලෙස හැඳින්වේ. ලී-බායි "කාව්‍ය දෙවි" යන ගෞරව නාමයෙන් ද හැඳින්වේ. ඔහුගේ කවි නිර්භීත හැඟීම් ජනිත කරවන මෙන්ම විචිත්‍ර පරිකල්පනයන්ගෙන් පිරී ඇති කාව්‍ය නිර්මණයන් ය. එයින් ලී-බයිගේ නිදහස් චින්තනය මනා ලෙස පිළිබිඹු වේ. ලී-බායිගේ කවිවලින් චීන සාහිත්‍යයට දීර්ඝකාලීන බලපෑමක් ඇති කර ඇති අතර, වර්තමානය දක්වා ඔහුගේ කවි 990කට වඩා වැඩි සංඛ්‍යාවක් සංරක්ෂණය කොට ඇත. ඒ අතරින් සුප්‍රසිද්ධ කවි වශයෙන් "වයින් සඳහා ආරාධනය", "ෂු රජයේ රළු මාර්ග" සහ "ලූ කඳු

ඇල්ල නැරඹීම" ආදිය පරම්පරා ගණනාවක්ම මිනිසුන්ගේ ගෞරවාදරයට පත්විය. වර්තමානයේ සෑම චීන දරුවෙක්ම පාහේ ලී-පායිගේ "නිසල රැයේ සිතුවිලි" ඉගෙන ගෙන තිබේ.

| | Jìng Yè Sī<br>静 夜 思 (李白) | | | | | **නිසල රැයේ සිතුවිලි (ලී බායි)** |
|---|---|---|---|---|---|---|
| | chuáng | qián | míng | yuè | guāng | |
| 1. | 床 | 前 | 明 | 月 | 光 | **මාගේ සයනයට ඉදිරිපිට සඳ එළිය දුටිමි** |
| | yí | shì | dì | shàng | shuāng | |
| 2. | 疑 | 是 | 地 | 上 | 霜 | **මිහිතලයේ ඇති තුෂාර යැයි සිතුවෙමි** |
| | jǔ | tóu | wàng | míng | yuè | |
| 3. | 举 | 头 | 望 | 明 | 月 | **මම සඳ දෙස හිස ඔසවා බලමි** |
| | dī | tóu | sī | gù | xiāng | |
| 4. | 低 | 头 | 思 | 故 | 乡 | **හිස පහතට නැඹුරු කර මම ගම ගැන සිතමි** |

මෙම කවියේ රිද්මයානුකූල ස්වරූපය AAxA වේ. "A" රිද්මයානුකූල අක්ෂරයක් ද "x" කවියක රිද්මයානුකූල නොවන අක්ෂරයක් ලෙස ද නිරූපිත ය. පළමුවන, දෙවන සහ සිවුවන පේළිවල අවසාන අක්ෂර සියල්ලම "āng" ලෙස රිද්මයානුකූලව දක්වා ඇත. අවුරුදු 1300කට පෙර පැවති එකී රිද්මයානුකූල ආකාරය වර්තමානයේදී ද එලෙසම පවතී. කෙසේවෙතත් එකල රිද්මයානුකූල වූ සමහර කවි වර්තමාන මැන්ඩරින් භාෂාවෙන් කියවන කල්හි එය රිද්මයානුකූල නොවේ. එසේ වුවත් වෙනත් චීන උපභාෂාවලින් කියවන කල්හි ඒවා පෙර පරිදිම රිද්මයානුකූල වේ. "නිසල රැයේ සිතුවිලි" කවියෙහි දීප්තිමත් සඳ එළිය සයනය මත බබළන්නේ භූමියෙහි ඝණ තුෂාර තට්ටුවක් දිස් වූවාක් මෙනි. කවියා හිස ඔසවා ජනේලයෙන් පිටත බබළන දීප්තිමත් චන්ද්‍රයා දෙස බලා, ඉතා දුර

චීං සූ-ලියු-පෙන් සිතුවම් කළ "දයි-බයි මත් වූ විලාසය" (කොටසක්)

බැහැර පිහිටි ස්වකීය උපන් ගම පිළිබඳ ඉතා ගැඹුරින් කල්පනාවේ යෙදෙයි.

පසු පරම්පරාවන් විසින් දූ-ෆූ "කාව්‍ය සාන්තුවරයා" ලෙසින් හඳුන්වා ඔවුන්ව ගෞරවාදරයට පාත්‍ර කළේ ය. ඔහු සිය පුද්ගලික ජීවිත අත්දැකීම්, අවුල් සහගත මිනිසුන්ගේ දුක්ඛ දෝමනස්සයන් සමඟ එක්කාසු කරමින් පොදු ජනතාවගේ සෝතැවුල් පිළිබිඹු වන ආකාරයේ බොහෝ කවි රචනා කළේ ය. ඔහුගේ වාක්‍ය කැළඹිලි සහිත යුගයේ විශිෂ්ට "කාව්‍යමය ඉතිහාසයක්" ලෙස සැලකේ. අද වන විට දූ-ෆූ විසින් රචිත කාව්‍ය 1400කටත් වඩා වැඩි ප්‍රමාණයක් සංරක්ෂණය කර ඇති අතර, ඒවා අතර වඩා ජනප්‍රිය වන්නේ "වසන්ත දසුන", "බලහත්කාරයෙන් හමුදාවට බඳවාගත් තැනැත්තා", "ෂී-හව් නිලධාරියා", "ෂිආන්හි නිලධාරියා" සහ "තොං-ගුවන් නිලධාරියා" යන කවි තුනෙන් සමන්විත වූ "නිලධාරියන් තිදෙනා", "සමුදීමට පවුලක් නොමැත", "නව විවාහ සමුගැනීම", සහ "මහල්ලාගේ සමුගැනීම" යන කවි තුනෙන් සමන්විත වූ "සමුගැනීම් තුන", "සරත් ඍතු සුළඟ හමුවේ වහලක් නොමැති මගේ නිවහන" සහ "කඳු තරණය" යන කාව්‍යයන් ය. ඔහුගේ කාව්‍යමය ශෛලිය ප්‍රධාන වශයෙන් "මානසික අවපීඩනය" වේ. දූ-ෆූගේ

දූ-ෆූ

නිර්මාණයන් අතර වඩා ප්‍රසිද්ධ වන්නේ "සත්පද කාව්‍ය" එනම්, කවියක සෑම පේළියකම අක්ෂර හතකින් යුක්ත වූ එළිසම කවි නිර්මාණයයි. ඔහුගේ "කඳු තරණය" යන කවිය "පුරාණ හා නූතන යුගයේ සත්පද කව්‍යයන්ගෙන් පළමුවැන්න" ලෙසින් ද හැඳින්වේ. මෙම කාව්‍යවල එළිසමය නිසා එහි කාව්‍යමය රසය තීව්‍ර වී ඇත. එය විමසා බැලීමට එහි තෙවන සහ සිව්වන පේළි මෙසේ ගෙන හැර දක්වාලිය හැකි ය. මෙහිදී තෙවන සහ සිව්වන කවි පේළිවල දක්නට රිද්මාකාර විධිය එකිනෙකාට ප්‍රතිවිරුද්ධ වේ. "පිං (平)" නාදය යනු සරල නාදය, එය 1වන ශබ්ද රටා සහ 2වන ශබ්ද රටා නියෝජනය වේ. "ත්සඅ (仄)" නාදය යනු හරස් නාදය, එය 3වන ශබ්ද රටා සහ 4වන ශබ්ද රටා නියෝජනය වේ. "කඳු තරණය" යන කවියේ තෙවන සහ සිව්වන පේළිවල අක්ෂර හත 2-2-3 යන රිද්මයෙන් තිබෙන අතර එහි අක්ෂරවල වචන භේදය වන්නේ නාම විශේෂණ පද+නාම පද+ක්‍රියා විශේෂණය+ක්‍රියා පද යන විධියයි. මෙම කවිය දූ-ෆූගේ කවි නිර්මාණයේ ඇති කුසලතාව පිළිබිඹු කරයි.

Dēng Gāo

**登 高** (杜甫) **කඳු තරණය (දූ-ෆූ)**

|  | wú | biān | luò | mù | xiāo | xiāo | xià |  |
|---|---|---|---|---|---|---|---|---|
| 3. | 无 | 边 | 落 | 木 | 萧 | 萧 | 下 | **අසීමිත වූ ගස් කොළ වර්ෂාවක් සේ වැටේ** |
|  | 平 | 平 | 仄 | 仄 | 平 | 平 | 仄 |  |
|  | bù | jìn | cháng | jiāng | gǔn | gǔn | lái |  |
| 4. | 不 | 尽 | 长 | 江 | 滚 | 滚 | 来 | **නිමක් නොමැති යැංසි ගංගාවේ රළ පෙරළී පෙරළී යයි** |
|  | 仄 | 仄 | 平 | 平 | 仄 | 仄 | 平 |  |

සුං රාජවංශයේ පද්‍ය සාහිත්‍යයේ කැපී පෙනෙන නව සංසිද්ධියක් වන්නේ ‘‘ත්ස’’ යන නව කාව්‍ය ශෛලියක් බිහි වී ප්‍රචලිත වීමයි. ‘‘ත්ස’’ යනු ‘‘ගී පද’’ ය. සුයි රාජවංශයේ ආරම්භ වූ මෙම ‘‘ත්ස’’ මුලින් ම භාවිතා වනුයේ භෝජන සංග්‍රහවලදී ය. සංගීතය ගායනා කිරීම වෙනුවෙන් සකස් කරන ලද ගී පද වූ හෙයින් ‘‘ත්ස’’ සහ ‘‘කවි’’ අතර විශාල වෙනස්කම් දක්නට ඇත. ප්‍රථමයෙන්ම සෑම ‘‘ත්ස’’ පද්‍යයට නිශ්චිත මාත්‍රයක් ඇත. එමෙන්ම එකම ස්වරූපයක මාත්‍රයට වෙනස් වූ රිද්මයන් ඇත. ඒවා අනුව, පද්‍යයක අක්ෂර සංඛ්‍යාව, පේළි සංඛ්‍යාව සහ පරිච්ඡේද සංඛ්‍යාව නියම කෙරේ. දෙවනුව, සංගීත තනුවල සරල බව සහ සංකීර්ණ බව අනුව ‘‘ත්ස’’වල වචන ප්‍රමාණය නියම කෙරේ. ඒවා සාමාන්‍යයෙන් කෙටි, මධ්‍යම සහ දිගු වශයෙන් වර්ග තුනකට බෙදා දැක්වේ.

සූ-ෂි යනු සුං රාජවංශයේ වඩාත් ජනප්‍රිය ‘‘ත්ස’’ කවියෙකි. ඔහුගේ නිර්මාණවල පුළුල් පරාසයක විෂයයන් දක්නට ලැබේ. ඒවා අතරින්

දූ-ෆූ අතුපැල

“අතීතය වින්දනය කිරීම”, “සංචාරය පිළිබඳ සටහන්”, “මළවුන් වෙනුවෙන් වැලපීම” සහ “ධර්ම දේශනා කිරීම” යනාදිය නිරන්තරයෙන් දක්නට ලැබේ. එපමණක් නොව, ඔහු “ත්ස” සහ “කවි” ඒකාබද්ධ කිරීමෙන් “ත්ස”වල ශබ්ද සහ රිද්ම නිසා ඇති වූ බාධාවන් තුරන් කිරීමට සමත් විය. එය “ත්ස” වර්ධනයට ප්‍රබල බලපෑමක් ඇති කරයි. පහත දැක්වෙන “ජල තනු නිර්මාණයට පෙරවදන” යනු සූ-ෂීගේ වඩාත් ප්‍රසිද්ධ කවියකි. මෙම පද්‍ය නිර්මාණය වූයේ මධ්‍ය සරත් සෘතුවේ උළෙල වන විට ය. සූ-ෂී අවුරුදු හතක් තිස්සේම සිය පවුල දැක තිබුණේ නැත. පුර පසළොස්වක පොහොය හඳ දෙස බලමින් ඔහු සිතුවේ සිය පවුල නැවතත් එක්රැස් කිරීම අපහසු කාර්යයක් විය හැකි බවයි. ඒ නිසා ඔහු තමාටම සැනසීමක් ලබාදුන්නේය: වෙන්වීම ජීවිතයේ සාමාන්‍ය දෙයක් වන අතර, මෙම මොහොතේදී මම ප්‍රාර්ථනා කරන්නේ සිය පවුලේ සියළු සාමාජිකයින් සුවපත් වන ලෙසයි. දීප්තිමත් සඳ එළිය භුක්ති විඳීමට හා ප්‍රීතිය බෙදා ගැනීමට මම සියල්ලෝම එක්වන දිනය තෙක් රැඳී සිටිමි.

සූ-ෂී

Shuǐ Diào Gē Tóu

## 水 调 歌 头 (苏轼)

## ජල තනු නිර්මාණයට පෙරවදන (සූ-ෂී)

上阕

míng yuè jǐ shí yǒu
1. 明 月 几 时 有
සඳ පූර්ණ වී දීප්තිමත් වන්නේ කවදාද?

bǎ jiǔ wèn qīng tiān
2. 把 酒 问 青 天
මම මගේ වයින් වීදුරුව ඔසවා නිල් අහසින් අසමි

bù zhī tiān shàng gōng què
3. 不 知 天 上 宫 阙
දිව්‍ය මාළිගාවේ, මම නොදනිමි

jīn xī shì hé nián
4. 今 夕 是 何 年
අද රාත්‍රියේ උදාවන්නේ කුමන අවුරුද්ද ද?

wǒ yù chéng fēng guī qù
5. 我 欲 乘 风 归 去
සුළඟකින් ආපසු අහසට යාමට කැමැත්තෙමි

yòu kǒng qióng lóu yù yǔ
6. 又 恐 琼 楼 玉 宇
අහසේ තිබෙන අලංකාර කුළුණු සහ ජේඩ් නිවාස ඉතා උස වේ

gāo chù bù shèng hán
7. 高 处 不 胜 寒
එහි ත්‍රාසයෙන් මිරිකෙන මට ශීතල දරාගත නොහැකිය

qǐ wǔ nòng qīng yǐng
8. 起 舞 弄 清 影
මම මගේ හුදකලා වූ සෙවනැල්ල සමඟ නර්තනයක යෙදෙමි

hé sì zài rén jiān
9. 何 似 在 人 间
මම මිනිස් ලෝකයේ නොසිටියාක් මෙන් දැනේ

下阕

zhuǎn zhū gé
1. 转 朱 阁
චන්ද්‍රයා රත් පැහැති ගොඩනැගිල්ල පසුපසට යයි

පැරණි පද්‍ය සාහිත්‍යය

dī qǐ hù

2. 低 绮 户 — ජනෙල් කවුළුවෙන් එබී බලා

zhào wú mián

3. 照 无 眠 — සඳ එළිය නිදි සුව නොලබන මිනිසා මත බබළයි

bù yīng yǒu hèn

4. 不 应 有 恨 — චන්ද්‍රයා මිනිසුන් කෙරෙහි වෛරයක් නොතිබුන නමුත්

hé shì cháng xiàng bié shí yuán

5. 何 事 长 向 别 时 圆 — මිනිසුන් දුරස් වී සිටිද්දීත් සඳ පරිපූර්ණව පෙනී සිටින්නේ මන්ද ?

rén yǒu bēi huān lí hé

6. 人 有 悲 欢 离 合 — මිනිසුන්ට දොම්නස හෝ සොම්නස තිබිය හැකිය

yuè yǒu yīn qíng yuán quē

7. 月 有 阴 晴 圆 缺 — චන්ද්‍රයා අඳුරු හෝ දීප්තිමත් විය හැකිය

cǐ shì gǔ nán quán

8. 此 事 古 难 全 — ඈත අතීතයේ සිට මෙය පරිපූර්ණ විය නොහැක

dàn yuàn rén cháng jiǔ

9. 但 愿 人 长 久 — අප සියල්ලන්ටම දීර්ඝායුෂ ලැබේවායි

qiān lǐ gòng chán juān

10. 千 里 共 婵 娟 — සැතපුම් ගණනක් දුරින් සිටියත් එකට සඳ එළිය රස විඳිය හැකි වේවායි මම ප්‍රාර්ථනා කරමි

තං කාව්‍ය සහ සුං "ත්ස"වලට අමතරව යුවාන් රාජවංශයේ "ස්ආ-ජූ" සහ "සන්-චූ" යන උපවර්ගවලින් සමන්විත "යුවාන් ගී" ද බිහි විය. "ස්ආ-ජූ" යනු යුවාන් රාජවංශයේ පැවති සාම්ප්‍රදායික ඔපෙරා කලාවක් වේ. "සන්-චූ" යනු නව කාව්‍යමය ස්වරූපයක් වේ. "යුවාන් ගී"වල පුරෝගාමී ලේඛකයන් අතර ගුවන්-හන්-චිං සහ මා-ජී-යුවාන් ප්‍රමුඛ "යුවාන් ගීවල සිව් ප්‍රාඥයින්"

ගුවන්-හන්-චිංගේ නාට්‍ය නිර්මාණයේ 700වන සංවත්සරය තේමාව රැගත් මුද්දර

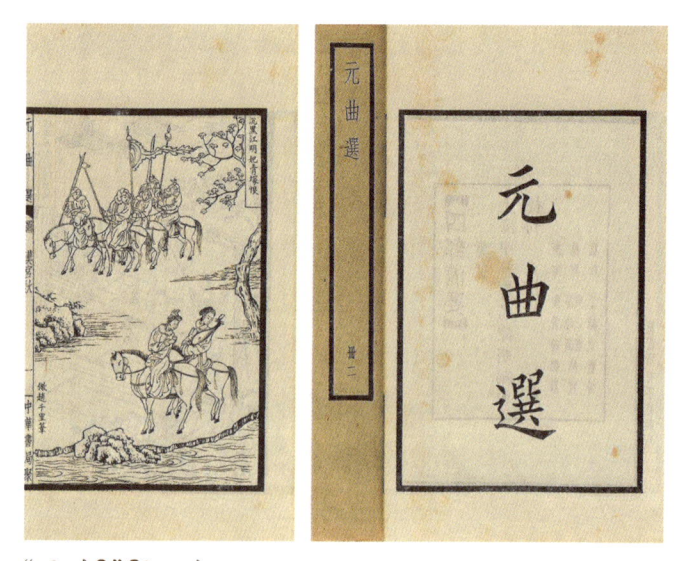

"යුවැන් ගී " පිටපතක්

කැපී පෙනේ. දෘෂ්ටිවාදාත්මක අන්තර්ගතයන් සහ කලාත්මක ජයග්‍රහණ අතින් "යුවාන් ගී" ඉහළ මට්ටමකට පැමිණ තිබේ. එම නිසා චීන පැරණි පද්‍ය සාහිත්‍යයෙහි "තං කාව්‍ය", "සුං ත්ස" හා සමඟ සමාන ස්ථානයක් "යුවාන් ගී" ගනී.

යුවාන්,මිං සහ චිං රාජවංශයේ සිට වර්තමානය දක්වා ම සම්භාව්‍ය කාව්‍ය නිර්මාණයේ නියැලී සිටින කවීන් විශාල සංඛ්‍යාවක් දක්නට ලැබේ. එයින් චීන සම්භාව්‍ය කාව්‍යයන්ගේ ප්‍රබල ජවය සනාථ කරයි. වසර දහස් ගණනක ඉතිහාසය තුළ චීන සම්භාව්‍ය කාව්‍යයන් අඛණ්ඩව වර්ධනය වෙමින් ද වෙනස් වෙමින් ද නව්‍යකරණයට පත් වී ඇත. එහි චීන ජාතියේ ආධ්‍යාත්මික ලුහුබැඳීම හා සෞන්දර්යාත්මක වින්දනය ද අන්තර්ගත වේ. තවද එය මතු අනාගත පරපුර ආකර්ශනය කරගනු ලබන්නේ එහි අද්විතීය හා කල් පවත්නා කලාත්මක ආකර්ශනය නිසාමය.

## චීන සංස්කෘතියට අදාළ ද්විභාෂා වචන මාලාව

| | |
|---|---|
| 礼乐制度 | චාරිත්‍ර හා සංගීත පද්ධතිය |
| 乐府诗 | යුවේ-ෆූ කාව්‍යය |
| 五言诗 | පංචපද කාව්‍යය |
| 七言诗 | සත්පද කාව්‍යය |
| 田园诗 | ග්‍රාම කාව්‍යය |
| 诗仙 | කාව්‍ය දෙවි |
| 诗圣 | කාව්‍ය සාන්තුවරයා |
| 诗词 | “කවි” සහ “ත්ස” |
| 元曲 | යුවාන් ගී |

## චීන සංස්කෘතික හා චින්තනික පද

bù xué《shī》,wú yǐ yán
不学《诗》，无以言
**"කාව්‍ය ග්‍රන්ථය" අධ්‍යයනය නොකරන්නේ නම් අන්‍යයන් හා නිසි පරිදි කථා කිරීමේ හැකියාව ඔබ හට හිමි නොවනු ඇත.**

කොන්ෆියුසියස්ගේ කාලයේ දී, යමෙකුගේ සමාජ තත්ත්වය සහ සංස්කෘතික හැදියාව හඳුනා ගැනීම සඳහා යොදා ගත් දර්ශකයක් වූයේ ඔහු විසින් කෙතරම් හොඳින් "කාව්‍ය ග්‍රන්ථය" වටහාගෙන සිටී ද යන්න ය. එය අධ්‍යයනය කර නොමැති නම්, තම අදහස් ප්‍රකාශ කිරීමේ හැකියාව වර්ධනය කර ගැනීමට සහ සමාජයේ උසස් පුද්ගලයන් සමඟ සංවාදයේ යෙදීමට අපහසු බව යමෙකුට වැටහෙනු ඇත. "කාව්‍ය ග්‍රන්ථය" අධ්‍යයනය කිරීම සහ සමාජ අන්තර්ක්‍රියා අතර සම්බන්ධතාව පිළිබඳ කොන්ෆියුසියස්ගේ මෙම අදහස සැබැවින් ම සාහිත්‍ය අධ්‍යාපනයේ වැදගත්කම අවධාරණය කරන්නකි.

fù-bǐ-xìng
赋比兴
**ආඛ්‍යානය, සදෘශාය සහ සන්නිශ්‍රය**

"කාව්‍ය ග්‍රන්ථය" භාවිතා කර ඇති ප්‍රකාශන ක්‍රම තුන මේවා ය. ආඛ්‍යානය යනු යම් වස්තුවක් හෝ සිදුවීමක් සෘජුව ම සේවනය කිරීම ය. සදෘශාය ඔස්සේ යමක් තවත් දෙයකට රූපික ව සමාන කෙරෙයි. සන්නිශ්‍රය යනු යම් සංවේදීතාවක් ප්‍රකාශ කිරීම සඳහා හැඟීමක්, මනෝ භාවයක් හෝ සිතුවිල්ලක් හෝ විෂය නිශ්‍රිත වස්තුවක් රූපකයක් වශයෙන් භාවිතා කිරීම

ය. පසුකාලීන සම්භාව්‍ය චීන සාහිත්‍ය නිර්මාණයේ ප්‍රධානතම මූලධර්මය හා ක්‍රමය බවට පත් වූ ආඛ්‍යානය, සදෘශ්‍යය සහ සන්නිශ්‍රය පිළිබඳ මෙම අදහස සාරාංශ ගත කොට සූත්‍ර ගත කරනු ලැබුවේ හන් අධිරාජ යුගයේ සිටි කොන්ෆියුසියානු විද්වතුන් විසිනි.

shī yán zhì
诗言志
**කාව්‍යයෝ අභිලාෂයන් ප්‍රකාශ කරති**

කවියක් මගින් කෙනකුගේ හදවතේ ඇති අභිලාෂයන් ප්‍රකාශ කෙරෙයි. මෙම ප්‍රකාශයෙහි චී (志) යන වචනයෙන් කතුවරයාගේ අභිලාෂයන්, හැඟීම් සහ සිතුවිලි අදහස් කෙරෙයි. "කාව්‍යයෝ අභිලාෂයන් ප්‍රකාශ කරති" යන මෙම සංකල්පය ප්‍රථම වරට සඳහන් වී ඇත්තේ කොන්ෆියුසියානු සම්භාව්‍ය ග්‍රන්ථයක් වන "ඉතිහාස පොත" තුළ ය. මෙය චීන කාව්‍යයේ "අධිප්‍රකාශය" ලෙසින් ද වර්ණනාවට පාත්‍ර වී තිබේ. පරම්පරා ගණනාවක් පුරා කාව්‍ය විචාරකයින් විසින් පෝෂණය කෙරුණු මෙම සංකල්පය පසු කාලයේ දී චීන සාහිත්‍ය විචාරයේ මූල සංකල්පයක් ලෙසින් ද පිළිගැනීමට ලක් විය.

shēnglǜ
声律
**ස්වරමය රටා**

ශබ්දය, ලය සහ නාදය එකට මුසු කිරීමෙන් ගද්‍යයේ සහ පද්‍යයේ ස්වරමය සහ ලයානුකූල සුන්දරත්වයක් නිර්මාණය කෙරෙන විධික්‍රම සහ භාවිතාවන් ගැන මෙම යෙදුමෙන් විස්තර කෙරෙයි. පුරාණ විද්වත්හු චීන භාෂාවේ පද උච්චාරණය සම, නැගී එන, පිච්සීමේ සහ අඩුවීමේ යනුවෙන් ස්වර නාද සතරකට බෙදා දැක්වූහ. එම රීති මත පදනම් වී සුහුරු ලෙස

ස්වර භාවියෙන් කාව්‍යයේ ලයානුකූල සුන්දරත්වයක් නිර්මාණය කළ හැකි ය. එ ලෙස ම, ඒ ඒ කවි පදය අවසානයේ එකම ස්වරයක් යෙදීම මඟින් දෝංකාරමය සුන්දරත්වයක් ද බිහි කළ හැකි ය. පද්‍යමය සුන්දරත්වය පිළිබඳ මූලික න්‍යායෝ සාම්ප්‍රදායික සංගීත නිසන්ධුවලින් ඉපැදිණි. පසුව එම භාවිතාවෝ චීන භාෂාවේ ශබ්ද විද්‍යාව දක්වා වර්ධනය වූහ.

---

gē
歌
**ගීත**

ගීත යනු කෙටි ලයානුකූල නිර්මාණ වේ. ගායනා කළ හැකි මෙම නිර්මාණ සාහිත්‍යය සහ සංගීතයට අමතරව නර්තනය පවා ඒකාබද්ධ කොට ඉදිරිපත් කළ හැකි ඒවා වේ. පුරාණ චීනයේ පබැඳුණු ගීත සහ කවි අතර වූ වෙනස නම්, ගීත සංගීතය හා මුසු කර ගායනා කළ හැකි වූ අතර කවිය එලෙසින් ගායනා නො කෙරීම ය. බොහෝ දුරට ජන සංගීතඥයෝ ගීත නිර්මාණය කරන ලදහ. කෙසේ වුව ද වියතුන් විසින් ලියන ලද ගීත කුඩා ප්‍රමාණයක් ද වෙයි. ගීතය යනු ඉපැරැණි චීන කාව්‍ය කලාවේ මුල් ස්වරූපයන්ගෙන් එකකි.

# අතිරේක කියවීම

## කවි රසවිඳීම

(1)

<u>垓下歌</u>

力拔山兮气盖世。

时不利兮骓不逝。

骓不逝兮可奈何!

虞兮虞兮奈若何!

<u>ශායාං යූගේ අවසාන ගීතය</u>

මහ බලයකින්

මම මහ කඳු බිමට සමතලා

කෙලෙමි.

එහෙත් මගේ යහපත් කාලය

අවසන් වී ගොසිනි.

මගේ අසු සටන් නොවදී.

අශ්වයා සටන් කල ද

නොකලද කම් නැත.

සුන්දරිය කියන්න,

මට ඔබ සමඟ කළ හැක්කේ

කුමක් ද?

ශායාං යූ (ක්‍රි.පූ.232-ක්‍රි.පූ.202) චීන ඉතිහාසයේ ප්‍රසිද්ධ

ජනරාල්වරයෙකි. ඔහු විශිෂ්ටතම රණශූරයා ලෙස විරුදාවලිය ලැබීය. පැරණි කාලයේ පළමු වන එක්සත් චීනය බිහි වූ යුගය හැඳින්වන චින් යුගයේ අග භාගයේදී අධිරාජයා ඉතා කෲර ආකාරයට ජනතාව පාලනය කළ අතර මෙම කෲර යුගය අවසන් කිරීමට ඇතැම් ප්‍රාදේශීය ජනරාල්වරු කැරළි මෙහෙයුම් ආරම්භ කළහ. චින් යුගය අවසන් කිරීමට ඉතා වැදගත් දායකත්වයක් ලබා දී ඇත්තේ මෙම ශ්‍යාං යූ නමැති ජනරාල්වරයා ය. එනමුත් ඔහුට නව අධිරාජයා ලෙස පත් වීමට හැකි වූයේ නැත. තමා අත්පත් කර ගත් ප්‍රදේශවල කෲර පාලනයක් ක්‍රියාත්මක කළ ශ්‍යාං යූ ජනතා ද්‍රෝහියෙක් ලෙස හඳුන්වනු ලැබුවේ ය. ලියු බං අනෙක් ජනරාල්වරයා විය. ඔහු සමඟ අධිරාජ ධූරයට තරඟ වදින්නට ශ්‍යාං යූට සිදු විය. අවසාන සටනේදී ශ්‍යාං යූගේ හමුදාව ඉතා දුර්වල වූ හෙයින් ඔවුන් ලියු බංගේ හමුදාව විසින් වට කරනු ලැබුණි. රාත්‍රියක තම උපන් ගමේ ගීතයක් ඇසූ ශ්‍යාං යූ ශෝකයට පත්ව ඒ හඬ අසමින් තමාගේ සටන් අශ්වයා සහ පෙම්වතිය දෙස හැඟුම්බරව බලමින් මේ කවිය නිර්මාණය කළේ ය.

(2)

<u>九月九日忆山东兄弟</u>

独在异乡为异客，
每逢佳节倍思亲。
遥知兄弟登高处，
遍插茱萸少一人。

<u>වියෝ දුක</u>

නාඳුනනා බිමක

හුදෙකලා අමුත්තෙක්මි මා
විවේක දිනවල
පවුලේ නෑ සියන් ගැනම
සිතමින් ලතැවෙන
මා සොහොයුරෝ අද
කඳු තරණය කරති
මා ඔවුන් හා
නොමැති බව දැනෙන විට
සිහිපත් කරනු ඇත
ඔවුන් මා

මෙය පවුලේ අය නිතර සිහිපත් වීම අලලා සැකසුණු කවියකි. ලිත් මාස ක්‍රමයට අනුව 9 වැනි මාසයේ 9 වැනිදා චීනයේ "ද්විත්ව නව උත්සවය" සැමරෙයි. පවුලේ අය එකතු වී කන්දක් තරණය කොට කොර්නෙල් අතු කොණ්ඩයේ ගසා ක්‍රිසැන්තිමම් පානය පානය කිරීම, මෙදින අනුගමනය කෙරෙන සිරිත් ය. වං වෙයි නමැති තං රාජවංශයේ කවියා, ද්විත්ව නව උත්සවය ගැන මෙම කවිය නිර්මාණය කොට ඇත. එය චීන කාව්‍ය ඉතිහාසයේ ඉතා ප්‍රසිද්ධ කවියක් වූ අතර ඔහු මෙය නිර්මාණය කළේ වයස 17දී ය. වයස අවුරුදු 15 වන විට වං වෙයි උපන් ගමෙන් පිට වී රාජ්‍ය විභාගය සඳහා අගනගරයට ගියේ ය. විස්මයජනක කවි නිපුණතාවක් සහ සංගීතයේ සහජ දක්ෂකමකින් හෙබි ඔහු ඉක්මනින් ම රාජ්‍ය මළිගාවේ නිත්‍ය අමුත්තෙක් බවට පත් විය. සිය උපන්ගම සහ පවුලෙන් ඈත් වී සිටි ඔහු මෙබඳු උත්සව අවස්ථාවලදී වඩාත් සිය පවුලේ අය දැඩිව සිහිපත් කළේ ය.

(3)

游子吟

慈母手中线，游子身上衣。

临行密密缝，意恐迟迟归。

谁言寸草心，报得三春晖。

දුර ගමන් බලා යන පුත්‍රයාගේ ගීතය

සෙනෙහසින් පිරි මෑණියන්
අතැඟිලි මෙහෙයවා වේගයෙන් මසයි
දුර ගමන් බලා යන පුත්‍රයාගේ
ඉරුණු කමිසය.
පමා වේ දො ඔහුට මෙවරත්
බියෙන් සැලෙයි ඇගේ දෑත්
අහලක් තරම් වූ තනපතක්.
තමන්ට දිරිය දුන්
හිරුඑළිය පිරී වසන්තයේ සම තුනට
තුති පිදු වේ ද කවදා හෝ

සෑම අවුරුද්දකම මැයි මාසයේ දෙවැනි ඉරිදා දිනය මව්වරුන්ගේ දිනය ලෙස ලොව පුරා සැමරෙයි. සෑම කෙනෙක්ම සිය මවගෙන් අසීමිත මාතෘ ආදරයක් භුක්ති විඳ ඇත. සිය මවට පෙරළා ආදරය දැක්වීම යහපත් දරුවන්ගේ අපේක්ෂාව ම වේ. එහෙත් ඇතැම් විට මවට නිසි ලෙස ආදරය දක්වන්නට අපට අවස්ථාවක් නොලැබේ. මෙම කවිය එවැනි දුක්මුසු හැඟීමක් විස්තර කෙරෙන කවියකි. මෙම කවියේ නිර්මාතෘ තං රාජපෙළපතේ මෙං ච්‍යාඕ නමැති කවියා ය.

වසර විස්සකට වැඩි කාලයක් පුරා ඔහු රාජ්‍ය විභාගවලට සහභාගී වෙමින් සිටීම සහ රාජකාරී වැඩ කිරීම හෙයින් ඉතා කාර්යබහුල ජීවිතයක් ගත කළේ ය. නිරන්තරව ඔහුට සිය මවගෙන් සමු ගෙන පිට ප්‍රදේශවලට යෑමට සිදු විය. එබඳු සෑම අවස්ථාවකදී ම සිය මවට ආදරය දැක්වීමට නොහැකි වීමේ කණගාටුව මෙං ච්‍යාඕ තුළ ඇති විය. එම ශෝකී හැඟීමේ ගැලී සිට ඔහු මේ කවිය නිර්මාණය කොට ඇත.

## චීන ඉතිහාසයේ ප්‍රසිද්ධ චරිතයක්

### ලී-බයි

ලී-බයි (701–762), ගෞරව නම ටයි-බයි, යනු සාම්ප්‍රදායික චීන කාව්‍යම ආකෘති නව මානයකට ගෙන ආ ප්‍රවීණයෙකු හා සෞන්දර්යාත්මක චරිතයක් ලෙස එදා සිට අද දක්වා ගෞරවාදරයට පත්වේ. "චීන කාව්‍යයේ ස්වර්ණමය යුගය" යනුවෙන් හඳුන්වනු ලබන තං රාජවංශ සමයේ චීන කාව්‍යයේ වඩාත් ප්‍රචලිත වූ චරිතය ඔහු විය. "කාව්‍ය දෙවි" යන අන්වර්ථ නාමයෙන් හඳුන්වනු ලබන ලී-බයිගේ කාව්‍යයන් සෞන්දර්යාත්මක, උද්‍යෝගිමත්, අතිශයෝක්තියෙන් හා සම්පූර්ණ පරිකල්පනයෙන් යුක්ත වේ. එවකට සිටි ෂුවැන්-ත්සොං අධිරාජ්‍යයා ඔහුගේ දක්ෂතාවන් අතිශයින්ම අගය කළේ ය. ඉතා විශිෂ්ට ගණයේ කාව්‍යයන් රචනා කරනු වස් ෂුවැන්-ත්සොං අධිරාජ්‍යයා ලී-බයිට වයින් විශාල ප්‍රමාණයක් ලබා දුන් අතර වයින් පානය කිරීමෙන් අනතුරුව ඔහු රළු ලෙස හැසිරුණ බව සඳහන් වේ. එනමුත් අධිරාජ්‍යා ඔහුට දඬුවම් කළේ නැත. වයින් කෙරෙහි

වන ඔහුගේ ප්‍රේමයට අමතරව ලී-බයිගේ පරිකල්පනයේ විශාල කොටසක් සිහින හා මනඃකල්පිත මත ක්‍රියාත්මක විය. මිථ්‍යාව, සිහින, ජනතාව හා ස්වාභාවික විද්‍යාවන් යන සියල්ලම ඔහු විසින් ඉතා පොහොසත් සිත්තමක් වෙත එකතු කරන ලදී. ලී-බයිගේ දහසකට අධික කාව්‍යයන් විශිෂ්ට ඒවා ලෙස ජන ගෞරවයට පාත්‍ර වී ඇත. ලී-බයිගේ කාව්‍යයන් ඔහුගේ කාලයේදී මෙන්ම චීනයේ පසු පරම්පරාවන් කෙරෙහි ද අතිශයින්ම බලපෑම් සිදුකර තිබේ. ඔහුගේ "ෂු රජයේ රළු මාර්ග","නිසල රැයේ සිතුවිලි" යන කවි තවමත් චීනයේ පෙළපොත් තුළ දැකගත හැකි ය. බටහිර රටවල, ලී-බයිගේ කාව්‍යයන්හි බහු භාෂා පරිවර්තන තවදුරටත් සිදු කෙරෙමින් පවතී.

## සිතීමට යමක්

1. විවිධ සාහිත්‍ය ප්‍රභේද අතර කාව්‍ය සාහිත්‍යය ප්‍රථමයෙන් ආරම්භ වී සංවර්ධනය වීමට අවස්ථා ලැබී ඇත. ඊට හේතු කවරේ ද?

2. චීන සාහිත්‍යයේ "කාව්‍යය" සහ "ගීතය" අතර ඇති වෙනස්කම් කවරේ ද?

3. චීන පැරණි කාව්‍ය සාහිත්‍යය එහි උච්චතම අවස්ථාවට එළඹුණේ තං සහ සුං රාජවංශ සමයේදී ය. ඊට තුඩු දුන් හේතු සාධක විවරණය කරන්න.

4. රිද්මය අතින් චීන හා සිංහල කාව්‍යවල දක්නට ලැබෙන සමානකම් හා වෙනස්කම් පිළිබඳ විස්තර කරන්න.

5. පැරණි චීන කවියක් තෝරාගෙන සිංහල භාෂාවට පරිවර්තනය කොට සරල භාෂාවෙන් එම කවිය විස්තර කොට දක්වන්න.

# තෙවන කොටස

# පැරණි ගද්‍ය සාහිත්‍යය

"සන්-වැන් (ගද්‍යය)" යන සාහිත්‍ය අංගයේ අර්ථය සහ එහි විෂය පථය සෑම විටම වෙනස් ආකාරයක් ගනී. පැරණි චීනයේ "සන්-වැන්" සඳහන් වූයේ පද්‍යය හෝ රිත්මයානුකූල රචනා නොවන්නා වූ ද, පදවල රිද්මයානුකූල බව හා සමාන්තර බව දක්නට නොලැබෙන්නා වූ ද ගද්‍ය රචනා "සන්-වැන්" ලෙස හැඳින්වේ. එනම්, කවි, ත්ස, ගී, "ෆූ (රිත්මායානුකූල බවකින් යුත් පද්‍ය හා ගද්‍ය සම්මිශ්‍රණයක්)", හා ප්‍රබන්ධ කතාවලට අමතරව ඒවා සාහිත්‍ය හෝ සාහිත්‍ය නොවන කෘති හෝ සියල්ලම "සන්-වැන්" එනම් ගද්‍ය ගණයට අයත් වේ.

## පූර්ව චින් යුගය

පූර්ව චින් යුගයේ ගද්‍යයේ ආඛ්‍යාන ගද්‍ය හා ධර්මතා ගද්‍ය (සියගුරුකුල ගද්‍ය ලෙස ද හැඳින්වේ) යන වර්ග දෙකින් බෙදා දැක්විය හැකි ය. පැරණිතම ආඛ්‍යාන ගද්‍යය ඉන්-ෂං සමයේ ඉබිකටු අස්ථි ලේඛනවලින් සනාථ වේ. දැනට දක්නට ලබන අංගවලින් සම්පූර්ණ වූ පැරණිතම ගද්‍යය වන්නේ "ෂං-ෂූ" නම් ඉතිහාස ග්‍රන්ථයක් ය. චීනයේ පළමු පෞරාණික ඓතිහාසික තොරතුරු සහ ප්‍රසිද්ධ පුරාතන සිද්ධීන් සටහන් කොට ඇති ලියවිලි සංග්‍රහයක් වූ "ෂං-ෂූ", ෂාං සහ ජෝව් යන රාජවංශ සමයේ, විශේෂයෙන් ම ෂීජෝව් වංශයේ මුල් සමය පිළිබඳ වැදගත් ඓතිහාසික තොරතුරු රාශියක් සම්පාදනය කරයි. එහි ප්‍රධාන වශයෙන් අන්තර්ගත වී ඇත්තේ හමුදා සටන් පාඨ, රජුන්ගේ නියෝග, රජුන්ට කළ යෝජනා යන කතාබස් ය. ඊට අමතරව ඓතිහාසික ආඛ්‍යාන ගද්‍ය ද දක්නට ලැබේ. ජෝව් රාජවංශයේ සිට

විවිධ රාජධානිවල සහ ප්‍රාන්තවල රාජසභාවට සේවය කළ ඉතිහාසඥයින් විසින් සිය රටේ ඓතිහාසික කරුණු ඉතා සරල භාෂාවෙන් හා සංක්ෂිප්ත පාඨවලින් සටහන් කර ඇත. නිදසුනක් වශයෙන්, අනුවාර්ෂික ඓතිහාසික වාර්තාවක් වූ “චුන්චියු” දැකිය හැකි ය. එය ක්‍රි.පූ.722 වසරේ සිට ක්‍රි. පූ.481 වසර දක්වා “ලූ” රාජධානියේ ඓතිහාසික සිදුවීම් වාර්තා කරමින් කොන්ෆියුසියස් විසින් ලියන ලද්දක් ලෙස සැලකේ. පසුකාලීනව, එම ලූ රාජධානියේ ස්වෝ-චියු-මිං නමැති ඉතිහාසඥයෙකු විසින් “ත්සුවෝ-ජුවන්” නම් අනුවාර්ෂික ඓතිහාසික ග්‍රන්ථයක් ලියන ලද අතර එය චුන්චියු සමයේ සැබෑ ඓතිහාසික සිද්ධීන් රාශියක් “චුන්චියු” ග්‍රන්ථයට එක් කොට වඩාත් සවිස්තරාත්මකව එම සමයේ විවිධ රාජධානවල දේශපාලන, හමුදා සහ රාජ්‍යතාන්ත්‍රික කටයුතු සටහන් කොට දැක්වූවේ ය. ඒ අතර, යුද්ධය පිළිබඳ කොටස විශේෂයෙන් කැපී පෙනේ. “ගුවෝ-යූ” යනු විවිධ රටවල ඉතිහාස

“ෂං-ෂූ” පිටපතක්

වෙන් වෙන්ව දැක්වෙන ඉතිහාස ග්‍රන්ථ එකතුවකි. මෙම ග්‍රන්ථයෙහි ජෝව් රාජවංශයේ සහ එහි වංශාධිපතිවරු සහ කුමාරවරුන්ගේ උප-රාජධානිවල ඓතිහාසික සිද්ධීන් සටහන් වී තිබේ. එමෙන් ම සිද්ධීන්වලට වඩා මිනිසුන්ගේ කතාබස් වැඩිපුර සටහන් කොට ඇති "ගුවෝ-යූ"වල එකල වැදගත් රාජ්‍ය පරිපාලන අත්දැකීම් සහ දූරදර්ශී දේශපාලනික අදහස් රාශියක් සම්පාදනය කොට තිබේ. "ජන්ගුවෝ-ත්සා" එනම් "ජන්ගුවෝ සමයේ කුමන්ත්‍රණ" යන ඓතිහාසික කෘතියෙහි කතුවරයා කවරෙක් දැයි කිසිවෙක් නොදනී. දැනට දක්නට ලැබෙන අනුවාදය ෂීහන් රාජවංශ සමයේ ලියු-ෂියං නැමැත්තා විසින් සංස්කරණය කරන ලදී. විවිධ ජන්ගුවෝ රාජධානිවල රජුන්ගේ උපදේශකයන්ගේ උපාය මාර්ගික ක්‍රියාකාරකම් සහ සංවාද පිළිබඳ සටහන් වූ මෙම කෘතියෙහි සිද්ධීන් නිරූපණය කිරීම සහ රූපක භාවිතා කිරීම අතින් උසස් බවක් දැක්වේ. චීන ඉතිහාසයේ සුප්‍රකට සු-චින් හා ජාං-ඊ යන චරිතයන් ඉතාමත් ප්‍රාණවත් ලෙස නිරූපණය කිරීමට එය සමත් විය.

චුන්චියු සහ ජන්ගුවෝ සමය තුළ විවිධ වූ ශාස්ත්‍ර ගුරුකුල සිය චින්තන පැහැදිලි කිරීම සඳහා විවිධ ග්‍රන්ථ රචනා කරමින් නිරන්තරයෙන් තර්ක කිරීමට පෙළඹුණි විවිධ පංති හෝ ස්ථර නියෝජනය කළ දාර්ශනිකයින්ගේ මෙම ග්‍රන්ථ, ධර්මතා ගද්‍ය සාහිත්‍යයේ බිහි වීම සහ සංවර්ධනය වීමට රුකුලක් ලෙස සැලකිය හැකි ය. එකල ප්‍රකට දාර්ශනික ගුරුකුලවලට කොන්ෆියුසියානු වාදය, මෝසියානු වාදය, තාඕ වාදය සහ නීති වාදය අන්තර්ගත විය. ඔවුන්ගේ කතා සහ සිතුවිලි සටහන් වන, වර්තමානය දක්වාම ව්‍යාප්ත වෙමින් පැමිණෙන ගද්‍ය ග්‍රන්ථ අතර "ලුං-යූ", "මැන්සියස්ගේ ඉගැන්වීම්", "මෝසියස්ගේ ඉගැන්වීම්", "ජුවංසියස්ගේ ඉගැන්වීම්" සහ "හන්ෆෙයිසියස්ගේ ඉගැන්වීම්" යනාදිය වේ. "ලුං-යූ" සහ "මැන්සියස්ගේ ඉගැන්වීම්" යන ග්‍රන්ථ දෙක කොෆියුසියස් වාදයේ "රෙන්

(කරුණාව)" සහ "ඊ (ධර්මිෂ්ටත්වය)" යන අර්ථයන් විස්තාරණය කරන ගද්‍යයන් ය. කොන්ෆියුසියස්ගේ සහ ඔහුගේ ගෝල-බාලයන්ගේ වදන් සහ ක්‍රියාවන් සටහන් වූ "ලුං-යූ" හි නොයෙක් අන්තර්ගතයන් කෙටි කතාබහ, ප්‍රශ්න සහ පිළිතුරු ආකාරයෙන් දිස්වේ. "මැන්සියස්ගේ ඉගැන්වීම්"වල මැන්සියස්ගේ ප්‍රකාශනයන් අන්තර්ගත වේ. එහි භාෂා ව්‍යවහාරය ඉතා සංක්ෂිප්ත වන අතර ඉතා පැහැදිලි ලෙස මැන්සියස්ගේ තර්කන හැකියාව විද්‍යාමාන වේ. "ජුවංසියස්ගේ ඉගැන්වීම්" තාඕ වාදය නියෝජනය කරන අතර, ජුවංසියස්ගේ අපූරු පරිකල්පනය මෙන්ම සියුම් නිරීක්ෂණ හැකියාව ද විදහා පායි. එමෙන්ම ජන ප්‍රබන්ධයන් මැනවින් උපයෝගී කර ඇති අතර, උපමා-උපමේයයන් මැනවින් භාවිත කර ඇති මෙම ගද්‍ය ග්‍රන්ථය මඟින් සාහිත්‍යමය කලා කෞශල්‍ය මනාව පිළිබිඹු වේ. "හන්ෆෙයිසියස්ගේ ඉගැන්වීම්" නියෝජනය කරනුයේ නීතිවාදයයි. මෙහි ශක්තිමත් ව්‍යුහයක් දක්නට ඇති අතර භාෂාවේ තියුණු මෙන්ම ගැඹුරු තර්කානුකූල බවක් දිස් වේ. එය වැඩවසම් සමාජයේ නීති පද්ධති න්‍යායයෙහි අති විශිෂ්ටතම ග්‍රන්ථයක් බව කියැවේ.

## ද්විත්ව හන් සමය

ෂීහන් සහ දුංහන් රාජවංශ සමය තුළ ගද්‍ය සාහිත්‍යයේ සංවර්ධනය නොකඩවාම සිදු විය. මුල් හන් සමයේ ජියා-ඊ විසින් රචනා කරන ලද "චින් රාජවංශයේ වරද ක්‍රියා පිළිබඳ විශ්ලේෂණ" නම් දේශපාලන ලිපි මඟින් පිළිබිඹු වූයේ චින් රාජවංශයේ අභාවයට හේතු වූ සාරාංශගත කරුණු ය. එමෙන්ම චාඕ-ත්සුවොගේ "ධාන්‍යවල වැදගත්කම" හි අවධාරණය කරනුයේ ධාන්‍යවල අත්‍යාවශ්‍යතාවයයි. හන් රාජවංශයේ වැදගත් ම ඓතිහාසික ගද්‍ය කෘති වන්නේ "ෂී-ජී (ඓතිහාසික වාර්තා)" සහ "හන්-ෂූ (හන් රාජවංශයේ ඉතිහාසය)" යන ඒවාය.

තෙවන කොටස
පැරණි ගද්‍ය සාහිත්‍යය

සීමා-චියැන්ගේ "ඓතිහාසික වාර්තා" චීන ඉතිහාස ග්‍රන්ථවල "ජී-ජුඅන්-ටී" එනම් "චරිතාපදානයන් මගින් ඉතිහාසය වාර්තා කිරීම" යන නව වාර්තා ශෛලියේ ආරම්භකයා වූ අතර, එය කොටස් පහකින් සමන්විත වේ. ඒවා නම්:

1. "බැන්-ජී": මූලික පුරාවෘත්තයන්, මෙම කොටසින් කාලානුක්‍රමික පිළිවෙලින් අධිරාජ්‍යයාගේ වදන් සහ රාජ්‍යපාලනයේ සිදු කළ ජයග්‍රහණයන් සටහන් වේ.

2. "බිඕං": වගු, මෙම කොටසින් කාලානුක්‍රමිකව සෑම කාලපරිච්ඡේදයකම ප්‍රධාන සිදුවීම් ලැයිස්තුගත වේ.

3. "ෂූ": ග්‍රන්ථ, මෙම කොටසින් විවිධ අණ-පනත් හා පද්ධතීන්වල විකාශය පිළිබඳ සනිටුහන් වේ.

4. "ෂී-ජියා": වංශාධිපති පවුල්, මෙම කොටසින් අධිපතීන්ගේ නැගීම වැටීම සහ කැපී පෙනෙන චරිතවල ජයග්‍රහණයන් පිළිබඳ විස්තර වේ.

5. "ලියේ-ජුවන්": ශ්‍රේණිගත චරිතාපදානයන්, මෙම කොටසින් විවිධ වූ වැදගත් ඓතිහාසික චරිතයන්ගේ ක්‍රියාකාරකම් පිළිබඳව විස්තර වේ.

"ඓතිහාසික වාර්තා" පුරාවෘත්තයන් කහ අධිරාජ්‍යයාගේ සිට හන් රාජවංශයේ වූ අධිරාජ්‍යයා දක්වා වූ පුරාවෘත්තයන් සනිටුහන්

සීමා-චියැන්

කර ඇත. එය චීනයේ වසර 3000කට ආසන්න ඉතිහාසය වාර්තා කරන්නකි. ඔහුගේ චරිතාපදානය සම්මත ඉතිහාසය වාර්තා කිරීමේ ක්‍රමය ඉන්පසු සියලු රාජවංශවල නිල ඉතිහාස ග්‍රන්ථ සකස් කිරීමේදී අනුගමනය කළ යුතු ක්‍රමයක් වී තිබේ. "චුන්චියු" ගද්‍ය ග්‍රන්ථයෙන් සිට චීන ඉතිහාස ගද්‍ය සාහිත්‍යයේ තහවුරු වෙමින් පැවතුණු "බියෙන් සහ පක්ෂපාතී බවෙන් තොරව සත්‍ය ලිවීමේ" ශෛලියට සීමා-චියැන් උරුමකම් කියමින් ඓතිහාසික යථාර්ථයන්ට පක්ෂපාතව සිට නා නා ප්‍රකාරයේ චරිත මාලාවක් විචිත්‍රවත් ලෙස හැඩගැස්වීමට සමත් විය. එපමණක් නොව, ඔහුගේ

මිං වන්-හොං සිතුවම් කළ "ඓතිහාසික වාර්තාවල රජු සහ ඇමතිවරුන්ගේ කතා"

“ඓතිහාසික වාර්තා” විචිත්‍රවත් ආඛ්‍යානයකින් ද සුන්දර භාෂාවකින් ද යුක්ත හෙයින් එහි සාහිත්‍ය විටිනාකම එමට ය. සුප්‍රසිද්ධ චීන චින්තකයකු හා ලේඛකයෙකු වන ලූ-ෂුන් මහතා “ඓතිහාසික වාර්තා” වර්ණනා කළේ “ඓතිහාසික ගද්‍යවල උච්චතම අවස්ථාව වූ අතර රිද්මයන් නැති ‘ලී-සාඕ’ කාව්‍යය සේ ය” ලෙසයි.

“ඓතිහාසික වාර්තා”වලින් පසුව බන්-ගූගේ “හන්-ෂූ” (හන් රාජවංශයේ ඉතිහාසය) මීහන් රාජවංශයේ ආරම්භයේ සිට වං-මංගේ “නව රාජවංශයේ” බිඳ වැටීම දක්වා වූ කාලය තුළ සංසිද්ධීන් විස්තර කරයි. ඔහු රාජවංශ ඉතිහාසය සම්පාදනය කිරීම සඳහා “එක් රාජවංශය වෙනුවෙන් ඉතිහාසය වාර්තා කිරීම” යන නව ශෛලියක් නිර්මාණය කළ අතර, එය අනුප්‍රාප්තික රාජවංශවල නිල ඉතිහාසය සම්පාදනය සඳහා පදනම බවට පත්විය. බන්-ගූගේ “හන්-ෂූ” චරිත නිරූපණය කිරීම අතින් ද සිද්ධීන් වර්ණනා කිරීම අතින් ද උසස් සාහිත්‍යමය බවක් පෙන්නුම් කරයි.

**තං හා සුං රාජවංශ සමය**

වෙයි සහ ජින් රාජවංශ සමයේදී “සමාන්තර ගද්‍ය” ඉතා ප්‍රචලිතව පැවතුණි. “සමාන්තර ගද්‍යයේ” සමස්ත පාඨය ප්‍රධාන වශයෙන් වාක්‍ය ඛණ්ඩ දෙකකින් සමන්විත වේ. අක්ෂරවල ශබ්දය, තේරුම යන සියල්ලම ද්විත්ව භාවය කෙරෙහි අවධානය යොමුවිය යුතු අතර ගද්‍යයේ වාක්‍ය බොහෝදුරට අක්ෂර හතරකින් හෝ හයකින් සමන්විත ය. එනිසා මෙම සමාන්තර ගද්‍ය “හතර හය අක්ෂර ගද්‍ය” ලෙස ද හැඳින්වේ. මෙම ගද්‍ය සම්ප්‍රදායේ රටාව පිළිබඳ අතිශයින් අවධානය යොමු කළ අතර එහි අන්තර්ගතය යථාර්ථ ජීවිතයෙන් ඈත් වූ හෙයින් හිස් බවක් පෙනේ. මධ්‍ය තං රාජවංශ අවධියෙහි හන්-යූ සහ ලියු-ත්සොං-යුවාන් ප්‍රමුඛ විද්වතුන්

තං සහ සුං රාජවංශයේ ශ්‍රේෂ්ඨ ප්‍රාඥයින් අටදෙනා

සමාන්තර ගද්‍යයට තදින් ලෙස විරුද්ධ වෙමින් පූර්ව චින් හා ද්විත්ව හන් රාජවංශවල ශෛලිගත ගද්‍ය රචනා කිරීම ප්‍රසංසාවට ලක් කළේ ය. ගද්‍ය නිර්මාණය කිරීමේදී සමාන්තර බවට අවධානය යොමු නොකර, ඒකාකාරී ශෛලියන්ගෙන් මිදී නිදහසේ රචනා කිරීමට ඔවුහු උත්සාහ කළහ. කතා කිවීම, හැඟීම් ප්‍රකාශ කිරීම, තර්ක කිරීම සහ උපහාසයට ලක් කිරීම යන ගද්‍යයේ කලාත්මක අංග අවධාරණය කෙරෙන මෙම සාහිත්‍ය ප්‍රවණතාව "සම්භාව්‍ය ගද්‍ය ව්‍යාපාරය" යනුවෙන් හැඳින්වේ. බෙයිසුං රාජවංශ සමයේ, ඔවු-යං-ෂියු ද සම්භාව්‍ය ගද්‍ය මහත් ප්‍රසංසාවට ලක් කරමින් සාහිත්‍යය රචනාවේ නිරත වී සිටි අතර, සූ-ෂී, සූ-ෂුන්, සූ-ජ්අ, වං-අන්ෂි සහ ත්සෙන්-ගුං ආදීහු ද සම්භාව්‍ය ගද්‍ය උසස් කොට සලකමින් ගද්‍ය නිර්මාණය කළහ. පැරණි ගද්‍ය ශෛලිය එකල චීන සාහිත්‍ය ක්ෂේත්‍රයේ ප්‍රධාන තැනක් ගෙන තිබේ. යථෝක්ත සුං සමයේ විද්වතුන්, තං සමයේ හන්-යූ සහ ලියු-ත්සොං-යුවාන් යන විද්වතුන් අටදෙනා "තං සහ සුං සමයේ අෂ්ට මහා ශාස්ත්‍ර විශාරද" යන විරුදාවලිය ලැබීය.

මිං සහ චිං රාජවංශයෙන් පසු "බා-ගු ගද්‍ය" එනම් නිශ්චිත අංග අටකින් යුක්ත විය යුතු රචනා ලිවීම අධිරාජ්‍ය විභාගවල අත්‍යවශ්‍ය කොටසක් විය. "බා-ගු ගද්‍ය"වල නිශ්චිත ආකෘතියක් ඇති

හෙයින් ඉන් නිර්මාණශීලීත්වයේ නිදහසට බාධා විය. මේ නිසා ගද්‍යයේ වර්ධනය ද සීමා විය. මිං රාජවංශයේ මධ්‍ය භාගයෙන් පසුව ලී-මොං-යං සහ හ්අ-ජිං-මිංගේ නායකත්වයෙන් යුතු "පූර්ව විද්වතුන් හත්දෙනා", "සාහිත්‍ය පුනර්ජීවන ව්‍යාපාරයක්" දියත් කොට චින් සහ හන් රාජවංශ සමයේ රචනා ආදර්ශමත් නිර්මාණයන් ලෙස සැලකීමට උත්සුක වූහ. ඉන් අනතුරුව ලී-පන්-ලෝං සහ වං-ෂි-ජෙන් නියෝජනය කරමින් "පසුකාලීන විද්වතුන් හත්දෙනා" නැවතත් මෙම ව්‍යාපාර ඉදිරියට කරගෙන ගියේ ය. මිං රාජවංශයේ වං-ලී සමයේදී යුවැන්-හොං-දාඕ සහ යුවැන්-ජොං-දාඕ නියෝජනය කළ "ගුං-අන්" ගුරුකුලය පෙර කී "පූර්ව හා පසුකාලීන විද්වතුන් හත්දෙනා" දැඩි සේ විවේචනයට ලක් කළේ ය. ඔවුන් විශ්වාස කළේ විවිධ යුගවල විවිධ සාහිත්‍ය ඇති අතර ගද්‍ය නිර්මාණයන් සාම්ප්‍රදායික වූ පැරණි විලංගු බිඳ යා යුතු බවයි. ඒ අතරම, ජොං-ෂිං සහ ඨං-යුවැන්-චූන් නියෝජනය කළ "ජිං-ලිං" ගුරුකුලයට අනුව රචකයන්ට ගැඹුරු ආධ්‍යාත්මික අත්දැකීම් සිය ගද්‍යවල ඉදිරිපත් කළ යුතු ය. එය මිං රාජවංශයේ අගභාගයේදී "ෂියාඕ-පිං රචනා" විශාල සංඛ්‍යාවක් ප්‍රකාශනයට පත් කිරීමට හේතු සාධක විය. නිදසුනක් වශයෙන් ජාං-දැයිගේ "බටහිර විලෙහි සිහිනය සෙවීම" යන ගද්‍යය දැක්විය හැකි ය. "ෂියාඕ-පිං රචනා" යනු රචකයා ජීවිතයෙන් යම්කිසි අත්දැකීමක් පදනම් කොටගෙන කෙටි පාඨයකින් සිය අදහස් පාඨකයන්ට ගෙනදීම යන ගද්‍ය රටාවකි. හැඟීම්බර බවකින් ද හාස්‍යජනක රසයෙන් ද යුක්ත වන මෙම ගද්‍ය රචනා ශෛලිය චීන නූතන ගද්‍ය නිර්මාණයන්ට ඍජුවම ආභාෂය ලබා දුනි. අබිං යුද්ධ සමයේදී ගුං-ත්සි-ජෙන් විසින් ගද්‍ය සාහිත්‍යය සමාජ ක්‍රියාකාරීත්වයට ඍජුව මැදිහත් විය යුතු බව ඉදිරිපත් කරන ලදී. චිං රාජවංශයේ අගභාගයේදී කං-යෝ-වෙයි සහ ලියාං-චි-චාඕ සමාජ ප්‍රතිසංස්කරණ හා නවීකරණය වෙනුවෙන් පෙනී සිටිමින් "සාහිත්‍යය ලොව විප්ලවය" යෝජනා කරමින් "නව සාහිත්‍ය

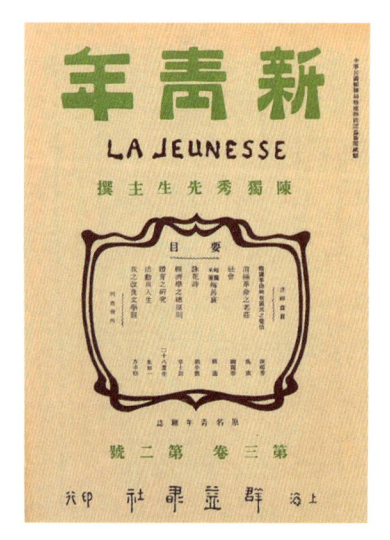

පොදු ජන වහර ව්‍යාපාරයේ "නව යෞවනය" සඟරාව

ආකෘතීන්" නිර්මාණයට දායක විය. ඔවුහු ජනප්‍රිය මෙන්ම ප්‍රකෝපකාරී රචනයන් මගින් නව අදහස් ජනතාව අතර ප්‍රචාරය කළහ. ඒ "මැයි 4 ව්‍යාපාරය" සමයේ "පොදු ජන වහර ව්‍යාපාරයේ" පුරෝගාමිය බවට පත් වෙමිනි.

පැරණි චීන ගද්‍ය කලාවේ අන්තර්ගතය අතින් ද ආකෘතිය අතින් ද නා නා ප්‍රකාර බවක් දක්නට ලැබෙන අතර, එය දේශපාලනික, සමාජීය යන අංශ ආවරණය කර ගනිමින් විවිධ ස්වරූපයෙන් ඒ හා සම්බන්ධ විය. එමෙන්ම එය සමාජ ජීවිතය සහ ඉතිහාසයේ වර්ධනය සමඟ නිරන්තරයෙන්ම විකාශනය වෙමින් පවතී.

## චීන සංස්කෘතියට අදාළ ද්විභාෂා වචන මාලාව

| | |
|---|---|
| 散文 | ගද්‍යය |
| 诗词歌赋 | කවි, ත්ස, ගී, ෆු |
| 叙事散文 | ආඛ්‍යාන ගද්‍ය |
| 说理散文 | ධර්මතා ගද්‍ය |
| 纪传体 | චරිතාපදානයන් මගින් ඉතිහාසය වාර්තා කිරීම |
| 断代史 | එක් රාජවංශය වෙනුවෙන් ඉතිහාසය වාර්තා කිරීම |
| 骈文 | සමාන්තර ගද්‍ය |

| | |
|---|---|
| 古文运动 | සම්භාව්‍ය ගද්‍ය ව්‍යාපාරය |
| 唐宋八大家 | තං සහ සුං සමයේ අෂ්ට මහා ශාස්ත්‍ර විශාරද |
| 文界革命 | සාහිත්‍යය ලොව විප්ලවය |
| 白话文运动 | පොදු ජන වහර ව්‍යාපාරය |

## චීන සංස්කෘතික හා චින්තනික පද

Chūnqiū
春秋
**වසන්ත හා සරත් විත්ති (වසන්ත හා සරත් කාලය)**

වසන්ත සහ සරත් විත්ති යනු කොන්ෆියුසියානු සම්භාව්‍ය ග්‍රන්ථවලින් එකකි. ලු ජනපදයේ පැවැති වංශකථා පදනම් කර ගනිමින් කොන්ෆියුසියස්තුමා විසින් එය සම්පාදනය කරන ලදැයි විශ්වාස කෙරෙයි. ක්‍රිස්තු පූර්ව 722 සිට ක්‍රිස්තු පූර්ව 481 දක්වා වූ වසර 242 ක කාලය මෙම ග්‍රන්ථයෙන් ආවරණය වෙයි. මෙම ග්‍රන්ථය චීනයේ ලියැවුණු පළමු කාලානුක්‍රමික ඉතිහාස කෘතිය ලෙසින් ද සැලකෙන අතර එහි මාතෘකාව විසින් සියලු කාලානුක්‍රමික ඉතිහාස අදහස් කෙරෙයි. "වසන්ත සහ සරත්" යන යෙදුමෙන් වසන්ත හා සරත් විත්ති නිසා ම නම් කෙරුණු "වසන්ත සහ සරත් සමය" ද අදහස් කෙරෙයි. මෙයින් ආවරණය කෙරෙන කාල පරිච්ඡේදය පිළිබඳ අදහස් දෙකක් තිබේ. එක් අදහකට අනුව එයින් කියැවෙනුයේ විත්ති පොතෙන් ආවරණය වන කාල පරිච්ඡේදය ය. අනෙකට අනුව, එයින් කියැවෙනුයේ ක්‍රිස්තු පූර්ව 770 සිට ක්‍රිස්තු පූර්ව 476 දක්වා වූ කාල පරිච්ඡේදය ය.

shǐ
史

**ඉතිහාසය**

ඉබි කටු සහ ගව උර ඇට මත ලියැවුණු ඉපැරැණි සටහන් සහ පුරාණ ලෝකඩ නිමැවුම් මත ලියැවුණු සටහන් එක්ව ගත් කල, ලිවීමේ බුරුසුවක් හෝ උණ පතුරක් අතින් අල්ලා ගත් ඉතිහාස සටහන් තබා ගැනීම භාර රාජ සභා නිලධාරියකු ෂී (史) යන රූපමය චීන අක්ෂරයෙන් නිරූපණය කෙරෙයි. පසුව, ඓතිහාසික සිදුවීම් හෝ අවස්ථා පිළිබඳ වාර්තා තබාගැනීම හෝ ඒවා රැස්කිරීම මෙන් ම ඒවා පිළිබඳ අටුවා පවත්වා ගෙන යෑම භාරව සිටි නිලධාරීන් ද “ෂී” යනුවෙන් හැඳින්විණි. මෙම යෙදුමෙහි වචනාර්ථය “ඉතිහාසය” වේ. අදාළ කිසිදු පාර්ශ්වයට විශේෂයක් නොකර අපක්ෂපාතීව ඓතිහාසික සිදුවීම් හෝ අවස්ථා පිළිබඳ වාර්තා තබා ගැනීම නිරූපණය වන පරිදි මැදින් තබා ගත් අතක් මෙන් චීන ෂී අක්ෂරයේ මුල් රූපය ඇඳ තිබිණි. ඓතිහාසික වාර්තා තබා ගැනීම කෙරෙහි දැඩි අවධානයක් යොමු කර තිබුණු අතර, ඇතැම් කාලවල දී, රජවරුන්ට/අධිරාජයන්ට පවා ඓතිහාසික සිදුවීම් හෝ අවස්ථා පිළිබඳ වාර්තා තබා ගැනීම භාර නිලධාරීන්ගේ කාර්යයට බාධා කිරීමට ඉඩ නො ලැබුණි. එක් අතකින්, ඓතිහාසික සිදුවීම් හෝ අවස්ථා පිළිබඳ වාර්තා තබා ගැනීම නිසා, එවැනි නිලධාරීන් පාලකයන්ට බාධාවක් ලෙසින් සැලකුණු අතර, ඔවුන් හට තමන් පවසන දේ සහ කරන දේ ගැන ප්‍රවේසම් සහගත වීමට සිදුවිය. අනෙක් අතින්, ඓතිහාසික චරිත හෝ සිදුවීම් පිළිබඳ වාර්තා තබා ගැනීම හෝ ඒවා පිළිබඳ අර්ථකථන සැපයීම ඔස්සේ පාලකයන්ට අනුගමනය කළ හැකි පාඩම් සංග්‍රහ කරගැනීමට ද හැකි විය. චීන ජනතාවගේ මානවීය හා තාර්කික ස්වභාවයේ වැදගත් අංගයක් මෙම සම්ප්‍රදාය විසින් සකස් වී තිබේ.

huàlóng-diǎnjīng
画龙点睛
**මකර සිතුවමේ ඇස්වල ඉංගිරියා ඇඳීම / පිරිපුන් ලෙසින් වැඩ අවසන් කිරීම**

කලාත්මක හෝ සාහිත්‍ය කෘතියකට අවැසි ආකර්ශනීය හා සෞන්දර්යාත්මක පරිපූර්ණත්වය ලැබෙන පරිදි එහි තීරණාත්මක අංග හෝ තීරක වචන එක් කර එම කාර්යය අවසන් කිරීම පිළිබඳව මෙම රූපකයෙන් කියැවෙයි. හොඳ හෝ නරක වේවා යමෙකුගේ ඇස් ඔහුගේ සැබෑ ස්වභාවය හෙළි කරන බැවින් යම් පුද්ගලයකු නිරීක්ෂණය කිරීමේ දී ඔහුගේ දෑස් දෙස කෙළින් ම බැලිය යුතු බව මංතුමා විශ්වාස කළේ ය. දකුණු රාජ වංශ කාලයේ විසූ චිත්‍ර ශිල්පී චං සං-යාඕ ඔහුගේ විශිෂ්ට චිත්‍ර කලා හැකියාව සම්බන්ධයෙන් විසල් ප්‍රසිද්ධියක් ඉසුළුවෙකි. ඔහු විසින් අඳින ලද මකරුන්ගේ ඇස්වල කළු ඉංගිරියාව තබා අවසන් කළ විගසින් උන් අහසට නැග පියාසර කළ බැව් පුරාවෘත්තවල සඳහන්ව තිබේ. සාහිත්‍යමය හෝ කලාත්මක කෘතියකට ජීවය හා චමත්කාරය ලබාදීම සඳහා තීරණාත්මක අවසන් අංග එක් කිරීමේ වැදගත්කම අවධාරණය කිරීම අරභයා පසු පරම්පරා විසින් මෙම යෙදුම ව්‍යවහාරයට එක් කරනු ලැබීය.

zhōngyōng
中庸
**චුං-යුං (මධ්‍යස්ථභාවය)**

චුං-යුං (මධ්‍යස්ථභාවය) යනු කොන්ෆියුසියස්තුමා සහ එතුමාගේ ගුරුකුලයට අයත් විද්වතුන් විසින් අනුදැන වදාළ ඉහළම ගුණධර්මයකි. චුං (中) යන්නෙන් අදහස් කෙරෙනුයේ කෙනකුගේ වචන හා ක්‍රියාකාරකම්වල තිබිය යුතු මධ්‍යස්ථ බව ය. සෑම දෙයකට ම යම් යම් සීමා ඇති අතර, එම

සීමා ඉක්මවා යාම හෝ අවශ්‍ය පමණට වඩා අඩුවීම යෝග්‍ය නොවේ. යුං (庸) යන්නට අර්ථ දෙකක් වේ. පොදු හෝ සාමාන්‍ය යනු එයින් එක් අර්ථයකි. වෙනස් නොවන බව යනු අනෙක් අර්ථය ය. යමකුට මධ්‍යස්ථභාවය දීර්ඝ කාලයක් තිස්සේ පවත්වා ගෙන යා හැක්කේ ඔහු විසින් එදිනෙදා ජීවිතයේ දී එය සාමාන්‍ය සහ වෙනස් නොවන පුරුද්දක් වශයෙන් පුහුණු කළ විට පමණකි. චුං-යුං යන්නෙන් අදහස් කෙරෙනුයේ අන් අය සමඟ කටයුතු කිරීමේ දී සහ එදිනෙදා හැසිරීමේ දී යමකු විසින් පිළිපැදිය යුතු මෙම ස්වර්ණමය මධ්‍යස්ථභාවය වේ.

---

qiánshì-bùwàng,hòushìzhīshī

## 前事不忘，后事之师

**අමතක නො කරන ලද අත්දැකීම් අනාගතය සඳහා මග පෙන්වයි**

අතීත අත්දැකීම්වලින් උගෙන එය අනාගතය සඳහා මග පෙන්වීමක් කරගැනීමේ අවශ්‍යතාව ජනතාව හට මතක් කර දීම උදෙසා මෙම සංකල්පය හඳුන්වා දී තිබේ. ඉතිහාසය ලිවීමට පුරාණ චීනයේ විශාල වැදගත්කමක් ලැබුණු අතර ඉතිහාස රචනය විශිෂ්ට දියුණුවක් ද අත්කර ගෙන තිබුණේ ය. පෙර අධිරාජ වංශවල සාර්ථකත්වය සහ අසාර්ථකත්වය සමාලෝචනය කිරීමට සහ අනාගතයට අනතුරු ඇඟවීමක් හෝ මග පෙන්වීමක් ලබා දීම උදෙසා විශේෂයෙන් රජවරු සහ නිලධාරීන් වැනි ඓතිහාසික චරිතවල යහපත් හා අයහපත් විස්තර කථනය කෙරෙන අයුරින් මෙම කාර්යය සිදු කෙරිණි.

# අතිරේක කියවීම

## ගස් සෙවණ විකිණීම

ශ්‍රී ලංකාවේ අන්දරේ මෙන්ම බුද්ධිමත් ශූර චරිතයක් චීනයේදීත් හමු වෙයි. ඔහු නස්රුදින් හෙවත් අවන්ති ය. අවන්ති තමන්ගේ බුද්ධිමත්භාවයෙන් දුප්පත් සහ දුර්වල මිනිසුන්ට උදව් උපකාර ලබා දුන් කතා චීනය පුරාම ජනප්‍රිය ය. ඒ කතා සෑම එකකම හාස්‍යය සහ හරය එකට මුසු වී තිබේ. මේ එබඳු කතාවකි:

ශින්ජියං උයිගුර් ස්වායත්තයේ ගිම්හාන කාලය පෝරණුවක් තුල ඉන්නා සේ ඉතාමත් උණුසුම්ය. උණුසුම් බව කෙතරම්ද කිවහොත් ශරීරයෙන් දහදිය දමන්නේ උල්පතකින් මෙන් ය. අධික උණුසුම් කලෙක වුවද දුගීන්ට එළිමහනේදී බර වැඩ කරන විට, විවේක ගැනීමට තිබුණේ ගස් සෙවණක් පමණ ය.

අවන්තිගේ ගමේ මුදලට කෑදර පොලී මුදලාලි කෙනෙක් සිටියේය. ඔහුගේ නිවස අසල තිබෙන විශාල ගස ගහ යට දුගීන් දිවා විවේකය ලබමින් සිටින අයුරු ඔහුගේ ඇස ගැටින. මෙය දුටු පමණින් ඔහු සිතුවේ මෙය මුදල් උපයා ගැනීමට මනා අවස්ථාවක් ලෙසිනි.

"පලයල්ලා! මගේ ගස් සෙවණේ ඉන්න අවසර ලැබුණේ කාගෙන් ද? " පොලී මුදලාලි ප්‍රශ්ණ කර සිටියේ ය.

"අප වෙළෙඳ සල්පිලට යනවා. අතරමඟදී විවේක ගන්න මේ ගස් සෙවණ හම්බ වුණා." එක් අයෙක් කීවේ ය.

"විවේක ගන්නවා? බෑ, බෑ, පලයල්ලා, පලයල්ලා!" මෙවර මුදලාලි ගස් සෙවණේ සිටින්නන්ට රළු විය.

“මේ පාර, පෞද්ගලික පාරක් නෙවෙයි. ඇයි බැරි?” තවත් අයෙක් මුදලාලිගෙන් ඇසුවේ ය.

“පාර, මහ ජනයාට අයිති වුණාට මේ ගහ මට අයිතියි. මගෙන් අවසරයක් ලැබුණේ නැත්තම් කාටවත් මේ ගස් සෙවණට ඇතුළු වෙන්න බෑ. විවේක ගන්න ඕන නම්, සල්ලි ගෙවන්න!” මුදලාලි උස් හඬින් පිළිතුරු දුන්නේ ය.

“මේකට සල්ලි ඉල්ලන්නේ ඇයි? ඒක මහ පච්කාර වැඩක්!” තවත් අයෙක් තම හඬ අවදි කළේ ය.

මේ මොහොතේදී අවන්ති බූරුවකු පිට මේ ස්ථානයට පැමිණියේ ය. ඔහු මේ ගස් සෙවණට ඇතුළු විය.

“අවන්ති, සල්ලි ගෙවන්න!” මුදලාලි සිනාසෙමින් කීවේ ය.

“මොන සල්ලි ද?” අවන්ති පුදුමයට පත්ව විමසුවේ ය.

“ඔයා ගස් සෙවණේ ඉන්නවා. මේ ගහ මට අයිතියි. ඒ නිසා, මේ ගස් සෙවණ අයිතිත් මටයි. ඔයා සල්ලි ගෙවනවා විතරක් නොවෙයි, ඔයාගේ බූරුවාත් සල්ලි ගෙවන්න ඕන.” යන්න මුදලාලිගේ පිළිතුර විය.

“මේ විදියට සල්ලි උපයා ගන්න එක අසාධාරණයි. කවුරුත් ඔයාගේ ගස් සෙවණේ නොහිටියොත් ඔයාට සතයක්වත් නොලැබේවි. මම කියන්නම් වැඩක්, ඔයාට මේ සෙවණ විකිණීමෙන් ලොකු මුදලක් එකපාරටම ලබා ගන්න පුළුවන්. ” අවන්ති මුදලාලිට යෝජනා කළේ ය.

“ඉතින්... කවු ද මිලදී ගන්නේ?” මුදලාලි ද සැක සහිතව ඇසුවේ ය.

“මම. ඔයා ගාන කියන්න. ”අවන්ති කීවේ ය.

“මට මේ ගහ උරුම වුණේ මගේ සීයාගෙන්. ලොකු ගහක්. ඒ

නිසා මේ ගස් සෙවණ මිලදී ගන්න ඕන නම්, රිදී කාසි දාහක් මට ගෙන්න!" යනුවෙන් මුදලාලි පිළිතුරු දුන් අතර. අවන්ති එම මුදල ඔහුට ගෙව්වේ ය.

මේ ගනුදෙනුව සහතික කිරීම සඳහා දෙදෙනාම ගිවිසුමක් අත්සන් කළෝ ය.

වෙනත් දිනක, පොලී මුදලාලි නැවත සිය නිවසට පැමිණෙන විට , තමන්ගේ දොරටු අසල විශාල පිරිසක් රැස් වී සිටි අතර ඔහුට තම නිවසට ඇතුළු වීමට බැරි විය.

"ඔයාලා මොනවා ද කරන්නේ? මේ මගේ ගෙදර!" මුදලාලි කෑ ගැසුවේ ය.

"හා හා, මහත්තයා, මම එයාලාට ආරාධනා කළා මගේ ගස් සෙවණේ විවේක ගන්න කියලා. " අවන්ති සීරුවෙන් පිළිතුරු දුන්නේ ය.

"විවේක ගන්න? මේ මගේ දොර!" මුදලාලි කේන්තියෙන් කීවේ ය.

"හැබැයි, මේ මගේ සෙවණ. මගේ සෙවණට ඇතුළු වුණොත් සල්ලි ගෙවන්න ඕන." අවන්ති මුදලාලි දෙස නොබලාම කියන්නට විය.

මුදලාලි නැවත නිවසට ගියේ තාප්පයෙන් ගෙවත්තට පැනීමෙන්ය. දැඩි කෝපයට පත් වුණු ඔහු ගස කපන්නට වෑයම් දැරුවේ ය.

"මේ ගහ කැපුවට කමක් නෑ. හැබැයි මගේ ගස් සෙවණ සම්පූර්ණ නැත්නම් ඔයාට වන්දි ගෙවන්න වෙනවා. අනෙක, දැන් මගේ සෙවණ ඔයාගේ මිදුල දක්වා පැතිරිලා. ඔයා ගෙදරට ආපහු යන කොට පරිස්සම් වෙන්න. මගේ සෙවණට ඇතුළු වුණොත්

සල්ලි ගෙවන්න ඕන." අවන්ති අවධාරණයෙන් කීවේ ය.

"එහෙනම් මේ සෙවණ මට ආපහු විකුණන්න!" මුදලාලි කීවේ ය.

"හොඳයි, රිදී කාසි දෙදාහයි." අවන්ති මුදලාලි දෙස බලා කීවේ ය.

"මම ඔයාට විකුණුවේ රිදී කාසි දාහකට නෙ!" මුදලාලි වික්ෂිප්ත විය.

"ඒ දවල් කාලයේ මිල. දැන් හැන්දෑ වෙලා. සෙවණත් විශාල වෙලා. ඒ නිසා මිල වැඩි වුණා." අවන්ති පැහැදිලි කර දුන්නේ ය. මුදලාලි මුදල් ගෙවා ගස් සෙවණේ අයිතිය නැවත තමා වෙත පවරා ගත්තේ ය.

රාත්‍රිය එළඹෙත්ම මුදලාලි නින්දට යාමට සූදානම් විය. හිටිහැටියේම විශාල ඝෝෂාවක් කණ වැකුණු මුදලාලි එය කුමක්දැයි විපරම් කරන්නට විණි. මෙහිදී බූරුවන් රැලක් මිදුලේ සිටින අයුරුද අවන්තියි සහ ඔහුගේ සගයන් සමග ගස් සෙවණේ සිටින අයුරුද ඔහුගේ ඇස ගැටිණි.

"අවන්ති, මොකක් ද මේ කරන්නේ?" මුදලාලි ඇසුවේ ය.

"ඇයි මොක ද වෙලා තියෙන්නේ?" අවන්ති කිසිවක් නොදන්නා අයුරින් ඇසුවේ ය.

"මම මේ සෙවණ ආපහු මිලදී ගත්තා. ඔයාගේ බූරුවෝ ඇයි මෙතන ඉන්නේ?"

"ඔයා මිලදී ගත්තේ ඉර එළියෙන් ලැබෙන සෙවණ විතරයි. දැන් තියෙන්නේ හඳ එළියෙන් ලැබෙන සෙවණ. ඒක අයිති වෙන්නේ මට!" අවන්ති සිනා සෙමින් කියන්නට විය.

මුදලාලි අහස දෙස බලමින් අඬන්නට පටන් ගත්තේ ය.

# චීන ඉතිහාසයේ ප්‍රසිද්ධ චරිතයක්

## සූ-ෂී

සූ-ෂී (1037–1101), ස්අ-ජැන් යන ගෞරව නාමයෙන් ද දොන්-පෝ-ජූ-ෂී යන කලාත්මක නාමයෙන් ද හැඳින්වේ. ඔහු සුං රාජවංශ සමයේ විසූ කවියෙකු, ලේඛකයෙකු, අක්ෂර කලා නිර්මාණයෙකු, සිත්තම් කරුවකු, චින්තනයෙකු, මෙන් ම දේශපාලනඥයකු ලෙස ප්‍රසිද්ධ ය. ඔහු චීන සාහිත්‍ය හා කලා ඉතිහාසයේ ඉතා කලාතුරකින් දක්නට ලැබෙන දුර්ලභ බහුශ්‍රැත උගතෙකු වූ අතර වසර දසදහසක චීන ඉතිහාසයේ සාහිත්‍ය සහ කලාව අතින් අතිවිශිෂ්ට ජයග්‍රහණයන් අත්පත් කරගත් මහා විශාරදයන්ගෙන් එක් අයෙක් ලෙස සැලකේ.

සූ-ෂී චීනයේ සී-චුවාන් පළාතේ මෙයි-ෂාන් නගරයෙහිදී උපත ලැබීය. ඔහුගේ සොයුරු සූ-ජ්අ හා පියාණන් සූ-ෂුන් යන දෙදෙනාම එකල ඉතා ප්‍රසිද්ධ වියතුන් ය. 1057 වසරේදී 19 හැවිරිදි සූ-ෂී ඔහුගේ සොහොයුරා සමඟ එම වසරේ අධිරාජ්‍ය තරඟ විභාගයට සහභාගි වී ජින්-ෂී යන උපාධියක් ලබාගැනීමට සමත් විය. මෙම උපාධිය ඉහළ මට්ටමේ රාජ්‍ය නිලධාරීන් වනු පිණිස අත්‍යවශ්‍ය මූලික කොන්දේසියක් විය. මෙතරම් තරුණ වියකදී ඔහු අත්පත් කරගත් සාර්ථකත්වය අධිරාජයාගේ අවධානය දිනාගැනීමට සමත්විය. 1060 වසරේ සිට වසර 20ක් පුරා සූ-ෂී රජයේ විවිධ තනතුරු දරා ඇත. ඔහු සුං රාජවංශ දේශපාලනයේ වැදගත් චරිතයක් වීමට අමතරව කාව්‍ය හා රචනා නිර්මාණය කරමින් චීන සම්භාව්‍ය සාහිත්‍යයේ එක් සාර්ථක චරිතයක් ලෙස

ගෞරවාදරයට පාත්‍ර වී ඇත. ඔහු විසින් චීන සාහිත්‍ය ඉතිහාසයේ සුප්‍රකට පද්‍ය හා ගද්‍ය නිර්මාණය කරන ලදී. ඔහුගේ වඩාත් උසස් ජයග්‍රහණය රඳා පවතින්නේ ගද්‍ය සාහිත්‍ය නිර්මාණ මත බව පසුකාලීන බොහෝ විද්වතුන්ගේ අදහස ය. ඔහුගේ ගද්‍යවල විවිධ තේමා විෂයන් දක්නට ඇති අතර එයින් ප්‍රධාන වශයෙන් සංචාරණ අත්දැකීම, දේශපාලන දැක්ම, රාජ්‍යපාලන ක්‍රම, එකල පැවතුණු යකඩ කර්මාන්තය යනාදිය පිළිබඳව සවිස්තර තොරතුරු ඔහුගේ නිර්මාණයන් කියා පායි. එපමණක් නොව, සූ-ෂී ගද්‍ය සාහිත්‍යයට ලබාදුන් දායකත්වයන් හෙයින් පසුකාලීන පරපුර ඔහුව "තං සහ සුං සමයේ අෂ්ට මහා ශාස්ත්‍ර විශාරද" විරුධාවලියට ඇතුළත් කර තිබේ.

පද්‍යය අතින්, වීර රසයෙන් යුත් කාව්‍ය නිර්මාණය කිරීම කෙරෙහි දැක්වූ දායකත්වයෙන් ඔහු සහ ෂින්-චී-ජී නම් කවියා එකට "සූ-ෂීන්" යන ගෞරව නාමය ලැබූහ. අක්ෂර කලාව අතින්, "බැඳි අක්ෂර" ලිවීමට විශේෂ නිපුණතා දැක්වූ ඔහු, සුං රාජවංශ සමයේ උසස්ම ජයග්‍රහණය ලැබූ අක්ෂර කලාකරුවන් සතරදෙනාගෙන් එක්කෙනෙක් ලෙස හැඳින්වේ. සිතුවම් කලාව අතින්, උණ ගස් සිතුවම් කිරීමට විශේෂ දක්ෂතා පෙන්නුම් කළ ඔහු සුං රාජවංශ සමයේ "වියතුන්ගේ සිතුවම්" පරපුරේ නියෝජිතයෙකු වූ අතර "හූ-ජෝව් සිතුවම් ගුරුකුලයේ" පුරෝගාමියෙකු ලෙස සැලකේ.

සූ-ෂී සිය ජීවිත කාලය තුළ 3000කට ආසන්න ප්‍රමාණයක සාහිත්‍ය නිර්මාණයන් බිහි කොට තිබේ. චීනය, ජපානය සහ අනෙකුත් ආසන්න කලාපයන්හි ඔහුගේ නිර්මාණ දිගුකාලීනව ප්‍රචලිතව හා බලපෑම්කාරී ව පවත්නා අතර ලෝකයේ ඉංග්‍රීසි බස වහරනු ලබන ප්‍රදේශවල අය ද ඔහුව හොඳින් හඳුනයි.

## සිතීමට යමක්

1. විවිධ සාහිත්‍ය ප්‍රභේද අතර කාව්‍ය සාහිත්‍යය ප්‍රථමයෙන් ආරම්භ වී සංවර්ධනය වීමට අවස්ථා ලැබී ඇත. ඊට හේතු කවරේ ද?

2. චීන සාහිත්‍යයේ "කාව්‍යය" සහ "ගීතය" අතර ඇති වෙනස්කම් කවරේ ද?

3. චීන පැරණි කාව්‍ය සාහිත්‍යය එහි උච්චතම අවස්ථාවට එළඹුණේ තං සහ සුං රාජවංශ සමයේදී ය. ඊට තුඩු දුන් හේතු සාධක විවරණය කරන්න.

4. රිද්මය අතින් චීන හා සිංහල කාව්‍යවල දක්නට ලැබෙන සමානකම් හා වෙනස්කම් පිළිබඳ විස්තර කරන්න.

5. පැරණි චීන කවියක් තෝරාගෙන සිංහල භාෂාවට පරිවර්තනය කොට සරල භාෂාවෙන් එම කවිය විස්තර කොට දක්වන්න.

# සිව්වන කොටස
# පැරණි නවකතා

නවකතාව සාහිත්‍ය ප්‍රභේදයක් වන අතර, එය චරිත නිරූපණය කිරීම කෙරෙහි විශේෂ අවධානයක් යොමු කරමින් සම්පූර්ණ කතා වස්තුවක් සහ නිශ්චිත පාරිසරික විස්තරයක් තුළින් සමාජ ජීවිතය විවරණය කරයි. නවකතාවක අංග තුනකින් සමන්විත විය යුතු ය. එනම්: චරිත, කතා වස්තුව සහ පරිසරයයි (ස්වභාවික පරිසරය සහ සමාජ පරිසරය). වසර දහස් ගණනක දීර්ඝ සංවර්ධනය මගින් පැරණි චීන නවකතා සාහිත්‍යයට තේජාන්විත ජයග්‍රහණයක් අත්කර ගෙන ඇත. චීන නවකතාවේ මූලාරම්භය ඉතා ඈත කාලයට දිවයයි. "නූවා මිනිසුන් නිර්මාණය කිරීම", "ජිංවෙයි කුරුල්ලා සාගරය පිරවීමට උත්සාහ කිරීම"යන පූර්ව චිං යුගයේ පුරාණ ප්‍රවාදයන් සහ "කඩුව ජලයට වැටුණු ස්ථානය ඔරුකඳේ සලකුණු කොට එය සොයාගැනීමට උත්සාහ කිරීම" යන උපමා කතා චීන නවකතා සංවර්ධනයේදී ප්‍රධාන දායකත්වයක් ලබා දී ඇත. ඓතිහාසික චරිතාපදානයන් වන "ත්සුචෝ-ජුවන්", "ඓතිහාසික වාර්තා" යන කෘතිවල දක්නට ලැබෙන විචිත්‍රවත් චරිත නිරූපණය, නාට්‍යයානුරූප ගැටුම් නිර්මාණය යනාදී සාහිත්‍යාංග නවකතා සාහිත්‍යය සඳහා මූලාශ්‍ර හා අත්දැකීම් ගෙනහැර පායි.

වෙයි, ජින්, නන්බෙයිචාඕ රාජවංශ සමයන්හි "ජ්-ගුවයි නවකතා (භූත හොල්මන් අවතාර කතා)" සහ "ජ්-රෙන් නවකතා (චරිතාපදා නවකතා)" යන නව නවකතා වර්ග බිහි විය. එයින් ගන්-බෞ විසින් රචිත "අද්භූත දේ සෙවීම්" ජ්-ගුවයි නවකතාවල විශිෂ්ට නියෝජනයක් ලෙස සැලකෙන අතර ලියු-ර්-චින්ගේ "විශ්වීය කතාන්දර පිළිබඳ නව සටහනක්" ජ්-රෙන්

නවකතා නියෝජනය කරයි. මෙම නවකතා දෙක ම ප්‍රධාන වශයෙන් අසන ලද කතා පුවත් එක්කාසු කිරීමක් වුවද, පසුකාලීන නවකතා සංවර්ධනය සඳහා මූලාශ්‍ර නිබඳව සපයයි. තං රාජවංශීය ලේඛකයන් දැනුවත්ව නවකතා නිර්මාණ කිරීමට ආරම්භ කළ අතර, එම සමයේ "තං ජනප්‍රවාද" යන නවකතාවේ ප්‍රභේදය ඉතා සාර්ථක මෙන්ම සමෘද්ධිමත් විය. ඒවා සියල්ලක්ම සම්භාව්‍ය චීන භාෂාවෙන් රචනා කර ඇති කෙටි කතා වේ. එහි ශ්‍රේෂ්ඨතම කෘති අතර "හුවො-ෂියාඕයුගේ චරිතාපදානය", "ලී-වාගේ චරිතාපදානය" සහ "ඉංඉංගේ චරිතාපදානය" යනාදිය දක්නට ලැබේ. සුං රාජවංශයේ "සම්භාව්‍ය චීන භාෂා ඇසුරින් නිර්මාණය වූ නවකතා" සහ "ජනවහර ඇසුරින් නිර්මාණය වූ නවකතා" වෙන් වෙන්ව සංවර්ධනය විය. සම්භාව්‍ය චීන භාෂා ඇසුරින් නිර්මාණය වූ නවකතා ඓතිහාසික තේමාවන් කෙරෙහි වැඩි අවධානයක් යොමු කළ අතර, ජනවහර ඇසුරින් නිර්මාණය වූ නවකතා කතාන්දර කීම කෙරෙහි අවධානය යොමු කළේ ය. සුං සමයේදී ජනවහර ඇසුරින් නිර්මාණය වූ නවකතා හැඳින්වූයේ "හුවා-බෙන් (වෘත්තාන්ත පිටපත්)" නමිනි. එය පදනම් කොටගෙන සුං සමයේ "කතාන්දර පැවසීමේ කලාව" ද බිහි වී තිබේ. ජනවහර ඇසුරින් නිර්මාණය වූ නවකතා පාඨකයන්ට පහසුවෙන් තේරුම් ගත හැකි වීම හෙයින් ජනතාව අතර පුළුල් පිළිගැනීමක් ලැබී ඇත. සුං රාජවංශයේ එම "වෘත්තාන්ත පිටපත්"වල ප්‍රධාන වශයෙන් කාණ්ඩ දෙකක් හමුවේ. එක් කාණ්ඩයක් කෙටිකතා එකතුවක් වන අතර "චිං-පිංෂන් කන්දේ ශාලාව වෘත්තාන්ත පිටපත්" , "පැරණි හා නූතන කතාන්දර" යන කෘති එයින් ප්‍රධාන කෘති වේ. අනෙක් කාණ්ඩයට අයත් කෘති තරමක් දිගු වන අතර, එය "වුදැයි රාජවංශ ඉතිහාසය පිළිබඳ නව සංස්කරණයක්" යන කෘතිය නියෝජනය කරයි.

චීන සම්භාව්‍ය නවකතා කලාව මිං සහ චිං රාජවංශ සමයේදී පරිණතභාවයට පත් වී ජනවහර ඇසුරින් නිර්මාණය වූ කෙටිකතා එකතු

තෙවන පරිච්ඡේදය
භාෂාව සහ සාහිත්‍යය

චීං සුං-වැන් සිතුවම් කළ "රතු මන්දිරයේ සිහිනය" (කොටසක්)

විශාල ප්‍රමාණයක් නිර්මාණය කෙරුණේ ය. සුං රාජවංශයේ "වෘත්තාන්ත පිටපත්"වලින් ආභාෂයන් ලබමින් "අනුකරණ වෘත්තාන්ත පිටපත්" යන නවකතා ශෛලිය බිහි විය. එහි නියෝජිතයන් ලෙස සැලකිය හැක්කේ, "ලොවට ඥානය ලබා දීම සඳහා කතා", "ලොව අවදි කිරීම සඳහා කතා", "ලොවට අනතුරු ඇඟවීම සඳහා කතා" යන ෆෙං-මොංලොංගේ "කතා ත්‍රිත්වය" සහ "විස්මයට පමුණුවන කතා, අංක 1", "විස්මයට පමුණුවන කතා, අංක 2" අන්තර්ගත වූ ලිං-මොංචුගේ "විස්මයන් ද්විත්වය" යනාදියයි. වෙළෙන්දන්, විවාහය සහ ආදරය වැනි ජනප්‍රිය මාතෘකා එකල නවකතාවට අන්තර්ගත කිරීම තුළින් නවකතාවේ විෂය පරාසය පුළුල් කර ඇත. මිං සහ චීං රාජවංශ අවධියෙහි දිගු පරිච්ඡේද සහිත නවකතා විශාල ප්‍රමාණයක්

ද බිහි විය. ඒ අතරින් මානව සම්බන්ධතාවයට අවධානය යොමු කරමින් ලෞකික කටයුතු වර්ණනා කරන නවකතාවක් වූ ''ජින්-පිං-මෙයි'' ප්‍රධාන කෘතියක් වේ. ඊට අමතරව, ''තුන් රාජධානි'',''ජල ආන්තිකය'', ''බටහිර සංචාරයේ සටහන්'' සහ ''රක්ත මන්දිරයේ සිහිනය'', චීන සාහිත්‍යයේ ''ශ්‍රේෂ්ඨ නවකතා සතර'' ලෙසින් සුප්‍රසිද්ධ විය. මෙම නවකතාවල ඇති කතා වස්තු නිරන්තරයෙන් නාට්‍ය වේදිකාවට රැගෙන එන ලදී. එපමණක් නොව චීන හා විදේශීය ප්‍රේක්ෂකයින්ගේ ගෞරවාදරය දිනා ගත් පින්තූර-කතාන්දර පොත්, කාටූන්, චිත්‍රපටි සහ රූපවාහිනී කතා මාලාවලට අනුගත විය.

''ජින්-පිං-මෙයි'' නමැති නවකතාවෙහි පන්-ජින්-ලියැන්, ලී-පිං-අර් සහ පාං-චුන්-මෙයි යන ප්‍රධාන කාන්තා චරිත තිදෙනෙකුගේ නම්වල පදයක් උපුටාගෙන පොතේ නාමය සකස් වී ඇත. මෙම නවකතාව ෂී-මෙන්-චිං නමැති පොහොසත් තැනැත්තා සහ ඔහු බිරිඳ හා උපභාර්යාවන් සමඟ ගත වූ පවුල් ජීවිතය කෙරෙහි අවධානය යොමු කරමින් නිර්මාණය විය. නවකතාවල කතා තේමාව පවුල්, ලෞකික හැඟීම් හා කාන්තාවන්වලට මාරුකිරීමේ ප්‍රවණතාවයක් එකල චීන නවකතා කලාවේ ඇති වීම එයින් පිළිබිඹු වේ. ''ජින්-පිං-මෙයි'', ''තුන් රාජධානි'',''ජල ආන්තිකය'', ''බටහිර සංචාරයේ සටහන්'' යන අග්‍රකෘති තුන සමඟ ''සිව් මහා කලා කෘති'' ලෙස හැඳින්වේ.

''තුන් රාජධානි''හි පෙන්නුම් කරන්නේ දුංහන් රාජවංශයේ අගභාගයේ සිට ෂීජින් රාජ්‍යය දුංවූ රාජ්‍යය විනාශ කිරීම දක්වා වූ 100කට වඩා වැඩි කාල වකවානුවේ තිබූ දේශපාලන හා හමුදාමය අරගලයන් ය. එහි කතුවරයා ලුවො-ගුවාන්-ජොං ජීවත් වූයේ යුවාන් රාජවංශයේ අගභාගයේ සිට මිං රාජවංශයේ මුල් භාගය දක්වා කාලය තුළයි. ඔහු මෙම නවකතාව රචනා කර ඇත්තේ ඓතිහාසික වාර්තා සහ ජනතාව අතර සංසරණය වන ත්‍රිත්ව රාජධානි

හි කතා පදනම් කර ගනිමිනි. අපූරු දුරදක්නා නුවණක් හිමි ජූ-ග්අ-ලියාං, කපටි මෙන්ම සැක සහිත ස්අව්-ස්අව්, පක්ෂපාතී මෙන්ම නිර්භීත ගුවන්-යූ, නොසැලකිලිමත් මෙන්ම රළු බවකින් යුක්ත චාන්-ෆේ යන ප්‍රාණවත් චරිත රාශියක් එම ග්‍රන්ථය නිරූපණය කර ඇත. එනිසා පාඨකයන් අතර උසස් පිළිගැනීමක් ලබාගත්තේ ය.

"ජල ආන්තිකය" කතාව පදනම් වී ඇත්තේ බෙයිසූං රාජවංශයේ අගභාගයේදී සූං-ජ්‍යාං ප්‍රමුඛ ගොවි පිබිදීමේ ඉතිහාසය මතය. සූං රාජවංශ සමයේ අඳුරු සමාජයේ හිංසනයට ලක් වූ පහත් සමාජ පන්තියේ වීරයින් විසින් සංවිධානය වූ ගොඩි පිබිදීම ආරම්භයේ සිය පරාජය දක්වා වූ කතාව එයින් කියැවේ. "ජල ආන්තිකය" නවකතාවේ කතුවරයා වූ ෂී-නයි-අන් ජීවත් වූයේ යුවැන් යුවාන් රාජවංශයේ අගභාගයේ සිට මිං රාජවංශයේ මුල් භාගය දක්වා කාලයේ ය. ඔහුගේ මෙම නවකතාවේ ලියාං-ෂන් වීරයින් 108 දෙනෙකුගේ වීරත්වය සාර්ථකව නිර්මාණය කර ඇති අතර, ඔවුන්ගේ සටන් විලාශය මනා ලෙස වර්ණනා කර ඇත. ඔවුන් අතර වූ-සොං නමැත්තා ව්‍යාඝ්‍රයෙකු සමඟ සටන් කිරීම සහ ලූ-ජි-ෂෙන් නමැත්තා විලෝ ගසක් මුනින් උදුරා දැමීම ආදි කතා සිය වතාවක් වුවත් කියවීමට වටින්නේ ය.

මිං වැන්-හොං-ෂෞ කැටයම් කළ "ජල ආන්තිකය" ලූ-චී-ෂෙන්

"බටහිර සංචාරයේ සටහන්" යනු

දෙවිවරුන් හා අවතාර සිය වස්තු විෂය කරගත් අති ප්‍රසිද්ධ නවකතාවකි. මිං රාජවංශයේ වූ-චෙං-අන් විසින් මෙම නවකතාව රචනා කර ඇත්තේ තං රාජවංශයේ ෂුවැන්-ත්සාං නම් වූ භික්ෂුවක් බෞද්ධ ලියවිලි ලබාගැනීමට බටහිර දෙසට සංචාරය කිරීමේ කතා සහ ජනප්‍රවාද පදනම් කරගෙන ය. මෙම නවකතාවෙන් විස්තර කරනුයේ සුන්-වූ-කොං නම් වඳුරු රජකු, ජූ-බා-ජියේ නම් ඌරු නාම්බෙකු සහ ශා-සෙන් නමැති භික්ෂුව යන තිදෙනා ෂුවැන්-ත්සාං භික්ෂුන් වහන්සේ ශුද්ධ බෞද්ධ ලියවිලි චීනයට ගෙනඒමට බටහිරට යන ගමනේදී උන්වහන්සේව ආරක්ෂා කිරීම පිළිබඳව ය. මෙම කතා වස්තුවේ ප්‍රධානියා වන්නේ වඳුරු රජා ය. මෙම නවකතාවේ පළමු කොටසේ දිව්‍ය ලෝකයේ ඇති රජ මාළිගාවේ සුන්-වූ-කොං විවිධ කරදර ඇති කරන අයුරු පැවසේ. එහි දෙවන කොටසින් විදහා දක්වනුයේ ෂුවැන්-ත්සාං භික්ෂුන් වහන්සේව ආරක්ෂා කිරීම වස් නා නා ප්‍රකාරයේ රාක්ෂයින් සහ අවතාර සමඟ සටන් වැදීම පිළිබඳවයි. ගලකින් ඉපදුණු සුන්-වූ-කොං හුවා-ගුවෝ (පුෂ්ප හා පලතුරු) කඳුකරයේ සිටි වඳුරු රජු වූ අතර, ඔහු බුද්ධිමත්, නිර්භීත, ශක්තිමත් වීරයෙකි. සිය උතුම් පරමාදර්ශයන් සඳහා ශක්තිමත් දෙවිවරුන්ට එරෙහිව හෝ

චීං “බටහිර සංචාරයේ සටහන්” සිතුවමේ කොටසක්

භාෂාව සහ සාහිත්‍යය

භයානක භූතයින්ට එරෙහිව සටන් කිරීමට ඔහු පැකිළෙන්නේ නැත. සුන්-වූ-කොං වීරත්වයෙන් පරිපූර්ණ පරමාදර්ශවාදී චරිතයක් ලෙස කතුවරයා සාර්ථකව නිර්මාණය කොට තිබේ. නමුත් ජු-බා-ජියේගේ චරිතය සුන්-වූ-කොං හා සමඟ සම්පූර්ණයෙන් වෙනස් වේ. අලස ඔහු නිතරම ආහාර-පානවලට ගිජුකමක් දක්වයි. එපමණක් නොව බෞද්ධ ලියවිලි චීනයට ගෙනඒමේ ඉලක්කය අතහැර දැමීම බව නිරන්තරයෙන් සිතයි. කෙසේවෙතත්, ඔවුන් හතරදෙනා බටහිර ප්‍රදේශවලට යන අතරමඟදී යක්ෂයින් හා භූතාවතාර සමඟ සටන්වලට වැදී විවිධ වූ දුෂ්කරතා 81කට පසු අවසානයේදී ඉන්දියාවෙන් ශුද්ධ බෞද්ධ ලියවිලි රාශියක් සොයා ගෙන චීනයට ආපසු පැමිණීමට සමත් වූහ. ''බටහිර සංචාරයේ සටහන්'' නවකතාව සුවිශේෂී අපූරු පරිකල්පනයෙන් යුත් මෙන්ම හාස්‍යජනක භාවයන්ගෙන් පිරී පවතින නවකතාවකි. එම නිසා එය වැඩිහිටියන් පමණක් නොව කුඩා දරුවන්ගේද ආකර්ෂණය දිනාගෙන ඇත.

''රක්ත මන්දිරයේ සිහිනය'' චීන සම්භාව්‍ය නවකතාවල වර්ධනයේ උච්චතම අවස්ථාව ලෙස සැලකිය හැකි ය. මෙහි කතුවරයා වන්නේ චීං රාජවංශයේ ලේඛකයකු වූ ස්අව්-ෂුයෙ-චින් ය. මෙම නවකතාව පෙර නොවූ විරූ ආකාරයේ ගැඹුරු හා පෘථුල භාවයකින් යුක්තව චීං රාජවංශයේ මුල් සමයේ තිබූ සමාජ මුහුණුවර, මානව සම්බන්ධතාව සහ මිනිස් හැඟීම් නිරූපණය කරයි. වංශාධිපති තරුණයින් වන ජියා-බඕ-යූ සහ ලින්-දයි-යූ යන යුවළගේ ප්‍රේම ඛේදවාචකය තුළින් හුවා දක්වනුයේ වැඩවසම් වංශාධිපති පවුලක සමෘද්ධිමත් අවධියේ සිට පරිහානිය දක්වා වූ ඉතිහාසය කතාවයි. චරිතවල අන්තර්ගත භාෂාව, ක්‍රියාවන් සහ චරිත මනෝ විද්‍යාව තුළින් කතුවරයා 400කට වඩා වැඩි විචිත්‍රවත් මෙන්ම ප්‍රාණවත් චරිත නිරූපණය කර ඇත. ඒ අතර වං-ශී-ෆෙං හා ෂුවෙ-බඕ-චායි යන චරිත ප්‍රධාන වේ. ස්අව්-ෂුයෙ-චින් චීන ඉතිහාසය හා සංස්කෘතිය පිළිබඳ ගැඹුරු දැනුම සිය නවකතාවලට

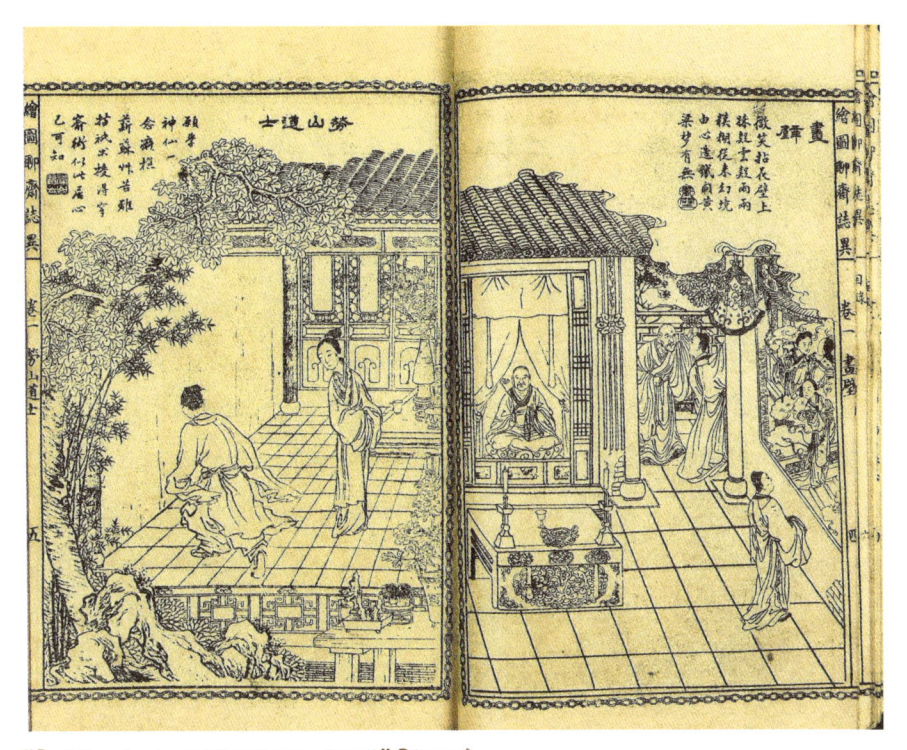

"සිතුවම් කරන ලද අරුම පුදුම කතා එකතුව" පිටපතක්

ඇතුළත් කළ අතර කොන්ෆියුසියානු අධ්‍යයනය, ඓතිහාසික විද්‍යාව, සිය ගණනක ගුරුකුල, බුද්ධ ධර්මය, තාඕ දහම, ආචාර විධි සහ ඇඳුම්-පැළඳුම් ආදිය සියල්ලම එහි දක්නට ඇත. "රක්ත මන්දිරයේ සිහිනය" යනු සාම්ප්‍රදායික චීන සංස්කෘතියේ විශ්ව කෝෂයක් ලෙස සැලකිය හැකි ය.

මිං සහ චිං රාජවංශ සමයේදී සම්භාව්‍ය චීන භාෂාවෙන් රචිත කෙටිකතා සඳහා ද ඉහළ ප්‍රතිචාර මෙන්ම ජයග්‍රහණද ලැබී ඇත. චිං අවධියේ සිටි පූ-සොං-ලිං විසින් රචිත "අරුම පුදුම කතා එකතුව" යනු දේශීය හා විදේශීය වශයෙන් ජනප්‍රියත්වයට පත්වූ සම්භාව්‍ය චීන බස ඇසුරින් නිර්මාණය වූ චීන කෙටි කතා එකතුවකි. මෙම කෘතියෙහි ප්‍රධාන වශයෙන් කියා

පාන්නේ අවතාර, රාක්ෂයන්, මල් දෙවි සහ සිවල් දෙවි පිළිබඳ කතා ය. එය යෞවන-යෞවනියන්ට ප්‍රේමයේ හා විවාහයේ නිදහස කරා හඹායෑමට ඇති අපේක්ෂාවන් ප්‍රකාශ කරයි. එමෙන්ම වැඩවසම් සමයේ අන්ධකාරය සහ අයුක්තිය ද මින් හුවා දක්වමින් දූෂිත නිලධාරීන්ට චෝදනා එල්ල කරයි. මෙ සියල්ල තුළින් කතුවරයා සමාජය පිළිබඳ තිබූ අපේක්ෂාවන් පැහැදිලි ලෙස පිළිබිඹු වේ. කෙසේවෙතත් මෙම කෘතිය ජනතාවගේ ගෞරවාදරයට පාත්‍ර වී ඇති සම්භාව්‍ය චීන භාෂා කෙටිකතා එකතුවකි.

සාරාංශයක් ලෙස ගත් කල සුං රාජවංශය චීන සම්භාව්‍ය නවකතාවල වර්ධනයේ බෙදා දැක්වීමේ මායිමක් ලෙස නම් කළ හැකි ය. සුං රාජවංශයට පෙරාතුව සම්භාව්‍ය චීන භාෂාවෙන් රචිත නවකතා සෙමින් වර්ධනය වූ අතර, සුං රාජවංශයෙන් පසුව සම්භාව්‍ය චීන භාෂාව, උප භාෂාවන්, කෙටිකතා, නවකතා ලෙස විවිධ අංශවලින් චීන නවකතා කලාව වර්ධනය වී, මිං සහ චිං රාජවංශයේ චීන සම්භාව්‍ය නවකතාව එහි උච්චතම අවස්ථාවට එළඹිණි. එයින් චීන සම්භාව්‍ය නවකතා ලෝක සංස්කෘතික ඉතිහාසයේ සැලකිය යුතු ස්ථානයක් හිමිකර ගැනීමට සමත් වී තිබේ.

## චීන සංස්කෘතියට අදාළ ද්විභාෂා වචන මාලාව

| | |
|---|---|
| 志怪小说 | භූත හොල්මන් අවතාර කතා |
| 志人小说 | චරිතාපදා නවකතා |
| 唐传奇 | තං ජනප්‍රවාද |
| 文言小说 | සම්භාව්‍ය චීන භාෂා ඇසුරින් නිර්මාණය වූ නවකතා |

| | |
|---|---|
| 白话小说 | ජනවහර ඇසුරින් නිර්මාණය වූ නවකතා |
| 话本 | වෘත්තාන්ත පිටපත් |
| 章回体小说 | දිගු පරිච්ඡේද සහිත නවකතා |
| 世情小说 | මානව සම්බන්ධතාවයට අවධානය යොමු කරමින් ලෞකික කටයුතු වර්ණනා කරන නවකතා |
| 《三国演义》 | "තුන් රාජධානි" |
| 《水浒传》 | "ජල ආන්තිකය" |
| 《西游记》 | "බටහිර සංචාරයේ සටහන්" |
| 《红楼梦》 | "රක්ත මන්දිරයේ සිහිනය" |
| 四大文学名著 | ශ්‍රේෂ්ඨ නවකතා සතර |

## චීන සංස්කෘතික හා චින්තනික පද

yǎsú
雅俗
**විදග්ධ සහ ග්‍රාම්‍ය**

විදග්ධ සහ ග්‍රාම්‍ය යනු සාහිත්‍ය විචාරයේ යෙදෙන ද්විධාකරණයයි. මැනැවින් නිමැවුණු සහ උසස්, ජනප්‍රිය සහ ග්‍රාම්‍ය යනුවෙන් වර්ග කළ හැකි සාහිත්‍යමය හා කලාත්මක කෘති දෙවර්ගයක් එයින් අදහස් කෙරෙයි. ඉතාමත් මනෝඥ, එමෙන්ම ප්‍රධාන ධාරාවේ දෘෂ්ටිවාදයට අනුකූල වන අදහස් පිළිබිඹු කෙරෙන කලා කෘති විදග්ධ ලෙසින් වටින්නේ ය අතර

හුදු ජනප්‍රිය ප්‍රමිතීන්ට අනුකූල කලා කෘති ග්‍රාම්‍ය ලෙසින් සැලකෙයි. නිර්මාණශීලිත්වයේ දෘෂ්ටි කෝණයෙන් බලන කල, විදග්ධ කලාව අතිවිශිෂ්ට ලෙසින් හැඳින්විය හැකි නමුදු ඒවා බොහෝ විට විවිධාකාර බලපෑම්වලට පාත්‍ර වූ බවක් පෙන්නුම් කරයි. කෙසේ වුව ද ජන සම්භවයක් සහිත ග්‍රාම්‍ය කලාව බෙහෙවින් ම ස්වාභාවික, නැවුම්, බලපෑම්වලට පාත්‍ර නො වූ සහ නිදහස් ආකාරයකින් නිමැවෙන බවක් පෙන්නුම් කරයි.

---

zhīyīn
## 知音
### අනුනාදයෙන් සංවේදනය

මෙය සාහිත්‍ය විචාරයේ යෙදෙන මූලික සංකල්පයකි. සාහිත්‍ය හා කලාත්මක කෘතිවල අන්තර්ගතය ඒවා නිර්මාණය කළවුන්ගේ සිතුවිලි ද සමඟින් අවබෝධ කරගෙන ඒවා අගය කිරීම මෙයින් ප්‍රකාශ කෙරෙයි. සංගීතයත් සමඟ අනුනාදයක් සහ සංවේදනයක් ඇති කර ගැනීමට හැකිවීම මෙහි මුල් අරුත විය. පසුව, ලේඛකයින්/කලාකරුවන්, ඔවුන්ගේ නිර්මාණ සහ පාඨකයන්/ප්‍රේක්ෂකයන් අතර අනුනාදයක් හෝ සංවේදනයක් ඇති කර ගැනීම මෙයින් හැඳින්විය.

---

dú wàn juàn shū,xíng wàn lǐ lù
## 读万卷书，行万里路
### පොත් දස දහසක් කියවීමෙන් "ලී" දස දහසක දුරක් යන්න

අන් අයගේ අත්දැකීම් උකහා ගැනීම උදෙසා යමෙකු හැකි තරම් පොත්වලින් දැනුම ලබාගත යුතු බව මෙයින් අදහස් කෙරෙයි. ඒ අතර ම, යමෙකු තම පෞද්ගලික අත්දැකීම් පෝෂණය කරගැනීමට සහ තම බුද්ධිමය සීමාව පුළුල් කර ගැනීමට ලෝකය සමඟ හැකි තරම් ඍජු සබඳතා වර්ධනය

කරගත යුතු බව ද මෙයින් කියැවෙයි. යමකු තමන් උගත් න්‍යායික දැනුම ප්‍රායෝගිකත්වය සමඟ අදාළ කරගත් විට සහ ඍජු හා වක්‍ර අත්දැකීම්වලින් ආභාසයක් ලබා ගන්නා විට ඔහු සැබෑ වූ දැනුම අත්පත් කර ගනියි.

yǐnshuǐ-sīyuán
饮水思源

**දිය බොන විට උල්පත අමතක නොකරන්න**

ජලය පානය කරන්නා එම ජලය තමන්ට ලැබුණු ආකාරය අමතක නො කළ යුතු ය. දකුණු සහ උතුරු රාජධානි යුගයේ දී, වසර 20 කට වැඩි කාලයක් තම භූමියෙන් පිටුවහල් වී සිටීමට යූ ශින් (ක්‍රිස්තු වර්ෂ 513 - 581) හට සිදුවිය. දකුණු රාජධානියේ පිහිටි තම ගම් බිම් ගැන නිතර ම සිහි කළ ඔහු, ගංගාවකින් ජලය බොන සෑම විටෙක ම එම ජලයෙහි ප්‍රභවය ගැන නිතරම සිතූ බවක් සිය රචනාවක සඳහන් කර ඇත. පසු කලෙක මෙය සුප්‍රසිද්ධ ජනවහරක් බවට පත්විය. මෙයින් අදහස් කෙරෙන්නේ යමෙකු කිසි විටෙකත් තම මුල අමතක නො කළ යුතු බවයි. එමෙන්ම සෑම විටෙක ම ඒ මුලට කෘතඥ විය යුතු බව ය. මෙය නිරන්තරයෙන් ම ඇගැයීමට පාත්‍ර වූ උසස් ගුණාංගයක් ය.

hé'érbùtóng
和而不同

**සහජීවනය විනා ඒකාත්මික බව නොවේ**

වෙනස්කම් සහ විවිධත්වයට ගරු කිරීම තුළින් සමස්ත සහජීවනය ළඟා කර ගැනීම මෙහි අර්ථයයි. ඒකාත්මික වීම සහ සහජීවනය යනු විවිධ වූ සමාජ කණ්ඩායම් කෙරෙහි වන සැළකීම සහ පිළිගැනීම පෙන්නුම් කෙරෙන වෙනස් ආකල්ප දෙකකි. ඒකාත්මික වීම යනු වෙනස්කම් මකා දැමීම වන අතර සහජීවනය යනු වෙනස්කම් තබා ගැනීමට ඉඩ දෙමින්

එකිනෙකාට ගරු කිරීමයි. එකිනෙක හා අනුපූරකවීමට සහ පරිපූරකවීමට විවිධ දේවලට ඉඩ දීමෙන් ජීව ගුණයෙන් සහ නිර්මාණශීලීත්වයෙන් සපිරි සහජීවනයක් නිර්මාණය කර ගත හැකි ය.

## අතිරේක කියවීම

### හනුමන් දෙවියන්

හනුමන් දෙවියන් යනු විෂ්ණු දෙවියන්ගේ එක් ස්වරූපයක් වෙන රාම දෙවියන්ගේ පරම භක්තිකයෙක් විය. ඔහුගේ භක්තිය කොපමණ ද කියතොත් ඔහුගේ සිතේ සිටින්නේ කවුරුන්ද යන්න ඇසූ විට මාගේ හදවතේ සිටින්නේ රාමා දෙවියන් සහ සීතා මෑණියන් පමණක් බව කියා සිටි බව සඳහන්ය. එකල එය ඔප්පු කිරීමට ඔහු සිය ලය පලා ඔහුගේ හදවත රාජ සභාවේ සියලු දෙනාට පන්වූ බවත් සැවොම පුදුම කරවමින් ඔහුගේ ලයේ ඔහුගේ දෙවියන් පමණක් සිටින බව සැවොම දුටු බවත් කියැවේ. එම නිසාවෙන්ම ඔහු රාම දෙවියන්ගේ පරම භක්තිකයා බව සැමදෙනාටම ප්‍රත්‍යක්ෂ වී ඇත. හනුමාන් යනු ශිව දෙවියන්ගේම ස්වරූපයක් බව රාමායනයේ පවසා තිබේ. හනුමාන් දෙවියන්ගේ උප්පත්ති කතාව වායු පුරානයේ මෙසේ සඳහන් වේ.

හනුමාන්ගේ මව වන්නේ අන්ජ්නා සහ පියා කේසරීය. කේසරී යනු වානර රජෙකි. මේ අන්ජ්නා යනු දිව්‍ය ලෝකයේ අඟනකි. ඇය වරක් මනු ලොව චාරිකාවේ යෙදෙන විට වානරයෙක් බවුන් වඩමින් සිටින අයුරු දකී. එය දුටු අන්ජනාට ඇගේ හිනාව පාලනය

කරගැනීමට නොහැකි වේ. මෙය නොතකූ වානරයා ඔහුගේ භාවනාව කරගෙන ගියත් අන්ජනා ඔහුගේ භාවනාවට කරදර වන ලෙස ගල්වලින් ගසන්නට ගනී. මෙයින් කෝපයට පත් වානරයා ඔහුගේ සැබෑ ස්වරූපය වන ඍෂි ස්වරූපයට පැමිණ ඇයට වානර ස්වරූපයක් එන ලෙස ශාප කරන්නට පටන් ගනී. මෙයින් දුකට පත් ඇය තම වරද තේරුම් ගෙන අන්ජනා ඍෂි වරයාගෙන් සමාව අයැද සිටී. ඔහුගේ ශාපයෙන් ඇය මිදෙන්නේ ශිව දෙවියන්ගේ ස්වරූපයකට ඇය විසින් උපත දුන්නොත් පමණක් බව වානරයා මෙහිදී පවසයි. මෙය ඇසූ අන්ජනා ශෝකයෙන් වනයක් දෙසට (ඉතිරිය කෙටියෙන්) ඇවිද යන විට කේසරී නැමැත්තෙක් ඇයව කරදරයකින් මුදවා ගනී. මේ හේතුවෙන් ඇය ඔහු සමඟ ප්‍රේමයෙන් බැඳී විවාහ වී ශිව දෙවියන් වෙනුවෙන් ළමයෙකු බලාපොරොත්තුවෙන් තපස් රැකීම ආරම්භ කරයි.

මේ අතර අයෝද්‍යාවේ දසරත රජුන් තම දේවීන් තිදෙනාට දරුවන් බලාපොරොත්තුවෙන් මහා අශ්ව මේද යනුවෙන් යාගයක් සිදු කරයි. මෙයින් ප්‍රීතියටත් ප්‍රසාදයත් පත් විෂ්ණු දෙවියන් අග්නි දෙවියන් අතේ දේවීන් තිදෙනාට අනුබව කරන ලෙස පැණි රසක් එවන අතර එය ගෙන එන විට ඔහුගේ අතින් එහි පිඬක් බිම වැටෙයි. එනමුත් ශිව දෙවියන්ගේ අණ පරිදි වායු දෙවියන් එය අල්ලාගෙන අන්ජනා හට ගෙනවිත් දී දෙයි. මෙය අනුභව කරන සියලු දේවීන් ගැබ් ගන්නා අතර කාලායාගේ ඇවෑමෙන් අන්ජනා හුරුබුහුටි වානර රුවක් ඇතු බලයෙන් ශක්තියෙන් සහ නුවණින් හෙබි දරුවෙකු බිහි කරයි. මොහුට ආන්ජනේයා නොහොත් අන්ජනාගේ දරුවා යනුවෙන් නමක් ලැබෙන අතරම වායු පුත්‍ර ලෙසත් කේසරී පුත්‍ර ලෙසත් ඔහුට තවත් නම් පටබැඳේ . එසේම

තෙවන පරිච්ඡේදය
භාෂාව සහ සාහිත්‍යය

ඇද උනු හක්කක් ඇති "හනුමාන්" යන නාමය ඔහුට ලැබෙන්නේ වරක් ඔහු සූර්යා පලතුරක් යන බව සිතාගෙන ඔහු එය අනුභව කිරීමට ගොස් තමාගේ හකුව පන්නා ගන්නා නිසාවෙනි. ඔහුගේ බල පරාක්‍රමය දැක සූර්ය දෙවියන් ඔහුගේ ගුරුවරයා බවට ද පත් වූ බව සඳහන් වේ.

රාම දෙවියන් හනුමාන්ගේ උපකාර ලබාගන්නේ නාරද මුණි විෂ්ණු දෙවියන්ට කරන ශාපයක් නිසාවෙනි. වරක් ඔහුට ස්ත්‍රියක් ගැන කැමැත්තක් පහල වී ඇයව වශී කර ගැනීම සඳහා විෂ්ණු දෙවියන්ගෙන් ඔහුගේ ස්වරූපය ඉල්ලා සිටින විටක විෂ්ණු දෙවියන් ඔහුගේ නමේ අනෙක් තේරුම වන වානරයා යන තේරුමෙන් ඔහුට වානර රුවක් ලබා දෙයි. මේ නිසාවෙන් එම ස්ත්‍රිය ඔහුව සමච්චලයට ලක් කොට ඔහුව අත හැර යන අතර මෙයින් කෝප ගන්නා නාරද මුණි විෂ්ණු දෙවියන්ට ශාප කොට පතන්නේ ඔහුගේ පතිනිය ඔහුව හැර දමා යත්වා කියාත් ඇයව සොයා ගැනීමට වානරයකුගේ සහය ගන්නට විෂ්ණු දෙවියන්ට සිදුවේවා ත් කියාය. මහා දෙවිවරු තිදෙනාගෙන් කෙනෙකු වූ විෂ්ණු දේවයන් හට මෙම ශාපය පිලිගැනීමට සිදුවන්නේ වෙනත් කෙනෙකුට ඔහු හෝ ඇගේ කැමැත්ත නොමැතිව ශාප කිරීමේ හැකියාවක් විෂ්ණු දෙවියන්ට නොතිබුණු නිසාවෙනි. එයින් කෝප වෙන විෂ්ණු දෙවියන්ගේ බිරිඳ වන ලක්ෂ්මි මැණියන් නාරද වෙත සදා බ්‍රහ්මචාරිව සිටීමට සිදුවන ලෙස නැවත ශාපයක් ලබා දෙයි. පසුකාලීනව විෂ්ණු දෙවියන්ගේ එක් ස්වරූපයක් වෙන රාම අවතාරයේ දී ඔහුට සිතා කුමරිය මුදවා ගැනීමට වානරයෙක් වෙන හනුමාන්ගේ සහය පැතීමට සිදුවේ.

හනුමාන් ශිව දෙවියන්ගේ එක් ස්වරූපයක් නිසාවෙන්ම

ඔහුට නවග්‍රහයන් පාලනය කිරීමට ද හැකියාව තිබේ. එමෙන්ම දුෂ්ට ශක්තීන් විනාශ කිරීම, අන් අය මරණයෙන් ගලවා ගැනීම, පවන මෙන් වේගයෙන් ගමන්කිරීම යන හැකියාවන්ගෙන් යුක්ත හනුමාන්, තමාගේ භක්තිකයන්ට සිය ශක්තියෙන් ආරක්ෂාව ද සපයා දේ.

තමා අදහන දෙවියන්ට පක්ෂපාතී භක්තිකයෙක් විය යුත්තේ කෙසේද යන පාඩම හනුමාන් ඔහුගේ චරිතය තුළින් අපට කියාදෙයි. ඒ වගේම සේවකයෙක් තම ස්වාමියාට කෙසේ සැලකිය යුතු ද සහ ස්වාමියෙක් තම සේවකයාට කෙසේ සැලකිය යුතු ද යනාදිය ද ඔහුගේ චරිතය දෙස බැලූ කල්හි මනාව පැහැදිලි වේ.

හනුමාන්ගේ ප්‍රසාද හිමි කරගැනීමට අදාල නිවැරදි ක්‍රමය ඔහුගේ නම උච්චාරණය කිරීමට යාම නොව රාම දෙවියන්ගේ නම නැවත නැවතත් උච්චාරණය කිරීමයි. නිතර “රාම් රාම් රාම් රාම්” යන නාමය මුවග තබාගැනීමෙන් හනුමාන් නිතැතින්ම අප සමග වාසය කරනු ඇත. හනුමාන් බ්‍රහ්මචාරි (අවිවාහකව සිටින) නිසාවෙන් ඔහුගේ භක්තිකයා ද එසේ වීම ඔහු වඩාත් ප්‍රිය කරයි.

හනුමාන්ගේ චරිතය නැවත නැවත කීමෙන් සියලු බිය සහ දුෂ්ටයන් විනාශ කර ගැනීමට හැකිවෙන බව බොහෝදෙනාගේ විශ්වාසයයි.

# චීන ඉතිහාසයේ ප්‍රසිද්ධ චරිතයක්

## ස්අව්-ෂුයෙ-චින්

ස්අව්-ෂුයෙ-චින් (1715–1763) යනු චීං රාජවංශ සමයේ දිවිගෙවූ නවකතාකරුවෙකු, කවියෙකු මෙන් ම සිත්තරුවෙකි. ඔහු චීන සාහිත්‍යයේ "ශ්‍රේෂ්ඨ නවකතා සතරින්" එකක් සේ සැලකෙන "රක්ත මන්දිරයේ සිහිනය" නැමැති නවකතාවේ කතුවරයා ලෙස ප්‍රචලිත ය. ස්අව්-ෂුයෙ-චින් ප්‍රසිද්ධ පවුලක උපත ලැබීය. ඔහුගේ මුත්තා, සීයා මෙන්ම පියා ද රජයේ වැදගත් තනතුරු දැරූ අතර අධිරාජ්‍ය පරම්පරා ගණනාවක ඉහළ ඇගයීමට ද ලක්ව තිබේ. යොං-ජෙං අධිරාජ්‍යයාගේ සමයේ වැඩවසම් පාලන පන්තියේ අභ්‍යන්තර දේශපාලන අරගලයකට මැදිහත්වීමෙන් ඔහුගේ පවුලට බරපතල ගැටලු රැසකට මුහුණදීමට සිදුවිය. ස්අව්-ෂුයෙ-චින්ගේ පියා අධිරාජ්‍යයා විසින් තනතුර අහිමි කරවන ලද පමණක් නොව, පවුලේ සියලු දේපළ රජයට භාර දීමට සිදු විය. මේ අවස්ථාවේදී ස්අව්-ෂුයෙ-චින් සිය පවුල සමඟ දිවිගෙවීම සඳහා බෙයිජිං වෙත පැමිණියේ ය. ඔහුගේ පවුල එහිදී දිගින් දිගටම පරිහානිය කරා යොමු වූ අතර යළි පැවැති තත්ත්වයට ළඟාවීමට නොහැකි විය. සිය දිවියේ සුවිශාල සන්ධිස්ථානයක් කරා පැමිණ ඇති බව දැනගත් ඔහු, ලෝකය උදාසීන බව ද වැඩවසම් සමාජය තුළ පොහොසත් හා බලවත් නිලධාරීන්ගේ පිල් මාරුව හෙළා දකින බව ද අවබෝධ කරගෙන සිටියේ ය. ඉන්පසු දිළිඳු බවින් මිරිකෙමින් දිවිගෙවා ඔහු බෙයිජිංහි බටහිර දෙසට ගොස් එහි පදිංචි විය. නොපසුබස්නා උත්සාහයෙන් යුතුව "රක්ත මන්දිරයේ සිහිනය" රචනය හා

සංශෝධනය සඳහා යොමු වූ ස්අව්-ෂුයෙ-චින් 1762 දී සිය බාල පුත්‍රයාගේ හදිසි අභාවයත් සමඟම වූ බලවත් ශෝකය හා තැවුල හේතුවෙන් ඔත්පල විය. වෛද්‍ය ප්‍රතිකාර නොමැති වූයෙන් 1762 පෙබරවාරි 12 දින ඔහු දිවියෙන් සමුගත්තේය. ස්අව්-ෂුයෙ-චින්ගේ "රක්ත මන්දිරයේ සිහිනය" නවකතාව අන්තර්ගතයෙන් පොහොසත්, චින්තනයෙන් ගැඹුරු හා කලාවෙන් උත්කෘෂ්ට වූ කෘතියකි. එය චීන සම්භාව්‍ය නවකතාව එහි කූටප්‍රාප්තිය කරා ගෙනඒමට යොමු කළ නිර්මාණයක් සේම සාහිත්‍ය සංවර්ධන ඉතිහාසයේ වැදගත් සන්ධිස්ථානයක් පුරවන්නක් ද වේ. "රක්ත මන්දිරයේ සිහිනය" නවකතාවෙහි ජියා පවුලට අත්වූ ඉරණම, ස්අව්-ෂුයෙ-චින්ගේ පවුලට අත් වූ ඉරණමට බෙහෙවින් සමාන වූ බැවින් මෙය ඔහුගේ ස්වයං චරිතාපදාන නවකතාවක් ලෙස සැලකිය හැකි බව බොහෝ විද්වතුන්ගේ අදහස ය. මෙම නවකතාවේ පරිච්ඡේද 120 කින් යුක්ත වන අතර එහි පළමු පරිච්ඡේද 80 බොහොමයක් ස්අව්-ෂුයෙ-චින් විසින් රචනා කර ඇති අතර අවසන් පරිච්ඡේද 40 වෙනත් අය විසින් පූර්ණ කොට තිබේ.

## සිතීමට යමක්

1. පුරාතන ඉන්දියානු සාහිත්‍යයේ පුරාණෝක්ති සාහිත්‍යය ඉතා වැදගත් ස්ථානයක් ගනී. චීනයේ පුරාතන සාහිත්‍යයේ එසේ එකක් දක්නට නොලැබේ. චීනයේ පුරාණෝක්ති සාහිත්‍යය එතරම් දියුණු නොවන්නේ ඇයි?

2. ස්අව්-ස්අව් සහ ජූ-ග්අ-ලියාං යන දෙදෙනා සැබෑ ජීවිතයේ කිනම් ආකාරයේ චරිත ද? "තුන් රාජධානි" නවකතාවේ කිනම් ආකාරයේ චරිත ද?

3. "ජල ආන්තිකය" යන නවකතාව ඇසුරින් නිර්මාණය වූ ටෙලි නාට්‍යයක් ලංකාවේ රූපවාහිනියේ ප්‍රදර්ශනය කොට තිබේ. ඔබගේ අදහස්වලට අනුව මෙවන් චීන සාහිත්‍යාංග විදේශීය රටවල්වල ප්‍රචාරය කරන විට අවධානය යොමු විය හැක්කේ කවර කරුණු වෙත ද?

4. "ජින්-පිං-මෙයි" චීන නවකතා ඉතිහාසයේ උසුලන ස්ථානය සහ එයින් සිදු වූ බලපෑම් පිළිබඳ විවරණයක් කරන්න.

5. "රක්ත මන්දිරයේ සිහිනය" චීනයේ කොතරම් ප්‍රසිද්ධ ද යන්න සඳහන් කරන්නේ ද යත් "රක්ත අධ්‍යයනය" යනුවෙන් ගුරුකුලයක් ද බිහි වී ඇත. මෙම නවකතාව උසස් ජයග්‍රහණයක් ලැබීමට තුඩු දුන් හේතු කවරේ ද?

# සිව්වන පරිච්ඡේදය

# කලාව සහ සංස්කෘතිය

චීන කලා ක්ෂේත්‍රයේ අක්ෂර කලාවට හිමි වී ඇත්තේ විශේෂ ස්ථානයකි. චීන අක්ෂර සේ අද්විතීය හා පරිපූර්ණ කලා ශෛලියක් බවට පත් වී ඇති වෙනත් අක්ෂර පද්ධතියක් ලොවේ දක්නට නොමැත. එපමණක් නොව මෙම අක්ෂර පද්ධතිය වසර දහස් ගණනක චීන සංස්කෘතියට උරුමකම් කියමින් අඛණ්ඩව වර්ධනය වෙමින් පවතී. කල් යත් ම මිනිසුන්ගේ ලිවීමේ පුරුදු, මෙවලම්, ක්‍රම සහ සංකල්පවල වෙනස්වීම් සමඟ චීන අක්ෂර කලාවේ තිබූ ආකර්ශනීයත්වය අඩු නොවූවා පමණක් නොව, පෙර නොවූ විරූ ලෙස පවත්වා ගෙන යමින් වර්තමාන චීනයේ වැඩිම පිළිගැනීමක් සහිත කලා ශෛලියක් බවට පත් වී ඇත. චීන අක්ෂර කලාව ගොඩනැගීම හා සංවර්ධනය වීම, චීන අක්ෂරවල විකාශය හා පරිණාමය අතර වෙන් කළ නොහැකි සම්බන්ධතාවයක් ඇත. එය චීන අක්ෂර මත පදනම් වී ඇති, සිහින් තන්තු සහිත පින්සලක් භාවිතා කරමින් චීන චිත්‍රාක්ෂර ලිවීමේ කලාවකි. එයින් අක්ෂර ලියන්නන්ගේ ආත්මය, චිත්ත ස්වභාවය, දැනුම සහ සදාචාරත්මක පැවැත්ම මනාව හුවා දක්වමින් චීන කලාවේ මූලික ලක්ෂණ මූර්තිමත් කරයි.

චීන සිතුවම් ඉතිහාසය ප්‍රධාන වශයෙන් චීන අනුවලන සිතුවම්වල ඉතිහාසය වන අතර, එහි ප්‍රධානතම අංගය වන්නේ වියතුන්ගේ සිතුවම් ය. එබැවින් චීන සිතුවම් ඉතිහාසය බොහෝ දුරට චීන වියතුන්ගේ සිතුවම්

චීන සාම්ප්‍රදායික ගොඩනැගිලි

ඉතිහාසය කෙරෙහි යොමු වී ඇත. සිතුවම් තාක්ෂණය අතින් චීන සිතුවම් දළ වශයෙන් සූක්ෂම සහ යතාර්ථනිරූපිත රටාව හා නිදහසේ සිතුවම් කිරීමේ රටාව යනුවෙන් කොටස් දෙකට බෙදා දැක්විය හැකි ය. නිදහසේ සිතුවම් කිරීමේ රටාවට අවධානය යොමු කළ වියතුන්ගේ සිතුවම් සම්ප්‍රදායේ ප්‍රභවය වෙයි-ජින් සහ නන්බෙයිචාඕ රාජවංශ සමයන්ට (220-589) දිවයයි. එබැවින් සාම්ප්‍රදායික චීන වියතුන්ගේ සිතුවම් බටහිර සිතුවම් සේ ආඛ්‍යානමය තේමාවන් ප්‍රකාශ කිරීම හෝ ආගමික මූලධර්මයකට සේවය කිරීම කලාතුරකින් සිදු විය. ඊට පටහැනිව ඒවා නිදහස් අභිලාෂ, පෞරුෂ සංකේත සහ චිත්ත ස්වභාවය ප්‍රකාශ කිරීමට පෙළඹෙයි. මෙය චීන විද්වතුන්ගේ දාර්ශනික චින්තනය, ජීවන රටාව හා ලෝක දෘෂ්ටිය යනාදිය හා සමීපව සම්බන්ධ වේ.

චීන අක්ෂර කලාව සහ සිතුවම් කලාව සංසන්දනය කරන කල්හි චීන ගෘහ නිර්මාණ කලාවෙන් චීන ජනයාගේ දාර්ශනික චින්තනය හා චින්තන ක්‍රමය වඩාත් හොඳින් පිළිබිඹු වන අතර, එය සාමාජීය ජන ජීවිතයට ඉතා

සමීප වේ. නගර, මාළිගා, පූජා භූමි, සොහොන්, පන්සල්, චීන දාගැබ්, ගල්ගුහා, උද්‍යාන, රජයේ කාර්යාල, පොදු ගොඩනැගිලි, මණ්ඩප, කුමරුන්ගේ නිවස්, පොදුජන නේවාසික ගොඩනැගිලි, මහා ප්‍රාකාරය සහ පාලම් යන වර්ග පහළොවකින් සමන්විත චීන හන් ජාතිකයන්ගේ ගෘහ නිර්මාණ සාම්ප්‍රදායික චීන ගෘහ නිර්මාණ ශිල්ප කලාවේ ප්‍රධානතම අංගය වේ. එමෙන්ම චීන ශෛලියේ අනුස්මරණ ආරුක්කු මාර්ග, ස්මාරක සහ චීන ඔරලෝසු කණුව ආදි අප්‍රධාන වාස්තු විද්‍යාත්මක අංග ද එහි අයත් වේ. ඉහත කී විවිධ ගෘහ නිර්මාණ ශිල්ප වර්ග චීන ගෘහ නිර්මාණ ශිල්ප කලාවේ සංවර්ධනය තුළින් පැවත ආ කලාවන් වන අතර විවිධ යුග, කලාප සහ ශෛලිය යන කරුණු නිසා වෙනස් වන ස්වරූපයන් ද දැක්වේ. චීන මහා ප්‍රාකාරය චීන ගෘහ නිර්මාණ ශිල්පයේ කැපී පෙනෙන සුවිශේෂී නිර්මාණයක් වේ. මානව වර්ගයාගේ ශ්‍රේෂ්ඨතම ව්‍යාපෘතියක් ලෙස හැඳින්විය හැකි එය, චීනයේ දීර්ඝ ඉතිහාසය සියැසින් දකිමින් චීන ජාතියේ ජීව ශක්තියේ සංකේතයක් වී තිබේ. බෙයිජිං නගරයේ පිහිටි තහනම් නගරය 15වන සියවසේ සිට වසර 500කට ආසන්න කාලයක් තුළ චීන අධිරාජ්‍යයේ ඉහළම බල කේන්ද්‍රස්ථානය විය. එමෙන්ම එය ලෝකයේ ඉතා මනා ලෙස සංරක්ෂිතව පවතින විශාලතම අධිරාජ්‍ය මාළිගා සංකීර්ණය ලෙස නම් කෙරේ. චීන ජාතිකයින් වසර 2000කට වැඩි කාලයක් තිස්සේ උද්‍යාන ඉදිකර ඇත. "ජ්‍යාං-නන් (යැන්සි ගංගාවට දකුණු දෙසින් ප්‍රදේශය)"වල පිහිටා ඇති පෞද්ගලික උද්‍යානවලට අද්විතීය ආකර්ශනයක් හිමිවන අතර, එය චීන ගෙවතු අලංකරණ කලාවේ ඉහළම ජයග්‍රහණය පෙන්නුම් කරයි. එමෙන්ම සාම්ප්‍රදායික චීන දර්ශනය, සෞන්දර්යාත්මක වින්දනය සහ සාරධර්ම මනාව පිළිබිඹු කරයි.

චීනයේ කලා ශිල්පවලට දීර්ඝ ඉතිහාසයක් තිබේ. එහි නොයෙක් වර්ග දක්නට ඇති අතර එහි ශිල්පීන්ගේ හසළ කුසලතා, චීන ජනතාවගේ ප්‍රඥාව සහ චීන සංස්කෘතියේ ගුණාංග යන කරුණු මනා ලෙස ඒකාබද්ධ වීමක්

පෙන්නුම් කරයි. ලෝකඩ හා පෝසිලේන් නිෂ්පාදනවල චීන ජනතාව විද්‍යාව හා තාක්ෂණය අතින් අත්පත් කරගත් ජයග්‍රහණ සහ සෞන්දර්යාත්මක වින්දනය දක්නට ලැබේ. චීන ලෝකඩ යුගය වසර 4000කට පෙර ආරම්භ වී වසර 1500ක් පුරාවට පැවතුණි. ෂියා, ෂාන් සිට චුන්ච්යු සහ ජන්ගුවෝ සමය දක්වාම චීනය තුළ විශිෂ්ට ලෝකඩ ශිෂ්ටාචාරයක් නිර්මාණය වී ඇත. දැනට ඓතිහාසික වටිනාකමෙන් පොහොසත් විශාල ප්‍රමාණයක ලෝකඩ භාණ්ඩ කැණීම්වලින් සොයාගනු ලැබුණු අතර ඒවායේ කලාත්මක වටිනාකම ඉතා ඉහළ ය. සමහරු පෝසිලේන් කලාව චීන සංස්කෘතියේ "ව්‍යාපාරික කාඩ්පත" ලෙසින් වර්ණනා කරති. ලෝකයේ බොහෝමයක් භාෂාවන්හි "චීනය" සහ "පෝසිලේන් (චයිනා)" යන්නට එකම වචනය භාවිත කෙරේ. ඉන් පෙනී යන්නේ චීනය හා අනෙකුත් විදේශ රටවල් අතර සංස්කෘතික හුවමාරුවේදී ඉතිහාසයේදී පෝසිලේන්වලට ප්‍රමුඛ ස්ථානයක් හිමිවී ඇති බවයි. චීනයේ පිඟන් මැටි තාක්ෂණයට ද ඉතා දීර්ඝ ඉතිහාසයක් හිමි වී ඇති නිසා පෝසිලේන් සංවර්ධන ඉතිහාසය චීන ජාතික සංවර්ධන ඉතිහාසයේ වැදගත් අංගයක් ලෙස හඳුන්වා දිය හැකි ය.

"ආහාර ජනතාවගේ දෙව්ලොව වැනිය" යන වැකියෙන් අවධාරණය වන්නේ චීන ජනතාවට ආහාර-පානවල ඇති වැදගත්කමයි. ඈත අතීතයේ පටන්ම චීනය යනු විශාල භූමියකට හිමිකම් කියමින්, නා නා ප්‍රකාර ආහාර හා පුරුදු දක්නට ලැබෙන රටකි. එහි සෑම ප්‍රදේශයකටම ආවේණික ආහාර-පාන ඇති අතර, ඒවායේ "වර්ණය, සුවඳ, රසය සහ හැඩය" නිසා සියළුම චීන ජනතාව එම ආහාර ලුහුබැඳ යයි.

චීන ජනතාවගේ ජීවන තත්ත්වය හඹා යෑම චීන සාම්ප්‍රදායික වෛද්‍ය විද්‍යාවෙන් ද මනාව පිළිබිඹු වේ. චීන සාම්ප්‍රදායික වෛද්‍ය විද්‍යාව වසර දහස් ගණනක සංවර්ධනයකින් පසුව ස්වාධීන මෙන්ම න්‍යායාත්මක ක්‍රම වේද සහ රෝග විනිශ්චය කිරීම් මෙන්ම ප්‍රතිකාර ක්‍රම ද සොයාගෙන ඇත.

චීන අක්ෂර කලාව සහ චීන සිතුවම්

වර්තමානයේ දක්නට ලැබෙන සාම්ප්‍රදායික චීන ඖෂධ, චීන කටු චිකිත්සාව, සම්බාහනය, ආහාර චිකිත්සාව සහ වෙනත් පොදු ප්‍රතිකාර ක්‍රම මෙන්ම "රෝග ලක්ෂණ අවකලනය හා ප්‍රතිකාර කිරීම", "රෝග ඇතිවීමට පෙර වැළැක්වීම" වැනි වෛද්‍ය ක්‍රියාකාරකම් ලොව පුරා ජනතාව හඳුනාගෙන මහත් හරසරින් යුතුව පිළිගෙන ඇත.

බෙයිජිං ඔපෙරා හි වේදිකා කලාව, කලාකරුවන් ගණනාවක් විසින් නිරත වන දිගු කාලීන වේදිකා පුහුණුව තුළින් සාහිත්‍ය, රංගනය, සංගීතය, ගායනය, ගුං (චීන සංගීත භාණ්ඩයක්) සහ බෙර, වේශ නිරූපණය, වෙස්මුහුණු යන අංශවල ශෛලිගත රංගන මාලාවක් නිර්මාණය කර තිබේ. ඉහත කී සියලු අංශ නිසි ලෙස මෙහෙයවිය නොහැකි නම්, බෙයිජිං ඔපෙරා වේදිකා කලාව නිර්මාණය කිරීමේදී සැබෑ දක්ෂයෙක් විය නොහැක.

සාම්ප්‍රදායික උත්සවවලට අවධානය යොමු කිරීම චීන ජනතාවගේ ජාතික අනන්‍යතාවේ පිළිබිඹුවක් වේ. චීන ජාතියේ සාම්ප්‍රදායික උත්සවයන් ආගම, පුද පූජා, තාරකා විද්‍යාව, දින දර්ශනය, මිථ්‍යාවන් සහ ජනප්‍රවාද පිළිබඳව ද සැලකිල්ලක් දක්වන අතර, ඒවායේ ගැඹුරු මෙන්ම පොහොසත් සංස්කෘතික අර්ථයන් ගැබ් වී ඇති බව පෙනේ.

# පළමුවන කොටස

# චීන අක්ෂර කලාව සහ චීන සිතුවම්

## චීන අක්ෂර කලාව

චීන අක්ෂර කලාව චීනයේ වඩා සුවිශේෂීම කලාව වන අතර, එය චීන සංස්කෘතියට වැදගත් අංගයක් එක් කරයි. පසුගිය වසර 4000 තුළ මෙම

රටේ ගණන් කළ නොහැකි සංඛ්‍යාවක විශිෂ්ට අක්ෂර කලාකරුවන් ද කැපී පෙනෙන අක්ෂර කලා නිර්මාණයන් ද බිහි වී තිබේ.

ඉබි කටු හෝ අස්ථි මත කැටයම් කොටා ඇති සෙල්ලිපි මෙතෙක් සොයාගත් පැරණිතම චීන අක්ෂර වේ. මෙම අක්ෂර පිහියකින් කැටයම් කළ වචන වුවද ඒවායේ හැඩයන්හි හතරැස්, වටකුරු, මහත, සිහින් බව දක්නට ලැබේ. එහි ව්‍යුහය හා සංයුතිය පසුකාලීන අක්ෂරවලට අඩිතාලමක් විය.

ජෝව් රාජවංශයේ "ජින්-වැන් (ලෝහ අක්ෂර)" ලෝකඩ භාණ්ඩ මත කැටයම් කර ඇති හෝ හැඩගස්වා ඇති අක්ෂර වූ අතර ඒවා ඉබි කටු අස්ථි අක්ෂරවලට වඩා අලංකාර හා වටකුරු ස්වභාවයක් ගනී. පසුකාලීනව බිහි වූ "ෂ්‍යාඔ-ජුවන් (කුඩා මුද්‍රා අක්ෂර)" සමඟ වෙන්කර හඳුනාගැනීමේ පහසුව තකා ලෝහ අක්ෂර "දා-ජුවන් (විශාල මුද්‍රා අක්ෂර)" යනුවෙන් ද හැඳින්වේ.

චිං රාජවංශ සමයේ චින්-ෂී-හුවං චීනය එක්සත් කිරීමෙන් පසු ඔහුගේ නියෝගයන්ට අනුව එකල අගමැති වූ ලී-ස්අ විසින් දියත් කරන ලද ප්‍රතිසංස්කරණ මාලාවට අක්ෂර සඳහා සම්මත ප්‍රමිතයක් ගෙනඒම අයත් විය. "කුඩා මුද්‍රා අක්ෂර" වූ කලී එම ප්‍රතිසංස්කරණයේ ප්‍රතිඵලයකි. මෙම අක්ෂරවල සම්මත ශෛලියක් දක්නට ලැබූ අතර මෙම අක්ෂර රේඛා ඉතා සුමට බවකින් ද ඒකාකාරී බවකින් ද යුතු වේ. එමෙන් ම අලංකාර වටකුරු ස්වභාවයක් ගන්නා මෙම අක්ෂර පැහැදිලි හා සුන්දර බවක් පෙන්නුම් කරයි.

හන් රාජවංශයේදී "ලී-ෂූ (නිල අක්ෂර)" චීන අක්ෂර ලිවීමේදී ප්‍රධාන ශෛලිය බවට පත් විය. නිල අක්ෂරවල පැතලි හා සතරැස් හැඩයක්, ස්ථාවර ව්‍යුහයක්, සරල, පැහැදිලි හා අලංකාර රේඛා පහරවල් දැකිය හැකි ය. විශේෂයෙන් ම බොහෝ අක්ෂරවල "බෝ-ජ්අ රටා" එනම් වක් වූ තරංගමය රේඛා රටාවක් දක්නට ලැබේ. මෙයින් නිල අක්ෂරවලට සරල මෙන්ම

සියුම්, ආකර්ශනීය බවක් සපයා දෙයි.

කල් යත්ම, වෙයි සහ ජින් රාජවංශ සමය වන විට “කයි-ෂූ (නිත්‍ය අක්ෂර)”, “ෂිං-ෂූ (ධාවන අක්ෂර)”, “ස්අව්-ෂූ (බැඳි අක්ෂර)” ප්‍රධාන අක්ෂර ශෛලියන් වී තිබේ. “නිත්‍ය අක්ෂර”වල පිළිවෙල, ඍජු පහරවල් මෙන්ම සතරැස් හැඩැති වූ වඩාත් ප්‍රමිතිගත ව්‍යුහයක් දක්නට ලැබේ. චීන අක්ෂර “නිල අක්ෂර” ශෛලියේ සිට “නිත්‍ය අක්ෂර” ශෛලිය දක්වා පරිණාමය වීමේදී ජොං-යාඕ ඉතා වැදගත් කාර්යයක් ඉටු කළේ ය. “ධාවන අක්ෂර” සහ “බැඳි අක්ෂර” භාවිතා කිරීමෙන් ලිවීමේ වේගය තරමක් වේගවත් වන අතර වඩාත් සුමට රිද්මයක් හා ශක්තිමත් ප්‍රායෝගිකභාවයකින් යුක්ත වේ. එසේම එම ශෛලි දෙකට පොදු ජනයා වැඩි කැමැත්තක් දැක්වූහ. මෙම ශෛලි දෙකම කදිමට හසුරුවිය හැකි සුප්‍රකට චීන අක්ෂර කලාකරුවෙකු වූ වං-ෂී-ජ් ගේ අත්අකුරු, එහි දක්නට ලැබෙන නිදහස්, සුන්දර සහ සරල බව හෙයින් චීන අක්ෂර කලා ඉතිහාසයේ අතිවිශිෂ්ට ස්ථානයක් උසුලයි. ඔහු විසින් නිර්මාණය කරන ලද “ලැන්ටින් පෙරවදන” නම් පිටපත “ලොව විශිෂ්ටතම ධාවන පිටපත” ලෙස හැඳින්වේ. මෙම කාල පරිච්ඡේදය තුළ උතුරු චීනයේ ජනප්‍රිය වූ නිත්‍ය අක්ෂර ශෛලිය, “වෙයි සෙල්ලිපි මෝස්තර” ලෙස නම් වූ අකුරු

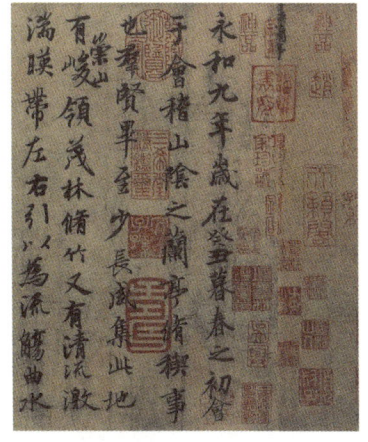

ජිං වං-ෂී-ජ් ලියූ “ලැන්ටින් පෙරවදන”
(ෆෙන්-චැන්-සූ විසින් පිටපත් කරන ලදී)

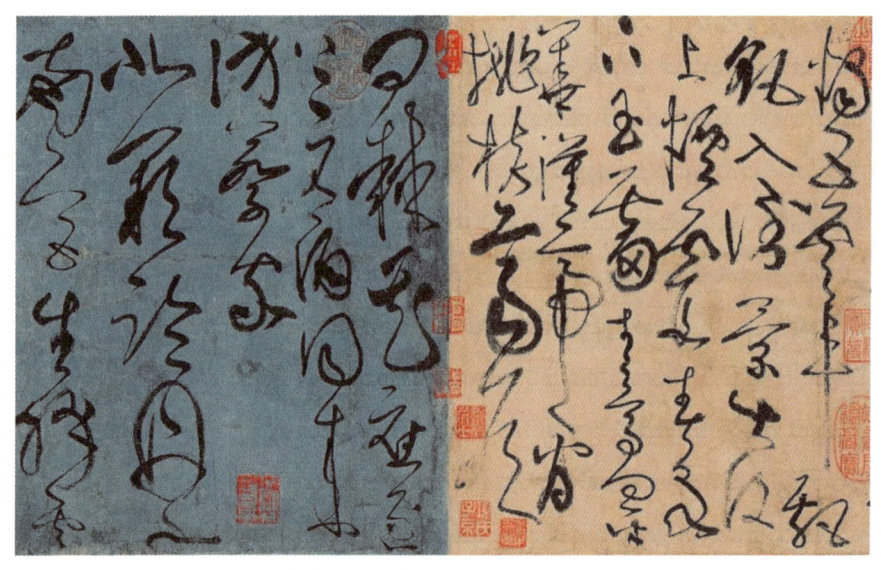

තං ජාං-ෂූ ලියූ "පැරණි කාව්‍ය සතර" (කොටසක්)

ශෛලිය ඉතා සාත්වික, ප්‍රබල හා සරල ලක්ෂණයන්ගෙන් යුක්ත වේ.

තං රාජවංශය චීන අක්ෂර කලාවේ උච්චතම අවස්ථාව වූ අතර, "කයි-ෂූ (නිත්‍ය අක්ෂර)", සහ "ස්අව්-ෂූ (බැඳි අක්ෂර)" පිටපත්වලින් වැඩිම කලාත්මක ජයග්‍රහණ අත්පත් කරගත් අතර පසු පරම්පරාවන්ට විශාල බලපෑමක් එල්ල විය. තං රාජවංශයේ නිත්‍ය අක්ෂර කලාවෙහි ඇති සුවිශේෂී ලක්ෂණය වන්නේ සෑම රූපයකටම දැඩි ලිවීමේ නීති හා රෙගුලාසි පැවතීමයි. තං රාජවංශයේ නිත්‍ය අක්ෂර කලාව අතින් විශිෂ්ට ජයග්‍රහණයක් ලබාගත් කලාකරුවෝ බොහෝමයක් සිටියහ. ඔවුන් අතර ඔවු-යාං-ෂූන්, යැන්-ජෙන්-චිං සහ ලියු-ගුං-චුවැන්යනාදීන් වූ අතර සෑමටම තමාට ආවේණික වූ කලාත්මක ශෛලියක් ඇත. ජාං-ෂූ හුවයි-සූ විසින් නියෝජනය කරන ලද තං රාජවංශයේ බැඳි අක්ෂර කලාවේ කාව්‍යමය ගුණය සහ හැඟීම් ප්‍රකාශන හැකියාව ඉහළම ස්ථානයකට ගෙන ආවේ ය. ඔවුන්ගේ අක්ෂර කලාව විවිධාකාර මෙන්ම රළු, නිදහස් ස්වභාවයක් ද පෙන්නුම් කෙරේ. එම නිසා

එය "අතිශයින් නිදහස් බැඳි අක්ෂර රටාව" ලෙස හැඳින්වේ.

සුං රාජවංශයේ අක්ෂර කලාව මඟින් එකල බුද්ධිමතුන්ගේ සෞන්දර්යාත්මක රසාස්වාදය හා පුද්ගල ලුහුබැඳීම් වඩාත් හොඳින් පිළිබිඹු වේ. තං රාජවංශ සමයේ ස්ථාපිත වූ නීති-රීති මාලාවෙන් මිදීමට සුං සමයේ අක්ෂර කලාකරුවන් උපරිම උත්සාහයක් ගත් අතර, ආත්මීය සැනසීම, ප්‍රීතිය හා සුහදතාවය ප්‍රගුණ කිරීමට උත්සාහ ගත්තේ ය. ඒ අතරින් වඩාත් සුප්‍රසිද්ධ වූයේ සූ-ෂී, හුවං-තිං-ජියැන්, මී-ෆූ, ත්ස් අයි-ෂ්‍යාංයනාදීහු ය. චීන අක්ෂර කලාකරුවන් වූ ඔවුන් සැවෝම අග්‍රගන්‍ය ලේඛකයින් මෙන්ම විශිෂ්ට විද්වතුන් ද වූහ.

යුවැන්, මිං සහ චිං රාජවංශ සමයන්හි අක්ෂර කලාව විවිධාකාරයෙන් නවීකරණය කිරීමට ජාඕ-මොං-ෆූ, වෙන්-ජෙං-මිං, ලියු-යොං, සහ වෙං-ෆං-ගං යනාදීන් දායක වූ අතර, පසු පරම්පරාවන්ට ද සැලකිය යුතු බලපෑමක් එල්ල විය.

චීන අක්ෂර කලාව හුදු ලිවීමේ ක්‍රමයක් හෝ රීතියක් නොවේ. මෙය බටහිර අක්ෂර ක්‍රමයට වඩා සම්පූර්ණයෙන්ම වෙනස් වූ ක්‍රමයකි. චීන අක්ෂර මත පදනම් වන චීන අක්ෂර කලාව සඳහා නිරවද්‍යතාවය හා ලිවීමේ ප්‍රවීණතාවය අත්‍යවශ්‍ය වන අතර, ඒ තුළ වැදගත් වන්නේ අක්ෂර ආකෘතියේ සුන්දරත්වය පෙන්නුම් කිරීම පමණක් නොව, නිර්මාණකරුවන්ගේ සෞන්දර්යාත්මක වින්දනය, චරිත ලක්ෂණ මෙන් ම පුද්ගල පෞරුෂය ද අන්තර්ගත කළ යුතු වීමයි.

චීන අක්ෂර කලාව ස්වාධීන කලා කාණ්ඩයක් ලෙස නම් කරන්නේ ප්‍රධාන වශයෙන් සාධක දෙකක් එහි අන්තර්ගත වීම නිසා ය. එක් සාධකයක් වන්නේ චීන අක්ෂර ය. එය රූපමය, සංකේතාත්මක, දෘෂ්ටිවාදාත්මක යන ලක්ෂණයන්ගෙන් යුක්ත වීම හෙයින් කලාකරුවන්ගේ නිර්මාණ කටයුතුවලට පදනමක් සපයයි. අනෙක් සාධකය නම් චීන පින්සල ය. පින්සල යොදාගනිමින්

අක්ෂර ලිවීමේදී චීන අක්ෂරවල රේඛා සියුම් ලෙස ඇඳ දැක්විය හැකි ය. අක්ෂරවල රේඛා මෙහෙයවන විලාසය (ලිවීමේ තාක්ෂණික ක්‍රම වේද), එක් එක් අක්ෂරයේ ව්‍යුහයේ සුන්දරත්වය (අක්ෂරවල කොටස් සංවිධානය) සහ සමස්ත පිටපතෙහි විවිධ අක්ෂර පිරිසැලසුම් කිරීම (සංයුතියේ කලාව) යන දෑ පිළිබඳ අක්ෂර කලාව ප්‍රගුණ කිරීමේදී සහ කෘති එළි දැක්වීමේදී අවධානය දැක්විය යුතු ප්‍රධාන සාධක වේ. ඊට අමතරව, යමෙකුගේ දැනුම හා සදාචාර ගුණාංග බොහෝදුරට ඔහුගේ අක්ෂර ලිවීමේ මට්ටමට වැදගත් බලපෑම් සිදු කළ හැකි ය.

## චීන සිතුවම් කලාව

චීන අක්ෂර කලාව සහ චීන සිතුවම් කලාව චීන ජනයා වැඩියෙන්ම ලැදියාවක් දක්වන සාම්ප්‍රදායික කලා අංගයන් වේ. ඒවායේ පොදු ලක්ෂණ කිහිපයක් ද දක්නට ලැබේ. ප්‍රථමයෙන්ම, චීන අක්ෂර පින්තූරවලින් ක්‍රම ක්‍රමයෙන් පරිණාමය වී ඇති චිත්‍රාක්ෂර වන නිසා පින්තූර මත පදනම් වී බිහි වන චීන සිතුවම් කලාව හා අක්ෂර මත පදනම් වී බිහි වන අක්ෂර කලාවට එක් ආකාරයේම සම්භවයක් තිබේ. දෙවනුව, ඒවාට භාවිත වන මෙවලම් චීන පින්සල් වන අතර, භාවිත වන සියලුම පින්සල් පහරවල් එක් ආකාරයක් ගනී. චිත්‍ර ශිල්පියා අක්ෂර ලිවීමේ රේඛාවලින් සිය නිර්මාණය කර ඇති බව පැවසීම සාවද්‍ය නොවේ. තෙවනුව, අක්ෂර සහ සිතුවම් කලාවන් දෙකට එකම සෞන්දර්යාත්මක ප්‍රමිතීන් සහ කලාත්මක අභිප්‍රායයන් ඇත. මෙම කලාවන් දෙක පැරණි චීන විද්වතුන් ප්‍රගුණ කළ යුතු කුසලතා වූ අතර නිර්මාණකරුවන්ගේ ආත්මීය පරමාදර්ශය පිළිබිඹු කරයි. මීට අමතරව, චීන සිතුවම්වල අක්ෂර කලාව භාවිතයෙන් කවි රචනා කිරීම නිතරම දක්නට ලැබේ. එයින් චීන කාව්‍ය කලාව, අක්ෂර කලාව සහ සිතුවම් කලාව සම්මිශ්‍රණය වී ඒකාබද්ධ කලා අංගයක් බවට පත් වේ.

ජන්ගුවෝ "මිනිස්සු, මකර සහ ෆීනික්ස් සිතුවම්"

බොහෝ විට "චීන සිතුවම්" ලෙස හැඳින්වනුයේ ෂුවැන් කඩදාසියක් හෝ සේද රෙද්දක් මත පින්සල්, ජලය, සාම්ප්‍රදායික වර්ණ සහ තීන්ත භාවිත කර ඇඳ ඇති සිතුවම් ය. එහි ප්‍රධාන තේමාවන් වන්නේ මිනිස් රූප, භූ දර්ශන, මල් සහ කුරුල්ලන් වේ. සූක්ෂම සහ යතාර්ථනිරූපිත රටාව සහ නිදහසේ සිතුවම් කිරීමේ රටාව ප්‍රධාන වශයෙන් භාවිතා වන සිතුවම් කිරීමේ ශිල්ප ක්‍රම වේ.

චීන ජාතිකයින් කඩදාසි සොයාගැනීමට පෙරාතුව සේද රෙදි මත සිත්තම් කිරීම වැඩිපුර දක්නට ලැබේ. ජන්ගුවෝ සමයේදී "මිනිස්සු, මකර සහ ෆීනික්ස් සිතුවම්" චීනයෙන් සොයාගනු ලැබූ පැරණිතම සේද සිතුවම් ලෙස නම් කළ හැකි ය. වෙයි, ජින් සහ නන්බෙයිචාඕ රාජවංශ සමයේදී චීන සිතුවම්වල පරිණතභාවය සනිටුහන් කරමින් චිත්‍ර "චිත්‍ර ශිල්පියා" යන අනන්‍යතාවය ඓතිහාසික ග්‍රන්ථ හා වාර්තාවලට ඇතුළත් විය. දුංජින් රාජවංශයේ ගු-කයි-ජි මෙම කාල පරිච්ඡේදයේ සිටි වඩා බලවත් චිත්‍ර ශිල්පීන්ගෙන් කෙනෙකි.

චීන සිතුවම් ඉතිහාසයේ සුයි සහ තං රාජවංශ වැදගත් ස්ථානයක්

හිමිකර ගනී. මානව රූප සිතුවම් මෙම යුගයේ වඩාත්ම පරිණත අවස්ථාවකට පත් විය. ආගම සහ මාළිගා ජීවිතය යනු මෙම සිතුවම්වල ප්‍රධාන තේමාවන් දෙක විය. "සිතුවම් සාන්තුවරයා" ලෙස අන්වර්ථ නාමය ලැබූ වූ-දාඕ-ත්ස රේඛාවලින් හැඟීම් ප්‍රකාශනය කිරීමේ හැකියාව වැඩිදියුණු කොට සිත්තම් නිර්මාණයේ යෙදුණි. ඔහුගේ "අමරණීයයන් අසූහත් දෙනාගේ චිත්‍රය" නම් සිතුවමෙන් නියෝජනය කරන්නේ ආගමික තේමා ඇසුරින් සිතුවම් කලාවේ විශිෂ්ට ජයග්‍රහණයයි. ජාං-ෂුවැන්ගේ "වසන්ත දර්ශන නැරඹීමේ ගුඕ රජයේ වංශාධිපතිනියගේ සිතුවම" සහ ජෝව්-ෆංගේ "හිසේ මල් සහිත කාන්තාවන්" යන සිතුවම් දෙකම වංශාධිපති කාන්තාවන්ගේ ජීවිතය තේමා කරගත් විශිෂ්ට සිතුවම් වේ. මහා කවියකු වූ වං-වෙයි ඔහුගේ භූ දර්ශන සිතුවම්වල නිහතමානී හා උදාසීන කාව්‍යමය මනෝභාවයන් ඉස්මතු කරමින් "වියතුන්ගේ සිතුවම්" යන නව සිතුවම් ශෛලියට පූර්වාදර්ශයක් ලබා දුන්නේ ය. එමෙන් ම, තං රාජවංශීය මල් හා කුරුළු සිතුවම් ද ඉතා පරිණත වූ අතර, සතුන් හා ශාක සිත්තම් කිරීම සඳහා ප්‍රසිද්ධ චිත්‍ර ශිල්පීන් ඉදිරිපත් වී සිටියේ ය. කෙටියෙන් පැවසුවහොත්, තං රාජවංශයේ සිතුවම් පුළුල් පරාසයක විහිදී ගොස් යමින් එහි ඇති විශිෂ්ටත්වය සහ ජයග්‍රහණ මතු පරම්පරාවේ සිතුවම් කෙරෙහි විශාල බලපෑමක් ඇති කළේ ය.

සුං රාජවංශය චීන සිතුවම්වල ස්වර්ණමය යුගය විය. බෙයිසුං රාජවංශය ආරම්භයේදී රජය විසින් රටේ සිටි විශිෂ්ටතම චිත්‍ර ශිල්පීන් ඒකරාශී කොට අධිරාජ්‍ය කලාගාරය ආරම්භ කරන ලදී. එපමණක් නොව, හුයි-ත්සොං අධිරාජ්‍යයාගේ නියෝගයට අනුව, අධිරාජ්‍ය විභාගයට නිල වශයෙන් චිත්‍ර කලාව ඇතුළත් විය. සුං රාජවංශයේ රජමාළිගා සිතුවම් සූක්ෂම සහ යතාර්ථනිරූපිත රටාවට අතිශයින් අවධාරණය කරමින් සිතුවම්වල සෞන්දර්යාත්මක මෙන්ම ඓතිහාසික වටිනාකමින් පරිපූර්ණ විය. නිදසුනක් ලෙස, ජාං-ත්සෙ-දුවං විසින් සිතුවම් කොට ඇති "චිංමිං උත්සව

පළමුවන කොටස
චීන අක්ෂර කලාව සහ චීන සිතුවම්

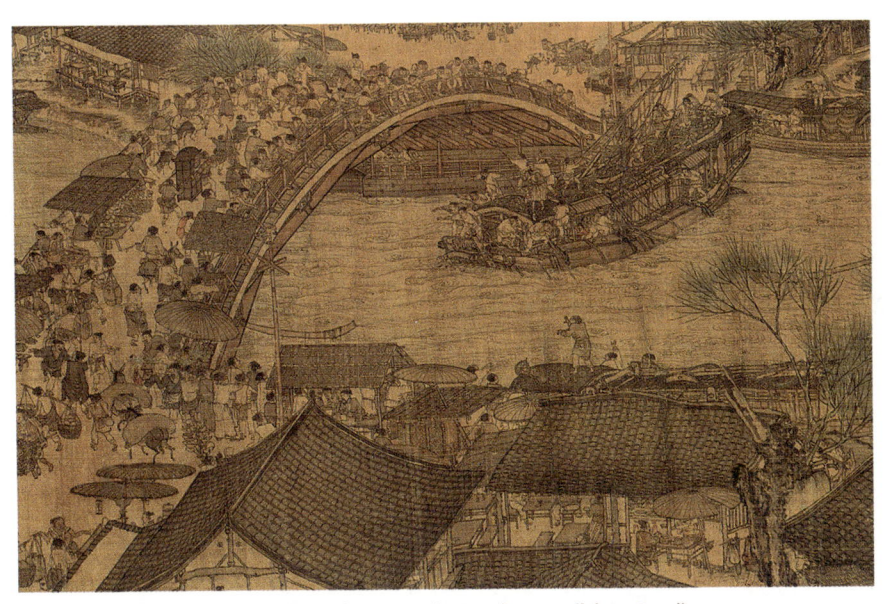

සුං ජං-ස්අ-දුවන් සිතුවම් කළ "චිංමිං උත්සව සමයේ ගඟ අද්දර දසුන" (කොටසක්)

සමයේ ගඟ අද්දර දසුන"වල බෙයිසුං රාජවංශයේ අගනුවර වන බියැන්-ජිං හි (වර්තමාන හ-නන් පළාතේ කයි-ෆෙං නගරය) නාගරික පෙනුම සහ සමාජ ජීවිතය විචිත්‍රවත් ලෙස නිරූපණය කළේ ය. රජමාළිගා සිතුවම්වලට වඩා වෙනස්ව, සුං සමයේ "වියතුන්ගේ සිතුවම්" "දළ සමානාත්වය (යම්කිසි දෙයක හෝ කෙනෙකුගේ දළ ස්වරූපය ඇඳ දැක්වීම)" අවධාරණය කළේ ය. සූ-ෂී විසින් නියෝජනය කරන ලද විශාරද නිලධාරීන් මෙම සිතුවම් ශෛලිය පිළිපැදීමට උත්සුක විය. බාහිර ස්වරූපයට සීමා නොවී හදවතේ හැඟීම් ප්‍රකාශ කිරීම අවධාරණය කළ මෙම සිතුවම් ශෛලියෙන් චීන සිතුවම්වල සරල හා මෘදු සෞන්දර්යාත්මක නැඹුරුව මනා ලෙස පිළිබිඹු විය.

යුවැන් රාජවංශයේ මොංගෝලියානු පාලකයින් විවිධ ජාතීන්ට වෙන් වෙන් ක්‍රමවලට සැලකීමේ ප්‍රතිපත්තියක් ක්‍රියාත්මක කළ අතර, එමගින්

යුවැන් හුවං-ගොං-වං සිතුවම් කළ "ෆූ-චුං කඳුකරයේ වාසය කිරීම" (කොටසක්)

නොයෙක් හන් ජාතික ප්‍රාඥයින් සාහිත්‍ය හා කලාත්මක නිර්මාණ හරහා සිය අදහස් සහ හැඟීම් ප්‍රකාශ කර සිටියේ ය. ඔවුන්ගේ සිතුවම්වල යථාර්ථය මඟ හරින අකර්මණ්‍ය අදහස් පෙන්නුම් කර ඇත. චිත්‍ර ශිල්පය අතින් ඔවුන් සිය කලාත්මක රස වින්දනය සහ සිතුවම් කලාක්‍රමයක් අවධාරණය කරමින් "වියතුන්ගේ සිතුවම්" නව මානයකට ගෙනගොස් ඇත. තං සහ සුං යුගයේ සිතුවම් සම්ප්‍රදායට නැවත පැමිණීම වෙනුවෙන් පෙනී සිටි ජ්ආඕ-මොං-ෆූ, යුවාන් සමයේ මුල් භාගයේ ප්‍රකටම චිත්‍ර ශිල්පියා විය. එමෙන්ම යුවැන් සමයේ අග භාගයේ වඩා ප්‍රබලම සිතුවම්කරුවන් ලෙස හ්වං-ගුං-වං, නී-ත්සැන්, වං-මෙං සහ වූ-ජෙන් යනාදීන් "යුවැන් සමයේ සතර මහා ශිල්පීන්" ලෙස නම් විය.

මිං රාජවංශයේ සිටම, වියතුන්ගේ සිතුවම්වල සෞන්දර්යාත්මක රසය හා කලාත්මක වටිනාකම අධිරාජ්‍යයා විසින් හඳුනාගෙන ඇති බැවින් එම කාලයේ රජමාළිගා සිතුවම් හා වියතුන්ගේ සිතුවම් අතර තිබූ වෙනස්කම් ක්‍රම ක්‍රමයෙන් අඩු වෙමින් පැවතුණි. මිං රාජවංශය චීන සිතුවම් ශෛලීන් විවිධාකාරයෙන් ගෙනහැර පෑමේ වැදගත් අවධියක් විය. මිං රාජවංශයේ ප්‍රාදේශීය සිතුවම් ගුරුකුල ගණනක් මතු වූ අතර නිදසුන් ලෙස දයි-ජින්ගේ නායකත්වයෙන් යුතු "ජ්අ සිතුවම් ගුරුකුලය"

ද ෂෙන්-ජෝව් සහ තං-ඉන් ඇතුළු තවත් කලාකරුවන් "වු සිතුවම් ගුරුකුල" ද නියෝජනය කළේ ය.

චිං රාජවංශයේ සිතුවම් ගුරුකුල අතින් ද ශෛලිය අතින් ද විවිධාකාර බවත් පෙන්නුම් කළේ ය. රජමාළිගා සිතුවම්වල නව මුහුණුවරක් විදහා දැක්විය. ලං-ෂී-නින් (Giuseppe Castiglione) නම් ඉතාලි ජාතික මිෂනාරිවරයා බටහිර සිතුවම් ශිල්ප ක්‍රම, චීන සිතුවම්වලට කැටි කොට සාම්ප්‍රදායික චීන කලාව පොහොසත් කළේ ය. "යං-ජෝව් හි විධිවිරෝධී කලාකරුවන් අටදෙනා" විසින් නියෝජනය කරන ලද වියතුන්ගේ සිතුවම්කරුවෝ සාම්ප්‍රදායික විලංගුවලින් මිදී, පුද්ගලවාදී ශෛලියන් අනුගමනය කරමින් වෘත්තීය චිත්‍ර ශිල්පීන්ගේ බවට පත් වෙමින් සිටියහ.

නූතන හා සමකාලීන චීන සිතුවම් කෙරෙහි බටහිර සිතුවම් නොයෙක් ආකාරයෙන් බලපෑම් කර ඇති අතර, සම්ප්‍රදායට උරුකම් කීම හා නව්‍යකරණය සඳහා බොහෝ උත්සාහයන් හා ගවේෂණ සිදුකර තිබේ. චි-බයි-ෂ්අ නම් සිත්තරුවා නූතන චීන චිත්‍ර සිතුවම් කලාව නියෝජනය කරන සුප්‍රසිද්ධ සිත්තරුවන්ගෙන් කෙනෙකි.

## චීන සංස්කෘතියට අදාළ ද්විභාෂා වචන මාලාව

| | |
|---|---|
| 书法 | චීන අක්ෂර කලාව |
| 毛笔 | සිහින් තන්තු සහිත චීන පින්සල |
| 宣纸 | ෂුවැන් කඩදාසි |
| 行书 | ධාවන අක්ෂර |
| 草书 | බැඳි අක්ෂර |
| 工笔 | සූක්ෂම සහ යතාර්ථනිරූපිත රටාව |
| 写意 | නිදහසේ සිතුවම් කිරීමේ රටාව |
| 帛画 | සේද රෙදි සිතුවම් |
| 文人画 | වියතුන්ගේ සිතුවම් |
| 人物画 | මානව රූප සිතුවම් |
| 山水画 | භූ දර්ශන සිතුවම් |
| 花鸟画 | මල් හා කුරුළු සිතුවම් |
| 宫廷画 | රජමාළිගා සිතුවම් |

## චීන සංස්කෘතික හා චින්තනික පද

dānqīng
丹青
**රතු-නිල් ගැන්වීම**

තන් (丹, රතු) සහ චිං (青, මයුරනිල්) යනු සාම්ප්‍රදායික චීන සිතුවම් ඇඳීමේ දී නිතර භාවිතා කෙරුණු වර්ණ දෙකකි. රත් හිරියල්වලින් (එනම්, සාදිලිංගම්වලින්) රතු පැහැය ද රාජාවර්ත පාෂාණයෙන් මයුරනිල් පැහැය ද උකහා ගැණිනි. මුල් කාලයේ දී, චීන සිතුවම්වල රේඛා ඇඳීමට හෝ වර්ණ පිරවීමට රත් හිරියල් සහ රාජාවර්ත පාෂාණයෙන් ලබා ගත් වර්ණ බොහෝ විට භාවිතා කෙරිණි. තන්-චිං යන පදයෙන් පොදුවේ පින්තාරු කිරීම යන්න කියැවුණේ ද එබැවිනි. පසුකාලීනව තීන්ත සහ සේදීම් ක්‍රම භාවිතයට ඒම හේතුවෙන් රත් හිරියල් හා රාජාවර්ත පාෂාණයෙන් සාදන ලද වර්ණ භාවිතය ක්‍රමයෙන් ප්‍රතිස්ථාපනය විය. මේවා ඉතා දීප්තිමත්, කැපී පෙනෙන වර්ණ වන බැවින් ද, කාලයත් සමඟ සැලකිය යුතු ලෙසින් වර්ණය පිරිහී නොයන බැවින් ද, එ කල විසූවෝ යහපත් දේ වාර්තා කිරීමට රතු-අක්‍ෂර පොත් ද ඓතිහාසික සිදුවීම් වාර්තා කිරීමට මයුරනිල්-අක්ෂර පොත් ද භාවිතා කළහ. යමෙකුගේ කැපී පෙනෙන, අමතක කළ නොහැකි, ඉතිහාසගත කිරීමට සුදුසු කාර්යයක් දැක්වීම සඳහා ඉතිහාසඥයෝ බොහෝ විට තන්-චිං යන යෙදුම භාවිතා කළහ.

shuǐmòhuà
水墨画
**"ජල-තීන්ත" සිතුවම්**

චිත්‍රයක් ඇඳීම සඳහා යොදා ගන්නා තීන්ත ආලේපන තනුක කිරීමෙන් එය වර්ණ ගැන්වීම මෙයින් අදහස් කෙරෙයි. මෙම ක්‍රමය අනුගමනය කිරීමේ දී භාවිතා කළ යුතු වර්ණ ප්‍රමාණය අවම ය. මේ අනුව ඇඳි චිත්‍ර සාම්ප්‍රදායික චීන සිතුවම් ලෙසින් හැඳින්වේ. මේ සඳහා තීන්ත, ජලය, පින්තාරු බුරුසුව සහ ෂුවැන් කඩදාසි භාවිතයෙන් නිපැයූ කඩදාසි පමණක් භාවිතා කෙරෙයි. මේ ක්‍රමයට අඳින සිතුවමක් සාමාන්‍යයෙන් හැඩ ගැන්වෙන්නේ කළු සුදු වර්ණයේ සායම්වලින් සහ ජලයෙන් පමණකි. කෙසේ වුව ද, ඇතැම් ජල-තීන්ත සිතුවම්වල මල් සහ කුරුල්ලන්ගේ රූප විචිත්‍ර වර්ණවලින් පින්තාරු කරන හෙයින් එය "විචිත්‍ර-තීන්ත සිතුවම්" ලෙස හැඳින්වේ. සමස්තයක් ලෙසින් ගත් කල, මෙම චීන ජල-තීන්ත සිතුවම් ක්‍රමයට අනුව ඇඳි ඇත පිහිටි වස්තූන්ගේ නිරූපණ උපස්ථිතිවාදී යැයි කිව හැකි ය, කෙසේ වුව ද, මෙම ක්‍රමයට ඇඳි ආසන්නයේ ඇති වස්තූන්ගේ නිරූපණ යථාර්ථවාදී ය. වර්ණ තීව්‍රතා දක්ෂ ලෙස හැසිරවීමෙන් සහ කලාත්මක වාතාවරණයක් නිර්මාණය කිරීමෙන් සිතුවම්වල "අධ්‍යාත්මික ජීවමය" වටිනාකම ඉදිරියට ගෙන ඒමට චිත්‍ර ශිල්පියා සමත් වෙයි.

suìhán-sānyǒu
岁寒三友
**ශීත සෘතුවේ මිතුරන් තිදෙනා**

"ශීත සෘතුවේ මිතුරන් තිදෙනා" යනුවෙන් හැඳින්වෙන්නේ සුං (පයින්), උණ සහ මෙයි (ප්ලම්) යන ශාක ත්‍රිත්වය ය. සාම්ප්‍රදායික සංස්කෘතිය තුළ, ශාක හා සතුන්ගේ ස්වාභාවික ගුණාංග මත පදනම් වී ඇතැම් මානව ලක්ෂණ

ඒවාට ආරෝපණය කර තිබිණි. පයින් සහ උණ අවුරුද්ද පුරා ම (සීතල කාලයේ දී පවා) කොළ පැහැයෙන් පවතින අතර තවමත් හිම සහ තුහින දිය වී නැති වසන්තයේ මුල් භාගයේ දී ම මෙයි (ප්ලම්) මල් පිපෙයි. ඉතා හොඳ මිතුරන් ශීත ඍතුවේ දී පවා එකිනෙකාගේ සමාගමය පවත්වා ගන්නා අයුරින් ම, මෙම ශාක තුන ද සීතලට යටත් නො වී කටුක කාලගුණය තුළ පවා තමන්ගේ සුන්දරත්වය මොනවට ප්‍රකාශ කරයි. ලෙන්ගතු සහ අවල මිත්‍රත්වය නිරූපණය සඳහා මෙම යෙදුම බොහෝ විට භාවිතා කෙරෙයි. උසස් සිතුවිලි සහිත බව සහ තැන්පත් බව යන යහපත් ගුණාංග ප්‍රකාශ කිරීමට ද මෙය යොදා ගැනෙයි.

yǐxíng-xiěshén

以形写神

**පෙනුමෙන් සාරය අල්ලන්න**

චිත්‍ර ශිල්පීහු යමක සාරය එහි බාහිර පෙනුමෙන් නිරූපණය කරති. දුංජිං අධිරාජ යුගයේ විසූ චිත්‍ර ශිල්පියකු වන ගූ-කයි-ජි (ක්‍රි.ව. 345? - 409) සාරය සහ භෞතික ස්වරූපය අතර සඳෘශය කෙරෙහි වැඩි අවධානයක් යොමු කළේ ය. යමක අධ්‍යාත්මික ස්වභාවය වඩාත් හොඳින් ප්‍රකාශ කෙරෙන අංගය ඉතා විස්තරාත්මක ලෙසින් ඔහු තම චිත්‍රවලින් ඉස්මතු කළේ ය. සිතුවම් කලාවෙන් බලාපොරොත්තු වන්නේ මෙය බව ඔහුගේ විශ්වාසය විය. තමන් විසින් අඳින ලබන වස්තූන්ගේ අධ්‍යාත්මික ගුණාංග වඩාත් හොඳින් ප්‍රකට කරන බාහිර ලක්ෂණ හොඳින් ග්‍රහණය කර ගන්නා ලෙස ඔහු චිත්‍ර ශිල්පීන්ගෙන් ඉල්ලා සිටියේ ය. පසු කාලීන කලා නිමැවුම්වලට මෙම අදහස විශාල බලපෑමක් කර තිබේ.

fúróng-chūshuǐ

芙蓉出水

**පංකජය ජලයෙන් පිපෙයි**

"පංකජය ජලයෙන් පිපෙයි" යන මෙම යෙදුමෙන් නැවුම් බව, ශාන්ත වූ ලාලිත්‍යය සහ ස්වාභාවික සුන්දරත්වය පිළිබඳ දර්ශනයක් මවා පායි. වෙයි සහ ජින් රාජවංශ යුගවල දී, ජනතාව සොබාදහම ඇගැයූ අතර මෙම සෞන්දර්යාත්මක දැක්මට ලැදි වූහ. තමන්ගේ කලාත්මක නිර්මාණ සඳහා, ජලයෙන් පිපෙන නෙළුමක් වැනි වූ ස්වාභාවික සහ නැවුම් ශෛලියක් ඔවුහු අනුගමනය කළහ. ඔවුහු තම අදහස් ස්වාභාවික අයුරින් ඉදිරිපත් කිරීමට උත්සුක වූ අතර අධික භූෂණයට එරෙහි වූහ.

## අතිරේක කියවීම

### කළු-සුදු ලෝකය*

"ජල-තීන්ත සිතුවම්" සාම්ප්‍රදායික චීන සිතුවම් කලාවේ අද්විතීය ශෛලියක් වේ. එහිදී වර්ණ යොදා ගැනීම අඩුවෙන් සිදු වන අතර , සුදු කඩදාසියට හෝ සේද සළුවක කළු පැහැය විවිධ ප්‍රමාණයෙන් යොදා ගැනීම සිදු වේ. යුරෝපීය සිතුවම් කලාවේ තෙල් සායම් මෙන් චීන සිතුවම් කලාවේ කළු තීන්ත සහ ජලය භාවිතා කිරීම ඉතා වැදගත් අංගයක් ලෙස සැලකේ. මෙය සාම්ප්‍රදායික චීන සිතුවම් කලාවට ආවේණික ලක්ෂණයක් වන්නා

* ඉහත කොටස චීන FLTRP සහ ශ්‍රී ලංකාවේ ෆාස්ට් පබ්ලිෂින් (ප්‍රයිවට්) ලිමිටඩ් යන ප්‍රකාශකයන් විසින් පළ කරන ලද "අසිරිමත් චීන සංස්කෘතිය" යන කෘතියෙන් උපුටා ගැනීමක් සහ සංස්කරණය කිරීමකි

සේ ම චීන ලලිත කලා ශෛලියේ ආධ්‍යාත්මය මැනවින් විදහා දක්වන්නක් ද වේ.

තං රාජවංශ සමයේ සිටි ප්‍රසිද්ධ කවියෙකු වූ වං-වෙයි චීන "ජල-තීන්ත සිතුවම්" චිත්‍ර කලාවේ පුරෝගාමියා වශයෙන් සැලකේ. ඔහුගේ සමයට පෙර චීන සිතුවම්වල විචිත්‍ර වර්ණයන් යොදාගන්නා ලදී. තාඕ ආගමේ සහ සෙන් බුදුදහමේ චින්තනයන්ගේ බලපෑම් හෙයින් චීන අක්ෂර කලාවෙන් අනුප්‍රාණ ලැබූ ඔහු "ජල-තීන්ත සිතුවම්" නිර්මාණ කළේ ය. තං යුගයේ අවසානයේ සිට සුං යුගයේ මුල් අවධිය වන තෙක්, මෙම "ජල-තීන්ත සිතුවම්" නම් වූ සුවිශේෂී චිත්‍ර කලාව සාම්ප්‍රදායික චීන සිතුවම් කලාවේ ප්‍රධාන අංගයක් බවට පත් විය.

මෙම "ජල-තීන්ත සිතුවම්" චිත්‍ර කලාවේ නැගී ඒම සඳහා චීන සිතුවම් කලාවේ තාක්ෂණය, අමුද්‍රව්‍ය සහ කලා සම්ප්‍රදායයන් හේතු වී තිබේ. මෙම සිතුවම් කලාවේ දී "ජල-තීන්ත සිතුවම්" කඩදාසියක හෝ සේද සළුවක හෝ සිදු කරයි. එහිදී ප්‍රධාන ද්‍රව්‍ය වශයෙන් කඩදාසිය සැලකේ. දීර්ඝ කාලයක සිට චීන කඩදාසි නිෂ්පාදන තාක්ෂණය දියුණු වී තිබූ හෙයින් විවිධ වර්ගයේ අමුද්‍රව්‍ය යොදා නිර්මාණය කළ සියුම් ස්වභාවයකින් හා මනා අවශෝෂක ගතියකින් යුත් කඩදාසි වර්ග, මෙම ශෛලියේ සිතුවම් බිහි වීම සඳහා බෙහෙවින් ඉවහල් විය. එමෙන් ම සාම්ප්‍රදායික චීන අක්ෂර කලාව ද මේ සඳහා භෞතික වශයෙන් නොව සංකල්පීය වශයෙන් බලපෑ බව පෙනේ. චීන කලාකරුවන් කළු තීන්ත හා සුදු කඩදාසි හෝ සේද රෙදි උපයෝගී කර ගනිමින් කළු-සුදු ලෝකයක් නිර්මාණය කිරීමට මහත් රුචියක් දක්වයි. චීන ජනයාට මෙම කළු-සුදු ලෝකය වර්ණයන්ගෙන් තොර ලෝකයක් නොවේ. එය

සිව්වන පරිච්ඡේදය
කලාව සහ සංස්කෘතිය

දීප්තිමත් නොවන වර්ණයන්ගෙන් තොර ලෝකයකි. “ජල-තීන්ත සිතුවම්” බිහිවීමට පෙර චීන චිත්‍ර කලාව ඉතා උසස් වටිනාකමක් වර්ණ භාවිතයට ලබා දී ඇත. මුල් අවධියේ සිතුවම් හැඳින්වූයේ “ටං-චින් (රතු සහ කොළ සායම්)” වශයෙනි. චීන සිතුවම්කරුවෝ “වර්ණ නිරූපණය කිරීම සඳහා වර්ණ යොදා ගැනීම” අවධාරණය කරමින් විචිත්‍රවත් ලෝකයක් නිර්මාණය කිරීම සිය වගකීමක් කොටගෙන සිතුවම් කටයුතුවල යෙදී සිට තිබේ. එසේනමුත් “ජල-තීන්ත සිතුවම්” බිහි වීමෙන් පසු, එම ශෛලිය ඉහත සම්ප්‍රදාය අභිබවා යමින් සාම්ප්‍රදායික චීන කලා ඉතිහාසයේ සුවිශේෂී ස්ථානයක් හිමි කර ගත්තේ ය.

දීප්තිමත් වර්ණ යොදාගැනීම සම්බන්ධයෙන් ඉතා ප්‍රවේශම්කාරී ආකල්පයක් දැරීම චීන සංස්කෘතියේ විශේෂ ලක්ෂණයක් වේ. කිසියම් පුද්ගලයෙකු දීප්තිමත් වර්ණ දෙස දිගු වේලාවක් බලා සිටින්නේ නම් ඔහුට කිසියම් මානසික අපහසුතාවක් දැනීමේ ප්‍රවණතායක් පවතී. මෙයට අමතරව එබඳු වර්ණ පුද්ගලයන්ගේ ආශාවන් දැඩි කරවන අතර ම, මානසික ඒකාග්‍රතාවට ද බාධා පමුණුවයි. චීන දර්ශනයට අනුව බාහිර අලංකාරය සහ සමෘද්ධිමත් භාවය මගින් ලෝකයේ සත්‍ය ප්‍රකාශ වන්නේ නැත. කිසියම් පුද්ගලයෙකුට ලෝකයේ යථාර්ථය අවබෝධ කර ගැනීමට නම් ඔහු බාහිර ධර්මතාවන්ගෙන් ඔබ්බට ගමන් කළ යුතු වේ. මෙම චින්තනය ඍජුවම චීන කලා ක්ෂේත්‍රය කෙරෙහි බලපා තිබෙන හෙයින් “ජල-තීන්ත සිතුවම්” ශෛලිය දීප්තිමත් වර්ණ වෙනුවට භාවිත විය. “සීමාන්තික” උත්කර්ෂවත් භාවය (කාන්තිමත් භාවය) සාමාන්‍යකරණීය බවට පත්ව නිමාවට පත්වේය යන්න චීන ලලිත කලා ක්ෂේත්‍රයේ එක් විශේෂ

ආකල්පයක් වේ. සාමාන්‍ය පෙනුමකින් යුත් නොසැරසූ කළු සහ සුදු ලෝකය මගින් ජනයා තුළ පාරිශුද්ධත්වයෙන් යුත් සාමාන්‍ය ලෝකයක් සඳහා ඇති අවශ්‍යතාව ප්‍රකට වේ.

චීන චිත්‍ර ශිල්පීන්ගේ විශ්වාසය වන්නේ “කළු තීන්ත භාවිතය වර්ණ පහක් ප්‍රකට කරන” බවයි. කළු යොදා ගැනීම මගින් විවිධ වර්ණ ප්‍රකට විය හැකි අතර වර්ණ මගින් ප්‍රකාශ විය නොහැකි හැඟීම් ද ප්‍රකාශ වේ. මිං රාජවංශ සමයේ සිටි ප්‍රසිද්ධ චිත්‍ර ශිල්පියෙකු වූ දුං-චීචාං එක්තරා අවස්ථාවක දී ඔහුගේ ශිෂ්‍යයන්ට “ජල-තීන්ත සිතුවම්” ශෛලිය වෙත අවධානය යොමු කරවමින් කියා සිටියේ “මෙය වූ කලී අතිශයින් මනස්කාන්ත ලෝකයකි” යනුවෙනි. මෙම සිතුවම් කලාවේ ආරම්භයත් සමඟ චීන සිතුවම් කලාව ආකෘතියෙන් සමානරූපීත්වය සෙවීමේ ක්‍රමවේදයෙන් වෙනස් මාවතකට හැරුණේ ය. එනම් “නෙත තුළින් ලෝකය” දැකීමේ කලා මාධ්‍යය “මනස තුළින් ලෝකය” දැකීමේ කලා මාධ්‍යය බවට හැරුණු අතර, එම ක්‍රමවේදය චීන චිත්‍ර ශිල්පීන්ගේ පොදු අභිලාෂයක් බවට ද පත් වී තිබේ.

## චීන ඉතිහාසයේ ප්‍රසිද්ධ චරිතයක්

### ජං-ස්අ-දුවන්

ජං-ස්අ-දුවන්, ගෞරව නාමය “චැන්-දඕ”, යනු බෙයිසුං රාජවංශ සමයේ ජනප්‍රිය සිත්තරෙකු විය. දං-වූ නගරයේ (වර්තමානයේ ෂං-දුං පලාතේ ජූ-චැන් නගරය) උපත ලැබූ ඔහු

චිත්‍ර ශිල්පය හැදෑරුවේ එකල සුං රජයේ අගනගරය වූ කයි-ෆන් නගරයේදී ය. ඔහු බෙයිසුං රාජවංශයේ හුයි-ත්සොන් අධිරාජයාගේ කාලයේ රජය විසින් ස්ථාපිත කරන ලද "චිත්‍ර ශිල්ප අධ්‍යයන හන්ලින් ආයතනයේ" සේවය කර තිබේ. පසුව ඔහුට තම නිල තත්ත්වය අහිමිව විරැකියාවෙන් පෙළෙමින් නිවසට වී සිටීමට සිදුවිය. මේ කාලයේ ඔහු ජීවත්වීම සඳහා චිත්‍ර අලෙවි කරන්නට යොමු විය. ඔහු "ජියේ-හුවා" චිත්‍රශිල්පය සඳහා දක්ෂයෙකු විය. "ජියේ-හුවා" යනු චීන සිතුවම් කලාශිල්පයකි. සිතුවම් නිර්මාණය කිරීමේදී රූලක් උපයෝගී කරමින් රේඛා සැකසීමේ ක්‍රමයක් වන මෙම ශිල්පය විශේෂයෙන් ම ගොඩනැගිලි සිතුවම් කරන විට භාවිතා වේ. ජං-ස්අ-දුවන් ගොඩනැගිලි, බෝට්ටු, රථ, පාලම් සිතුවම් කිරීම කෙරෙහි විශේෂ ලැදියාවක් දැක්විය. ඔහුගේ එක් විශිෂ්ට වූ ජනප්‍රිය "ජියේ-හුවා" චිත්‍රයක් වන්නේ "චිංමිං උත්සව සමයේ ගඟ අද්දර දසුන" ය. මෙම සිත්තමින් බෙයිසුං රාජවංශයේ අගනුවර වූ බියැන්-ලියන් සහ චිං-මිං උත්සව කාලයේ එම නගරයේ පිහිටා ඇති "බියැන්-හ්අ" නදියේ ඉවුරු දෙකේ තිබූ දර්ශනය නිරූපනය කරනු ලබන බව විශ්වාස කරනු ලබයි. මෙම සිතුවමේ පුද්ගලයන් 814 ක්, 60කට වඩා වැඩි සතුන්, නැව් 28ක්, 30කට වඩා වැඩි ගොඩනැගිලි, කරත්ත 20ක්, දෝලාවන් 8ක් හා ගස් 170 කට වඩා වැඩි ප්‍රමාණයක් ඇතුළත්ව තිබේ. "චිංමිං උත්සව සමයේ ගඟ අද්දර දසුන" සිතුවම වඩාත් යථාර්ථවාදීව ඉදිරිපත් කරන ලද්දකි. චිත්‍රයේ නිරූපිත අංග ඉතා සැබෑ ලෙස ඉදිරිපත්කර තිබෙන අතර ජීවිතයේ පුළුල් බව හා විවිධත්වයත් දුගී ශිෂ්ටාචාරයත් නිරූපිතය. එපමණක් නොව, මෙම සිතුවම ඓතිහාසික වශයෙන් ද ඉතා වැදගත් වන්නකි. මෙය 12වන සියවසේ චීනයේ නාගරික ජීවිතය

අවබෝධ කරගැනීමට උපකාරී වන්නාවූ අතිශය වැදගත් දෘශ්‍යමය ලේඛනයක් ලෙස සැලකිය හැකි ය. “චිංමිං උත්සව සමයේ ගඟ අද්දර දසුන” මේ වනවිට බෙයිජිං තහනම් නගර කෞතුකාගාරයෙහි ප්‍රදර්ශනයට තබා ඇත.

## සිතීමට යමක්

1. යමෙකුගේ දැනුම සහ සදාචාරාත්මක පැවැත්ම ඔහුගේ අක්ෂර ලිවීමේ හැකියාවට බලපෑම් සිදු කරන්නේ ය යන අදහසට ඔබ එකඟ වෙනවා ද? ඊට හේතු දක්වන්න.

2. වර්තමානයේ බහුල ලෙස පරිගණකය භාවිතා කිරීම හෙයින් මිනිසුන් අත්අකුරු ලිවීම ක්‍රම ක්‍රමයෙන් අඩු කරමින් පවතී. මෙම තත්වය යටතේ චීන අක්ෂර කලාව පුහුණු කිරීම අත්‍යවශ්‍ය ද? ඔබගේ අදහස් දක්වන්න.

3. චීන “ජල-තීන්ත” සිතුවම් කලාවෙහි “ප්ලම් මල්, ඕකිඩ් මල්, උණ ගස්, කපුරු මල්” යන ශාක සතර නිරන්තරයෙන් සිතුවම්වල තේමාව වෙයි. ඊට හේතු කවරේ ද?

4. පැරණි චීන සිතුවම් සහ බටහිර සිතුවම් අතර දක්නට ලැබෙන ප්‍රධාන වෙනස්කම් කවරේ ද?

5. කඩදාසි පහසුවෙන් ආරක්ෂා කොට තැබිය හැකි ද්‍රව්‍යයක් නොවේ. නමුත් කඩදාසි උඩ නිර්මාණය වූ පැරණි චීන සිතුවම් රාශියක් අද දක්වාම සංරක්ෂිතව පවතී. ඊට හේතු කවරේ ද?

# දෙවන කොටස
# ගෘහ නිර්මාණ ශිල්පය සහ උද්‍යාන

## චීන මහා ප්‍රාකාරය

චීන මහා ප්‍රාකාරය යනු ලොව දීර්ඝතම ඉදිකිරීම් කාලයක් සහ ලොව විශාලතම ඉංජිනේරු පිරිසකගේ සහභාගීත්වයෙන් නිමවන ලද පැරණි ආරක්ෂක ව්‍යාපෘතියක ප්‍රතිඵලයකි. චීන මහා ප්‍රාකාරයේ ඉතිහාසය ෂීජෝව් රාජවංශය දක්වා දිවයයි. චුන්චියු සහ ජන්ගුවෝ රාජ්‍යයන් අතර නිතරම යුද්ධ ඇති වූ නිසා මෙම අවධියේ මහා ප්‍රාකාරය ඉදිකිරීම ද එහි පළමු උච්ච අදියර කරා පැමිණ තිබිණි. චින්-ෂී-හුවාං විසින් චීනය එක්සත් කිරීමෙන් පසුව, උතුරු ප්‍රදේශයේ විසූ ශියොංනුවරුන්ගේ ආක්‍රමණයට එරෙහිව ආරක්ෂා වීමට ගත් පියවර වශයෙන් විවිධ රාජධානි විසින් ඉදි කරන ලද ප්‍රාකාරය සම්බන්ධ කොට එහි අලුත්වැඩියාව ද සිදු කළේ ය. ඉන්පසුව මෙය "ලී (චීන සාම්ප්‍රදායික මිනුම් ඒකකයක්,ලී එකකට මීටර් 500ක් වේ) දහදාහක චීන මහා ප්‍රාකාරය" යනුවෙන් හැඳින්විණි. මිං රාජවංශය විසින් අවසන් වරට විශාල පරිමාණයෙන් මහා ප්‍රාකාරයෙහි ප්‍රතිසංස්කරණ සිදුකරන ලදී. වර්තමානයේ අපට දක්නට ලැබෙන මහා ප්‍රාකාරය බොහෝ දුරට මිං රාජවංශ සමයේදී ඉදි කර ඇත. නිදසුනක් වශයෙන් සුප්‍රකට සංචාරක ස්ථානයක් වන "බා-දා-ලින් මහා ප්‍රකාරය" දැක්විය හැකි ය.

මහා ප්‍රාකාරය ප්‍රධාන වශයෙන් උතුරු චීනයේ පිහිටි පළාත් 15ක් හරහා දිවෙයි. ඒ අතුරින් හ්අ-බෙයි සහ ශාන්-ෂී යන පළාත් දෙකේ ඇති මහා ප්‍රාකාර කොටස් වැඩිම දිගකින් යුක්ත වේ. චීන පුරාවස්තු කටයුතු හා මිනින්දෝරු හා සිතියම්කරණ කටයුතුවලට අදාළ ආයතන විසින් කරන ලද සමීක්ෂණයේ ප්‍රතිඵලවලට අනුව චීන මහා ප්‍රාකාරයේ මුළු දිග කිලෝමීටර්

21000 ඉක්මවා ඇත. පැහැදිලිව කිවහොත් පෘථිවියේ උත්තර හා දක්ෂිණ ධ්‍රැව අතර තාප්පයක් ඉදිකරන්නේ නම් මහා ප්‍රාකාරය මෙම බිත්තියට වඩා මදක් දිගින් වැඩි වනු ඇත.

මහා ප්‍රාකාරය යනු තනි පවුරක් පමණක්ම නොව, පවුර, බලකොටු නගර, මුරඅට්ටාල, දුම් කුළුණු යනාදී විවිධ අංගයන්ගෙන් සමන්විත සම්පූර්ණ හමුදා ආරක්ෂක පද්ධතියකි. එය උස් කඳුකරයක් හෝ තැනිතලා භූමියක් මත ඉදිකර ඇති අතර, එම භූමිය පිහිටා ඇති ආකාරය හා ආරක්ෂක කටයුතුවල අවශ්‍යතා අනුව ඉදිකර ඇත. විවිධ ස්ථානවල මහා ප්‍රාකාරය උස් සහ ශක්තිමත් වූ හෝ පහත් සහ පටු විය හැකි ය. එහි බිත්ති උඩ තිබෙන මාර්ගයේ අශ්ව රථ දෙකක් එක්ව ගමන් කිරීමට හැකි ඉඩකඩ වෙන්කොට ඉදි කෙරුණි. මහා ප්‍රාකාරයේ දුම් කුළුණු විශාල සංඛ්‍යාවක් ගොඩනඟා ඇති අතර මෙය ඉතා පරණ වුවද ඵලදායී පණිවුඩ සම්ප්‍රේෂණ පද්ධතියක් විය. සතුරු තත්වයක් ඇති වූ විටදී, දිවා කාලයේ ඉන් දූමාරයක් පිට කරවන අතර, රාත්‍රියේදී ගිනි අවුලුවන ලදී. එක් දුම් කුළුණකින් තවත් දුම් කුළුණකට පණිවිඩයක් සම්ප්‍රේෂණය වේ. මේ ආකාරයේ හමුදාමය පණිවිඩයකට වේගවත්ව සැතපුම් දහස් ගණනක් පැතිර යා හැකි ය. "ගුවන්-චෙං (බලකොට නගර)" යනු මහා ප්‍රාකාරයේ ආරක්ෂක වළල්ලේ වඩාත් සංකේන්ද්‍රිත බලකොටුවයි. මහා ප්‍රාකාරයේ ගුවන්-චෙං විශාල සංඛ්‍යාවක් දක්නට ඇති අතර පරිමාණයෙන් විශාල හෝ කුඩා වුවද සියල්ලම ආරක්ෂිත භූගෝලීය පිහිටීමක පිහිටුවා ඇත. එමඟින් බොහෝ සතුරු බලවේගයන්ගෙන් මහා ප්‍රාකාරය ආරක්ෂා කිරීමට අවශ්‍ය වූයේ සුළු හමුදාමය බලයක් පමණි. කෙසේ වෙතත් චින් සහ හන් රාජවංශ සමයේදී හෝ මිං රාජවංශයේ මුල් යුගයේදී හෝ චීන මහා ප්‍රාකාරයේ ඉදිකිරීමේ හෝ ප්‍රතිසංස්කරණ කටයුතු සිදු වූයේ හමුදා ශක්තිය ඉතා ප්‍රබල වූ කාලයේදී ය. මෙයින් පෙනී යන්නේ චීන මහා ප්‍රාකාරය ගොඩනැගීම හුදු ආරක්ෂක උපක්‍රමයක් පමණක් නොව,

ශක්තිය රැස්කර ඉදිරියට ගෙන යාමේ උපාය මාර්ගයක් බවයි.

මහා ප්‍රාකාරයේ තේජවන්ත බවට ද එහි අන්තර්ගත වන සංස්කෘතික ගුණාර්ථයන්ට ද ඇදී ගිය විවිධ රාජවංශවල සාහිත්‍යධරයෝ සහ විද්වත්තු මහා ප්‍රාකාරය තේමා කොටගෙන සාහිත්‍ය හා කලාත්මක කෘති විශාල සංඛ්‍යාවක් නිර්මාණය කොට ඇත. උදාහරණයක් ලෙස අතීතයේ සිට සෑම රාජවංශයේ ම මහා ප්‍රාකාරය තේමා කරගෙන විශිෂ්ට කවි බොහෝමයක් රචනා වී ඇත. එමෙන්ම මහා ප්‍රාකාරය හා සම්බන්ධ ජන ප්‍රවාද සහ ගැමි ගීත ද බොහෝමයක් දක්නට ලැබේ. නිදසුනක් වශයෙන් "මහා ප්‍රාකාරයේ මොං-ජ්‍යං නමැති කාන්තාවගේ විලාපය" යන කතාව පැරණි චීනයේ ශ්‍රේෂ්ඨ ගැමි ප්‍රේම කතා හතරෙන් එකක් ලෙස සලකනු ලැබේ.

චීන මහා ප්‍රාකාරය

චීන මහා ප්‍රාකාරය යනු චීන ජාතිකයින්ගේ ආත්මීය සංකේතය වන අතර, ඉන් චීන ප්‍රඥාව සහ සංස්කෘතිය මැනවින් පිළිබිඹු වේ. ලොව පුදුම හතෙන් එකක් ලෙස හැඳින්වෙන මහා ප්‍රාකාරයට චීනය පිළිබඳ ලෝකයට අවබෝධයක් ලබාදීම සහ චීනය ලෝකයට පිවිසීම සඳහා අතිශය වැදගත් භූමිකාවක් ඇත.

## අධිරාජ්‍ය මාළිගාව (තහනම් නගරය)

බෙයිජිං නුවර පිහිටා ඇති "ගු-ගොං (අධිරාජ්‍ය මාළිගාව)" චීනයේ මිං සහ චිං රාජවංශිකයින්ගේ රාජකීය මාළිගාවයි. පැරණි කාලයේ එය "තහනම් නගරය" නමින් ද හැඳින්විය. 1406 දී එහි ඉදි කිරීම ආරම්භ වී 1420දී නිම විය. තහනම් නගරය පිහිටා ඇත්තේ බෙයිජිං නගරයේ මධ්‍යම අක්ෂ රේඛාවෙහි මධ්‍යයේ ය. පැරණි චීන මාළිගා ගෘහ නිර්මාණ ශිල්පයේ කැපී පෙනෙන ඉදිකිරීමක් ලෙස සැලකෙන තහනම් නගරය ප්‍රංශයේ ව'සයිල්ස් මාළිගාව, බ්‍රිතාන්‍යයේ බකිංහැම් මාළිගාව, ඇමරිකා එක්සත් ජනපදයේ ධවල මන්දිරය සහ රුසියාවේ ක්‍රෙම්ලින් මාළිගාව සමඟ "ලෝකයේ මාළිගා පහ" ලෙස නම් කෙරේ.

තහනම් නගරය යනු ලෝකයේ විශාලතම මෙන්ම, ඉතා මනා ලෙස සංරක්ෂණය කෙරුණු ලී ගෘහ නිර්මාණ සංකීර්ණයකි. තහනම් නගරය කොටස් දෙකකට බෙදා වෙන් කොට ඇත. එය "බාහිර මළුව" සහ "අභ්‍යන්තර මළුව" ලෙස නම් වේ. බාහිර මළුවෙහි ටයි-හ්අ (උතුම්-සමඟි) ශාලාව, චොං-හ්අ (මධ්‍ය-සමඟි) ශාලාව සහ බෞ-හ්අ (සමඟි-ආරක්ෂක) ශාලාව යන ශාලා තුන කේන්ද්‍රගත වන අතර මේවා තහනම් නගරයේ වඩාත්ම අනර්ඝ ගොඩනැගිලි සංකීර්ණ වේ. මෙම ශාලා තුන අධිරාජ්‍යයා නිලධාරීන් හමු වීම, මහා පරිමාණ උත්සව පැවැත්වීම යනාදිය සිදු වූ ස්ථාන විය. අභ්‍යන්තර මළුව කේන්ද්‍රගත වී ඇත්තේ චියැං-චිං (දිව්‍ය-පාරිශුද්ධත්ව) මාළිගාව, ජිඖ-ටයි (සාම-එකමුතු) මාළිගාව සහ කුංනින් (නිසල-පෘථිවි)

මාලිගාව සහ රාජකීය උද්‍යානයයි. මෙහි අධිරාජ්‍යයාගේ සහ ඔහුගේ පවුලේ උදවියගේ නිවහන විය.

තහනම් නගරය උතුරේ සිට දකුණට මීටර් 961ත් දිගින් සහ නැගෙනහිර සිට බටහිරට මීටර් 753ක් පළලින් යුක්ත වන අතර, ඉන් වර්ග කිලෝමීටර් 720000කට වඩා වැඩි භූමි ප්‍රදේශයක් ආවරණය වේ. එහි දැනට 8700කට අධික නිවාස ගණනක් දක්නට ලැබේ. මෙම තහනම් නගරය වටකර මීටර් 10ක් පමණ උසැති නගර පවුරක් සහ මීටර් 52ක් පළල නගරය වටකොට ඇති දිය අගලක් ද දක්නට ඇත. එමෙන්ම සතර දිශාවේම දොරටු ඉදිකර ඇත. තහනම් නගරයේ විවිධාකාර ගොඩනැගිලි පිරිසැලැස්මක් දක්නට ලැබෙන අතර ප්‍රධාන ගොඩනැගිලි සහ උප ගොඩනැගිලි පැහැදිලිව වෙන් කළ හැකි ය. එමෙන්ම ඒවායින් තේජාන්විත පෙනුමක් සහ උත්කෘෂ්ටත්වයක් විදහා පායි.

තහනම් නගරය

තහනම් නගරයේ ප්‍රධාන මාළිගා තුන

තහනම් නගරයෙහි ගෘහ නිර්මාණ ශිල්පයේ දක්නට ලැබෙන සමබරතාවය සහ සමමිතිය මිනිසුන් තුළ අභිමානවත් හැඟීමක් ජනිත වීමට ප්‍රධාන හේතුව වේ. ගොඩනැගිල්ලේ විවිධ කොටස් අතර ඇති සමානුපාතික සම්බන්ධතාව දක්ෂ ලෙස හැසිරවීම හේතුවෙන් නරඹන්නන්ට සුහද හා සුන්දර හැඟීමක්ද ගෙන එයි. නිදසුනක් ලෙස නගර බිත්තියේ කෙළවර ඇති කුළුණු සතරෙහි වහල ව්‍යුහය ඉතාමත් සංකීර්ණ වේ. එහි අනුපාතයද ඉතාම අනුකූල වන පරිදි නිමවා ඇත. අතිවිශිෂ්ට හා අලංකාරවත් හැඩයෙන් යුතු මෙම කුළුණු බෙයිජිං තහනම් නගරයේ සංකේතයක් බවට පත් වී ඇත.

තහනම් නගරයේ වර්ණ භාවිතය තුළ සුවිශේෂී සෞන්දර්යාත්මක ලක්ෂණ සහ සංකේතාත්මක වැදගත්කමක් දැකිය හැකි ය. තහනම් නගරයේ ප්‍රධාන ගොඩනැගිලිවල වහලවල් කහ පැහැයෙන් යුතු උළු සෙවෙළි කර ඇති අතර, කණු සහ දොර-ජනෙල් යනාදිය රතු පැහැයෙන් යුක්ත ය. එමෙන්ම වහල යටින් ඇති සැරසිල්ල කොළ පැහැයෙන් පින්තාරු කර ඇත. ප්‍රධාන මාළිගා සියල්ලම සුදු කිරිගරුඬ පාදක මත පිහිටා ඇත. මෙහි ඇති වර්ණවල

සංයෝජනය නිසා ගොඩනැගිලිවල ආකෘති වඩාත් පැහැදිලි සහ විචිත්‍රවත් ලෙස පෙනේ. ශක්තිමත් වර්ණ යෙදීම ගොඩනැගිලිවලට තේජවන්ත මෙන්ම පාරිශුද්ධ හැඟීමක් ලබා දේ. සාම්ප්‍රදායික චීන සංස්කෘතියේදී කහ පැහැයට අනෙකුත් වර්ණවලට වඩා උසස් තත්ත්වයක් ලබා දී ඇති අතර, උත්තරීතර අධිරාජ්‍ය බල සංකේතය බවට පත්ව ඇත. එනිසා වහලයේ ඔප දැමූ උළුවල වර්ණය කහ පැහැ වේ.

තහනම් නගරයේ ගෘහ නිර්මාණ ශිල්පය සැරසිලිවලට ද විශේෂ අවධානයක් යොමු වේ. නිදසුනක් ලෙස ගත් විට මාළිගාවේ වහලයේ අගිස්ස සතර කෝණ හැඩයෙන් ද, සවන් ආකාරයට දිස්වේ. එමෙන්ම එහි පිළිවෙලකට සකසා ඇති පූජනීය සතුන් ද දක්නට ලැබෙන අතර, ඒවාට නාමයන් සහ සංකේතාත්මක අර්ථයන් ඇත. ඒවායේ සංඛ්‍යාව සෑම ගොඩනැගිල්ලක ශ්‍රේණිය පිළිබිඹු කරයි. අනෙකුත් පැරණි චීන මාළිගා ගොඩනැගිලි මෙන් තහනම් නගරය චීනයේ දිගුකාලීන වංශවතුන්ගේ සමාජීය ඉදිකිරීමක් වන අතර, එය අධිරාජ්‍ය බලයේ ආධිපත්‍ය සහ දැඩි සමාජ ධූරාවලිය පිළිබඳ අදහස මූර්තිමත් කරයි.

තහනම් නගරය චීන ජාතියේ අභිමානය පමණක් නොව, සියලු මනුෂ්‍ය සංහතියේම වටිනා සංස්කෘතික උරුමයකි. මිං සහ චිං රාජවංශවල අධිරාජ්‍ය මාළිගා ලෙස, එය පුරාණ චීන නගර ඉදිකිරීම් සහ මාළිගා ගොඩනැගීමේ සංකල්පවල කේන්ද්‍රික ප්‍රකාශනයක් විය. එමෙන්ම මිං සහ චිං රාජවංශ ඉතිහාසයේ බොහෝ වැදගත් සිද්ධීන් සිදු වූ ස්ථාන වේ.

### සූ-ජොව් උද්‍යාන

චීන ජාතිකයින්ට වසර 2000කටම වැඩි කාලයක් තිස්සේ උද්‍යාන ගොඩනැගීමේ ඉතිහාසයක් ඇත. සූ-ජෝව් උද්‍යාන චීනයේ පෞද්ගලික උද්‍යානවල කැපීපෙනෙන නියෝජනයකි.

දෙවන කොටස
ගෘහ නිර්මාණ ශිල්පය සහ උද්‍යාන

සූ-ජෝව් පිහිටා තිබෙන්නේ යැංසි ගංගා ඩෙල්ටාවේ මධ්‍ය කොටසේ ය. එය චීනයේ සුප්‍රසිද්ධ ඓතිහාසික හා සංස්කෘතික නගරයක් වන අතර "පෘථිවියේ පාරාදීසය" යැයි අගනා නමක් දිනාගෙන ඇත. සූ-ජෝව්හි පැරණිතම පෞද්ගලික උද්‍යාන දූංජින් රාජවංශ (4වන සියවසේ) සමයේ දැකිය හැකි විය. මිං සහ චිං රාජවංශ සමයේදී සූ-ජෝව් උද්‍යාන ඉදි කිරීමේ කටයුතු එහි උච්චතම අවස්ථාව කරා ළඟා විය. හොඳින් සංරක්ෂිතව පවතින සූ-ජෝව් උද්‍යාන අතර සුං රාජවංශයේ ඉදිකරන ලද "ස්අං-ලං මණ්ඩපය", "වං-ෂී උද්‍යානය", යුවැන් රාජවංශයේ ඉදිකරන ලද "ෂී-ත්ස උද්‍යානය", මිං රාජවංශයේ ඉදිකරන ලද "ජ්වෝ-ජ්අන් උද්‍යානය" සහ චිං රාජවංශයේ ඉදිකරන ලද "ලියු උද්‍යානය" මීට ඇතුළත් වේ.

සූ-ජෝව් උද්‍යාන සාමාන්‍යයෙන් කුඩා ප්‍රදේශයක පැතිරී ඇති නමුදු එහි අවකාශය මනා සේ සංවිධානය කර ඇත. කොටස් වලට බෙදීම, දෘෂ්ටි රේඛාව අවහිර කිරීම, දෘෂ්ටි මායාවන් නිර්මාණය කිරීම සහ බාහිර පරිසරය ප්‍රයෝජනයට ගැනීම යන විවිධාකාර ගෘහ නිර්මාණ ශිල්පවලින් විශිෂ්ට සෞන්දර්යාත්මක බලපෑම් නිර්මාණය වේ.

උද්‍යානයේ ප්‍රධාන දොරටුව ළඟ බොහෝ විට තිර බිත්තියක් හෝ කෘත්‍රිම පර්වතයක් ස්ථාපනය කිරීමෙන් නරඹන්නන්ගේ දර්ශනය අවහිර කරන අතර, ඔවුන් උද්‍යානයේ සම්පූර්ණ දර්ශනය එක්වරම දැකගත නොහැකි වන සේ සකසා ඇත. එකී බාධක මඟහැර උද්‍යානයට ඇතුළු වීමෙන් පමණක්ම උද්‍යානයේ පුළුල් දර්ශනයක් දැකබලා ගත හැකි ය. නමුත් යමෙකු උද්‍යානයේ කොතැනක සිටියත් උද්‍යානය පිළිබඳ පුළුල් දසුනක් සහිත දර්ශනයක් දැකබලාගත නොහැකි ය. උද්‍යානයේ විවිධ තැන්වලට යාමෙන් පමණක් උද්‍යානයේ සෞදර්යයන් වැඩි වැඩියෙන් දැකබලාගත හැකි වේ. මෙම සැලසුම් නිර්මාණය හෙයින් උද්‍යාන දර්ශනයන් ගුප්ත බවක් ගනී.

අවකාශය වෙන්කිරීම උද්‍යාන නිර්මාණකරුවන් විසින් භාවිත කළ

පොදු ක්‍රමයකි. නිදසුනක් ලෙස "ලියු උද්‍යානයේ" පිහිටි "ගල් වනාන්තර අංගණය" දැක්විය හැකි ය. මීටර් 29ක් දිගින් සහ මීටර් 17ක් පළලින් යුතු මෙම අංගණයෙහි විවිධ හැඩයන් සහ විවිධ ප්‍රමාණවලින් යුතු කුඩා අංගණ 38ක් ඇත. බහුරූපේක්ෂයකින් බැලීම සේ නරඹන්නන්ගේ දෘෂ්ටි කෝණය වෙනස් වන විට විවිධාකාර දෘශ්‍යමාන අවබෝධයන් ලබා ගත හැකි ය.

සූ-ජෝව් උද්‍යානවල කවුළු ඉතා වැදගත් කාර්යභාරයක් ඉටු කරයි. උද්‍යානයේ කවුළු බොහෝවිට කුහර රාමු ලෙස නිර්මාණය කර ඇති අතර, එමගින් කවුළුවෙන් පිටත දර්ශන කාමරය ඇතුළේ දර්ශනයේ කොටසක් බවට පත්වේ. එපමණක් නොව එකම කවුළුව විවිධ කෝණවලින් බැලූ කල්හි, එකිනෙකට වෙනස් වූ දර්ශනයන් දැකබලා ගැනීමට හැකි ය.

උද්‍යානයේ දර්ශන කවුළු හරහා විවිධ අවකාශයන් සමග සම්මිශ්‍රණය වී මුළු උද්‍යානයේම දර්ශන ගලායන සංගීතයක් සේ ස්ථිර බවෙන් මිදෙන්නේ ය. මෙම සැලසුම් නිර්මාණය හෙයින් නරඹන්නන් හට උද්‍යානයේ සුන්දරත්වය පිළිබඳ පොහොසත් හැඟීම් ජනිත වේ.

මණ්ඩප සූ-ජෝව් උද්‍යානවල වැදගත් අංගයක් වන අතර, එහි කාර්යභාරය වන්නේ කුඩා අවකාශයක සිට විශාල අවකාශයක් වෙත නරඹන්නන්ගේ අවධානය යොමු කිරීමයි. "ස්අං-ලං මණ්ඩපය" යනු එහි මණ්ඩපයන් හෙයින් නම ගොස් ඇති උද්‍යානයකි. උස ස්ථානයක පිහිටි මණ්ඩපයක සිට නරඹන්නන්ට දුර හා අවට දර්ශන බලමින් සොබාදහම සමඟ අත්වැල් බැඳගෙන අභ්‍යන්තර සාමකාමී බවට ළඟාවිය හැකි ය.

කෘත්‍රිම පර්වත යනු සූ-ජෝව් උද්‍යානවල අත්‍යවශ්‍ය අංගයක් වේ. සූ-ජෝව් උද්‍යානවල ඇති කෘත්‍රිම පර්වත බොහෝදුරට තායි-හු පාෂාණවලින් සාදා ඇත. මෙම ගල් වර්ධනය වූයේ දිගු කලක් තිස්සේ ඛාදනය වන හුණුගල්වලිනි. ඛාදනය වීම හෙයින් මෙම පාෂාණවල ස්වභාවික හැඩයන් මූර්ති ශිල්පයේ සුන්දරත්වය පෙන්නුම් කරයි. මෙය "සිහින්, කාන්දු වී

ඇති, විනිවිද පෙනෙන, රැළි ගැසුණු'' යන සෞන්දර්යාත්මක ලක්ෂණ සඳහා සුප්‍රසිද්ධ වේ.

සූ-ජෝව් උද්‍යාන නිරන්තරයෙන් ''වියතුන්ගේ උද්‍යානය'' ලෙස ද හැඳින්වේ. පැරණි කාලයේ ඉහළ සංස්කෘතික හා කලාත්මක දක්ෂතා ඇති උද්‍යාන නිර්මාණකරුවන් නගරයේ පිහිටි මෙම පෞද්ගලික උද්‍යාන නිර්මාණය කළේ ''නිහඬ කාව්‍ය, ත්‍රිමාණ සිතුවම්'' ලෙසිනි. සොබාදහම සමඟ සමගිය පවත්වාගෙන යාම සඳහා ද ජීවන පරිසරය අලංකාර කිරීම හා පරිපූර්ණ කිරීම සඳහා ද පුද්ගලයා තුළ පැවැති අපේක්ෂාව එයින් ප්‍රකාශ වේ.

## චීන සංස්කෘතියට අදාළ ද්විභාෂා වචන මාලාව

| | |
|---|---|
| 万里长城 | ලී දහදාහක චීන මහා ප්‍රාකාරය |
| 烽火台 | දුම් කුළුණ |
| 北京故宫 | බෙයිජිං අධිරාජ්‍ය මාළිගාව |
| 紫禁城 | තහනම් නගරය |
| 中轴线 | මධ්‍යම අක්ෂ රේඛාව |
| 护城河 | නගරය වටකොට ඇති දිය අගල |
| 长江三角洲 | යැංසි ගංගා ඩෙල්ටාව |
| 假山 | කෘත්‍රිම පර්වතය |
| 文人园林 | වියතුන්ගේ උද්‍යානය |
| 无声的诗，立体的画 | නිහඬ කාව්‍ය, ත්‍රිමාණ සිතුවම් |

## චීන සංස්කෘතික හා චින්තනික පද

chéng
城
**කොටුව / නගරය**

ඡං (城) යනු ප්‍රාකාරයකින් වට වූ නගරයකි. ඡං යන්න නිරූපණය කළ මුල් චීන අකුරින් හමුදා ආරක්ෂාව වෙනුවෙන් සහ ගංවතුර පාලනය උදෙසා මැටිවලින් ඉදි කරන ලද ඇතුළු සහ පිට නගර ප්‍රාකාර දැක්විණි. සාමාන්‍යයෙන් එය දිය අගලකින් වට වී තිබිණි. ඡං යන චීන අක්ෂරය "රඳවා තබා ගන්නවා" යන අරුත ඇති තවත් චීන අක්ෂරයක් (එනම්, 盛 අක්ෂරය) උච්චාරණය කරන අයුරින් ම උච්චාරණය කෙරෙයි. මෙහි ඡං යන්නෙන් අදහස් කෙරෙන්නේ මිනිසුන් රඳවා තබා ගැනීමට ඇති හැකියාවයි. ඡං යන්නෙහි මූලික කාර්යය වන්නේ එහි පදිංචිකරුවන් රැක ගැනීම ය. මෙය "රාජ්‍යයේ පදනම ජනතාව ය" යන දේශපාලන සංකල්පය සංයුක්ත ලෙසින් ප්‍රකාශ කිරීමකි.

dàqiǎo-ruòzhuō
大巧若拙
**අතිවිශිෂ්ට කුසලතාව සරලයි, අපිළිවෙළයි**

දක්ෂතාව සහ කුසලතාව ඒවායෙහි හොඳ ම ස්වරූපයෙන් ගත් විට සරල බවත් ඒවායෙහි පිළිවෙළක් නැති බවත් මෙම යෙදුමෙන් කියැවෙයි. විශිෂ්ට වූ කුසලතාව මුළුමනින්ම ස්වාභාවික දෙයක් විය යුතු අතර එය වෙහෙස මහන්සි වී හැඩ වැඩ දැමූ එකක් විය යුතු නැත. මෙම යෙදුම ඇත්තේ "ලාඕසියස්ගේ ඉගැන්වීම" නම් පොතෙහි ය. චීන සාහිත්‍ය සිද්ධාන්තයේ,

"අතිවිශිෂ්ට කුසලතාව සරලයි, අපිළිවෙළයි" යන්නෙන් අදහස් කරන්නේ පිළිවෙළක් නැති තැනැත්තා වඩා හොඳ බවක් හෝ කුසලතා ප්‍රතික්ෂේප කිරීමක් හෝ නොවේ. සැබැවින්ම, මෙයින් ප්‍රතික්ෂේප කෙරෙනුයේ අනවශ්‍ය භූෂණය සහ උත්කෘෂ්ටත්වය පතා අනවශ්‍ය ලෙස ලුහුබැඳ යෑම ය. මැනැවින් පිහිටි සරල බව සහ ස්වාභාවිකත්වය මෙ මගින් දිරිමත් කරයි. කලාත්මක සුන්දරත්වයේ සහ කුසලතාවෙහි උපරිම පරිපූර්ණත්වය මෙම යෙදුමින් නිරූපණය කෙරෙයි. අතීත චීන ජනතාව අක්ෂර කලාව, සිතුවම් කලාව, උද්‍යාන නිර්මාණය සහ වෙනත් කලා මාර්ගයෙන් අත්පත් කර ගැනීමට උත්සාහ කළේ සරල බවින් සහ මවාගත් පිළිවෙළකින් තොර විශිෂ්ට වූ මෙම කුසලතාව ය.

jísī-guǎngyì
集思广益
**ජනතා ප්‍රඥාලය**

බොහෝ පුද්ගලයින්ගේ අදහස් සහ ප්‍රඥාව පුළුල් ලෙස සේවනය කිරීමෙන් වඩාත් ඵලදායී ලෙස වැඩ කළ හැකි බව මෙයින් කියැවෙයි. ත්‍රිත්ව රාජධානි) කාලයේ දී, ජූ-ග්අ-ලියාං (ක්‍රි.ව. 181-234) විසින් ප්‍රකාශ කරන ලද මෙයින් අදහස් කළේ නායකයෙකු අන් අයට කථා කිරීමට වැඩි අවස්ථා ලබා දිය යුතු බවත් එම අදහස් තමන්ගේ ඒවාට වඩා වෙනස් වුව ද නිහතමානීව ඒ සියලු අදහස්වලට සවන් දිය යුතු බවත් ය. ඉක්බිතිව ඔහු විසින් කාරණයේ සියලු අංශ සළකා බලා නිවැරදි තීරණයක් ගත යුතු ය. තමන් හට නොවරදින බව නො සිතිය යුතු අතර අත්තනෝමතික ලෙස ක්‍රියා නො කළ යුතු ය. ජනතාවගේ ප්‍රඥාව භාවිතයට ගැනීමෙන් සෑම කෙනකු ම දිරිගන්වා සාර්ථකත්වය සහතික කරගත හැකි ය.

zhòngzhì-chéngchéng
众志成城
**එකමුතු බව ශක්තියයි**

එකමුතු ප්‍රයත්න තුළින් මිනිසුන්ට සාමුහිකව විශාල ශක්තියක් ජනනය කරගත හැකි අතර එ මඟින් සියලු දුෂ්කරතා මඟ හරවා ගත හැකි ය. මෙම යෙදුමෙහි දෙවන අක්ෂරය වන චී යන්නෙන් අදහස් කරන්නේ අභිප්‍රාය ය. ඡං යන අවසාන අක්ෂරයෙන් අදහස් කරන්නේ නගර ප්‍රාකාරය ය. සමස්ත යෙදුමින් ඉතා වැදගත් කරුණු තුනක් අවධාරණය කෙරෙයි. මානව හැකියාව; මානව ජීවය සහ ධෛර්යය; සහ ජනතාවගේ සමගිය එම කරුණු තුන වේ.

yèluò-guīgēn
叶落归根
**ගස්වල කොළ මුලට වැටෙයි**

කොළ වියළී ගස් මුල් අසළට වැටෙයි. මෙම රූපකයෙන් කියැවෙන්නේ කොපමණ දුර බැහැරක රැඳී සිටිය ද සියලුම සත්ත්වයන් හට නැවත පැමිණීමට මුල් ගෙදරක් ඇති බව ය. පුරාණ කාලයේ සිට ම චීන ජනයා අතර නිතර ම දක්නට ලැබුණු තම උපන් ස්ථානය කෙරෙහි වන කාන්සාව මෙ මඟින් ප්‍රකාශ කෙරෙයි. එවැනි හැඟීම් අවිවාදයෙන් ම ගතානුගතික ලෙසින් සැලකිය හැකි වුව ද, තමන් උපන් භූමිය, ළබැඳියන් සහ ජාතිය කෙරෙහි මිනිසුන් තුළ වූ යහපත් සහ අවංක ආදරය මෙ මඟින් මූර්තිමත් කරයි. එය තමන්ගේ සංස්කෘතිය සමඟ මිනිසුන් තුළ වූ තාදාත්මයය දැක්වෙන ප්‍රධානතම අංගය ය.

## අතිරේක කියවීම

### චීන මහා ප්‍රාකාරය-වෙන් වීම සහ ඒකාබද්ධ වීම*

චීන සංස්කෘතිය පිළිබඳ විමසීමේ දී චීන මහා ප්‍රාකාරය අතිශයින් වැදගත් වේ. චීන මහා ප්‍රාකාරය මගින් ආවරණය විය යුතු භූමි ප්‍රමාණය, එය විහිදී යන ආකාරය උසස් කම්කරු දායකත්වය සහ ගොඩනැගීමේ දුෂ්කරතාව ආදිය කරන කොට ගෙන එය ලෝකයේ අසමසම නිර්මාණයක් සේ සැලකේ. චින් යුගයේ පළමු අධිරාජයාගේ අවධියේ දී සෑම පුද්ගලයන් 20 දෙනෙකුගෙන් එක් අයෙකු මහා ප්‍රාකාරය ඉදිකිරීමේ කාර්යයේ නිරත වී තිබේ. ප්‍රාකාරය බැඳීම වූ කලී මිනිස් ශ්‍රමය බහුලව වැය කිරීමේ ක්‍රියාදාමයක් වූ අතර, ඇතැම් විටෙක ඔවුන්ට සිය ජීවිතය පූජා කිරීමට ද සිදු විය. ආරක්ෂක පවුරක් ලෙස ඉතිහාසය තුළ චීන මහා ප්‍රාකාරය දැවැන්ත කාර්යභාරයක් ඉටු කර ඇති අතර, කෘෂිකාර්මික ජීවන රටාවකට හුරු පුරුදුව සිටි දකුණේ ජනයාට උතුරේ විවිධ ජාතීන් අසරුවන් පිටින් පැමිණ පහර දීම මහා ප්‍රාකාරය විසින් වළක්වනු ලැබීය. විවිධ ලෝහ වර්ගවලින් නිපද වූ අවිආයුධ බහුල වූ මෙම අවධියේ දී ආරක්ෂාව පිළිබඳ හැඟීමක් ඇතිව වගා කටයුතුවල නිරත වූවන්ට සාමකාමීව එම කාර්යයන්හි නියැළීමට මෙම ප්‍රාකාරය සැබෑ රැකවරණයක් සැපයූවේ ය.

චීනයේ භූගෝලීය පසුබිම සහ දේශගුණික තත්ත්වයන් රටෙහි පැහැදිලි සංස්කෘතීන් දෙකක වර්ධනය සඳහා ඉවහල්

* ඉහත කොටස චීන FLTRP සහ ශ්‍රී ලංකාවේ ෆාස්ට් පබ්ලිෂින් (ප්‍රයිවට්) ලිමිටඩ් යන ප්‍රකාශකයන් විසින් පළ කරන ලද "අසිරිමත් චීන සංස්කෘතිය" යන කෘතියෙන් උපුටා ගැනීමක් සහ සංස්කරණය කිරීමකි

විය. දකුණේ වගාවන්ට සුදුසු භූමි සහ උණුසුම් දේශගුණය කෘෂිකර්මාන්තය සඳහා වඩාත් සුදුසු විය. උතුරේ පැවැති ශීත දේශගුණය සහ තණබිම් සත්ව පාලනය සඳහා වඩාත් සුදුසු විය. දකුණේ දියුණු කෘෂිකාර්මික ශිෂ්ටාචාරයක් තිබූ අතර, උතුරට සාපේක්ෂව එතරම් දියුණු තත්ත්වයක නොපැවතුණි. විශේෂයෙන් ම කෘෂිකාර්මික ජනතාවට තිරසාර භාවය ඉතා වැදගත් විය. උතුරේ තිබූ තෘණ භූමි මත පදනම් වූ සත්ව පාලන ජීවන ක්‍රමය නිසා ඔවුහු සංචාරක දිවියක් ගත කළහ. සත්ව පාලනයේ පැවති සීමා සහිත සහ අස්ථිර ස්වභාවය නිසා ඔවුන්ට දකුණු ප්‍රදේශයේ විවිධ ජාතීන්ගේ කෘෂිකාර්මික නිෂ්පාදන මත යැපෙන්නට සිදු විය. උතුරේ සංචාරක ජාතීන් දකුණේ වැසියන් ආක්‍රමණය කළේ ඔවුන්ට එම ප්‍රදේශවල බලය පවත්වා ගැනීමේ ආශාව නිසා ම නොව, ජීවන අවශ්‍යතා තිබූ නිසා බව ඓතිහාසිකව බැලීමේ දී පැහැදිලි වේ.

චිං යුගයේ සිට වසර 2000 ගණනක් පුරා පසුකාලීනව බලවත් වූ රාජ පරම්පරා දක්වා වූ කාලය අතරතුර දකුණු ප්‍රදේශය ආක්‍රමණය කළ ජාතිකයන් වූයේ ෂියැන්යුන්, හන්, තුජුවේ, හුයිහ, චීදන්, හුජින් සහ මොංගෝලියානුවන් ය. දකුණු හමුදාවන් බොහෝ දුරට උතුරේ සංචාරක අශ්වාරෝහක බලඇණි සමඟ සටන් වැදීමේ දී අවාසි සහගත තත්ත්වයක සිටියේ ය. මෙබඳු වාතාවරණයක් යටතේ මහා ප්‍රාකාරය සර්ව සම්පූර්ණ ආරක්ෂාවක් නොවුව ද ඉතා උසස් රැකවරණයක් සැපයූ බව පෙනේ.

එසේ වුවත් චීන මහා ප්‍රාකාරය උතුරු සහ දකුණු ජාතීන් අතර පැවැති අන්‍යෝන්‍ය සන්නිවේදන කටයුතුවලට බාධාවක් වූ හෙයින් ඔවුන් අතර කිසියම් වෙන්වීමක් ද තිබූ බව පෙනේ. තත්ත්වය එසේ වුව ද මෙම ප්‍රාකාරය ඔවුන්ගේ ගැටුම් අවම තත්ත්වයකට පත් කළ

අතර උතුරු සහ දකුණු ජාතීන්ට ස්වාධීනව නැගී සිටීමට අවස්ථාව සැලැසුවේ ය. මෙමඟින් කෘෂිකාර්මික ආර්ථිකය ආරක්ෂා වී එය සංවර්ධනයට පත්වූ අතර නිෂ්පාදන කටයුතු ද බහුල විය. මේ සමඟම උතුරු ජාතීන්ට මංකොල්ල කෑම අත්හැරීමට සිදු වූ අතර ඔවුන්ගේ ශිෂ්ටාචාරය දියුණු කර ගැනීම සඳහා වැඩි අවධානයක් යොමු කිරීමට සිදු විය. මෙය පසුකාලීනව උතුරු සහ දකුණු සංස්කෘතීන් දෙකෙහි සංස්කෘතික සන්නිවේදනය සහ හුවමාරුව සඳහා ඉවහල් වූයේ ය. චීන මහා ප්‍රාකාරය නොපැවැතියේ නම් චීන ඉතිහාසය බොහෝ දුරට වෙනස් වන්නට ඉඩ තිබුණි.

කල් යෑමේදී මහා ප්‍රාකාරය පසුබිම් කොට ඒ ආශ්‍රිතව ආර්ථික කලාප බිහි වී උතුරු සහ දකුණු ජනයා අතර සංස්කෘතික සහ ආර්ථික සම්බන්ධතා ගොඩනැගුණි. මෙබඳු අන්‍යෝන්‍ය සම්බන්ධතා නිසා ඉතිහාසයේ බොහෝ කලක් දකුණේ කෘෂිකාර්මික ආර්ථිකය, උතුරේ තණබිම් ආශ්‍රිත ආර්ථිකය මත ද උතුරේ තණබිම් ආශ්‍රිත ආර්ථිකය, දකුණේ කෘෂිකාර්මික ආර්ථිකය මත ද අන්‍යෝන්‍ය වශයෙන් පැවැතෙමින් සංවර්ධනය විය. මෙසේ චීන මහා ප්‍රාකාරය නව ආර්ථික ව්‍යුහයක් බිහි කරමින් උතුරටත් දකුණටත් බොහෝ වාසි අත්පත් කර දුන්නේ ය.

# චීන ඉතිහාසයේ ප්‍රසිද්ධ චරිතයක්

## ලූ-බන්

ලූ-බන් යනු ක්‍රි.පූ.6වන සියවසේ චීනයේ විසූ ජනප්‍රිය ගෘහනිර්මාණ ඉංජිනේරුවකු, නව නිපැයුම්කරුවකු හා වඩුවෙකි. ඔහු චීන ශිල්පියත්වයේ පූර්වජයා ලෙස ගෞරවයට පාත්‍ර වේ. ඔහු විසින් ගෘහනිර්මාණ ශිල්පය හා වඩු කර්මාන්තය ආදී කර්මාන්ත ක්ෂේත්‍රයන් සඳහා ලබාදුන් දායකත්වය පිළිබඳව චීනයේ පුරාණෝක්තීන් බහුල වේ. ඔහු විසින් ඉදිරිපත් කරන ලද බොහෝ මෙවලම් හා ඉදිකිරීම් මූලධර්ම වර්තමානයේ ද භාවිතයට ගනු ලැබේ. ලූ-බන් විසින් අලුතින් නිර්මාණය කරන ලදැයි පිළිගන්නා බොහෝ දේ පුරාණෝක්තීන් වන අතර ඒ පිළිබඳ ඓතිහාසික නිල වාර්තා නොමැත. මතු දැක්වෙන ඒවා ඔහු විසින් සිදු කරන ලද නිර්මාණ වේ යැයි විශ්වාස කෙරේ.

- වළා ඉනිමග - ජංගමශීලී ප්‍රතිතෝලක ඉණිමග
- ඇමුණුම් කොකු සහ ජම්බාරය - නාවුක සටන් සඳහා යොදාගනී.
- දණ්ඩක පක්ෂියා - තෙදිනක් ගුවනේ රැඳී සිටිය හැකි බලයක් රහිත, පියාඹන, දැවමය පක්ෂියෙකි. මෙය සරුංගලයක ප්‍රතිරූපකයක් ලෙස සැලකේ.

තං රාජවංශයට පසුව ලූ-බන් පිළිබඳ පුරාණෝක්තීන් වඩාත් සාමාන්‍ය තත්ත්වයට පත්විය. මෙම පුරාණෝක්තීන්හි සාමාන්‍ය අන්තර්ගතයන් මෙසේ විය. ඉහළ තාක්ෂණයෙන් යුක්තව ප්‍රධාන ව්‍යාපෘති ඉදිකිරීම් පිළිබඳව ලූ-බන් ප්‍රශංසාවට ලක්වේ. ඉදිකිරීම් ශිල්පීන්ගේ තාක්ෂණික ගැටලු විසඳීමට ලී බන් බලවත් කැමැත්තක්

දැක්විය. නිෂ්පාදන මෙවලම් සහ වෙනත් දේ ප්‍රතිසංස්කරණය සහ නව නිපැයුම් සිදුකරන ලදී. ඓතිහාසික සාධක අනුව විවිධ පුරාණෝක්තීන්හි වෙනස්කම් දැකිය හැකි වුවද, ඒවායේ ලූ-බන් නියෝජනය කළා වූ චීන වැඩකරන පන්තියේ ජනතාවට උපකාර කිරීමේ ගුණාංගය, උද්යෝගය හා ඥානය සියල්ලන්ගේම ප්‍රශංසාවට ලක්වී තිබේ. ඔහු සම්බන්ධ කරගනිමින් බිහි වූ චීන ප්‍රස්ථා පිරුළු විශාල ගණනාවක් ද වේ.

## සිතීමට යමක්

1. චීන මහා ප්‍රාකාරය චීන ජාතිකයන්ගේ සංකේතයක් වන්නේ කවර හේතුවලින් ද? චීන මහා ප්‍රාකාරය නියෝජනය කරන චීන ජාතිකයන්ගේ ගුණාංග කවරේ ද?

2. චින් රාජවංශ යුගයෙන් පසු දෙවන වර චීන මහා ප්‍රාකාරයේ ඉදිකිරීමේ සහ ප්‍රතිසංස්කරණ කටයුතු සිදු වූයේ මිං රාජවංශයේදී ය. ඊට හේතු කවරේ ද?

3. පැරණි චීන ගොඩනැගිලි බොහෝ දුරට ලී වලින් සාදන ලද නමුත් බටහිර රටවල්වල ගොඩනැගිලි බොහෝ දුරට ගල් වලින් සාදන ලදී. ඊට හේතු කවරේ ද?

4. ඔබ බෙයිජිංවල තහනම් නගරය නරඹන විට ඔබගේ හිතට කාවැදුණු කරුණක් පිළිබඳ විස්තර කරන්න.

5. සූ-ජොව් උද්‍යාන හැරුණු විට, ඔබ වෙනත් නගරවල උද්‍යානවලට ගොස් තිබේ ද? එම උද්‍යාන පිළිබඳ සරළ හැඳින්වීමක් කරන්න.

# තෙවන කොටස

# ලෝකඩ භාණ්ඩ සහ පෝසිලේන් භාණ්ඩ

## ලෝකඩ භාණ්ඩ

ක්‍රි.පූ.21වන සියවසේ සිට ක්‍රි.පූ.17වන සියවස දක්වා වූ කාලයේ ෂියා රාජවංශ සමයේදී චීනයේ සංකීර්ණ ලෝකඩ වාත්තු කිරීමේ තාක්ෂණය පැවතුණි. පැරණි පුරාවෘත්තයන්ට අනුව ක්‍රි.පූ.2200 හෝ ක්‍රි.පූ.2100 දී පමණ, ෂියා රාජවංශයේ යූ අධිරාජ්‍යයා විසින් ගංවතුර සාර්ථකව පාලනය කර ජනතාවට සමෘද්ධිමත් නව යුගයකට මං-පෙත් විවර කරන ලදී. මෙම අධිරාජ්‍යයා ස්වකීය පාලනය යටතේ තිබූ චීනයේ භූමි ප්‍රදේශ කලාප නවයකට බෙදූ අතර ඔහු විසින් පාද තුනක් සහිත "දිං" යනුවෙන් හැඳින්වන විශාල ලෝකඩ බඳුන් නවයක් වාත්තු කරවන ලදී. "දිං" යනු එකල ආහාර පිසීම සඳහා වූ බඳුන් වර්ගයක් විය. යූ අධිරාජ්‍යයාගෙන් පසු ඉවුම් පිහුම් උපකරණයක් වූ "දිං" බලය සහ ධනය සංකේතවත් කරන චාරිත්‍රානුකූල වස්තුවක් බවට පත් විය. "දිං"වල ප්‍රමාණයෙන් සහ බරින් බලයේ විශාල හෝ කුඩා බව පෙන්නුම් කෙරේ. එමෙන්ම "දිං" ගණනින් භාවිත කරන්නන්ගේ අනන්‍යතාවය සහ තත්වය පිළිබිඹු වේ.

ෂාන් රාජවංශයේ අගභාගයේ සිට ෂීජෝව් රාජවංශයේ මුල දක්වා ලෝකඩ භාණ්ඩ සංවර්ධනයේ ස්වර්ණමය යුගය ලෙස හැඳින්වේ. ලෝකඩ භාණ්ඩ භාවිතය සුලභ වූ අතර ඒවායින් බහු කාර්යයන් සිදු කරගැනීමට හැකි විය. ආහාර-පාන බහාලන බඳුන, වයින් බඳුන්, ජල බඳුන්, සංගීත භාණ්ඩ, ආයුධ, අශ්ව රථ උපකරණ සහ අශ්වයින්ගේ උපකරණ මෙන්ම චාරිත්‍ර-විරිත්‍ර සිදුකිරීම සඳහා වූ භාණ්ඩ යනාදිය ඒ අතර වේ. එම සෑම ලෝකඩ භාණ්ඩයක්ම යම් නිශ්චිත වූ හැඩයකින් හා ප්‍රමාණයකින් යුක්ත විය. මෙම

අවධියේදී ලෝකඩ බඳුන් මත බොහෝදුරට “තාඕ-තියේ” මෝස්තර, “කුයි” මෝස්තර හෝ “රාක්ෂ මුහුණු ඇති මනුෂ්‍ය රූපයේ” මෝස්තර දක්නට ඇති අතර විවිධ සැරසිලි රටාවලින් විශ්මය ජනක මෙන්ම අද්විතීය ලෝකඩ සැරසිලි රටා පද්ධතියක් බිහි විය. මීට අමතරව, ෂාන්, ජෝව් සහ ජන්ගුවෝ කාල පරිච්ඡේදයෙහි ලෝකඩ භාණ්ඩ මතුපිට කැටයම් කළ සෙල්ලිපි පැරණි චීන අක්ෂර වන “ලෝහ අක්ෂර” ලෙස හැඳින්වන අතර මෙම අක්ෂර සුවිශේෂී ඓතිහාසික වැදගත්කමක් උසුලයි.

විවිධ ලෝකඩ උපකරණ අතර චාරිත්‍ර සිදුකිරීම සඳහා වූ බඩු-භාණ්ඩවල ඉහළම වාත්තු තාක්ෂණය යොදා නිමවා ඇති අතර උසස් කලාත්මක සහ සංස්කෘතික වටිනාකමින් යුක්ත වේ. මෙම ලෝකඩ භාණ්ඩ රජවරුන් හා වංශාධිපතියන් විසින් පූජා උත්සව, භෝජන සංග්‍රහ, රජුන්ට බැහැදැකීම, හමුදා පිටත් කොට යැවීම හා අවමංගල කටයුතු යනාදී උත්සවමය අවස්ථාවන්හි භාවිතා කරන ලදී. ඒවා අතර ප්‍රමාණයෙන් විශාල වන සෙල්ලිපි බොහෝමයක් දක්නට ලැබෙන භාණ්ඩ බොහෝදුරට පාලකයන්ගේ ජයග්‍රහණයන් වර්ණනා කිරීම හෝ වැදගත් සිදුවීම් වාර්තා කිරීම වෙනුවෙන් භාවිත විය. මෙවන් ලෝකඩ භාණ්ඩ රාජ්‍ය වස්තූන් ලෙස සලකනු ලැබූ අතර

ශීජොව් දා-යූ දිං සෙල්ලිපි

පරම්පරාවෙන් පරම්පරාවට උරුම විය යුතු ය. ඒවා "ජාතික භාණ්ඩ" ලෙස හැඳින්වේ. අද අපට දැකිය හැකි මෙවන් ජාතික භාණ්ඩ අතර "හව්-මු-වු දිං", "සිව් බැටළුවන් සිව්දෙනෙකුගේ හැඩයකින් යුත් ඍජුකෝණාස්‍රාකාර බඳුන", "නෙළුම් සහ කොක් රුව සහිත ඍජුකෝණාස්‍රාකාර පෝච්චිය", "මාඕ-ගුං දිං" යනාදිය කැපී පෙනේ.

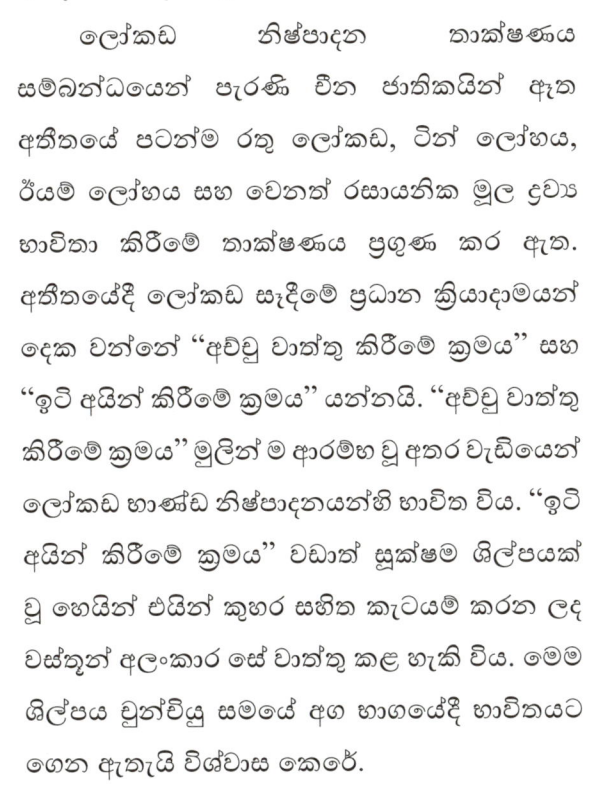

ෂාන් වටකුරු හැඩයේ ලෝකඩ දිං

ලෝකඩ නිෂ්පාදන තාක්ෂණය සම්බන්ධයෙන් පැරණි චීන ජාතිකයින් ඈත අතීතයේ පටන්ම රතු ලෝකඩ, ටින් ලෝහය, ඊයම් ලෝහය සහ වෙනත් රසායනික මූල ද්‍රව්‍ය භාවිතා කිරීමේ තාක්ෂණය ප්‍රගුණ කර ඇත. අතීතයේදී ලෝකඩ සෑදීමේ ප්‍රධාන ක්‍රියාදාමයන් දෙක වන්නේ "අච්චු වාත්තු කිරීමේ ක්‍රමය" සහ "ඉටි අයින් කිරීමේ ක්‍රමය" යන්නයි. "අච්චු වාත්තු කිරීමේ ක්‍රමය" මුලින් ම ආරම්භ වූ අතර වැඩියෙන් ලෝකඩ භාණ්ඩ නිෂ්පාදනයන්හි භාවිත විය. "ඉටි අයින් කිරීමේ ක්‍රමය" වඩාත් සූක්ෂම ශිල්පයක් වූ හෙයින් එයින් කුහර සහිත කැටයම් කරන ලද වස්තූන් අලංකාර සේ වාත්තු කළ හැකි විය. මෙම ශිල්පය චුන්චියු සමයේ අග භාගයේදී භාවිතයට ගෙන ඇතැයි විශ්වාස කෙරේ.

ෂාන්-ෂීජොව් ෆිනික්ස් මෝස්තර සහිත ලෝකඩ වයින් බඳුනක්

ජන්ගුවෝ සමයේ අවසාන භාගයේ සිට දුංහන් රාජවංශ සමයේ අවසාන භාගය දක්වා වූ කාලය තුළ, යකඩ භාණ්ඩ හා පිඟන් මැටි භාණ්ඩ

ජන්ගුවෝ ස්අන්-හොව්-ඊ ලෝකඩ පිහානක්

සිව්වන පරිච්ඡේදය
කලාව සහ සංස්කෘතිය

නිෂ්පාදනය වර්ධනය වීමත් සමඟම ලෝකඩ කර්මාන්තයේ ක්‍රමික පසු බැමක් දක්නට ලැබේ. සුයි සහ තං රාජවංශ සමය වන විට, මිනිසුන්ගේ ජීවිතවල නිතරම දක්නට ලැබූ එකම ලෝකඩ භාණ්ඩ ලෝකඩ දර්පණ යැයි කිව හැකි ය.

ලෝකඩ වාත්තු තාක්ෂණය ප්‍රගුණ කළ ලොව ප්‍රථම රට චීනය නොවූවත්, ලෝකඩ භාණ්ඩ භාවිතය, වාත්තු කිරීමේ තාක්ෂණය, ආකෘති කලාව සහ භාණ්ඩවල වර්ග ප්‍රමාණයන් අතින් චීනය සමඟ සැසඳිය හැකි රටක් නොමැත. චීන ලෝකඩ භාණ්ඩ කලාව පැරණි මානව ශිෂ්ටාචාරයේ, ඓතිහාසික වශයෙන් විශේෂිත වූ ස්ථානයක් හිමි කර ගැනීමටත් පුළුල් අවධානය දිනාගැනීමටත් මෙය හේතු සාධකයක් විය.

**පෝසිලේන් භාණ්ඩ**

පෝසිලේන් යනු පැරණි චීනයේ විශිෂ්ට නව්‍ය නිපැයුම්වලින් එකකි. පෝසිලේන් උපත ලැබුවේ චීනයේ ය. ලෝකයේ බොහෝ භාෂාවල "පෝසිලේන්" සහ "චීනය" යන්න එකම නාමයකින් භාවිත කළේ ය. පෝසිලේන් ලෙස හැඳින්වීමට පහත සඳහන් කොන්දේසි තුන සපුරා තිබිය යුතු යැයි සාමාන්‍යයෙන් විශ්වාස කෙරේ.

පළමුව, පෝසිලේන් සෑදීම සඳහා අවශ්‍ය වන මූලික ද්‍රව්‍ය "චයිනා මැටි" විය යුතු ය. එහි ප්‍රධාන සංඝටකය වනුයේ කෙයොලින් පිඟන් මැටි වන අතර පෙල්ස්පාර්, ක්වාට්ස් වැනි ඛනිජ ද අඩංගු වේ.

දෙවනුව, පෝසිලේන් නිෂ්පාදනයේදී මැටි සෙල්සියස් අංශක 1200-1300ක් ඉහළ උෂ්ණත්වයක පිළිස්සිය යුතු ය.

තෙවනුව, පෝසිලේන් මතුපිට ආලේප කරන දිස්නය ගෙන දෙන තීන්ත වර්ගය (ග්ලේස්) ද පෝසිලේන් භාණ්ඩය සමඟ නැවත වරක් ඉහළ උෂ්ණත්වයේ පිළිස්සිය යුතු ය.

## තෙවන කොටස

## ලෝකඩ භාණ්ඩ සහ පෝසිලේන් භාණ්ඩ

පෝසිලේන් ආරම්භ වන්නේ කුඹල් කර්මාන්තයෙනි. මෙය අවුරුදු 7000කට පමණ පෙර එනම් නව ශිලා යුගයට පෙරාතුවත් චීන ජාතිකයින්ගේ මුතුන් මිත්තන් විසින් මැටි භාණ්ඩ සෑදීම හා භාවිතය ආරම්භ කරන ලදී. පෝසිලේන් නිෂ්පාදනය කරනු ලැබුයේ මැටි සෑදීමේ තාක්ෂණය අඛණ්ඩව සංවර්ධනය කිරීම සහ වැඩිදියුණු කිරීමේ ප්‍රතිඵලයක් වශයෙනි. ෂාන් රාජවංශයේ සුදු මැටි බඳුන්වල පෝසිලේන්හි සමහර ගුණාංග දක්නට ඇති අතර, එය ප්‍රාථමික පෝසිලේන් ලෙස හඳුන්වයි. පෝසිලේන් තාක්ෂණය දුංහන් රාජවංශයේ සිට වෙයි සහ ජින් රාජවංශය දක්වාම ක්‍රමයෙන් සංවර්ධනය වී ඇත. මුලින්ම පෝසිලේන් පිළිස්සීම සිදු කර ඇත්තේ ජ්අ-ජ්‍යාං පළාතේ ශං-යු නම් ප්‍රදේශයේදී ය. වර්තමානයේ සොයාගත් නෂ්ටාවශේෂ වලින් පෙන්නුම් කරනුයේ, එම කාල පරිච්ඡේදයේ පෝසිලේන් භාණ්ඩ බොහෝ දුරට සියන් පැහැති සෙලඩෝන් භාණ්ඩ ය. එය සියුම්ව සකසන ලද, ඉතා තද පෘෂ්ඨයක් ඇති, ජලය අවශෝෂණය නොවන, වීදුරු වැනි ලා කොළ පැහැති ග්ලේස් මගින් මතුපිටින් ඔප දමා ඇත. චීනයේ පෝසිලේන් නිෂ්පාදනය කිරීමේ තාක්ෂණය තං රාජවංශයේදී ඉතා පරිණත යුගයකට පිවිසියේ ය. ඒ අතරින් සියන් පැහැති පෝසිලේන් සහ සුදු පැහැති පෝසිලේන් ප්‍රධාන ප්‍රභේදයන් වලට විශේෂ ස්ථානයක් හිමිවිය. දකුණු ප්‍රදේශයේ “යුවෙ” පෝරණුව සියන් පැහැති පෝසිලේන්වල ඉහළම ශිල්පීය හැකියාවන් නියෝජනය කරන අතර උතුරු ප්‍රදේශයේ “ෂිං” පෝරණුව, “ජුන්” පෝරණුව සහ “යඕ-ජොව්” පෝරණුව සුදු පැහැති පෝසිලේන්වල ඉහළම ශිල්පීය හැකියාවන් නියෝජනය කළේ ය.

සුං රාජවංශයේදී චීන පෝසිලේන් උච්චතම අවධියට පැමිණියේ ය. එකල “රූ”, “ගුවන්”, “ග්අ”, “ජුන්” සහ “දිං” යන සුප්‍රසිද්ධ පෝරණු පහ බිහි වී තිබේ. මෙම පෝරණුවල නිෂ්පාදනවලට ඒවාටම ආවේණික වූ සුවිශේෂී මෝස්තර රටා ඇත. පෝසිලෙන් නිෂ්පාදනයේ “දකුණු සියන්-උතුරු සුදු”

යන තත්වය සුං රාජවංශය වන විට දක්නට නොමැත. එකල ඒකවර්ණ ග්ලේස් වලින් ඔප දැමූ පෝසිලේන් බිහි විය. විවිධාකාර හැඩවලින් යුත් සුං සමයේ පෝසිලේන් පිරිසිදු වර්ණ, වාම් මෝස්තර භාවිතා කළ හෙයින් ඒවා කොන්ෆියුසියානු සංස්කෘතියේ අවධාරණය වන සරල සුන්දරත්වය කදිම ලෙස පෙන්නුම් කරයි. සුං රාජවංශයේ පෝසිලේන් නිෂ්පාදනයේ පැහැදිලි ශ්‍රම විභේදනයක් ද පැවතිණි. එමෙන්ම එය චීනයේ පෝසිලේන් සංවර්ධනයේ නව අවධියක් සනිටුහන් කළේ ය. යුවැන් රාජවංශයේ නව ප්‍රභේදයක් වන “චින්-හුවා පෝසිලේන් (නිල් සහ සුදු පෝසිලේන්)” දේශීය හා විදේශීය ජනතාව විසින් ඉතා ආදරයෙන් වැළඳ ගත්තේ ය.

මිං රාජවංශයේ පටන් ජ්‍යාං-ෂී පළාතේ ජිං-ද-ජෙන් නගරය සමස්ත රටෙහිම පෝසිලේන් කර්මාන්තයේ කේන්ද්‍රස්ථානය බවට පත්වීමත් සමඟම පෝසිලේන් ශිල්පීය හැකියාවන් තවදුරටත් සංවර්ධනය විය. මිං රාජවංශයේ පෝසිලේන්වල ග්ලේස් වර්ණ සහ ඒවා ඔප දැමීමේ ක්‍රමය අඛණ්ඩව නව නිර්මාණයක් කරා වර්ධනය විය. නිදසුනක් ලෙස මිං රාජවංශයේ චෙං-හුවා යුගයේදී නිෂ්පාදනය වූ “ටඕ-ත්සයි” පෝසිලේන් දැක්විය හැකි ය. මෙම පෝසිලේන් සෑදීමේදී මුලින්ම “චින්-හුවා” පැහැය යොදාගනිමින් පෝසිලේන් මතුපිටක පින්තාරු කිරීමට අවශ්‍ය මෝස්තරයේ දළ සටහනක් ඇඳ ගනී. ඉන්පසු ග්ලේස් ඔප දමා ඉහළ උෂ්ණත්වයක පුළුස්සා ගනී. ඉන් පසු, මෝස්තරයේ විවිධ කොටස්වලට අනුව විවිධ වර්ණවල ග්ලේස් යොදා අවසානයේ එය නැවතත් මධ්‍යම උෂ්ණත්වයේ පුළුස්සයි. එවිට ග්ලේස් යටින් ඇති ස්ථරයේ වර්ණය සහ පසුව උඩින් ආලේප කළ වර්ණ එකිනෙක මත වැටීමෙන් විචිත්‍රවත් හා අලංකාර නිමාවක් ගෙන දේ. මිං රාජවංශයේ ජියා-ජිං සහ වන්-ලි කාලයන්හි නිෂ්පාදනය වූ “වූ-ත්සයි (පංච වර්ණ)” පෝසිලේන් ද ප්‍රකට විය. මීට අමතරව යුවැන් රාජවංශයේ පරිණත වූ චින්-හුවා පෝසිලේන් මිං රාජවංශයේදී වැඩිදියුණු වීම හා නව්‍යකරණය වීම

299

·

තෙවන කොටස

ලෝකඩ භාණ්ඩ සහ පෝසිලේන් භාණ්ඩ

බෙයිසුං රූ පෝරණුවෙන් නිෂ්පාදනය වූ සියන් පැහැති පෝසලේන් බේසමක්

යුවැන් චින්-හුවා පෝසලේන් බඳුනක්

මිං වං-ලී සමයේ මුවන් සීයක මෝස්තර සහිත පෝසලේන් බඳුනක්

කලාව සහ සංස්කෘතිය

චිං පෝසිලේන් සෑදිම තේමාවෙන් සිතුවමක් (කොටසක්)

මගින් චීනයේ ප්‍රධාන පෝසිලේන් වර්ගයක් බවට පත්විය.

චිං රාජවංශයේ පෝසිලේන් පිළිස්සීමේ කලාව තවදුරටත් වැඩිදියුණු විය. විශේෂයෙන්ම කං-ෂී, යොං-ජෙං, චියැන්-ලෝං යන අධිරාජ්‍යයන් තිදෙනා පෝසිලේන් කෙරෙහි දැක්වූ ලැදිකම සහ ඔවුන් විසින් දුන් අනුබලය යටතේ, පෝසිලේන් කර්මාන්තය උසස් ජයග්‍රහණයන් අත්පත් කරමින් සිය උච්චතම අවස්ථාවට පැමිණියේ ය. “වූ-ත්සයි (පංච වර්ණ)”, “ෆා-ලං ත්සයි (එනමල් වර්ණ)”, “ෆෙන්-ත්සයි (රෝස වර්ණ)” මෙන් ම පෝසිලේන් කැටයම් වැනි නව අත්කම් සහ ප්‍රභේදවල උපත චීන පෝසිලේන් සංවර්ධනය සඳහා පුළුල් මාවතක් විවර කළේ ය.

තං රාජවංශයේ සිටම චීන පෝසිලේන් ලෝකය පුරා අපනයනය කර ඇති අතර, පෝසිලේන් සෑදීමේ තාක්ෂණය ද විවිධ රටවලට ව්‍යාප්ත විය. 16වන සියවසේ සිට 18වන සියවස දක්වා චීනය යුරෝපයට අපනයනය

කරන ලද පෝසිලේන් සංඛ්‍යාව මිලියන 300ක ප්‍රමාණයට ළඟා විය. චීන පෝසිලේන් විවිධ ජනවාර්ගික කණ්ඩායම් අතර මිත්‍රත්වයේ බැඳීම් පමණක් නොව සංස්කෘතික හුවමාරුවේ පාලමක් ද වේ.

## චීන සංස්කෘතියට අදාළ ද්විභාෂා වචන මාලාව

| | |
|---|---|
| 青铜器 | ලෝකඩ භාණ්ඩ |
| 青铜铸造技术 | ලෝකඩ වාත්තු කිරීමේ තාක්ෂණය |
| 礼器 | චාරිත්‍ර-විරිත්‍ර සිදුකිරීම සඳහා වූ භාණ්ඩ |
| 瓷器 | පෝසිලේන් භාණ්ඩ |
| 釉 | ග්ලේස් - දිස්නය ගෙන දෙන තීන්ත වර්ගය |
| 陶器 | මැටි භාණ්ඩ |
| 青瓷 | සියන් පැහැති පෝසිලේන් |
| 白瓷 | සුදු පැහැති පෝසිලේන් |
| 青花瓷 | නිල් සහ සුදු පෝසිලේන් |
| 窑 | පෝරණුව |

## චීන සංස්කෘතික හා චින්තනික පද

jiǔzhōu
九州
**ජෝව් නවය (මහා භූමි නවය)**

මෙය චීනය සඳහා විකල්ප නාමයකි. "ෂං-ෂූ" නම් ඉතිහාස පොතට අනුව, චීනය රට ජෝව් (州) නවයකින් සමන්විත විය. ඒවා නම් ජී-ජෝව්, යැන්-ජෝව්, චිං-ජෝව්, ශ්‍යු-ජෝව්, යං-ජෝව්, ජිං-ජෝව්, යූ-ජෝව්, ලියං-ජෝව් සහ යොං-ජෝ ය. ජෝව් නවය කිසි විටෙක රටේ මූලික පරිපාලන බෙදීම් ලෙසින් යොදා ගත්තේ නැත. එනමුත් චුන්චියු සමයේ අග භාගයේ සිට චීන ජනතාව වාසය කරන ලද පොදු භූගෝලීය ප්‍රදේශ ඒවායින් ප්‍රකාශ විය.

jìlǐ
祭礼
**පූජෝත්සව**

පූජා උත්සව පැවැත්වීම චීන ජාතිකයන්ගේ ජීවිතයේ ප්‍රධාන චාරිත්‍රයකි. දෙව් ලොව, පොළොව, සූර්යයා, සඳ, කඳු, ගංගා හෝ මුතුන් මිත්තන්ට බුහුමන් දැක්වීම සඳහා ඈත අතීතයේ දී පූජෝත්සව පැවැත්විණි. තමන්ට ආරක්ෂාව සහ ආශිර්වාදය ලබා දෙනු ඇතැයි යන බලාපොරොත්තුවෙන් එ බඳු දේ සඳහා හෝ මුතුන් මිත්තන් වෙනුවෙන් හෝ පූජා උත්සවයක් පැවැත්වීමෙන් මිනිස්සු ඒ කෙරෙහි තමා තුළ වූ ගෞරවය සහ භය පක්ෂපාතී බව පෙන් වූහ. වර්තමානයේ දී පවා පූජෝත්සව පවත්වනු ලැබේ. එනමුත් ඒවා පවත්වන ආකාරය සහ ඒවායේ වැදගත්කම බොහෝ සෙයින් වෙනස් වී තිබේ.

lǐshàngwǎnglái
礼尚往来
**උභයභාවත්වය**

සුචාරිත්‍රයක් වශයෙන් උභයභාවත්වය සහ අන්‍යොන්‍ය යහපත සැලසීම අවශ්‍ය වේ. පුද්ගලයන් අතර, සංවිධාන අතර, ජාතීන් අතර සබඳතා සහ ගනුදෙනු මෙයින් ආවරණය කෙරෙයි. අන්තර්-පුද්ගල සහ අන්තර්-රාජ්‍ය සබඳතාවල දී සමානාත්මතාව සහ අන්‍යොන්‍ය යහපත කෙරෙහි අවධානය යොමු කිරීමේ වැදගත්කම ද මෙයින් අදහස් කෙරෙයි. ඇතැම් විට, එයින් අදහස් කෙරෙනුයේ යම් පාර්ශ්වයක් විසින් තවත් පාර්ශ්වයට සලකන ආකාරයට ම ඒ දෙවැනි පාර්ශ්වය විසින් මුල් පාර්ශ්වයට ද සැලකිය යුතු බවයි. "යමෙකු ඔබට සලකන ආකාරයට ම ඔහුට සැලකීම" යන්නට ද මෙය සමාන ය.

mùnèi-túwài
睦内图外
**අභ්‍යන්තරව එකතු වී පිටතට ව්‍යාප්තිය**

රටක අභ්‍යන්තර සමගිය සාක්ෂාත් කර ගත් පසු පමණක් බාහිරට ව්‍යාප්තවීම ගැන සිතා බැලිය හැකි ය. "අභ්‍යන්තර සමගිය" යන්නෙන් අදහස් කරනුයේ මිනිසුන් මිත්‍රශීලීව එකා මෙන් ජීවත්වීම ය. "පිටතට ව්‍යාප්තිය" යන්නෙන් මුලින් අදහස් කළේ අසල්වැසි රාජ්‍යයකට එරෙහිව යුද්ධයක් ඇරඹීම ය. වැඩි ප්‍රතිලාභ අරභයා බාහිර සංවර්ධන කටයුතු නිරතවීම යන්න එහි වර්තමාන අදහස ය. රටක බාහිර සංවර්ධනය සහතික කිරීම සඳහා එහි යහපත් අභ්‍යන්තර සංවර්ධනයක් සහ සමගියක් පැවැතීම පූර්ව අවශ්‍යතා වේ. මෙය රටකට, ව්‍යාපාරයකට, සංවිධානයකට හෝ පවුලකට වුව ද අදාළ කරගත හැකි ය. චීන ජනතාව ඔවුන්ගේ අභ්‍යන්තර

සංවර්ධනය කෙරෙහි විශාල අවධානයක් යොමු කර ඇති අතර ම සාමකාමී පැවැත්මට ලැදි බව ද මෙයින් පෙන්නුම් කරයි.

sìhǎi zhī nèi jiē xiōngdì

四海之内皆兄弟

**මුහුදු සතර මැද සිටින සියල්ලෝ සහෝදරයෝ වෙති**

ලොව වසන සියලු දෙනා සහෝදරයන් මෙන් සමීප බව මෙම කියමනෙන් අදහස් කෙරෙයි. මුහුදු සතර යනු නැගෙනහිර, බටහිර, දකුණ සහ උතුරු මුහුදු ය. අහස වටකුරු බව ද පොළොව සතරැස් බව ද චීනය ඒ මැද පිහිටි බව ද එය සතර මුහුදෙන් වට වී පැවැති බව ද පුරාණ චීන ජාතිකයෝ විශ්වාස කළහ. "සතර මුහුද තුළ" යන්නෙන් අදහස් කළේ මිනිස් ලෝකය ය. "දෙව්ලොව යට සිටින සියල්ලන්" ලෙසින් ද මෙය හඳුන්වනු ලැබීය. මෙයින් සමස්ත රාජ්‍යය හෝ සමස්ත ලෝකය හැඳින්විණි. අනෙකුත් අය ද සම්බන්ධ කරගැනීම සඳහා චීන ජාතිකයින් සතු පුළුල් මනස සහ අනෙකුත් මිනිසුන් කෙරෙහි ඔවුන් දක්වන අනුකම්පාව, ආදරය සහ මිත්‍රත්වය මෙම කියමනෙන් ප්‍රකාශ වෙයි.

## අතිරේක කියවීම

### දා-යූ දිං*

දා-යූ දිං ෂීජෝව් රාජවංශ අවධියේ කං අධිරාජ්‍යයාගේ (ක්‍රි.

* ඉහත කොටස චීන FLTRP සහ ශ්‍රී ලංකාවේ ෆාස්ට් පබ්ලිෂින් (ප්‍රයිවට්) ලිමිටඩ් යන ප්‍රකාශකයන් විසින් පළ කරන ලද "අසිරිමත් චීන සංස්කෘතිය" යන කෘතියෙන් උපුටා ගැනීමක් සහ සංස්කරණය කිරීමකි

පූ.1020-ක්‍රි.පූ.994) කාලයේ දී, එනම් වසර 3000කට පමණ පෙර සෑදුවකි. වර්තමානයේ එය චීන ඉතිහාස කෞතුකාගාරයේ ආරක්ෂා කර ඇති අතර එම අති විශාල කල්දේරම මීටරයකට වඩා උසින් යුක්ත වේ. මෙය එම අවධියේ අනුගමනය කළ ගරුගාම්භීර අභිසමාචාර විධි ක්‍රමයන්ගේ ස්වභාවය අවබෝධ කර ගැනීමෙහි ලා වැදගත් වේ. ෂාන් සහ ජෝව් රාජවංශ යුගවල දී රාජ්‍ය පාලනයේ සිටි පුද්ගලයන් තම තමන්ගේ ආධිපත්‍යයේ සංකේතයක් වශයෙන් විශාල පරිමාණයේ අභිසමාචාරික උපකරණ නිර්මාණයේ යෙදී සිටි බව පෙනේ. රජුගේ ආධිපත්‍යය පෙන්වීම සඳහා ඔහුගේ නිලධාරීන් වෙත ලෝහ භාණ්ඩ ප්‍රදානය කිරීම ද එම නිලධාරීන් එය තමාට ලැබෙන්නා වූ ගෞරව සම්මානයක් වශයෙන් පිළිගැනීම ද සිදු විය. දා-යූ දිං බලය පිළිබඳ වූ මෙම සම්බන්ධතාව සඳහා මනා නිදසුනකි. මෙහි ඇතුළත අක්ෂර 291ක් කොටා ඇති අතර එය මෙම යුගයට අයත් ලෝකයේ මෙවැනි වෙනත් භාණ්ඩවලින් වෙනස් වේ. මෙම අක්ෂර මගින් කං රජු මත් පැන් පානයට විරුද්ධව සේනාධිපති යූ ට දෙන අවවාද පිළිබඳ කියවේ. සේනාධිපතිවරයා යුද්ධ කටයුතු සඳහා පිටත් යෑමට සූදානම්ව සිටින අවස්ථාවේ රජතුමා ෂාන් අධිරාජ්‍යයේ බිඳ වැටීම සහ ෂීජෝව් අධිරාජ්‍යයේ බලයට ඒමේ පුවත පිළිබඳ ඔහුට සිහිපත් කර දී තිබේ.

දා-යූ දිං හි සහ එහි කකුල් තුනෙහි ආහාරවලට කෑදර වූ මනඃකල්පිත සත්වයකු වන තඕ-තියේ සත්ව රූප කොටා ඇත. එම සත්වයාට විශල මුඛයකින් යුත් හිසක් තිබුණ ද, ශරීරයක් නොතිබුණි. ආභිසමාචාරික කටයුතුවලදී යොදා ගත් ලෝහමය වස්තු සඳහා එබඳු සත්වයෙකුගේ රුවක් යොදා ගැනීම එතරම් පැහැදිලි සාධකයක් නොවේ. ඇතැම් විටෙක එය අයහපත් බලවේග පලවා හැරීමේ සංකේතයක් වශයෙන් යොදා ගන්නට ඇත.

## ඉගිලී යන වැහිළිහිණියෙකු පසුකර පිම්මේ දුවන අශ්වයා

චීන කලා ඉතිහාසයේ "ඉගිලී යන වැහිළිහිණියෙකු පසුකර පිම්මේ දුවන අශ්වයා" අද්විතීය මූර්තියක් වශයෙන් හැඳින්විය හැකි ය. පැරණි චීන මූර්ති අතර අශ්ව රූපය ඉතා වැදගත් වේ. මෙම මූර්තිය අශ්ව රූප පිළිබඳ වූ අනෙක් මූර්තීන්ට වඩා වෙනස් ස්වරූපයක් ගන්නේ එය අශ්ව රුවට වඩා එම රූපය මගින් පිම්මේ ගමන් කිරීම වඩාත් තීව්‍රව දක්වා ඇති හෙයිනි.

අශ්වයෙකු පිම්මේ උපරිම වේගයකින් දුවන ඉරියව්ව බොහෝ දුරට එම සත්වයා සුළඟෙහි ඉගිලී යන ආකාරයකින් දිස් වේ. මේ අනුව පැරණි චීන නිර්මාණකරුවන් ජව සම්පන්න අශ්වයෙකුගේ ගමන් විලාසය අහසේ ඉහළට නැගී පාවී යන ආකාරයකින් දිස් වන බව සිතුවේ ය. සාමාන්‍යයෙන් වේගවත් අශ්වයකුගේ මූර්තිය පාවී යන වලාකුළුවලට ඉහළින් නිර්මාණය කළ යුතු විය. ඉගිලී යන වැහිළිහිණියා පසු කර පිම්මේ දුවන අශ්වයන්ගේ පසු පස පාදයේ එක කුරයක් ඉගිලී යන වැහිළිහිණියා මත ද අනෙක් පාද සුළඟේ ද පවතී. අශ්වයාගේ හිස ඉහළට එසවී ද, ඇස් අයාගෙන ද, නාසේ පුඩු විශාල වී ද, කන් ඉහළට එසවී ද තිබේ. එමෙන්ම අශ්වයාගේ කේසර උඩට ඉලිප්පී ද, වලිගය සුළඟේ ඉහළට පාවී ගොස් තිබේ. ශරීර හැඩරුව ශක්තිමත් භාවයෙන් හා සියුම් මාංස පේශිවලින් යුක්ත වන අතර දුවන විට උදරය සංකෝචනය වන ආකාරයක් ද දිස් වේ. පිම්මේ දුවන අශ්වයා, කුඩා වැහිළිහිණියා පසු කරමින් සිටින අවස්ථාවේ දී වැහිළිහිණියා අශ්වයා දෙස පුදුමයෙන් මෙන් හැරී බලයි.

සාමාන්‍යයෙන් අපගේ විශ්වාසය වන්නේ වැහිළිහිණියා

තෙවන කොටස
ලෝකඩ භාණ්ඩ සහ පෝසිලේන් භාණ්ඩ

පිම්මේ දුවන අශ්වයෙකුට වඩා වේගයෙන් පියාඹන බවයි. නමුත් මෙහිදී අශ්වයා වැහිළිහිණියා පසු කර ගොස් තිබේ. තං රාජවංශ අවධියේ සිටි සුප්‍රසිද්ධ කවියෙකු වූ ලී-බයි "දිව්‍ය අශ්වයා" පිළිබඳ ගීතයක් ද නිර්මාණය කර ඇති අතර එහි දැක්වෙන පේළි දෙකක් මෙම මූර්තිය විස්තර කිරීම සඳහා උපයෝගී කරගත හැකි ය. "කළු වැහිළිහිණියා දෙස හැරී බලමින්, (අශ්වයා) උගේ මන්දගාමී ගමනට සිනහ වේ".

## චීන ඉතිහාසයේ ප්‍රසිද්ධ චරිතයක්

### ස්අන්-හොව්-ඊ

ස්අන්-හොව්-ඊ (දළ වශයෙන් ක්‍රි.පූ.475–ක්‍රි.පූ.433) යනු චීනයේ ජන්ගුවෝ රාජවංශ සමයේ "ස්අන්" නම් රාජධානියක (වර්තමානයේ හූ-බෙයි පළාතේ සුයි-ජොව් ප්‍රදේශය) රජු විය. ඔහුගේ නාමය "ඊ" විය. ඔහු තම අසල්වැසියා වූ බලවත් "වූ" රාජධානියේ උප රාජ්‍යයක රජවරයෙකු විය. කෙසේවෙතත් මෙම රජ පිළිබඳ ඓතිහාසික ලේඛනවල බොහෝ විස්තර දක්නට නොමැත. 1987දී ස්අන්-හොව්-ඊගේ සොහොන කණින ලදී. එය මෙතෙක් සොයාගෙන ඇති අනර්ඝ අයුරින් සංරක්ෂණය කොට තිබෙන චීන රාජකීය සොහොන්වලින් එකක් වන්නා සේම නූතන පුරාවිද්‍යාත්මක ක්‍රමවේදයන්ට අනුව කණින ලද්දක් ද වේ. සොහොනේ වූ බොහෝ ලෝකඩ භාණ්ඩවල ස්අන්-හොව්-ඊ යයි නම් කොටා තිබිණ. ඔහුගේ මළ සිරුර මෙම සොහොනේ තැන්පත්

කර ඇත්තේ ක්‍රි.පූ.433දී යැයි සොයා ගත්තේ සොහොනෙහි තිබූ ලෝකඩ සීනුවක් මත කොටා ඇති අක්ෂරවලිනි. 15400කට අධික වටිනා සංස්කෘතික අවශේෂ ස්අන්-හොව්-ඊගේ සොහොනින් ගොඩගන්නා ලද අතර එයින් අටක් ජාතික වස්තු ලෙස නම් කොට තිබේ. මෙම සොහොන සතු වෙනත් විශේෂත්වයක් නම්, එහි විශාල ප්‍රමාණයක ලෝකඩ සංගීත භාණ්ඩ තැන්පත් කොට තිබීමයි. මේ අතර ප්‍රසිද්ධම භාණ්ඩය වන්නේ විශාල කාණ්ඩයක සීනු 64කින් යුත් සංගීත උපකරණයයි. මෙම සංගීත භාණ්ඩ නාද කිරීමට පුද්ගලයන් පස්දෙනෙකු අවශ්‍ය වේ. මෙම සීනු හඬ දෙකකින් යුක්ත අතර සීනුවේ මැද්දට හෝ කොනකට පහරදීමේදී හඬ දෙකක් නිකුත් වේ. මෙම සීනු හඬ සප්තකයේ හඬ පහක පරාසයක් සංවරණය කරනු ලබයි. ස්අන්-හොව්-ඊගේ මිණි සීනුව පොළොවෙන් ගොඩගන්නා ලද විශාලතම වූත්, හොඳින් ආරක්ෂිත වූත් සංගීත උපකරණයයි. 1988දී චීන රජය විසින් මෙම සොහොන ඇතුළු ඓතිහාසික සොහොන් සංකීර්ණය ජාතික සංස්කෘතික උරුමයක් ලෙස ද නම් කරන ලදී.

## සිතීමට යමක්

1. ඇතැම් ෂාන් සහ ජෝව් රාජවංශ සමයේ ලෝකඩ භාණ්ඩ, වර්තමානයේ නැවත සෑදීමට බැරි තරමටම විශිෂ්ට තාක්ෂණයකින් සාදන ලදී. වසර දහසකට පෙර මිනිසුන්ට මෙබඳු උසස් ලෝකඩ වාත්තු කිරීමේ තාක්ෂණයක් හිමිව තිබුණේ කෙසේ ද? මේ පිළිබඳ ඔබගේ අදහස් දක්වන්න.

2. ලෝකඩ භාණ්ඩ, යකඩ භාණ්ඩ හා පිඟන් මැටි භාණ්ඩවලින් ආදේශ කිරීමට හේතු කවරේ ද?

3. පෝසිලේන් භාණ්ඩ චීන සංස්කෘතියේ "ව්‍යාපාරික කාඩ්පතක්" බවට පත් වූයේ කවර හේතුවලින් ද?

4. චීන පෝසිලේන්වලින් දැක්වෙන්නේ චීන ජාතිකයන්ගේ කවර සෞන්දර්යාත්මක රසාස්වාදයන් ද?

5. 1950ගණන්වල එකල සිටි අගමැති චෞ-එන්-ලයි ගේ උපදෙස් යටතේ, පැරණි පෝසිලේන් පෝරණු පහ තුළ නැවත භාණ්ඩ නිෂ්පාදනය කිරීම ආරම්භ විය. චීන ආණ්ඩුව මෙසේ කිරීමට තුඩුදුන් හේතු කවරේ ද?

# සිව්වන කොටස

# ආහාර සංස්කෘතිය, සාම්ප්‍රදායික චීන වෛද්‍ය විද්‍යාව, බෙයිජිං ඔපේරා සහ සාම්ප්‍රදායික උත්සව

## ආහාර සංස්කෘතිය

චීනය ඉතා විශාල භූමියක් සතු හෙයින් භූගෝලීය පරිසරය, දේශගුණය, නිෂ්පාදන, සිරිත්-විරිත් වැනි සාධක මිනිසුන්ගේ ආහාර පුරුදුවලට මහත් සේ බලපායි. “දකුණේ පැණි රස - උතුරේ ලුණු රස” යනුවෙන් චීන ජනයා අතර ප්‍රචලිතව පවතින කියමනකි. එයින් පිළිබිඹු වන්නේ චීනයේ දකුණු සහ උතුරු ප්‍රදේශවලට ආවේණික වූ ආහාරවල වෙනස්කම් ය. තං සහ සුං රාජවංශ සමයේදී සිටම දකුණ සහ උතුරට සාපේක්ෂව ස්වාධීන ආහාර පද්ධතියක් ඇති වී තිබේ. චිං රාජවංශයේ මුල් කාලය වන විට චීනයේ විවිධ පළාත් පදනම් කොටගෙන ප්‍රාදේශීය ආහාර පද්ධති රාශියක් බිහි වී ඇති අතර එයින් ප්‍රසිද්ධම පද්ධති සතර “ලූ ආහාර (ෂං-දුං පළාතේ)”, “සූ ආහාර (ජ්‍යං-සූ පළාතේ)”, “යුඑ ආහාර (ගුවං-දුං පළාතේ)” සහ “චුඅන් ආහාර (සී-චුඅන් පළාතේ)” යනුවෙන් හැඳින්වේ. ඒවා චීනයේ “ප්‍රධාන ආහාර පද්ධති සතර” යන නමින් හැඳින්වේ. චිං රාජවංශයේ අවසාන අවධිය වන විට, “මිං ආහාර (ෆූ-ජියැන් පළාතේ)”, “ජ්අ ආහාර (ජ්අ-ජ්‍යං පළාතේ)”, “ෂියං ආහාර (හූ-නන් පළාතේ)” සහ “හුයි ආහාර (අන්-හුයි පළාතේ)” යන ප්‍රාදේශීය ආහාර පද්ධති එකතු වීමෙන් “ප්‍රධාන ආහාර පද්ධති අට” බවට පත්විය. එම ආහාර රටාවන්හි වර්ගීකරණය වර්තමානය දක්වා ම චීන ආහාර සංස්කෘතියේ දක්නට ලැබේ.

උණුසුම් ආහාර සහ පිසූ ආහාර අනුභව කිරීම චීන ආහාර සංස්කෘතිය

සිව්වන කොටස
ආහාර සංස්කෘතිය, සාම්ප්‍රදායික චීන වෛද්‍ය විද්‍යාව, බෙයිජිං ඔපේරා සහ සාම්ප්‍රදායික උත්සව

වැදගත් ලක්ෂණයක් වේ. චීන ශිෂ්ටාචාරයේ ආරම්භය පුරාණ කාලයට දිවයෑම හා උසස් ආහාර පිසීමේ කුසලතා පැවතීම ඊට තුඩුදුන් ප්‍රධාන හේතු වේ. චීන ආහාර එහි පුළුල් පරාසයක වට්ටෝරු හා විශිෂ්ට ආහාර පිසීමේ ක්‍රම වේදයන් සඳහා සුප්‍රසිද්ධ වී ඇත. වර්තමානයේ ලොව පුරා සිටින ජනයා චීන අවන්හල් වලට ආකර්ෂණය වීම එයට සාක්ෂි සපයයි.

ආපන ශාලාවක රෝස් තාරාවෙකු කපන සැටි

චීන ජාතිකයින් සැවොම එකට සාමූහිකව ආහාර ගැනීමේ ක්‍රමය ප්‍රධාන කොට සලකයි. මෙම ක්‍රමයට ඉතා දිගු ඉතිහාසයක් ඇති අතර, එය චීන ජාතිකයින්ගේ ලේ ඥාතීත්වය සහ පවුලේ හෝ පාරම්පරික සාරධර්ම කෙරෙහි දැඩි අවධානයක් යොමු කිරීමේ පිළිබිඹුවක් ලෙස සැලකිය හැකි ය.

චීන ජාතිකයින්ගේ ආහාර ගැනීමේ ක්‍රියාවලියේදී වැදගත්ම උපකරණය “කුවායි-ත්ස” (ආහාර අනුභව කිරීමට යොදාගන්නා දිග කූරු, චොප්ස්ටික්ස් යනුවෙන් ද හැඳින්වේ) වන අතර චොප්ස්ටික්ස් භාවිතයේ ඉතිහාසය පුරාතන ඉන්-ෂාන් යුගයට දිවෙයි. දකුණු කොරියාව, ජපානය වැනි ආසියානු රටවල්වල චොප්ස්ටික්ස් භාවිත කිරීමේ සම්ප්‍රදාය ආරම්භ වූයේ ද චීනයෙනි.

“තේ” යනු චීන ආහාර සංස්කෘතියේ වෙනත් වැදගත් අංගයකි. චීන තේ ලෝකයේ

නන්සුන් ලියු-සුං-නියැන් සිතුවම් කළ "තේ ඇඹරීමේ සිතුවම" (කොටසක්)

විවිධ රටවල්වලට බලපෑම් කර ඇති අතර ලොව බොහෝ භාෂාවල "තේ" යන වචනයේ උච්චාරණය චීන භාෂාවෙන්ම පරිණාමය වී ඇත.

## සාම්ප්‍රදායික චීන වෛද්‍ය විද්‍යාව

සාම්ප්‍රදායික චීන වෛද්‍ය විද්‍යාව යනු චීනයේ හන් ජනයා විසින් නිර්මාණය කරන ලද සාම්ප්‍රදායික වෛද්‍ය විද්‍යාව ය.

සාම්ප්‍රදායික චීන වෛද්‍ය විද්‍යාව ප්‍රාථමික සමාජය තුළින් ආරම්භ වූ අතර, චීන වෛද්‍ය විද්‍යාව පිළිබඳ න්‍යාය මූලික වශයෙන් හැඩගස්වා ඇත්තේ චුන්චියු

සිව්වන කොටස
ආහාර සංස්කෘතිය, සාම්ප්‍රදායික චීන වෛද්‍ය විද්‍යාව, බෙයිජිං ඔපේරා සහ සාම්ප්‍රදායික උත්සව

සහ ජන්ගුවෝ රාජවංශ සමයන් තුළදී ය. අද දක්නට ලැබෙන පළමුවන චීන වෛද්‍ය විද්‍යා ග්‍රන්ථය වන “කහ අධිරාජ්‍යයාගේ වෛද්‍ය න්‍යාය” චින් සහ හන් රාජවංශ සමයේ කරලියට පැමිණියේ ය. ඉන් ව්‍යවච්ඡේද විද්‍යාව, කායික විද්‍යාව, ව්‍යාධි විද්‍යාව සහ රෝග ප්‍රතිකාර පිළිබඳ මූලධර්ම හා ක්‍රමවේදයන් සවිස්තරාත්මකව මෙන්ම ක්‍රමානුකූලව ඉදිරිපත් කළේ ය. එමෙන්ම සාම්ප්‍රදායික චීන වෛද්‍ය විද්‍යාවේ චින්තන රටාව ස්ථාපනය කරමින් න්‍යායාත්මක ක්‍රමයේ රාමුවක් සැකසීය. දුංහන් රාජවංශයේදී ජාං-ජුං-ජිං විසින් “උණ සහ විවිධ රෝග සඳහා ප්‍රතිකාර” ග්‍රන්ථය ලියන ලදී. එයින් චීන සාම්ප්‍රදායික වෛද්‍ය විද්‍යාවේ “රෝග ලක්ෂණ අවකලනය හා ප්‍රතිකාර කිරීම” යන මූලික වෛද්‍ය න්‍යාය සහ ඊට අදාළ ක්‍රමවේදයන් නියම කෙරුණේ ය. එනිසා ජාං-ජුං-ජිංට චීනයේ “වෛද්‍ය සාන්තුවරයා” යනුවෙන් ගෞරවයෙන් හැඳින්වේ. දුංහන් රාජවංශයේ අවසාන භාගයේදී “ශල්‍යවේදයේ නිර්මාතෘවරයා” ලෙස හැඳින්වූ හුවා-තුවෝ විසින් “මා-ෆේ-සං” නම් වූ නිර්වින්දක බෙහෙත සොයාගන්නා ලද අතර එය ලොව ප්‍රථම වතාවට නිර්වින්දන ශල්‍යකර්ම තුළ භාවිතා විය. එය බටහිර වෛද්‍ය විද්‍යාවේ නිර්වින්දක සොයාගැනීමට වසර 1600කට ඉහත කාලයකදී සොයාගත්තකි. තං රාජවංශයේ

බන්-ෂියා (ඖෂධ ශාක වර්ගයක්)

බයි-ජූ (ඖෂධ ශාක වර්ගයක්)

ස්අ-සූ (ඖෂධ ශාක වර්ගයක්)

හුවං-චින් (ඖෂධ ශාක වර්ගයක්)

සිව්වන පරිච්ඡේදය
කලාව සහ සංස්කෘතිය

සුප්‍රසිද්ධ වෛද්‍ය සුන්-ත්ස-මියාඕ පොදු ජනතාව අතර පවතින විවිධ වෛද්‍ය අත්දැකීම්වලට අවධානය යොමු කරමින් දිගු කාලයක් තිස්සේ ඒවා එක්රැස් කොට චීන ඉතිහාසයේ පළමු සායනික වෛද්‍ය විශ්වකෝෂය වන "මහඟු බෙහෙත් වට්ටෝරු දහසක්" නම් ග්‍රන්ථය සම්පාදනය කොට තිබේ. සුං රාජවංශය යනු චීන වෛද්‍ය විද්‍යාවේ විශාල දියුණුවක් අත්පත් කරගත් අවධියකි. එම අවධියේ වෛද්‍ය අධ්‍යාපනය කෙරෙහි රජය වැඩි අවධානයක් යොමු කළ බව පෙනේ. එමෙන් ම චීන වෛද්‍ය විද්‍යාවේ කුසලතා සහිත ඉහළ මට්ටමේ වෛද්‍යවරුන් බිහි කිරීම සඳහා "රාජකීය වෛද්‍ය ආයතනය" නම් අධ්‍යාපන ආයතනයක් රජය විසින් ස්ථාපිත කරන ලදී. මිං සහ චිං රාජවංශ සමයේදී සාම්ප්‍රදායික චීන ඖෂධ විද්‍යාව ද සීඝ්‍රයෙන් වර්ධනය විය. ප්‍රසිද්ධ වෛද්‍ය ලී-ෂී-ජෙන් "ඖෂධ ශාස්ත්‍රීය සංග්‍රහය" නම් ග්‍රන්ථය සම්පාදනය කොට තිබේ. එම ග්‍රන්ථයෙහි 16වන සියවසට පෙර වෛද්‍ය විද්‍යාවේ අත්දැකීම් සාරාංශගත වී ඇති අතර 1892ක ඖෂධ වර්ග ද 10000කට වැඩි ඖෂධ වට්ටෝරු ද අන්තර්ගත වී ඇත. ඖෂධ විද්‍යා දියුණුවට චීනයට මෙන්ම ලෝකයට ද කැපී පෙනෙන දායකත්වයක් මෙම ග්‍රන්ථය ලබා දී ඇත.

සාම්ප්‍රදායික චීන වෛද්‍ය විද්‍යාවේ ස්වාධීන න්‍යායාත්මක ක්‍රමයක් සහ රෝග විනිශ්චය සහ ප්‍රතිකාර ක්‍රමයක් පවතී. සාම්ප්‍රදායික චීන වෛද්‍ය විද්‍යාව තුළ සෞඛ්‍ය හා රෝග සඳහා සොබාදහමේ හා සමාජ පරිසරයේ බලපෑම අවධානයට ලක්වන අතර කායික හා මානසික සෞඛ්‍යය අතර ඇති අන්‍යෝන්‍ය බලපෑම් ද අවධාරණය කෙරේ. මිනිසා සහ සොබාදහම අතර, මිනිසා සහ සමාජය අතර මෙන් ම ශරීරයේ විවිධ ඉන්ද්‍රියන් අතර සහපැවැත්ම ශරීර සෞඛ්‍යයට වැදගත් කාර්යභාරයක් ඉටු කරන බව එම පොතේ සඳහන් විය.

සාම්ප්‍රදායික චීන වෛද්‍ය විද්‍යාව පුද්ගලයාට මුල්තැන දෙයි. විවිධ

සිව්වන කොටස
ආහාර සංස්කෘතිය, සාම්ප්‍රදායික චීන වෛද්‍ය විද්‍යාව, බෙයිජිං ඔපේරා සහ සාම්ප්‍රදායික උත්සව

රෝගීන්ගේ පුද්ගල තත්වය සහ බාහිර සාධක සලකමින් රෝග විනිශ්චය සහ ප්‍රතිකාර ක්‍රමය සකස් කළ යුතු බව අවධාරණය කෙරේ. ඉන් අදහස් කරනුයේ රෝග විනිශ්චය සහ ප්‍රතිකාර සඳහා අවධානය යොමු කරන්නේ රෝගියාගේ විශේෂිත රෝගාබාධවලට පමණක් නොව රෝගී පුද්ගලයා කෙරෙහිත් යන්නයි.

සාම්ප්‍රදායික චීන වෛද්‍ය විද්‍යාව යම්කිසි රෝගයක සමස්ත ක්‍රියාවලිය කෙරෙහි අවධානය යොමු කරයි. මිනිස්සුන්ට රෝගය වැළැක්වීම ඉතා වැදගත් වන හෙයින් සෞඛ්‍ය යහපත්ව පවත්වාගෙන යෑමට නිරන්තරයෙන් අවධානය යොමු කළ යුතු බව ඉන් අවධාරණය කෙරේ. එමෙන් ම ජීවන රටාව සහ සෞඛ්‍යය අතර සමීප සම්බන්ධතාවක් ඇති බව සාම්ප්‍රදායික චීන වෛද්‍ය විද්‍යාව තරයේ විශ්වාස කරයි.

## බෙයිජිං ඔපෙරා

“ජාතික නාට්‍යය” යන නමින් හැඳින්වන බෙයිජිං ඔපෙරා යනු ඉතා වදගත් චීන නාට්‍ය වර්ගයක් වේ. එය බෙයිජිං නගරය පදනම් කොට ගෙන ස්ථාපනය කර ඇති අතර එයට වර්ෂ 200කට වඩා වැඩි ඉතිහාසයක් ඇත. කෙසේවෙතත් බෙයිජිං ඔපෙරාවෙහි උපන් ස්ථානය බෙයිජිං නොවේ. එහි පූර්වගාමියා වන්නේ “හුයි නාට්‍යය” සහ “හන්-දියාඕ නාට්‍යය” වේ. 1790දී චියැන්-ලෝං අධිරාජ්‍යයාගේ අසූවෙනි උපන්දිනය සැමරීමේ උත්සවයට සහභාගී වීම සඳහා අන්-හුයි පළාතේ “සැන්-චිං-බන්” නම් නාට්‍ය කණ්ඩායම බෙයිජිං නුවරට පැමිණියේ ය. එතැන් පටන් සුප්‍රසිද්ධ අන්-හුයි නාට්‍ය කණ්ඩායම් එකිනෙක බෙයිජිං නුවරට පැමිණියහ. ඔවුහු හූ-බෙයි පළාතෙන් පැමිණි හන්-දියඕ නාට්‍ය කලාකරුවන් සමඟ පුරාණ නාට්‍යවල සාරය උකහා ගනිමින් සහයෝගයෙන් නාට්‍ය දියුණු කිරීමේ කටයුතු කළහ. දශක ගණනාවක පසුව බෙයිජිං ඔපෙරා නිර්මාණය විය. චිං රාජවංශයේ

අවසානයේ සිට චීන ජනරජය වූ කාලය දක්වා බෙයිජිං ඔපෙරා ක්‍රමයෙන් පරිණතභාවයට හා ශ්‍රේෂ්ඨත්වයට පත් විය.

බෙයිජිං ඔපෙරා නළුවන්ගේ මූලික රංගන ශිල්පීය ක්‍රම ලෙස "ගායනා කිරීම, කතා කිරීම, රඟපෑම, හරඹ කිරීම" යනාදිය දැක්විය හැකි ය. "ගායනා කිරීම" යන්නෙන් අදහස් කරන්නේ ගායනයේ යෙදීමයි. "කතා කිරීම" යන්නෙන් අදහස් කරනුයේ ස්වගතය සහ දෙබස් සංගීතාත්මකව කීම ය. "රඟපෑම" යනු නර්තනයට සමාන ශරීර ක්‍රියාකාරීත්වයයි. "හරඹ කිරීම" යනු නර්තනයට සමාන පිනුම් ගැසීමේ කුසලතා ඇතුළත් සටන් ක්‍රමයකි. මෙම අංග හතර මුසු වූ බෙයිජිං ඔපෙරාවෙහි ගායන හා රංගන කාර්ය සාධනය ඉතා පුළුල් ස්වරූපයක් ගනී. බෙයිජිං ඔපෙරා නළුවන් කුඩා කල සිටම මෙම අංශ සතර පිළිබඳ මනා පුහුණුවක් ලැබිය යුතු ය.

බෙයිජිං ඔපෙරාවල විවිධ භූමිකා ජීවිතයේ චරිතවල සැබෑ පෙනුමට අනුව නොව, ඔවුන්ගේ ස්ත්‍රී-පුරුෂභාවය, පෞරුෂත්වය, වයස, රැකියාව සහ සමාජ තත්ත්වය යනාදිය අනුව නිරූපණය වන අතර, විවිධ ගායන

බෙයිජිං ඔපෙරාවල රංගන භූමිකා (ෂන්හයි බෙයිජිං ඔපෙරා නෘත්‍යශාලාවේ)

සිව්වන කොටස
ආහාර සංස්කෘතිය, සාම්ප්‍රදායික චීන වෛද්‍ය විද්‍යාව, බෙයිජිං ඔපේරා සහ සාම්ප්‍රදායික උත්සව

හා රංගනයන් තුළින් මෙන්ම ඇඳුම්-පැළඳුම්, වෙස් මුහුණු, වේශ නිරූපණයන් තුළින් ද විවිධ චරිත නිරූපණය වේ. මෙහි ප්‍රධාන වශයෙන් වර්ග හතරක් දක්නට ලැබේ. එනම්: "ෂෙං" (පිරිමින්ගේ රංගන භූමිකා), "දන්" (කාන්තාවන්ගේ රංගන භූමිකා), ජිං (පෞරුෂත්වය, ගුණාත්මකභාවය හෝ පෙනුමෙහි සුවිශේෂී ලක්ෂණ සහිත පිරිමි භූමිකා, මෙබඳු භූමිකා රඟපෑමේදී නළුවන්ගේ මුහුණේ වේෂ නිරූපණය දැමිය යුතු වේ),"චොව්" (හාස්‍ය භූමිකාව) යන භූමිකා වර්ග සතර දැක්විය හැකි ය.

"භාර්යාවගෙන් සමු ගැනීම"නම් බෙයිජිං ඔපෙරාවව (මෙයි-ලාන්-ෆං විසින් එහි භාර්යාවේ භූමිකාව රඟපාන ලදී)

දැනුමැති ප්‍රේක්ෂකයින් බෙයිජිං ඔපෙරා අගය කිරීමේදී බොහෝ අවස්ථාවලදී අවධාරණය යොමු කරනුයේ කතාවේ දියුණුව හා චරිතවල ඉරණම ගැන නොව නළුවන්ගේ (විශේෂයෙන්ම සුප්‍රසිද්ධ නළුවන්ගේ) රංගනය කෙරෙහි ය.

බෙයිජිං ඔපෙරා ඉතිහාසයේ බොහෝ ප්‍රසිද්ධ නළු-නිළියන් බිහි වී ඇති අතර ඉන් මෙයි-ලාන්-ෆං

මෙයි-ලාන්-ෆං සහ ස්ටැන්නිස්ලෆ්ස්කි

වඩාත්ම ප්‍රබල නළුවකු ලෙස හඳුන්වා දිය හැකි ය. ඔහු විශේෂයෙන් ම “දන්” භූමිකාව රඟපෑ අතර ඔහුගේ රඟපෑම චීන සම්භාව්‍ය සුන්දරත්වයේ පරිපූර්ණ තත්ත්වය මූළුමනින්ම පෙන්නුම් කරයි. ඔහුගේ නමින් හැඳින්වන බෙයිජිං ඔපෙරා රංගන ශෛලිය නැගෙනහිර නාට්‍ය රංගන පද්ධතියේ නියෝජනයක් ලෙස සැලකෙන අතර ලෝකයේ ප්‍රධාන රංගන පද්ධති තුනෙන් එකක් බවට පත් වී ඇත.

## සාම්ප්‍රදායික උත්සව

ආගමික, පුද-පූජා, තාරකාශාස්ත්‍ර, දින දර්ශන මෙන්ම පුරාණෝක්ති අන්තර්ගතයන්ගෙන් සමන්විත වන චීන ජාතිකයන්ගේ සාම්ප්‍රදායික උත්සව පොහොසත් සංස්කෘතික ලක්ෂණයන්ගෙන් යුක්ත වේ.

චීනයේ ප්‍රධාන සාම්ප්‍රදායික උත්සව

| උත්සවයේ නම | දවස* | ප්‍රධාන සිරිත්-විරිත් හා ක්‍රියාකාරකම් |
|---|---|---|
| වසන්ත උත්සවය (චුන්-ජියේ) | පළමු චන්ද්‍ර මාස පළමු දින | වසන්ත උත්සවය හෙවත් චීන අලුත් අවුරුද්ද උත්සවය. මෙම උත්සවය වසන්ත ඍතුවේ ආරම්භය සමරන අතර චීනයේ උත්සවශ්‍රීයෙන් වඩාත්ම වැඩි සාම්ප්‍රදායික උත්සවය වේ. වසන්ත උත්සව සැමරුම් සාමාන්‍යයෙන් පළමු චන්ද්‍ර මාසයේ 15වන දින දක්වා පැවැත් වේ. වසන්ත උළෙල අතරතුර අලුත් අවුරුදු උදාව සැමරීම, යහපත් ජීවිතයක් සහ පවුලේ සතුට වෙනුවෙන් මුළු රට පුරාම විවිධ ක්‍රියාකාරකම් සිදු කරනු ලැබේ.<br>වසන්ත උත්සව සමයේදී විවිධාකාර සැමරීමේ ක්‍රියාකාරකම් පැවැත්වේ. ගිණිකෙළි පැවැත්වීම, මකර නර්තනාංග, සංස්කෘතික පොළවල් නැරඹීම, මල් වීදි සාප්පු සවාරි, නව වසර පහන් නැරඹීම, බෙර පෙළපාළි නැරඹීම, බොරුකකුල් පැළඳ ඇවිදීම, ව්‍යාජ බෝට්ටු මත රංගනය, යං-ග්අ නර්තනාංග වැනි ක්‍රියාකාරකම් නිරන්තරයෙන් දැක්විය හැකිය. උත්සවයේ ආහාර මේසය නා නා ප්‍රකාර ආහාර-පාන වලින් ඉතා පොහොසත් වේ. ප්‍රදේශයෙන් ප්‍රදේශයට ආහාර ද වෙනස් වේ. සහල් කේක්, ඩම්ප්ලිං, ස්ප්‍රිං රෝල්ස් සහ ග්ලුටිනස් සහල් බෝල මේ අතර ප්‍රධාන ස්ථානයක් ගනී. වසන්ත උත්සවයේදී ඥාතීන් සහ යාළු-මිත්‍රාදීන් අතර අලුත් අවුරුදු සුබ පැතුම්ද හුවමාරු කිරීම වැදගත් ක්‍රියාකාරකමක් වේ. |
| ලන්තෑරුම් උත්සවය (යුවැන්-ෂ්‍යාඕ ජියේ) | පළමු චන්ද්‍රමාස 15දින | චන්ද්‍ර වර්ෂයේ පළමු පුර පසළොස්වක දවස සැමරේ. උත්සව ක්‍රියාකාරකම් අතරට ග්ලුටිනස් සහල් බෝල අනුභවයට ගැනීම, පහන් නැරඹීම, පහන් ප්‍රහේලිකා විසඳීම, ගිණිකෙළි ආදිය ඇතුළත් වේ. |
| සොහොන් අතුගෑමේ උත්සවය (චිං-මිං ජියේ) | ග්‍රෙගරි දින දර්ශනයේ අප්‍රේල් 5 වන දින පමණ | මෙම උත්සවය මුතුන් මිත්තන්ගේ සොහොන් කොත් වන්දනා කිරීම පමණක් නොව, මුතුන් මිත්තන්ට පූජා උපහාර දැක්වීම, මළවුන් අනුස්මරණය කිරීම සඳහා වූ ගෞරවනීය උත්සවකි. එපමණක් නොව මිනිසුන් ශීත ඍතුවෙන් පසු උදාවන වසන්ත ඍතුවේ විනෝද චාරිකාවල යෙදෙමින් වසන්තයේ විනෝදය භුක්ති විඳින උත්සවයකි. |

* විශේෂයෙන් සටහන් කොට නොමැති නම් මෙහි දක්වා ඇති විවිධ උත්සව යෙදෙන දවස් චීන සාම්ප්‍රදායික දින දර්ශන ක්‍රමයට අනුව දක්වා ඇත.

| උත්සවයේ නම | දවස | ප්‍රධාන සිරිත්-විරිත් හා ක්‍රියාකාරකම් |
| --- | --- | --- |
| මකර බෝට්ටු උත්සවය (දුවන්-වූ ජියේ) | පස්වන චන්ද්‍රමාස 5වන දින | මෙම උත්සවය මුලින් චීනයේ ගිණිකොන වෙරළ තීරයේ පදිංචිකරුවන් මකර දෙවියන් පිදීම සඳහා පැවැත් වූ උත්සවයකි. විටෙක ජනතාව මෙම උත්සවය ගඟක සිය දිවි නසා ගත් දේශප්‍රේමී කවියකු වන චියු-යුවැන් සැමරීමේ උත්සවයක් ලෙස භාවිතයේ යෙදිණි. මෙහි උත්සව ක්‍රියාකාරකම් අතරට ත්සොං-ත්ස නම් ආහාරය අනුභවය, මකර බෝට්ටු තරඟ පැවැත්වීම, ඖෂධ පඳුරු එල්ලීම, මැණික් කටුව මත වර්ණවත් නූල් ගැටගැසීම යනාදිය ඇතුළත් වේ. |
| ද්විත්ව හතේ උත්සවය (චී-ෂී ජියේ) | හත්වන චන්ද්‍රමාස 7 වන දින | මෙම උත්සවය ආරම්භ වන්නේ පැරණි ජනතාව තාරකා මණ්ඩලයට කරනු ලැබූ නමස්කාරයෙන් පසුවය. එය "ගොපල්ලා සහ සන්නාලිය" යන සුන්දර ආදර පුරාවෘත්තයට අනුගත වූ අතර, ප්‍රේමයේ සංකේතයක් බවට පත්විය. එපමණක් නොව, එය චීනයේ වඩාත්ම ආදරණීය සාම්ප්‍රදායික උත්සවයක් ලෙස සමරනු ලැබේ. සමකාලීන "චීන පෙම්වතුන්ගේ දිනය" ලෙස ද මෙය හැඳින්වේ. |
| භූත උත්සවය (ජොං-යුවැන් ජියේ) | හත්වන චන්ද්‍රමාස 15 වන දින | මෙම උත්සවයේ මූලාරම්භය පැරණි යුගයේ මුතුන්-මිත්තන් වන්දනා කිරීම හා ඒ හා සම්බන්ධ පුද-පූජා වලින් සොයාගත හැකිය. මෙහි ක්‍රියාකාරකම් හා සිරිත්-විරිත් අතර ප්‍රධාන වශයෙන් මුතුන්-මිත්තන් වන්දනාව, ගංගාවල පහන් කූඩු පා කිරීම, මළවුන්ට පූජා පැවැත්වීම, ව්‍යාජ මුදල් නෝට්ටු පිළිස්සීම, භූමියට අධිපති දෙවියන්ට පුද-පූජා පැවැත්වීම යනාදිය වැදගත් වේ. |
| මධ්‍ය සරත් ඍතුවේ උත්සවය (ජොං-චියු ජියේ) | අටවන චන්ද්‍රමාස 15 වන දින | පැරණි කාලයේ සරත් සමයේ සඳට පුද-පූජා පැවැත්වීමේ සිරිතෙන් පරිණාමය වූ මෙය පැරන්නන් සිය ඥාතීන් සහ උපන් ගම සඳහා ඔවුන්ගේ ලැදියාව ප්‍රකාශ කිරීම සඳහා ද, පවුලේ නැවත එක්වීම සඳහා ද, යහපත් අස්වැන්නක් හා ප්‍රීතිමත් දිවියක් අරබයා යාච්ඤා කිරීම ද අන්තර්ගත උත්සවයක් වේ. මෙම උත්සව ක්‍රියාකාරකම් අතරට සඳට නමස්කාර කිරීම, සඳ නැරඹීම, සඳ-කේක් අනුභවය, අලංකාර පහන් කූඩු නැරඹීම, අලංකාර ඔස්මාන්තස් මල් (කහ පැහැති මල් වර්ගයක්) දර්ශන නැරඹීම සහ මිහිරි සුවඳින් යුත් ඔස්මාන්තස් වයින් පානයද මෙම උත්සවයට ඇතුළත් අංග වේ. |

| උත්සවයේ නම | දවස | ප්‍රධාන සිරිත්-විරිත් හා ක්‍රියාකාරකම් |
|---|---|---|
| ද්විත්ව නවයේ උත්සවය (චොං-යං ජියේ) | නමවන චන්ද්‍රමාස 9 වන දින | මෙම උත්සවයද ආදී මුතුන්-මිත්තන් යහපත් අස්වැන්නක් ඉල්ලා යාච්ඤා කිරීමෙන් බිහි වූ බව පෙනේ. "නවය" යනු චීන සංස්කෘතියේ "යං" අංකය වන අතර, "සැප්තැම්බර් 9" යනු යං අංක දෙකක පදාර්ථයකි. එම නිසා "ද්විත්ව යං" ලෙස හඳුන්වන මෙම දිනය ඉතා සුබ දිනයකි. උත්සව දිනවල ක්‍රියාකාරකම්වලදී කඳු නැගීම, කපුරු මල් වල සුන්දරත්වය අගය කිරීම, කෝනල් ඇඳීම, දෙවිවරුන්ට හා මුතුන්-මිත්තන්ට වන්දනාමාන කිරීම, දීර්ඝායුෂ ඉල්ලා යාච්ඤා කිරීම යනාදිය ඇතුළත් වේ. අතීතයේ සිට අද දක්වාම උරුම වී ඇති ද්විත්ව නවයේ උත්සවය වැඩිහිටියන්ට ගරු කිරීම සහ උපකාර කිරීම යන සමාජ සාරධර්ම වෙනුවෙන් පෙනී සිටීම සඳහා "වයස්ගත පුද්ගලයින්ට ගරු කිරීමේ උත්සවය" ලෙස සැලකේ. |
| ලා-බා උත්සවය (ලා-බා ජියේ) | දොළොස්වන චන්ද්‍ර මස 8 වන දින | මෙම උත්සවය මුලින් බෞද්ධ උත්සවයක් වූ අතර, දොළොස්වන චන්ද්‍ර මස 8වන දිනය බුදුරජාණන් වහන්සේ බුද්ධත්වයට පත් වූ දිනය ලෙස සැලකේ. පසුකාලීනව එය ඓතිහාසික පරිණාමයකට ලක් වී ක්‍රමයෙන් ජන උත්සවයක් බවට පත් වී ඇත. ලාබා නම් කැඳ පානය කිරීම මෙම දිනයේ වැදගත්ම ක්‍රියාකාරකමක් වේ. එය විවිධ ධාන්‍ය සහ බෝංචි වලින් සාදන ලද්දකි. පුරාවෘත්තවලට අනුව මෙම කැඳ පානය කිරීමෙන් පසු ඔබට බුදුන් වහන්සේගේ ආශිර්වාදය ලබාගත හැකි බව කියැවේ. |
| ලිප් දෙවියාට ගෞරව කිරීමේ උත්සවය - පුංචි අවුරුද්ද (ජී-ත්සාවො ජියේ) | දොළොස්වන චන්ද්‍ර මස 23 හෝ 24වන දින | ලිප් දෙවියා යනු චීන ජන ආගම්වල පවුල් ජීවිතය භාරව කටයුතු කරන දෙවියා ය. එක් වසරක් අවසානයේදී මුළුතැන් ගෙයි දෙවියා ස්වර්ගීය මාළිගාවට ගොස් දිව්‍ය අධිරාජයා මුණ ගැසී මිනිස් ලෝකයේ සිදු වූ දෑ වාර්තා කරයි. ඉන්පසු ජනතාවගේ හරි වැරැද්දට අනුව ත්‍යාග හා දඬුවම් ලබා දීමේ පදනමක් තිබූ බව කියැවේ. මෙම උත්සව දිනයේදී ලිප් දෙවියා ස්වර්ගය බලා පිටත් කිරීමේදී ඔහුට සමුදීම සඳහා මිනිස් ලෝකයේ පවුල් දහස් ගණනක් සිය පවුල්වල මෙම උත්සවය සමරනු ලබයි. මෙම උත්සව දිනය වසන්ත උත්සව දිනයට කිට්ටු දිනයක් වන හෙයින් වසන්ත උත්සව දින සැමරීමේ ආරම්භක දිනය ලෙස ද සැලකේ. මෙහිදී රතිඤ්ඤා හා මල්වෙඩි පත්තු කිරීම, තල කැවිලි (සීනි සහ මෝල්ට් භාවිතකර සෑදූ ආහාරයකි) ආහාරයට ගැනීම යන ක්‍රියාකාරකම් කරමින් ලිප් දෙවියන් වන්දනා කරයි. |

| උත්සවයේ නම | දවස | ප්‍රධාන සිරිත්-විරිත් හා ක්‍රියාකාරකම් |
|---|---|---|
| චීන අලුත් අවුරුදු උදාව (චූ-ෂී) | දොළොස්වන චන්ද්‍රමාස 29වන දින හෝ 30වන දින | අලුත් අවුරුදු උදාව යනු චන්ද්‍ර දින දර්ශනයේ අවසාන රාත්‍රිය වේ. මෙම රාත්‍රියේදී පැරණි දෙයින් අලුත් දෙයට මාරු වීම සංකේතවත් කෙරේ. මෙහිදී ගොඩනැගිලිවල පැරණි දේ ඉවත් කිරීමක් සිදු කරයි. එමෙන්ම නිවසින් පිට සිටින සාමාජිකයින් නැවත සිය නිවෙස් කරා පැමිණේ. නව වසර ආරම්භයේදී ස්වකීය පවුල සමඟ නැවත එක්වීම ඉතා වැදගත් කොට සැලකේ. එමෙන්ම උත්සව කටයුතුවලදී සිය මුතුන්-මිත්තන්ට පූජා උපහාර කිරීම, මුළු පවුලටම අලුත් අවුරුදු රාත්‍රී භෝජන සංග්‍රහයක් සූදානම් කිරීම, ගිණිකෙළි පැවැත්වීම, දොරටුව ඉදිරිපස දොර දෙවියන්ගේ පෝස්ටර සහ අලුත් අවුරුදු සුභාශිංෂණවලින් සැරසීම, ජනෙල් කවුළු කඩදාසිවලින් කැපූ සැරසිලිවලින් අලංකාර කිරීම, පහන් එල්ලීම සහ නව වසර සඳහා සෞභාග්‍ය සංකේතවත් කරමින් මුදල් හුවමාරුව ද සිදු කෙරේ. එපමණක් නොව වසන්ත උළෙල අලලා රූපවාහිනියේ විකාශනය කෙරෙන වැඩසටහන් නැරඹීම මෑත දශක කිහිපය තුළ නිර්මාණය වූ නව ජන චාරිත්‍රයක් බවට පත් වී ඇත. |

## චීන සංස්කෘතියට අදාළ ද්විභාෂා වචන මාලාව

| | |
|---|---|
| 八大菜系 | ප්‍රධාන ආහාර පද්ධති අට |
| 聚食制 | සැවොම එකට සාමූහිකව ආහාර ගැනීම |
| 筷子 | ආහාර අනුභව කිරීමට යොදාගන්නා දිග කූරු, චොප්ස්ටික්ස් යනුවෙන් ද හැඳින්වේ |
| 民以食为天 | ආහාර ජනතාවගේ දෙව්ලොව වැනිය |

සිව්වන කොටස

ආහාර සංස්කෘතිය, සාම්ප්‍රදායික චීන වෛද්‍ය විද්‍යාව, බෙයිජිං ඔපේරා සහ සාම්ප්‍රදායික උත්සව

| | |
|---|---|
| 色、香、味、形 | වර්ණය, සුවඳ, රසය සහ හැඩය |
| 中医 | සාම්ප්‍රදායික චීන වෛද්‍ය විද්‍යාව |
| 中药 | සාම්ප්‍රදායික චීන ඖෂධ |
| 针灸 | චීන කටු චිකිත්සාව |
| 食疗 | ආහාර චිකිත්සාව |
| 养生 | සෞඛ්‍ය යහපත්ව පවත්වාගෙන යෑම |
| 防病于未然 | රෝග ඇතිවීමට පෙර වැළැක්වීම |
| 京剧 | බෙයිජිං ඔපෙරා |
| 唱、念、做、打 | ගායනා කිරීම, කතා කිරීම, රඟපෑම, හරඹ කිරීම |

## චීන සංස්කෘතික හා චින්තනික පද

jiéqì
### 节气

**සූර්යච්ඡේද සූවිස්ස**

“සූර්යච්ඡේද සූවිස්ස” යනු සාම්ප්‍රදායික චීන චන්ද්‍ර දින දර්ශනයෙහි යෙදෙන ඉතා සුවිශේෂ වූ හඳුනා ගැනීමකි. ක්‍රාන්තිවලය ඔස්සේ සිදුවන සූර්යයාගේ චලනය ද කාලගුණය හා අනෙකුත් ස්වාභාවික සංසිද්ධිවලට අදාළ ඍතුමය වෙනස්වීම් ද සළකා, කෘෂිකාර්මික කටයුතුවලට මග පෙන්වීම සඳහා පුරාණ චීන ජනයා වසරක් කොටස් 24කට බෙදා අතිරේක දිනදර්ශනයක් සකසා ගත්හ. මෙම සූර්යච්ඡේද 24 සමානුපාතිකව

මාස 12 තුළ බෙදා හැර තිබේ. මාසයක මුල් භාගයේ ආරම්භ වන සූර්යච්ඡේදයක් ජියේ (节) ලෙසත්, මාසයක මැද භාගයේ ආරම්භ වන සූර්යච්ඡේදයක් ඡී (气) ලෙසත් හැඳින්වෙයි. සූර්යච්ඡේද ඒ අනුව නම් කර ඇති අතර ඒවා සෘතුවේ, සෘතු ඵලයේ සහ දේශගුණයේ වෙනස්වීම් පෙන්වයි. ඡින් සහ හන් අධිරාජ සමයන්හි දී ප්‍රථම වරට හඳුන්වා දෙන ලද මෙම සූර්යච්ඡේද 24 කෘෂිකාර්මික කටයුතුවලට මග පෙන්වනවා පමණක් නොව, පසුගිය අවුරුදු දෙදහසකට වැඩි කාලයක් තුළ කාලය පිළිබඳ චීන ජනතාවගේ දැක්ම ද පිළිබිඹු කරයි.

shēngxiào
## 生肖
### චීන රාශි චක්‍රය

චීන භාෂාවෙන් ෂැන්-ශියාඕ (生肖) යනුවෙන් අදහස් කෙරෙනුයේ චීන රාශි චක්‍රය සැකසෙන සතුන් දොළොස් දෙනා ය. ගොවිතැනට සම්බන්ධ සතුන් එකොළොස් දෙනකු ද, සංස්කෘතික සංකේතාත්මක අර්ථයක් ඇති කල්පිත සත්වයෙකු වන මකරා ද පුරාණ චීන ජාතිකයෝ මෙම ලැයිස්තුවට ඇතුළත් කළහ. මෙම ක්‍රමය අනුව පුද්ගලයකුගේ උප්පත්ති වර්ෂය විශේෂිත සත්ත්වයකු සමඟින් සම්බන්ධ කෙරෙයි. ෂු (鼠, මීයා), නියු (牛, ගවයා), හූ (虎, ව්‍යාඝ්‍රයා), තු (兔, හාවා), ලොං (龙, මකරා), ෂ්අ (蛇, සර්පයා), මා (马, අශ්වයා), යං (羊, බැටළුවා), හොව් (猴, වඳුරා), ජී (鸡, කුකුළා), ග්ඕ (狗 බල්ලා) සහ ජු (猪, ඌරා) යන අනුපිළිවෙලට රාශි චක්‍රය සැකසෙයි. දුන්හන් රාජවංශ යුගය වන විට ද, මෙම රාශි චක්‍රය භාවිතයට පැමිණ තිබුණු අතර එවක් පටන් මේ දක්වා ම එය චීන සංස්කෘතියේ සහ ජන සම්ප්‍රදායේ සුවිශේෂී අංගයක් බවට පත් වී තිබේ. අද වන විට, චීන රාශි චක්‍රයේ සංස්කෘතියේ බලපෑම පුද්ගලයකුගේ උපන් වර්ෂය, විවාහය, පලාඵල කීම වැනි කටයුතු

සිව්වන කොටස
ආහාර සංස්කෘතිය, සාම්ප්‍රදායික චීන වෛද්‍ය විද්‍යාව, බෙයිජිං ඔපේරා සහ සාම්ප්‍රදායික උත්සව

ආශ්‍රිතව ද, උත්සව කාලවල ද, කඩදාසි කැපීම වැනි ජන කලා සම්ප්‍රදායන් තුළ ද දැකගත හැකි ය.

dàyī-jīngchéng
## 大医精诚
### ප්‍රවීණ වෛද්‍යවරයකු තුළ නිපුණතාව මෙන් ම අවංකභාවය ද තිබිය යුතු ය

දක්ෂ වෛද්‍යවරයෙකු තුළ විශිෂ්ට වෛද්‍ය කුසලතාවක් මෙන් ම මිනිසුන්ට උපකාර කිරීමේ උවමනාවක් ද තිබිය යුතු ය. තං අධිරාජ යුගයේ විසූ සුප්‍රසිද්ධ වෛද්‍යවරයකු වන සුන්-ත්ස-මියාඕ (581-682) "මහඟු බෙහෙත් වට්ටෝරු දහසක්" නම් තම කෘතියෙහි වෛද්‍යවරයා හඳුන්වා දී ඇත්තේ එ ලෙසිනි. "විශාරද වෛද්‍යවරයා" යනු අන් අයගේ ගෞරවය දිනා ගැනීමට සමත් අසාමාන්‍ය හා ශ්‍රේෂ්ඨ වෛද්‍යවරයෙකි. ජිං හෝ "සුපිරි" යන්නෙන් කැපී පෙනෙන වෛද්‍ය කුසලතා සහ පරිපූර්ණත්වය දැක්වීම ද ඡ්අං හෝ "අවංක" යන්නෙන් රෝගී හා තුවාල ලැබූවන්ට ප්‍රතිකාර කිරීම සඳහා වන කැපවීම ද අදහස් කෙරෙයි. මෙ මඟින් චීන වෛද්‍ය විද්‍යාවේ හරයෙහි වන වෘත්තීමය හා සදාචාරාත්මක අංශ දෙකම ආවරණය කෙරෙයි. තව ද, මෙය විද්‍යාත්මක හා මානවවාදී ඵලයන්හි ඓන්ද්‍රීය ඒකාබද්ධතාවකි.

cānglǐn shí ér zhī lǐjié
## 仓廪实而知礼节
### අටුකොටු පිරී ඇති විට ජනයා චර්යාධර්ම අනුගමනය කරති

"කුවන්සියස්ගේ ඉගැන්වීම" තුළ ඇති මෙයට අදාළ සම්පූර්ණ උපුටනය මෙ සේ ය. "අටුකොටු පිරී ඇති විට ජනතාව යෝග්‍ය ආචාරධර්ම අනුගමනය කරති. කෑමට සහ ඇඳීමට ප්‍රමාණවත්ව ඇති විට ජනතාව ගෞරවය සහ ලජ්ජාව දනිති." මෙහි "අටුකොටු" සහ "කෑමට සහ ඇඳීමට"

යන යෙදුම්වලින් ජීවිතයේ ද්‍රව්‍යමය අවශ්‍යතා අදහස් කෙරෙන අතර "ආචාරධර්ම" සහ "ගෞරවය සහ ලජ්ජාව" යන යෙදුම්වලින් සමාජයක මානව හා සදාචාරාත්මක මූලධර්ම මෙන් ම එයට පාදක වන ක්‍රම සහ අධ්‍යාත්මික සංස්කෘතිය අදහස් කෙරෙයි. මෙම උපුටනය තුළින් භෞතික ජීවිතය සහ සදාචාරය අතර පවත්නා සම්බන්ධතාව ඉස්මතු කෙරෙයි. එනම්, මෙහි කලින් සඳහන් කළ දෙය දෙවැන්න සඳහා පදනම සකසන අතර සදාචාරය සහ සමාජ සම්මත යනු යම් ප්‍රමාණයක ද්‍රව්‍යමය සංවර්ධනයක ප්‍රතිඵලයකි. ජීවත්වීම සඳහා වන මූලික අවශ්‍යතා සහතික නො කරන, ඉතාමත් යහපත් ක්‍රමයක් වුව ද පිළි නො ගැනෙනු ඇත. එවිට ජනතාවගේ සදාචාරාත්මක තත්ත්වය පහත් මට්ටමක පවතිනු ඇත. සැම විට ම සමාජයේ භෞතික තත්ත්වය වැඩිදියුණු කිරීම කෙරෙහි පාලනයේ මූලික අවධානය යොමු කළ යුතු ය. මෙය රාජ්‍ය පාලනයට අදාළ ඉතාමත් ප්‍රායෝගික සංකල්පයකි.

mín yǐ shí wéi tiān
## 民以食为天
### ආහාර යනු ජනතාවගේ දෙව්ලොව වැනිය

ආහාර අතිශයින් ම වැදගත් බව ජනතාව සලකති. ෂ්ර් (食, ආහාර) යනු මිනිස් ජීවිතයට අත්‍යවශ්‍ය මූලික සම්පත් හෝ ද්‍රව්‍යමය අවශ්‍යතා හැඳින්වීම සඳහා යොදා ගන්නා යෙදුමකි. ථියැන් (天, දෙව්ලොව) යන්නෙන් සැම දෙයකට ම අදාළ තීරකය එසේත් නැතිනම් මූලික ම අංගය අදහස් කෙරෙයි. සාමාන්‍ය ජනතාව යනු පාලකයාගේ "දෙව්ලොව" සහ රාජ්‍යයේ "අත්තිවාරම" බව ද සාමාන්‍ය ජනයාගේ "දෙව්ලොව" යනු කුමක්දැයි පාලකයා තේරුම් ගත යුතු බව ද පුරාණ චීන ජාතිකයෝ විශ්වාස කළහ. ආහාර යනු ජනතාවට තමන්ව පෝෂණය කිරීමට, තම පවුල් රැක

ආහාර සංස්කෘතිය, සාම්ප්‍රදායික චීන වෛද්‍ය විද්‍යාව, බෙයිජිං ඔපේරා සහ සාම්ප්‍රදායික උත්සව

ගැනීමට, සාමකාමීව ජීවත්වීමට සහ රැකියා ස්ථාවරභාවය සහතික කර ගැනීමට පවත්නා මූලික ම ද්‍රව්‍යමය අවශ්‍යතාවයි. ඇත්ත වශයෙන් ම පාලක පන්තියට ජනතාව සැනසීමට සහ ඔවුන්ගේ ජීවනෝපාය සහතික කිරීමට අවැසි මූලික ම ද්‍රව්‍යමය අවශ්‍යතාව ආහාර වෙයි. රටක් පාලනය කිරීම සඳහා සහ එහි ජනයා හට උපකාර කිරීම සඳහා සපුරා ලිය යුතු මූලික ම අවශ්‍යතාව වනුයේ මිනිසුන්ට අවැසි ආහාර තිබෙන බව සහ ජනතාව ප්‍රමාණවත් අයුරින් ආහාර සැපයෙන බව සහතික කිරීමයි. ජනතාවගේ පැවැත්ම සඳහා අවශ්‍ය මූලික සම්පත් සැපයීම මෙයින් සහතික වෙයි. එහෙයින් මෙය අතිශයින් ම ප්‍රායෝගික දේශපාලන සංකල්පයක් වේ.

## අතිරේක කියවීම

### සාම්ප්‍රදායික ආත්මාරක්ෂක සටන් කලා*

ආත්මාරක්ෂක සටන් කලා නැතහොත් කුං-ෆු සම්බන්ධයෙන් සඳහන් කිරීමෙහි දී මතකයට නැගෙන නමක් වන්නේ බෲස් ලී යන නාමයයි. එතුමා බොක්සිං, කඩු හරඹ, පිහි හා පොලු ආදිය මගින් සිදු කරන ක්‍රීඩාවන්හි ප්‍රවීණයෙකු විය. ඔහුගේ අති විශිෂ්ට කුං-ෆු ක්‍රීඩා කෞශල්‍යාත් සමඟ ඔහු ලෝකයේ ප්‍රසිද්ධියක් ලබා ගත් අතරම, චීන ආත්මාරක්ෂක සටන් කලාවෙහි අති විශිෂ්ටයා බවට ද පත් විය. පුද්ගලයා මවිතයට පත් කරවන ඔවුගේ "කඩ තුනෙහි" මුගුරු මෙහෙයවීමේ නිපුණත්වය ප්‍රේක්ෂකයන් තුළ ඉතා ගැඹුරු

* ඉහත කොටස චීන FLTRP සහ ශ්‍රී ලංකාවේ ෆාස්ට් පබ්ලිෂින් (ප්‍රයිවට්) ලිමිටඩ් යන ප්‍රකාශකයන් විසින් පළ කරන ලද "අසිරිමත් චීන සංස්කෘතිය" යන කෘතියෙන් උපුටා ගැනීමක් සහ සංස්කරණය කිරීමකි

මතකයක් රඳවා තිබේ. එතුමාගේ කුං-ෆු කලාව චීන සාම්ප්‍රදායික ආත්මාරක්ෂක සටන් කලාව හා සමීප සබඳතාවක් දක්වයි.

චීන ආත්මාරක්ෂක සටන් කලා කවයන් තුළ ෂඕලින් ආරාමයට ඉතා විශිෂ්ට ස්ථානයක් හිමි වේ. අතිවිශිෂ්ට ආත්මාරක්ෂක සටන් කලා ශෛලියක් වන එය, චීන සංස්කෘතියෙහි එක් සුවිශේෂී උරුමයක් වේ. මෙම ආරාමය හ්අ-නන් පළාතේ සුංෂන් කන්දෙහි පිහිටා ඇති අතර, 15වන ශතවර්ෂයේ අවසාන භාගයෙහි ගොඩනගා ඇත. 16වන ශතවර්ෂයෙහි දී බෝධි ධර්ම නමැති මහා යතිවරයා මෙහි ඇමිණ ඇත උන්වහන්සේ වසර නවයක් භාවනානුයෝගීව සිටීමේ ප්‍රතිඵලයක් වශයෙන් සෙන් බෞද්ධ චින්තනය හා භාවනා ක්‍රමය සොයා ගෙන ඇත. මූලික වශයෙන් එම චින්තනය පදනම් කොට ගෙන මෙම ආරාමය චීනයේ ප්‍රසිද්ධියට පත්ව තිබේ. පසුකාලීන පරම්පරා එතුමා ෂඕලින් ආත්මාරක්ෂක සටන් කලාව හඳුන්වා දුන් පුරෝගාමියා වශයෙන් හඳුන්වයි. ඉතා දීර්ඝ කාලයක් එක් ස්ථානයක හිඳ ගෙන සිටීමෙහි දී ශරීරයේ ඇති වන සංකූලතා මඟ හරවා ගැනීම සඳහා උන්වහන්සේ අභ්‍යන්තරික ශාරීරික ක්‍රියාකාරකම් එනම් "චී" හොඳින් ක්‍රියාත්මක වීම සඳහා සහ මනස හා ශරීරය ඉහිල් වීම සඳහා කිසියම් චලනයන් කිහිපයක් හඳුන්වා දී තිබීම එයට හේතු වී ඇත. ඉතා දීර්ඝ කාලයක් පුරා මෙම ආත්මාරක්ෂක සටන් කලාව ක්‍රමිකව විකාශනය වීමේ ප්‍රතිඵලයක් වශයෙන් ප්‍රධාන වශයෙන් "විවිධ ෂඕලින් සටන් ක්‍රම 72ක්" ප්‍රභවයට පත්ව තිබේ. දුර-පහර බොක්සිං, කෙටි-පහර බොක්සිං, පිහිය හා මුගුර මෙහෙය වීම, කඩු හරඹ ආදිය ඒ අතර වේ. චීන ආත්මාරක්ෂක සටන් කලාව කෙරෙහි ෂඕලින් සටන් කලාවේ බලපෑම ඉතා ප්‍රබල ය.

සිව්වන කොටස
ආහාර සංස්කෘතිය, සාම්ප්‍රදායික චීන වෛද්‍ය විද්‍යාව, බෙයිජිං ඔපේරා සහ සාම්ප්‍රදායික උත්සව

ආත්මාරක්ෂක සටන් කලා පුහුණුවන්නන් ෂඕලින් ළමුන්ගේ කුං-ෆු දක්ෂතා ඉතා ඉහළින් අගය කරයි. මෙම සටන් කලා ක්‍රමයට "අර්යත් නිද්‍රාව, අවලෝකිතේශ්වර නමස්කාරය, බුදුරදුන් වැඳීම" ආදී විවිධ හැසිරීම් රටා හා සංචලන රටා අයත් වේ. ෂඕලින් බොක්සිං කලාව ළමයින්ගේ මෙම කුං-ෆු සටන් කලාව කුඩා කාලයේ සිටම ක්‍රමයෙන් ප්‍රගුණ කළ යුතු අභ්‍යාස ක්‍රමයක් වේ.

ෂඕලින් බොක්සිං ක්‍රීඩාවෙහි "එක් ඇඟිලි සෙන්" යනුවෙන් සංචලන ශෛලියක් ඇති අතර, එය ෂඕලින්හි රහස්‍ය සටන් ක්‍රමයක් සේ සැලකේ. මෙම ආත්මාරක්ෂක සටන් කලාවෙහි සාර්ථකත්වය අභ්‍යන්තරික ශික්ෂණය මත රඳා පවතින අතර එහි දී සියලු ශක්තිය හා බලය එක් ඇඟිල්ලකට පමණක් ඒකාරාශී වේ. ඒ අනුව අභ්‍යාසයේ යෙදෙන්නා හට ඉතා නිශ්චලව ඔළුව පහතට වන සේ එම ඇඟිල්ල මත නිශ්චලව සිටීමට හැකි වේ.

ෂඕලින් ආරාමය හඳුන්වා දුන් විවිධ බොක්සිං අතරින් "අර්හත් බොක්සිං" එක් සුවිශේෂී කාණ්ඩයක් වේ. මෙය තව දුරටත් සංචලන රටා කිහිපයක් දක්වා සංවර්ධනය වී ඇති අතරම, රටෙහි ද විශේෂ ප්‍රසිද්ධියක් ලබා තිබේ. මෙම බොක්සිං කාණ්ඩය විශේෂයෙන් නිර්මාණය කර ඇත්තේ පහර දීම හා ආරක්ෂා වීම යන අංශ දෙක කෙරෙහි විශේෂ අවධානය යොමු කරමිනි. මෙය ෂඕලින් ආත්මාරක්ෂක සටන් කලාවෙහි "හොඳම ක්‍රම අතර හොඳම ක්‍රමය" වශයෙන් හඳුන්වයි.

ෂඕලින් ආත්මාරක්ෂක සටන් කලාවෙහි මූලික අභ්‍යාසයන් ප්‍රගුණ කිරීම අත්‍යවශ්‍ය සාධකයක් වේ. වර්තමානයෙහි දී මෙහි සංචාරය කරන්නෙකුට දහසක් බුදුරදුන් ශාලා භූමියෙහි ෂඕලින් ආත්මාරක්ෂක සටන් කලා පුහුණු වූ පරම්පරාවන් විසින් තබන

ලද නොගැඹුරු කඩතොලු ස්ථාන දැක ගත හැකි ය. මෙම ආත්මාරක්ෂක සටන් කලා ක්‍රමය ඔවුන්ගේ ඥානය හා දහදිය මහන්සිය මත වර්තමානය දක්වා විකාශනය වී තිබේ.

## චීන ඉතිහාසයේ ප්‍රසිද්ධ චරිතයක්

### ලී-ෂී-ජෙන්

ලී-ෂී-ජෙන් (1518–1593) යනු චීන කටුවිකිත්සකයෙකු, ශාක නිඝණ්ඩුකාරක, ස්වභාව විද්‍යාඥයෙකු, ඖෂධවේදියෙකු, වෛද්‍යවරයෙකු මෙන්ම මිං රාජවංශ සමයේ ලේඛකයෙකි. එසේම ඔහු "ඖෂධ ශාස්ත්‍රීය සංග්‍රහය" නැමැති වෛද්‍ය විද්‍යාත්මක විශිෂ්ට නිර්මාණයේ කතුවරයා වේ. ලී-ෂී-ජෙන් වෙද පවුලක උපත ලැබීය. ඔහු තම ළමා කාලයේ කොන්ෆියුසියානු දහම හදාරන ලද අතර විවිධ ක්ෂේත්‍රවල විශාල ප්‍රමාණයක පොත්පත් කියවා ඇත. ප්‍රාදේශීය විභාග තුනක් අසමත් වීමෙන් අනතුරුව කොන්ෆියුසියානු දහම අත්හැර දමූ ඔහු වෛද්‍ය විද්‍යාව හැදෑරීම සඳහා කැපවීමෙන් කටයුතු කළේ ය. විශිෂ්ට වූ වෛද්‍ය නිපුණතා හේතුවෙන් ලී-ෂී-ජෙන් බෙයිජිං හි "රාජකීය වෛද්‍ය ආයතනය"ට නිර්දේශ කරනු ලැබිණ. මෙය රාජකීය රෝහල ලෙස ද හඳුන්වනු ලැබේ. වසරකට පසුව ඔහු ඉල්ලා අස් වී පෙරළා නිවසට ගියේ ය. මෙහිදී ඔහු ඖෂධ පිළිබඳව පර්යේෂණ සිදුකිරීම අරමුණු කරගන්නා ලදී. ඖෂධ පිළිබඳව සඳහන් ග්‍රන්ථයන් බොහෝමයක් තිබුණ ද ඒවායේ දෝෂ පවත්නා බව ජනතාව සුවපත් කිරීමේදී ඔහුට ඒත්තු ගියේ ය. ඒ

සිව්වන කොටස
ආහාර සංස්කෘතිය, සාම්ප්‍රදායික චීන වෛද්‍ය විද්‍යාව, බෙයිජිං ඔපේරා සහ සාම්ප්‍රදායික උත්සව

අනුව ඒවා හඳුනාගෙන සංශෝධනය කිරීමට ඉටා ගත්තේ ය. ඒ අනුව ඔහු විශාල ප්‍රමාණයක වෛද්‍ය විද්‍යාව පිළිබඳ ග්‍රන්ථ, අදාළ සාහිත්‍ය හා රාජකීය රෝහලේ සේවය කළ අවධියේදී කියවන ලද ඓතිහාසික ලියවිලි යොදාගනිමින් අතීත රාජ පරම්පරාවන්හි ඖෂධවේදී කාර්යයන් විසඳීම හා සංශෝධනයට යොමු විය. ඔහු "ඖෂධ ශාස්ත්‍රීය සංග්‍රහය" රචනා කිරීම සඳහා වසර 27ක් ගත කළ අතර ඉන් පසු වසර 12ක් තුළ එය තෙවරක් සංශෝධනයට ලක් කරන ලදී. ඔහු ක්ෂේත්‍ර අධ්‍යයන ක්‍රමය භාවිතයට ලැදි විය. එසේම ඔහු ප්‍රායෝගික අත්දැකීම් සහිත ජනතාවගෙන් උපදෙස් ලබා ගනිමින් බහු ශික්ෂණ පර්යේෂණ සිදු කරන ලදී. විද්‍යාත්මක ආකල්පයන්ගෙන් කරුණු මගින් සත්‍ය සෙවීමට සංසන්දනාත්මක විශ්ලේෂණ යොදාගැනීමට ද ඔහු සමත් විය. "ඖෂධ ශාස්ත්‍රීය සංග්‍රහය" ඓතිහාසික චීන ඖෂධ විද්‍යාව එහි කූඨප්‍රාප්තිය කරා යොමු කිරීමට සමත් විය. එය රට තුළත් විදේශයන්හීත් විද්‍යා ප්‍රජාවට බලපෑමක් ඇති කිරීමට සමත් වූවායි කිව හැක.

## සිතීමට යමක්

1. ප්‍රාදේශීය වෙනස්කම් හැරුණු විට, චීන ආහාර සංස්කෘතිය ඉතා පොහොසත් භාවයකින් යුත්තේ කවර හේතු නිසා ද?

2. ඔබගේ උපන්ගමේ ආහාර අයත් වන්නේ කවර ආහාර පද්ධතියකට ද? එහි ලක්ෂණයන් විස්තර කරන්න.

3. සාම්ප්‍රදායික චීන වෛද්‍ය ක්‍රමය වර්තමානයේ චීන මිනිසුන්ගේ

ජීවිතයට සිදු කරන බලපෑම් පිළිබඳ විස්තර කරන්න.

4. බෙයිජිං ඔපෙරා 19වන සියවසේ සම්භවය වූ නාට්‍ය කලාවක් නමුත් එය මේ වන විට චීනයේ "ජාතික නාට්‍යය" බවට පත් වී තිබේ. ඊට හේතු කවරේ ද?

5. සාමාන්‍ය චීන ජනතාව සාම්ප්‍රදායික උත්සව පිළිබඳ දරන අදහස් කවරේ ද? වර්තමානයේ සාම්ප්‍රදායික උත්සව සැමරීම කෙරෙහි මිනිසුන්ගේ ආශාව ක්‍රම ක්‍රමයෙන් අඩු වෙමින් පවතී. මෙම තත්ත්වය ගැන ඔබගේ අදහස් දක්වන්න.

# කතුවරයන්ට දැන්වීමක්

පාඨකයන්ගේ සෞන්දර්යාත්මක වින්දනය සහ සාහිත්‍යමය ගුණාත්මකභාවය වැඩිදියුණු කිරීම සඳහා “හෙළ බසින් චීන සංස්කෘතිය”හි විශිෂ්ට චීන සහ විදේශීය කෘතිවල ඇතැම් කොටස් උපුටා දක්වා ඇත. මෙම පෙළ පොතට ඇතුළත් කර ඇති අදාළ කෘතිවල (පින්තූර ඇතුළුව) කතුවරුන් අප හැකි තාක් සම්බන්ධ කොටගෙන ඇති අතර ඔවුන්ගේ අනුබලය සහ සහයෝගය අපට ලැබී ඇත. මේ පිළිබඳ ඔවුන්ට හෘදයංගමව කෘතඥතාව පළ කරන්නෙමු. කෙසේ වෙතත් ලිපිනයන් නොදැන සිටීම හේතුවෙන් සම්බන්ධ කරගැනීමට නොහැකි කතුවරු ද සිටිති. මෙබඳු ප්‍රකාශන හිමිකම් සහිත කතුවරුන්ට අදාළ ගාස්තුව ගෙවීම සඳහා අප හා සම්බන්ධ වෙන මෙන් අප කාරුණිකව ඉල්ලා සිටිමු.

ලිපිනය: ජාත්‍යන්තර ව්‍යාපාරික මධ්‍යස්ථානය, විදේශ භාෂා ඉගැන්වීම් හා පර්යේෂණ මුද්‍රණාලය, අංක 19, උතුරු ෂී-සන්-හුවන් මාවත, බෙයිජිං

අමතන්න: ලියු ගුරුතුමා

තැපැල් කේතය: 100089